Reihe: Unerwünschte Bücher zur Kirchen- und Religionsgeschichte Nr. 14

AHRIMAN-Verlag
Unser Programm ist die
Wiederkehr des Verdrängten

Karlheinz Deschner

Mit Gott und den Faschisten

Der Vatikan im Bunde mit Mussolini, Franco, Hitler und Pavelić

Bibliographische Information der Deutschen Nationalbibliothek
Die Deutsche Nationalbibliothek verzeichnet diese Publikation in der Deutschen Nationalbibliographie; detaillierte bibliographische Daten sind im Internet über http://dnb.d-nb.de abrufbar.

Reihe: Unerwünschte Bücher zur Kirchen- und Religionsgeschichte Nr. 14

Karlheinz Deschner:

Mit Gott und den Faschisten.
Der Vatikan im Bunde mit Mussolini, Franco, Hitler und Pavelić

(Zuerst erschienen im Hans E. Günther Verlag, Stuttgart, 1965)

1. Auflage 2012
2. Auflage 2013

AHRIMAN-Verlag GmbH
Postfach 6569, D-79041 Freiburg
Tel. 0761/502303, Fax 0761/502247

www.ahriman.com

Bestellungen per e-mail: ahriman@t-online.de oder
einfacher über den Warenkorb auf unserer Homepage.
(Bitte geben Sie bei e-mail-Bestellungen Ihre vollständige Postanschrift an.)

ISBN 978-3-89484-610-7

Gedruckt auf säurefreiem und alterungsbeständigem Papier.

Bestellungen an den Verlag werden innerhalb einer Woche bearbeitet.
Nichtantwort beweist NATO-Postzensur.
(In diesem Falle Bestellung per Einschreiben wiederholen – Lektion für fdGO- und Zufallsgläubige, ein Nachhilfeunterricht in Staatsbürgerkunde.)

Inhaltsverzeichnis

Für Lena und Steff Kager
und alle guten Heiden

Für Else und Sepp Schmidt
und alle guten Christen

»Es war ein alter, ehrwürdiger Brauch der heiligen Mutter Kirche, sich des Teufels im Dienste Gottes zu bedienen!«

Upton Sinclair

Zur 2. Auflage

Durch das Wiedererscheinen dieses Werkes in Deutschland gelangte – mit der gebotenen 50jährigen Verspätung – erstmals (!) ein Werk Deschners auch auf die andere Seite des Atlantiks, also in die USA, wo es in der englischen Übersetzung Peppers im Prometheus-Verlag herauskam, was ohne meine und einiger anderer Leute Aktivität mit Sicherheit *niemals* eingetreten wäre (eigentlich verwunderlich bei der Millionenschar von Deschner-Lesern, dazu Deschner-Anhängern und -Mäzenen; im spanischen Sprachraum ist er dagegen schon jahrzehntelang präsent). Dies rief natürlich sofort ein Heer von Kritikern auf den Plan, die es so schlecht wie möglich zu machen suchten, normalerweise mit dem buchstäblich seitenlang breitgetretenen Argument, Deschner habe ja aufgrund des Abfassungszeitpunkts noch keinen Zugang zu den seither so zahlreich aufgetauchten Archivdokumenten gehabt, die von einem Heer wohlbezahlter Wissenschaftsbeamter durchgepflügt werden und allesamt wundersamerweise das vorhandene Bild »differenzieren«, d.h. zu deutsch: den Papst und seine Kirche entlasten sollen. (Wie so etwas aussieht, hat exemplarisch, aber detailliert F. E. Hoevels anhand eines emotional besonders aufgeladenen Themenausschnitts in seiner Rezension ›Ein ungelegtes Ei des Papstes Pius und der späte Wind darum‹ [KB 66] vorgeführt; einfach lesen!) Leider erfahren wir dann trotzdem niemals ein nennenswertes Faktum aus diesen angeblich superrelevanten Dokumenten, das das von Deschner vorgeführte und belegte Bild dann *wirklich* in ernstzunehmender Weise verändert; daß die Kirche – in Gestalt ihres unverändert fortwirkenden Geschenkes von Mussolini an sie – auch ein **Staat** war, was sie merkwürdigerweise, da Staaten ja nach allgemein geteilter Rezensentenansicht notgedrungen (!) unmoralisch sein müssen (so vor allem ein gewisser Karl Wolff vom »Chicago Center for Literature and Photography«[1]), irgendwie entlaste,

[1] Sein Rat an die katholische Kirche – welche ja seither einen »nation-state« in Gestalt des Vatikanstaats besitze – ist wahrhaft drollig: da **jeder** Staat bald Unmoralischstes tue (was er als Bürger der superedelmütigen USA, welchen er diesen Rat freilich vorenthält, ja wissen muß), solle sie diesen einfach aufgeben, dann sei bald alles in Butter. Ebenso könnte man einer politischen Partei raten, immer restlos in der Opposition zu verbleiben und vor allem einer möglichen eigenen absoluten Mehrheit auszuweichen (diesen Rat soll der hessische Ministerpräsident Zinn ehemals seiner SPD tatsächlich erteilt haben), um niemals in Konflikt mit ihrem Parteiprogramm bzw. ihren Versprechungen zu geraten.

wissen wir ja schon lange und brauchen dafür nicht die Hilfe fleißiger Professoren und anderer Lehrbeamter.

Einer davon, der sich mit Abstand bei diesem edlen Werke die größte Mühe gemacht hat, der australische Primarschullehrer Paul O'Shea, hat nun nicht nur Deschner angegriffen[2], sondern auch mich. Ich soll nämlich, zwei »*basic errors*«, die deutsche Kirchensteuer zu Hitlers Spezialität gemacht haben, obwohl sie schon in Art. 137 der Weimarer Verfassung auftaucht, und außerdem das im Zusammenhang mit Deutschland schrecklich abwegige Wort »Staatskirche« gebraucht haben.

In der Tat, das habe ich, und jeder kann es oben nachlesen. Aber keineswegs aus Ignoranz, wie mir der Herr Lehrer allzu voreilig unterstellt, sondern weil ich den Lesern eines Vorworts die Verzwicktheiten ersparen wollte, die den *genauen* juristischen Tatbestand hinter diesen beiden Abkürzungen ausmachen, welche nichtsdestotrotz die deutsche Wirklichkeit doch ganz gut abbilden. Jetzt bin ich dazu genötigt; der Leser gleichgültiger Rasse und Geschlechts wird gleich merken, warum ich ihm und mir den Umstand hatte ersparen wollen. –

Eine *deutsche* Staatskirche im strengen Sinne des Wortes ist in der Tat unsinnig; sie hätte den mühsam und verspätet gegründeten bikonfessionellen Staat gesprengt. Aber in den feudalen Vorgängerstaaten, aus denen Bismarck das Deutsche Reich neben den potenten Nationalstaaten England und Frankreich schließlich herstellen konnte, gab es jede Menge echtester Staatskirchen, lutherische nämlich, meistens mit dem jeweiligen Erbfürsten als Oberhaupt (analog zu den gegenwärtigen Queens von England und den Niederlanden, bis vor kurzem auch allen ihren skandinavischen Kollegen). Diese Staatskirchen wurden nun Landeskirchen; man bedenke dazu die Stellung der (evangelischen) Kirche Preußens, d.h. der tonangebenden ungefähren Hälfte (!) Deutschlands, deren Bischof bis zum bitteren Ende der preußische König und somit auch deutsche Kaiser war, also auch Wilhelm II. (Die letzte veröffentlichte Satire Oskar Panizzas basiert auf dieser formalen Tatsache.)

Um die mühsam errungene nationale Einheit nicht zu gefährden, bekamen die faktischen (aber nicht unbedingt juristischen) katholischen Gegenstücke die gleiche Vorzugsbehandlung garantiert, und eben dieses schreibt auch, wie ich mir vorwegzunehmen gestatte, das Hitlerkonkordat vor, nur eben diesmal ausgehend von der katholischen, zugunsten der großen protestantischen Kirchen, der Erben der fürstlichen Landeskirchen. (Schlappe drei Jahrzehnte nach dem Ende Hitlers

2 Hauptsächlich wegen dessen Standpunkts, den man natürlich nicht zu teilen braucht – ich tue es auch nicht –, die Kirche in erster Linie an den moralischen Forderungen zu messen, welche sie unter Androhung auschwitz- bis guantánamoartiger, glücklicherweise imaginärer, doch jahrhundertelang erfolgreich als real hingestellter Höllenstrafen an ihre Mitglieder richtet; aber unsinnig oder illegitim ist dieser Standpunkt, der zu persönlicher Enttäuschung führen muß, ja nun doch nicht.

wurden auch die beiden jüdischen Konfessionen in dieses Privilegienkartell integriert; man hatte die Entwicklung ihrer Bestechlichkeit abwarten müssen. So lange hatten einige protestantische Kleinkirchen [»Freikirchen«] natürlich nicht warten müssen; außen vor blieben dagegen fast bis gestern die Zeugen Jehovas, die als einzige nennenswerte Religionsgemeinschaft im 3. Reich ernsthaft verfolgt worden waren und in den Grenzen des Deutschen Reiches, gemessen an den entsprechenden Juden und dem Stichjahr 1933, ziemlich genau die gleiche niedrige Überlebensrate aufwiesen, denn sie hatten sich gegenüber Hitlers Angriffskriegen genauso verhalten wie Deschner das von den in einer freilich weitaus günstigeren Ausgangsposition befindlichen *de-facto-*, wenn auch nicht *de-jure-*Staatskirchen auf der Basis von deren identischen Evangelien gefordert hatte. Ebenfalls außen vor dem privilegierten Kartell blieben und bleiben z.B. die orthodoxen Kirchen Deutschlands, die Mormonen und selbstverständlich, bis auf eine kleine Sekte, alle Moslems.)

So viel zu meinem getadelten Wort »Staatskirche«; es ließe sich noch vieles hinzufügen, von Adenauers nach wie vor geltendem, sauteuren »Subsidiaritätsgesetz«, das natürlich auch nur für das quasi-staatskirchliche Privilegiertenkartell gilt, bis hin zu den schon viel älteren ewigen und jährlichen »Entschädigungszahlungen« an notgedrungen sehr staatskirchenartige Empfänger für die napoleonische (!) Aufhebung der geistlichen Fürstentümer.

Und mein zweiter, ach so ignoranter »Fehler«? – Die besondere Bedeutung des Hitlerkonkordats für die deutsche Kirchensteuer liegt darin, außer der in der Praxis sehr bedeutsamen Erleichterung ihres Einzugs durch den zuvor weitaus weniger zuvorkommenden »weltlichen Arm«, **daß es eine deutsche Hoheitsentscheidung** – durch entsprechende Parlamentsmehrheit, noch besser durch Volksentscheid – **verhindert**. Denn es ist – natürlich unter entschlossener Beihilfe der antikommunistischen Besatzerregierungen – der **einzige** »zwischenstaatliche« Vertrag des Dritten Reiches, der dieses auf wundersame Weise überlebt hat. (Wie und auf welch verschlungenen und finsteren Pfaden, liest man am besten in der verdienstvollen Untersuchung Max Roths [KB 135] nach; es ist lehrreich und anderswo kaum zu finden.) Denn so sehr es eine – letztlich in den Absolutismus protestantischer deutscher Fürsten zurückführende – Kirchensteuer in der ein oder anderen Form in Deutschland auch vor Hitler sehr wohl gab, so hat doch erst das Hitlerkonkordat dem Vatikan ein faktisches **Vetorecht** gegen ihre Abschaffung auf der Basis deutscher staatlicher Souveränität verschafft. (In Österreich gilt ähnliches, nur daß dort Hitlers gesinnungs- und tendenzgleicher unmittelbarer Vorgänger Dollfuß federführend war.) Das ist von erheblicher praktischer Bedeutung, wenn einmal eine fortschrittliche Volksbewegung Druck auf wichtige Parlamentsparteien ausüben kann, die Kirchensteuer (oder ähnliche – wegen dem Vatikanstaat also: katholische – Privilegien) abzuschaffen, wie das in der

»Besseren Zeit« (wie K. Steinbach sie nennt) auch tatsächlich einmal einzutreten »drohte« und immerhin das ausgesprochen lobenswerte FDP-Papier »Freie Kirche in einem freien Staat« zur Folge gehabt hatte. Zwar wurde dieser Vorstoß rasch vom Rest des Parteienkartells abgewürgt, ohne auf das wegen der Anrüchigkeit seines deutschen Unterzeichners nur als Schwere Reserve gedachte Hitlerkonkordat zurückgreifen zu müssen; aber bei einem kraftvolleren Vorstoß gegen die Kirchensteuer kann es sich sehr wohl als ausgezeichnete Bremse und Schutzschild gegen die Angleichung deutscher an die in dieser Hinsicht besseren französischen Verhältnisse erweisen. (Wie ein analoges Versteckspiel unwilliger, doch verheuchelter Regierungen gegen einen Druck vorübergehend zu Humanität und Aufklärung strebender Massen aussieht, haben die Deutschen unter ihrem »Staatsheiligen« Brandt sehr einprägsam am Beispiel des § 218 erleben können.) Das Hitlerkonkordat ist also als **Hindernis zur Abschaffung der Kirchensteuer** und etlicher anderer grober Kirchenprivilegien sehr ernst zu nehmen; es kann immer die Rolle analog zu derjenigen des Karlsruher Kaninchens spielen, das eine unwillige, doch auch unehrliche Regierung gegen andrängende mittelalterfeindliche oder anderweitig humanistische Kräfte aus dem Zylinder zaubert. Die Frage wäre nur, ob sich der Vatikan heute noch leisten könnte, der klar gestellten Forderung einer deutschen Regierung nach Annullierung des von unserer Presse wundersamerweise niemals so benannten Hitlerkonkordats mit dem bisherigen Mantra *»pacta sunt servanda«* auszuweichen; aber will denn irgendeine deutsche Regierung das?!? Und wollen es deren transatlantische Vormünder?

Man sieht, es war lang – aber O'Shea hat mir keine andere Wahl gelassen, als meine sinnvollen Verkürzungen langwierig auseinanderzupfriemeln. Doch damit müßte der Fall allmählich erledigt sein.

P.G.

Vorwort zur Neuauflage

Weshalb – nach fast 50 Jahren – eine Neuauflage von Karlheinz Deschners Werk ›Mit Gott und den Faschisten‹?

Weil es sehr aktuell ist. Weil es völlig zu Unrecht Gefahr läuft, in Vergessenheit zu geraten. Weil es einen Verdrängungsprozeß, nein, die gezielte Desinformations-Politik des Vatikan stört. Es erinnert an die Kollaboration des Vatikan nicht nur mit Hitler, dem wohl größten Verbrecher aller Zeiten, sondern auch mit Mussolini, Franco und dem wenig bekannten Pavelić, Faschistenführer in Kroatien und zusammen mit Kardinal Stepinac verantwortlich für das Konzentrations- und Vernichtungslager Jasenovac, über dessen Existenz heute nur noch wenige Bescheid wissen.

Weil das Lügengeflecht des Vatikan entlarvt wird, der sich seit einigen Jahrzehnten als Widerstandsorganisation gegen die Hitlerei aufzuspielen versucht, obwohl doch Pius XII. laut Kardinal Faulhaber »der beste Freund, am Anfang sogar der einzige Freund des neuen Reiches gewesen war«, gerade in der labilen Anfangsphase des Nationalsozialismus, als die Geschichte noch einen ganz anderen Verlauf hätte nehmen können! Weil es eben kein Mode-Buch ist, das aus Gefälligkeitsgründen einen Meinungstrend bedient, sondern präzise und detailreich historische Fakten präsentiert, zusammenfaßt und daraus für jeden nachvollziehbare Schlußfolgerungen zieht. Daniel Jonah Goldhagen hält es offenbar für unnötig, in seinem Buch ›Die katholische Kirche und der Holocaust‹ Deschner überhaupt zu zitieren, obwohl dieser doch schon fast 40 Jahre früher mit viel weniger Tinte weit mehr zu berichten weiß. Und weil es sich dabei auch noch spannend liest, wie ein Roman, in dem doch jede Zeile stimmt, und jeder Leser nach der Lektüre wesentlich klüger und aufgeklärter ist als zuvor; vielleicht auch schockiert ist über das Ausmaß der Kollaboration zwischen den Nazis, allen Faschisten und dem Vatikan! Kurz, weil es eine Geschichtslüge entlarvt. Die Lüge vom katholischen Widerstand.

Vergessen wir nicht, daß es die Französische Revolution war, welche die katholische Kirche in ihre Schranken verwies und damit ihrer feudalen Macht – wenn auch leider nur sehr halbherzig – ein Ende setzte. Dennoch verurteilte die spanische Inquisition den letzten Ketzer – den Schullehrer Caetano Ripol – am 26. Juli

1826 zum Tod am Galgen und zur »symbolischen Verbrennung«, fast ein halbes Jahrhundert nach dem Sturm auf die Bastille! In deren Folge besetzten napoleonische Truppen Ende des 18. Jahrhunderts den Kirchenstaat – der aus blutigen Kriegen hervorgegangen war und mit einer gefälschten Urkunde legitimiert wurde, der sogenannten »Konstantinischen Schenkung« –, verhafteten Pius VI. und führten ihn als Gefangenen nach Valence ab. Der Wiener Kongreß restituierte 1815 den Vatikanstaat mit verkleinertem Territorium noch einmal, aber 1870 ging er nach der Besetzung durch italienische Truppen endgültig im neuen italienischen Nationalstaat auf. Die Verantwortlichen wurden daraufhin exkommuniziert. Und scherten sich nicht darum.

Durch das Erstarken des Bürgertums, die Entwicklung der europäischen Nationalstaaten, die Emanzipationsbewegung, die Naturwissenschaften und den Fortschritt durch technische Entwicklungen wurde die Catholica in der zweiten Hälfte des 19. Jahrhunderts immer stärker in die Defensive gedrängt, versuchte mit dem ersten Vatikanischen Konzil verzweifelt – und aussichtslos – den Kampf gegen den »modernen Rationalismus« aufzunehmen und die angeschlagene päpstliche Autorität durch das Unfehlbarkeitsdogma aufzuwerten. Aber die Zeit lief gegen den Katholizismus. Unter Bismarck wurden im »Kulturkampf« fast 2000 katholische Kleriker inhaftiert oder zu hohen Geldstrafen verurteilt, die sich in staatliche Angelegenheiten eingemischt hatten, die USA brachen am 28. Februar 1867 die diplomatischen Beziehungen zum Vatikan ab (und nahmen sie erst wieder 1984 unter Ronald Reagan auf). Die »Römische Frage« war entstanden: wie rettet man sich vor dem endgültigen und damals absehbaren Niedergang, wie restituiert man seine alte Machtfülle und mit wessen Hilfe? Verschärft wurde dieses Problem durch das Aufkommen der dezidiert antiklerikalen, der Aufklärung und dem Gleichheitsprinzip verpflichteten Arbeiterbewegung nach dem Debakel des Ersten Weltkriegs.

Das ist der Ausgangspunkt von Karlheinz Deschners Buch ›Mit Gott und den Faschisten‹. Daß es nicht der Vergessenheit anheimfällt, ist das Anliegen dieser Neuauflage beim AHRIMAN-Verlag. Detailreich, historisch fundiert und unter Auswertung zahlreicher Quellen wird hier nachgewiesen, daß nach dem ersten Weltkrieg die Gelegenheit ergriffen wurde, zusammen mit dem aufkommenden Faschismus das Rad der Geschichte zurückzudrehen. Aus Angst vor einem Sieg der Arbeiterbewegung in ganz Europa – nach sowjetischem Vorbild – ging der Vatikan zusammen mit dem reaktionären Großbürgertum und dessen Handlangern – den Faschisten – ein Bündnis ein, das beiden die Existenz sichern sollte. Diese unheilige, katholische Allianz mit dem angeblich kleineren – faschistischen – Übel führte in die größte Katastrophe der Menschheitsgeschichte: den zweiten Weltkrieg und den Holocaust.

Wovon träumten Benedikt XV., Pius XI. und Pius XII.? Sie träumten von einem katholischen Kontinentaleuropa im vereinten, militärischen Kampf gegen die gottlose Sowjetunion, so degeneriert sie durch Stalins Einfluß auch schon gewesen sein mag (man lese Arno Lustigers Rotbuch ›Stalin und die Juden‹). Sie träumten vom Ende der Orthodoxie, vom Ende des Kommunismus und von der Katholisierung Rußlands. Und von einem neutralen, anglikanischen Großbritannien, einer neutralen USA. Denn eine militärische Auseinandersetzung innerhalb des westlichen Lagers machte den Ausgang eines Krieges unberechenbar. Nach der militärischen Niederlage Frankreichs schien man diesem Ziel sehr nahe, und 1940 war die ganze Welt davon überzeugt, daß Hitler den Krieg gewinnen würde. Jetzt war die Realisierung des Traums der Kurie mit Hitlers Hilfe in greifbare Nähe gerückt.

Bei Karlheinz Deschner lernen wir, wie der Überfall auf die Sowjetunion am 22. Juni 1941 vom Episkopat nicht nur in Deutschland offen begrüßt wurde, wie maßlos seine Begeisterung für Hitler und die Hetze gegen Rußland waren. Und Pius XII. – der angeblich zu wenig gegen Hitler getan haben soll, zu viel geschwiegen haben soll – sprach eine Woche danach in einer Rundfunkansprache von »Lichtblicken, die das Herz zu großen, heiligen Erwartungen erheben: Großmütige Tapferkeit zur Verteidigung der Grundlagen der christlichen Kultur und zuversichtliche Hoffnung auf ihren Triumph«, womit er laut Botschaftsrat Menshausen der Hoffnung Ausdruck geben wollte, daß die großen Opfer, die dieser Krieg erfordere, nicht umsonst wären und nach dem Willen der Vorsehung zum Sieg über den Bolschewismus führten. Bei diesem von der Catholica herbeigesehnten »Weltanschauungskrieg«, wie ihn Hitler auch nannte, wurde der Holocaust als eine Art nicht unwillkommener Kollateralschaden in Kauf genommen. Vielleicht empfand man sogar eine klammheimliche Freude in Anbetracht des christlichen Antijudaismus über 2000 Jahre. Kokettierte Hitler nicht schon im April 1933 vor hohen katholischen Funktionären – wie Deschner berichtet – und sehr zu deren Entzücken, daß seine »Behandlung der Judenfrage« nur die mittelalterliche katholische Tradition fortsetze? Der Papst verurteilte die nazistischen Judenpogrome jedenfalls niemals, selbst als man sozusagen vor seinen Augen die Juden zusammentreiben und abführen ließ. Die heutzutage propagierte Vorstellung von einem jüdisch-christlichen Abendland beruht auf einem Synkretismusschwindel.

Noch viel tiefer verstrickt in die faschistischen Verbrechen war der Vatikan in Kroatien, wo die Franziskaner federführend gewesen waren bei den dort durchgeführten Greueln, wegen deren Brutalität sich sogar die Deutschen beschwerten. Hier hatte Deschner einst Pionierarbeit geleistet, und wer sich näher mit dieser düsteren Materie befassen möchte, sei auf das ausführliche Grundlagenwerk von Vladimir Dedijer über Jasenovac, das »jugoslawische Auschwitz«, verwiesen.

Wer wollte Karlheinz Deschner nicht zustimmen, wenn er am Ende des Buches im Jahre 1965 das Resümee zieht: »Erwägt man das Verhalten Eugenio Pacellis zur Politik von Mussolini, Franco, Hitler und Pavelić, so scheint es kaum eine

Übertreibung, zu sagen: Pius XII. ist wahrscheinlich mehr belastet als jeder andere Papst seit Jahrhunderten. Mittelbar und unmittelbar ist er so offensichtlich in die ungeheuersten Greuel der faschistischen Ära und damit der Geschichte überhaupt verstrickt, daß es bei der Taktik der römischen Kirche nicht verwunderlich wäre, spräche man ihn heilig.«

Nun, die Seligsprechung ist fast 50 Jahre danach in Arbeit!

Kommen wir noch einmal zurück zur Gegenwart, zu den verfassungsrechtlichen Spätfolgen kirchlicher Kollaboration mit dem Faschismus in Deutschland. Man halte die enge Verflechtung zwischen Kirche und Staat, diesen deutschen Kirchenstaat bis zum heutigen Tage, den es laut Grundgesetz und Weimarer Verfassung gar nicht geben dürfte, als Schablone gegen die Verfassungen der USA und Frankreichs, in denen die Trennung von Staat und Kirche klar geregelt ist. Dann wird deutlich, wie weit das heutige Deutschland von einer modernen Demokratie entfernt ist. Es ist ein Land, in dem die Kirchen aufgrund von Landeskonkordaten in allen Rundfunk- und Fernsehräten sitzen, in fast allen Zeitungsredaktionen, an zahllosen Multiplikationsstellen und – teils ganz offen, teils gut versteckt – an den Schalthebeln der Macht. Dann wird klar, welch großen Gefallen Hitler und Mussolini dem Vatikan mit dieser speziellen Beantwortung der Römischen Frage getan haben, mit der Restitution seiner Staatlichkeit, seines Vermögens und des öffentlichen Einflusses, die sich in der zweiten Hälfte des 19. Jahrhunderts in Auflösung befanden. Und zu welch hohem Preis für den Rest der Welt!

Karlheinz Deschners Buch ist ein wichtiges Stück Aufklärung, ein Juwel für jeden, der die historische Wahrheit sucht, es ist ein Antidot gegen die Geschichtslüge vom katholischen Widerstand gegen Adolf Hitler und liefert einen elementaren Beitrag zur aktuellen Debatte über die Rehabilitierung der Piusbrüder um Richard Williamson, die geplante Seligsprechung Pius' XII., die Skandale um die Vatikanbank, die Wiedereinführung der Karfreitagsfürbitte und die Rolle des Vatikan in der Welt überhaupt.

Wer den historischen Ariadnefaden aus dem Labyrinth kirchlicher Fremdbestimmung sucht, kommt um Karlheinz Deschners Buch ›Mit Gott und den Faschisten‹ nicht herum. Wer noch weiteres erfahren möchte, viele historische Schichten tiefer zum Beispiel, über die historischen Ursprünge des Christentums, dem empfehle ich an dieser Stelle Hyam Maccobys vorzügliches, zentrales Werk ›Der Mythenschmied‹, in welchem er nachweist, daß das Christentum nicht auf den jüdischen Jesus, sondern auf den Griechen Paulus zurückgeht, der einen hochvirulenten Mythenmix aus Gnosis, Mysterienkulten und der Jesusgeschichte zusammenstellte und damit den Auftakt setzte zu 2000 Jahren christlichem Antijudaismus, der im Holocaust kulminierte.

Den anderen Ariadnefaden aus dem religiösen Labyrinth, den subjektiven, »psychologischen«, findet jeder, der ihn sucht, bei Sigmund Freud (›Totem und

Tabu‹, ›Die Zukunft einer Illusion‹, ›Der Mann Moses und die monotheistische Religion‹), vor allem aber auch bei Fritz Erik Hoevels in seiner wegweisenden Abhandlung zum Thema Religion ›»Bhagwan« Rajneesh und das Dilemma einer menschenfreundlichen Religion‹, aus dem Freiburger AHRIMAN-Verlag, dem nun auch das Verdienst zukommt, Deschners Meisterwerk ›Mit Gott und den Faschisten‹ neu aufzulegen. Beide Autoren machen klar, wie eng das Nadelöhr ist, durch das die menschliche Gesellschaft gehen muß, wenn die Ziele der Aufklärung, Vernunft, Freiheit, Gleichheit, maximales Glück für eine maximale Mehrheit, Realität werden sollen, wie viele archaische und dennoch reale Machtstrukturen bis dahin überwunden, gebrochen werden müssen.

Möge sich der interessierte Leser fast fünfzig Jahre nach der Erstauflage von ›Mit Gott und den Faschisten‹ von der Aktualität dieses Buches selbst überzeugen. Es ist spannend geschrieben, ein Lesevergnügen allerersten Ranges. Man ist nach seiner Lektüre viel klüger als zuvor und verfügt nun endlich wieder über dieses hochwirksame, unersetzliche Antidot gegen die Geschichtslüge vom katholischen Widerstand gegen Hitler.

Im November 2012 *Peter Gorenflos*

.—.

Für diese Neuauflage wurden alle Zitate überprüft, ihre Auffindbarkeit ggf. erleichtert und die sehr wenigen entdeckten Fehler stillschweigend korrigiert. Bedenkt man, daß K. Deschner keinerlei akademisch geschulte Helfer zur Verfügung standen (die in unserem Falle im Staate der fortwirkenden Verfassungsbrüche Willy Brandts leider anonym bleiben müssen), so kann man seine Sorgfalt, Gewissenhaftigkeit und Berücksichtigung aller Seiten – für die er von der neobyzantinischen Kritik unseres superpluralistischen Staatswesens schon den Tadel mangelnder Einseitigkeit erhalten hat (cf. S. 195ff. dieses Buches) – nur bewundern.

Vorwort des Autors

Während jüngst wenigstens die Kollaboration der Kirche mit dem Naziregime bekannter geworden ist – fast ein Vierteljahrhundert danach spät genug, wie mir scheint –, wissen weite Kreise noch immer nicht, daß die katholische Hierarchie sämtliche faschistische Staaten von ihren Anfängen an systematisch unterstützt hat und somit entscheidend mitschuldig wurde am Tode von sechzig Millionen Menschen.

In Italien begann das Zusammengehen von Vatikan und Faschismus schon 1922, noch vor dem berühmten »Marsch auf Rom«, den Mussolini bekanntlich im Schlafwagen Mailand – Rom zurückgelegt hat, und führte über die Lateranverträge und über den mit Hilfe des italienischen Episkopats und des Vatikans, mit Hilfe von Madonnenbildern und Giftgasen glänzend geglückten Raubüberfall auf Abessinien bis in den Zweiten Weltkrieg.

In Spanien riefen die Bischöfe, gleichfalls unterstützt vom Papst, bereits 1933 gegen die rechtmäßige republikanische Regierung zu einem christlichen »Kreuzzug« auf, an dessen Spitze dann von 1936 bis 1939 die Truppen des Heiden Hitler und des Atheisten Mussolini kämpften, ferner Francos 150000 Mohammedaner und die Fremdenlegionäre – Devise: »Es lebe der Tod! Nieder mit der Intelligenz!«

In Deutschland begann die Zusammenarbeit des Vatikans mit Hitler höchstwahrscheinlich noch vor der »Machtergreifung«, mit Sicherheit jedoch sofort danach und gipfelte, nicht etwa 1933/34, sondern, trotz des (fast ausschließlich für rein katholische Interessen geführten) Kirchenkampfes, erst mitten im Kriege, nach dem von der katholischen Kirche so heiß ersehnten Überfall auf die Sowjetunion, wie die gemeinsamen Hirtenbriefe der deutsch-österreichischen Bischöfe beweisen, die ohne kuriale Zustimmung niemals hätten geschrieben werden können.

Während das Verhältnis von Pius XI. und Pius XII. zu Mussolini, Franco und Hitler in den drei ersten Kapiteln erörtert wird, behandeln die beiden letzten das Verhalten des Vatikans im Zweiten Weltkrieg sowie die päpstliche Politik in Jugoslawien, wo von 1941 bis 1945, ebenfalls *mit voller Unterstützung des katholischen Klerus*, 299 orthodoxe Kirchen zerstört, 240000 orthodoxe Serben gewaltsam zum Katholizismus bekehrt und ungefähr 750000 Orthodoxe, häufig nach grauenhaften Folterungen, ermordet worden sind; was übrigens in deutschsprachigen Ländern wohl zum erstenmal durch meine 1962 erschienene Kirchengeschichte ›Abermals krähte der Hahn‹ etwas bekannter wurde.

Das dort im Schlußteil untersuchte Thema habe ich hier noch einmal aufgegriffen und vor allem die Abschnitte über den italienischen Faschismus, den spanischen Bürgerkrieg und die Kroatengreuel außerordentlich erweitert. Doch auch die Kapitel über Hitlerdeutschland und den Zweiten Weltkrieg wurden ergänzt. Nicht nur äußerlich entstand ein neues Buch.

Vergegenwärtige ich mir freilich all die Verdrehungen und Lügen, mit denen man meine Kirchengeschichte diffamiert hat – man lese *pars pro toto* im Anhang die Rezension des protestantischen Pfarrers Wolfgang Hammer –, so bin ich mir darüber klar, daß man weiterlügen wird. Was bliebe auch übrig, als allenfalls zu schweigen. Oder mich zum Schweigen zu bringen.

Verleumdungen jedoch durch eine Kirche, die nicht nur im Mittelalter Millionen verfolgt und massakriert, sondern auch noch im 20. Jahrhundert den bisher wohl größten Verbrecher aller Zeiten »immer wieder« und »eindringlichst« unterstützt hat; die ihm 1933 »um keinen Preis die Kräfte der Kirche entziehen«, vielmehr jedermann seiner »großen Aufbauarbeit« zuführen wollte; die 1935 »jede staatsfeindliche Handlung und Haltung von Mitgliedern strengstens« verwarf und auch 1936 »das Oberhaupt des Deutschen Reiches ... mit allen Mitteln zu unterstützen« versprach; die ein Jahr vor Ausbruch des Krieges Hitlers »Wirken für die Zukunft mit ihren besten Segenswünschen« begleitete und bei Kriegsbeginn den katholischen Soldaten befahl, »aus Gehorsam zum Führer ihre Pflicht zu tun und bereit zu sein, ihre ganze Person zu opfern«; die 1941 seinen Überfall auf die Sowjetunion »mit Genugtuung« verfolgte und bekannte: »Wir haben immer wieder (!) und noch im Hirtenbrief des Sommers unsere Gläubigen zu treuer Pflichterfüllung, zu tapferem Ausharren, opferbereitem Arbeiten und Kämpfen im Dienste unseres Volkes in schwerster Kriegszeit eindringlichst (!) aufgerufen«, um dann gleich nach dem Zusammenbruch Hitler und die Nazis zu verdammen – Verleumdungen also durch eine solche Kirche empfinde ich als Ehre.

Allen Lesern, mit denen mich der Kampf gegen Lüge und Barbarei verbindet, danke ich für die Anteilnahme an meiner Arbeit und für die Hilfe bei deren Verbreitung.

Kapitel I

Der Vatikan und der italienische Faschismus

»Wir werden Uns immerfort dankbar an das erinnern, was zum Nutzen der Religion in Italien geschehen ist, selbst wenn die Wohltaten, die daraus der Partei und dem Regime erwuchsen, nicht geringer, ja vielleicht noch größer gewesen sind.«

Papst Pius XI. 1931[1]

»Exzellenz! Die Priester Italiens flehen auf Ihre Person, auf Ihr Werk als des Wiederherstellers Italiens und Gründers des Reiches, auf die faschistische Regierung den Segen des Herrn und einen ewigen Glorienschein römischer Weisheit und Tugend herab, heute und immerdar. Duce! Die Diener Christi, die Pater des Landvolkes erweisen Ihnen ergeben Ehre. Sie segnen Sie. Sie beteuern Ihnen Treue. Mit frommer Begeisterung, mit der Stimme und dem Herzen des Volkes rufen wir: Heil Duce!«

Pfarrer Menossi am 12. Januar 1938 im Palazzo Venezia. Worauf 72 Bischöfe und 2340 Pfarrer vor Mussolini in den Schrei ausbrachen: »Duce! Duce! Duce!«[2]

---

1 MANHATTAN, dt. Ausg., 111

2 TONDI, Die Jesuiten, 73f.

Vorgeschichte

> »Alles nur um Irdisches und Zeitliches, um Könige und Königreiche, um Prozesse und Streitigkeiten. Kaum ein Gespräch über geistliche Dinge war erlaubt.«
>
> Bischof Jakob von Vitry, im 13. Jahrhundert[3]

Der arme Menschensohn besaß nichts, wohin er sein Haupt legen konnte. Und seine Jünger sollten das Evangelium ohne Geld im Gürtel verkünden. Nur einen Wanderstab und Sandalen gestattete er ihnen, bei Markus.[4] Bei Matthäus und Lukas verbot er auch dies.[5] Der biblische Jesus fordert Verzicht auf allen Besitz[6], und in der Urgemeinde, wo seine Lehre und die Form seines Zusammenlebens mit den Jüngern am unmittelbarsten weiterwirken mußten, hat es auch einen starken Ansatz zum Kommunismus oder, wie Troeltsch sagt[7], zum religiösen Liebeskommunismus gegeben. Das Neue Testament beachtet sogar: »Die Menge der Gläubigen aber war ein Herz und eine Seele, und kein einziger nannte etwas von seinem Vermögen sein eigen, sondern sie hatten alles gemeinsam ... es gab auch keinen Notleidenden unter ihnen; alle nämlich, welche die Ländereien oder Häuser besaßen, verkauften diese, brachten dann den Erlös aus dem Verkauf und stellten ihn den Aposteln zur Verfügung; davon wurde dann jedem zugeteilt, wie er es brauchte.«[8]

Doch während noch Kirchenväter wie Cyprian und besonders der edle Basilius den urchristlichen Kommunismus rühmten[9], während noch Kirchenlehrer Johannes Chrysostomos predigte: »Die Gütergemeinschaft ist mehr die adäquate Form unseres Lebens als der Privatbesitz, und sie ist naturgemäß«[10], war aus der liebes-kommunistischen Keimzelle des Christentums bereits »die riesenhafteste Ausbeutungsmaschine« hervorgegangen, wie Kautsky schrieb, »die die Welt gesehen«[11].

---

3 Zit. bei Gontard, 253 4 Mk. 6,8f. 5 Mt. 10,10; Lk. 9,3; 10,4

6 Lk. 12,33; 14,33. Vgl. auch Lk. 16,9; 16,11; 6,24ff.; 16,19ff.; 1,52f.; Mk. 10,25. Zur Haltung Jesu: Deschner, 410ff.

7 Troeltsch, 49

8 Apg. 4,32–35. Vgl. auch 2,42ff. Zur Idealisierungstendenz der Apostelgeschichte: Heussi, Der Ursprung des Mönchtums, 19f.; Pöhlmann II, 483; Haenchen, Die Apostelgeschichte, 191ff. Doch schreibt etwa Lohmeyer, Galiläa und Jerusalem, 65f.: »Hingabe allen Besitzes ist unbedingte Pflicht urchristlichen Glaubens.« Vgl. auch ders., Gottesknecht und Davidsohn, 138. In diesem Sinne auch Troeltsch, 50. Vgl. ferner Kautsky, Der Ursprung des Christentums, 347ff.

9 Cyprian op. et el. 25. Basilius, s. bes. etwa seine Predigt gehalten zur Zeit einer Hungersnot und Dürre, c. 8.

10 Joh. Chrys. hom. in ep. 1 ad Ti. 12,3f. Zur kommunistischen Predigt der Kirchenväter vgl. Deschner, 414ff.

11 Kautsky, Geschichte des Sozialismus I, 34

Über Ursprung und Vermehrung des Kirchengutes ist freilich wenig bekannt. Bis ins 5. Jahrhundert schweigen die christlichen Schriftsteller fast völlig über eine Entwicklung, die mit dem evangelischen Armutsideal ja nicht zu vereinbaren war. Unter Konstantin, zu Beginn des 4. Jahrhunderts, als die Kirche auch den jahrhundertelang von ihr vertretenen Pazifismus plötzlich preisgab[12], hatte jedenfalls der Geldregen begonnen. Der Kaiser spendete Gold, Kirchen und Paläste, seine christlichen Nachfolger verliehen neue Dotationen und Immunitäten; was früher in die heidnischen Heiligtümer floß, erhielt nun die Catholica. Sie konfiszierte auch die Tempelgüter und den Kirchenbesitz der »Ketzer«.[13] Und das Vermögen, das ihr klerikale Würdenträger, Mönche und Sklaven[14] hinterließen, vergrößerte ihr Gut andauernd, zumal es Sitte wurde, die Bischöfe aus reichen Familien zu wählen. Aber auch viele Laien vermachten der Kirche Kapital, galt dies doch als sicherste Garantie für die Erlangung des ewigen Seelenheils.

Seit 475 gab die römische Gemeinde ein Viertel der gesamten kirchlichen Einkünfte dem Bischof. Ein Viertel bekam der Klerus, wobei der niedere aber auf Nebenverdienst angewiesen war. Ein Viertel wurde an die Armen verteilt, und ein Viertel für die Erhaltung der Kirchengebäude verwendet.[15] Doch kam es vor, daß ein Papst jahrelang alle vier Teile allein verbrauchte.[16] Allmählich entstand ein kolossaler Grundbesitz, den man als Patrimonium Ecclesiae oder Patrimonium S. Petri bezeichnete. Nicht nur in Italien besaß die römische Kirche riesige Güter, sondern auch auf Sizilien, Korsika, Sardinien, in Dalmatien, Afrika und sogar im Orient. Seit dem 5. Jahrhundert war der Bischof von Rom, dessen »Vorgänger« das Evangelium barfuß und ohne Geld verkünden sollten, der größte Grundbesitzer im römischen Reich.[17]

Mitte des 8. Jahrhunderts schuf man dann unter Stephan III. durch einen Religionskrieg den Kirchenstaat, jene groteske Mißgeburt, die den Norden und Süden Italiens länger als ein Jahrtausend voneinander trennte. Indem der Papst mit dem Himmel lockte und mit der Hölle schreckte und einen Brief von St. Peter persönlich präsentierte, trieb er den Franken Pippin, dessen usurpierte Königswürde die Kirche anerkannt und dessen Vorgänger sie ins Kloster gesteckt hatte, zu zwei Feldzügen gegen die Rom bedrohenden Langobarden. Das eroberte Gebiet schenkte Pippin 756 dem hl. Petrus und seinen angeblichen[18] Nachfolgern, die damit

---

12 Ausführlich DESCHNER, 493ff., bes. 506ff. Wichtig UDE.

13 Vgl. ›Die Vernichtung des Heidentums‹ und ›Der Kampf gegen die »Ketzer«‹ bei DESCHNER, 465ff. u. 471ff.

14 Die Kirche hat vielleicht am längsten Sklaven gehalten. Vgl. bes. TROELTSCH, 355ff.

15 HEUSSI, Kompendium, 110

16 THEINER, I., 146f.

17 SCHNEIDER, II., 269 mit Bez. auf EUSEB. h. e. 10,6f.; JOH. CHRYSOST. in Act. hom. 18,4. Vgl. auch TONDI, Die Jesuiten, 50f.

18 Vgl. hierzu bes. ›Warum Jesus keine Kirche gegründet haben kann‹ und ›Die Anfänge des Papsttums‹ bei DESCHNER, 213ff. u. 243ff.

nicht nur über riesige Ländereien verfügten, sondern auch über ein eigenes Heer.

Nun gab man freilich dem soeben durch zwei blutige Kriege entstandenen Kirchenstaat einen idealeren Ursprung. Man fabrizierte nämlich noch unter Pippin die sogenannte Donatio Constantini, die Konstantinische Schenkung, die an die Silvesterlegende anknüpft. Der schreckliche Christenverfolger Konstantin (!) war demnach durch Papst Silvester I. vom Aussatz geheilt, bekehrt und getauft worden und hatte zum Dank den Papst mit kaiserlichen Würden und Rechten reich beschenkt, nicht nur, was der Wirklichkeit entspricht, mit dem Lateran, sondern auch mit der Stadt Rom und sogar mit »allen Provinzen Italiens und der westlichen Lande«.[19]

Diese berüchtigte, den Kirchenstaat als ein Geschenk des ersten christlichen Kaisers ausgebende, mit Datum und eigenhändiger Unterschrift versehene Urkunde spielte als »klassisches Beweisstück« eine hervorragende Rolle im Kampf der Päpste gegen die Kaiser. Im Hinblick auf sie wurde jeder von der Kirche verdammt, der sich am kurialen Besitz vergriff oder eine solche Handlung auch nur irgendwie begünstigte.[20]

Hadrian I., der von fünfundfünfzig erhaltenen Briefen fünfundvierzig an Karl d. Gr. schrieb, die fast nur das päpstliche Territorium betreffen[21], beruft sich als erster Papst auf die Fälschung. Im 12. Jahrhundert ging sie in das Decretum Gratiani ein, das den ersten Platz im Corpus Iuris Canonici erhielt, in dem bis 1918 gültigen Gesetzbuch der Kirche. Nachdem schon die Anhänger Arnolds von Brescia den Betrug erkannt hatten, deckte ihn endgültig 1440 der päpstliche Sekretär und Humanist Laurentius Valla in einer Schrift auf, die Ulrich von Hutten 1519 publizierte. Die römisch-katholische Geschichtsschreibung aber gab die Fälschung erst seit dem 19. Jahrhundert zu. Der Kirchenstaat, unter Innozenz III. um 1200 bedeutend erweitert, ging den Päpsten zwar während ihres Aufenthalts in Avignon verloren, erreichte aber zu Beginn des 16. Jahrhunderts unter Julius II. seine größte Ausdehnung. Der Papst, der selbst bewaffnet an den Feldzügen teilnahm, führte fast in jedem Jahr seiner Regierung Krieg. Ende des 18. Jahrhunderts okkupierten napoleonische Soldaten das Gebiet, Pius VI. wurde als Gefangener nach Valence geführt und der Kirchenstaat zwischen Frankreich und Italien aufgeteilt. 1815 stellte ihn der Wiener Kongreß zwar noch einmal her, doch ging er 1870 endgültig im Königreich Italien auf.

Damals besetzten nämlich die Italiener am 20. September 1870 Rom und riefen es zu ihrer Hauptstadt aus. Der Papst, der schon nach kurzer Kanonade die weiße Fahne hatte hissen lassen, verlor sein Heer und seine »weltliche« Herrschaft

---

19 Vgl. bes. Haller, Das Papsttum, 388ff.; Heiler, Altkirchl. Autonomie, 235ff., 276

20 Heiler, Altkirchliche Autonomie, 239

21 Heiler, Der Katholizismus, 297. Vgl. auch ders., Altkirchliche Autonomie, 236

und mußte sogar durch italienische Truppen vor der aufgebrachten Bevölkerung beschützt werden.

Während der König ein päpstliches Palais auf dem Quirinal bezog, schloß sich Pius IX. im Vatikan ein, wies sämtliche Unterhändler der Regierung ab, exkommunizierte am 1. November 1870 alle Beteiligten an der »Usurpation« Roms und betrachtete sich als »Gefangenen«.

Italien regelte daraufhin durch das Garantiegesetz vom 13. Mai 1871 großzügig die Stellung des Papstes. Es erklärte seine Person für »heilig und unverletzlich«, sicherte ihm den Vorrang vor allen katholischen Souveränen zu, gestattete ihm eine Leibwache und die Nutznießung der von jeder Steuer befreiten vatikanischen Gebäude und Gärten, des Laterans und der Villa Castel-Gandolfo einschließlich der dort befindlichen Museen, Bibliotheken und Sammlungen, die jedoch italienisches Hoheitsgebiet oder Eigentum blieben. Ferner garantierte man ihm volle Freiheit bei der Ausübung seines geistlichen Amtes, gestand den Vertretern ausländischer Regierungen beim Heiligen Stuhl alle für Diplomaten üblichen Privilegien zu und verbot das Eindringen italienischer Beamten in die päpstlichen Paläste. Endlich setzte man als Entschädigung für den Ausfall der kirchenstaatlichen Einkünfte eine steuerfreie Dotation von dreieinviertel Millionen Lire als jährliche Rente aus, worauf Pius IX. und seine Nachfolger allerdings verzichteten – die »Liebesgaben« der Gläubigen, die sie in aller Welt als »Gefangene« beklagten, ergaben mehr.

Mit der Liquidation des Kirchenstaates und der Besetzung Roms durch die Italiener, dem »Verbrechen«, wie Pius IX. sagte[22], war die sogenannte »Römische Frage« entstanden, zu deren Lösung es nach dem Ausspruch des zu Vermittlungen neigenden italienischen Politikers Francesco Crispi des größten Staatsmannes aller Zeiten bedurfte.

Während des Ersten Weltkrieges, den der Vatikan mitverschuldet hat[23], sympathisierte der Papst begreiflicherweise nicht mit Italien. Er hielt es mit den Mittelmächten, weshalb ihn besonders die katholischen Franzosen und Belgier dauernd als »Boche« beschimpften und die bei ihm beglaubigten Diplomaten Deutschlands und Österreichs 1915 Rom verlassen mußten. Ja, die italienische Regierung bedang sich damals in der »Londoner Papstklausel« für ihre Teilnahme am Kriege das Fernbleiben des Vatikans von den Friedensverhandlungen aus![24] Auf der Seite der Mittelmächte dagegen propagierte man während des Krieges den Gedanken eines neuen Avignon. Man erwog, dem Papst eines der alten geistlichen Fürstentümer

---

22 Neues Münchener Tagblatt, 15.2.1929

23 Vgl. S. 167. Ausführlicher schreibe ich darüber in dem Sammelband ›Das Jahrhundert der Barbarei‹, der 1966 im Desch-Verlag, München, erschien. Wichtig Winter, II., 425ff.

24 Münchener Telegramm-Zeitung, 8./9.2.1929; Deutsches Volksblatt, 27.2.1929. Zur Berechtigung des Mißtrauens vgl. Winter, II., 582

Salzburg, Trient, Brixen oder das Fürstentum Liechtenstein als Kirchenstaat zu übergeben. Man dachte in diesem Zusammenhang auch an eine der kalabrischen oder dalmatinischen Inseln sowie an Elba.[25] Doch alle derartigen Pläne blieben unrealisierbar, nachdem die Sache der Mittelmächte verloren war, und weil der Vatikan sie auch während des Krieges unterstützt, vor allem 1917 durch Nuntius Pacelli intensive Friedensverhandlungen in ihrem Sinne geführt hatte[26], dachten die Siegerstaaten nicht daran, für den Papst auch nur einen Finger zu rühren. Außerdem – England war antipapistisch, Frankreich antiklerikal, Rußland bolschewistisch. Und da in Italien selbst das liberale Regime in ein sozialistisches oder kommunistisches umzuschlagen schien, bestand für eine Lösung der »Römischen Frage« kaum noch Hoffnung.

In dieser fast aussichtslosen Lage knüpfte der Vatikan erste Fäden zu einem Manne, dem Konrad Adenauer 1929 telegraphierte, sein Name werde in goldenen Buchstaben in die Geschichte der katholischen Kirche eingetragen[27] – Benito Mussolini.

Beginn der Zusammenarbeit von Vatikan und Faschismus

> »Mit den Beschimpfungen der Pfaffen schmücke ich mich wie mit einem duftenden Blumenkranz.«
>
> Mussolini 1920[28]

> »Ich bekenne, daß die lateinische und weltbeherrschende Tradition Roms heute im Katholizismus ihre Vertretung findet.«
>
> Mussolini 1921[29]

> »Mussolini macht schnelle Fortschritte ...«
>
> Kardinal Ratti 1921[30]

Papst Pius XI., 1922 im vierzehnten Wahlgang gewählt, hatte schon als Kardinalerzbischof Ratti von Mailand die neue Partei, die ›Partito Fascista‹, mit großem Interesse verfolgt. Ja, man behauptete, bereits sein Vorgänger, Benedikt XV.,

[25] Münchener Telegramm-Zeitung, 8./9.2.1929 [26] Vgl. Winter, II., 608f.
[27] Hamburger Fremdenblatt, 12.2.1929; Deutsches Volksblatt, 13.2.1929
[28] Kurella, 252 [29] Allgemeine Rundschau, München, 23.2.1929 [30] Paris, The Vatican, 69

habe in seinen letzten Lebenstagen dem damaligen Direktor des Mailänder ›Popolo d'Italia‹ »besondere Bezeugungen seiner Gunst ... zukommen lassen«[31].

Gewiß, Mussolini war Atheist. Schon seine erste, 1904 erschienene Schrift ›Es gibt keinen Gott‹ galt der Nichtexistenz Gottes. Er nannte ihn »eine ungeheuerliche Ausgeburt menschlicher Ignoranz«, und Jesus, falls er überhaupt gelebt, »eine kleine und dürftige (piccolo e meschino) Persönlichkeit«[32]. Doch noch 1919 entwickelte der Autor des antikatholischen Romans ›Die Mätresse des Kardinals‹ ein streng kirchenfeindliches Programm und beteuerte noch 1920 wörtlich, auf alle Dogmen zu spucken. »Es gibt keinen Gott«, bekannte er. »Vom wissenschaftlichen Standpunkt aus ist die Religion ein Unsinn; in der Praxis ist sie unsittlich und die Menschen, denen sie anhaftet, sind krank.«[33] »Nie«, betont G. A. Borgese in seinem vorzüglichen Mussolini-Buch, »war der christlichen Ethik und Religiosität je so rücksichtslos die Fehde angesagt worden wie von der faschistischen Staats- und Kriegstheorie. Ein Kampf ohne Gnade schien zwischen beiden Mächten unvermeidlich.«[34]

Aber nur ein Jahr später, im Sommer 1921, verkündete der Faschistenchef, »daß die einzige universelle Idee, die heute in Rom existiert, diejenige ist, die vom Vatikan ausstrahlt«[35]. Und am 5. Februar 1922, am Tage der Wahl Achille Rattis zum Papst, eilte Mussolini in Begleitung zweier Freunde auf den Petersplatz, wo die Anwesenheit des Präsidenten, Vizepräsidenten und Sekretärs der faschistischen Partei einige Aufmerksamkeit erregte. »Kaum auf dem Platz angekommen«, erzählt uns nun der eine Begleiter, »wurde der Duce tief ergriffen von dem grandiosen Schauspiel, das die ungeheuren Volksmengen und die Majestät des vatikanischen Baues darboten, der in diesem Augenblick, da er ein tiefes Geheimnis in seinen Mauern umschloß, noch feierlicher erschien. Eine Zeitlang verhielt der Duce sich schweigend erstaunt, bewegt, als wolle er die Wucht des Gemäldes ermessen, dann sagte er: ›Unglaublich, daß die liberalen Regierungen nicht begriffen, daß die Universalität des Papsttums, des Erben der Universalität des römischen Reiches, den größten Ruhm der Geschichte und der Tradition Italiens darstellt.‹«[36]

Kurz darauf schrieb Mussolini in einem Brief: »Als Bürger von Mailand nehme ich an der allgemeinen Freude der Mailänder über die Erhebung des Kardinals *Ratti* zum Papst teil. Er besitzt außer den Eigenschaften, die ich religiöse nennen möchte, auch solche, die ihn der profanen Welt sympathisch machen. Er ist ein Mann von umfassender historischer, politischer und philosophischer Bildung, der viel im Auslande gesehen hat, und der die Situation Osteuropas gründlich

[31] Neisser Zeitung, 12.3.1929 [32] Borgese, 175 [33] Kurella, 252
[34] Borgese, 287 [35] Allgemeine Rundschau, München, 23.2.1929
[36] Neisser Zeitung, 12.3.1929

kennt … Ich halte dafür, daß mit Pius XI. sich die Beziehungen zwischen Italien und dem Vatikan bessern werden.«[37]

Was war in Mussolini vorgegangen? War er bekehrt, war er Theist oder gar gläubiger Katholik geworden? Keineswegs. Er dachte über den Katholizismus nach seinem Regierungsantritt nicht anders als vorher. Sogar seine öffentlichen Reden beweisen dies. Selbst sein großer Kammerbericht über die Lateranverträge, diese klägliche Kapitulation vor dem Vatikan, ist mit antikatholischen Spitzen versehen.[38] Mussolini sagte dabei nicht nur treffend vom Christentum, es sei zwar in Palästina entstanden, aber erst in Rom katholisch geworden, sondern er erklärte in diesem feierlichen Augenblick auch rundheraus: »Es ist sonderbar, daß ich in den letzten drei Monaten mehr katholische Zeitungen konfiszieren lassen mußte als in den sechs vorangegangenen Jahren!«[39] Und immer wieder einmal äußerte er später heftige Worte gegen das Papsttum und bezeichnete sich selbst als Ghibellinen und Ungläubigen.[40] Andererseits aber wußte Mussolini, daß Religion, so stand schon in seiner atheistischen Erstlingsschrift, »ein Kunstgriff der Könige und Unterdrücker« sei, »um die Untertanen und Sklaven im Zaum zu halten«[41]. Und da der Duce ja auch den Marxismus zugunsten einer antisozialistischen und antiliberalen Haltung aufgegeben hatte, da er nicht mehr in flammenden Reden die Kriegsdienstverweigerung forderte und nicht mehr die Arbeiterfrauen aufrief, sich vor die Transportzüge zu werfen[42], konnte Kardinal Achille Ratti schon 1921, ein Jahr vor seiner Papstwahl sagen: *»Mussolini macht schnelle Fortschritte und wird mit elementarer Kraft alles niederringen, was ihm in den Weg kommt. Mussolini ist ein wundervoller Mann. Hören Sie mich? Ein wundervoller Mann!* Er ist ein Neubekehrter. Er kommt von der äußersten Linken und hat den antreibenden Eifer des Novizen … Die Zukunft gehört ihm.«[43]

So begann die Zusammenarbeit von Vatikan und Faschismus noch *vor* dem »Marsch auf Rom«. Pius XI. deutete am 23. Dezember 1922 auf bereits zweijährige Verhandlungen über Anregungen Mussolinis hin.[44] Und Mussolini betonte später, er habe mit seiner Religionspolitik nicht erst auf den Lateranvertrag gewartet. »Sie beginnt im Jahre 1922, sogar schon 1921! Man lese meine Rede, die ich damals im Juni in der Kammer gehalten habe!«[45]

Schließlich gab es entscheidende Gemeinsamkeiten. Beide Seiten bekämpften Kommunisten, Sozialisten und Liberale. Beide regierten autoritär. Der Große Rat des Faschismus war überdies eine offensichtliche Nachahmung des sogenannten Heiligen Kollegiums, und die Nachfolge des Duce ebenso geregelt wie die

---

[37] Ebenda [38] Vgl. Mussolini, VII., 30ff. [39] Ebenda, 33 u. 107. Vgl. auch 96 u.a.
[40] Siebert, 394 [41] Borgese, 175 [42] Rumpelstilzchen, 13
[43] Paris, The Vatican, 69 [44] Neues Münchener Tagblatt, 16.2.1929
[45] Mussolini, 123

des Papstes.[46] Da Mussolini auch alsbald Presse- und Versammlungsfreiheit aufhob, da er die Kruzifixe in die Schulsäle zurückbringen, den Religionsunterricht wiedereinführen, die Prozessionen beschützen und beschlagnahmte Kirchen und Klöster freigeben ließ, wäre man miteinander einig geworden, auch wenn der Atheist nicht vor versammelten Faschisten zur Madonna gebetet hätte.[47]

»Ein aus Klerikalismus und Militarismus zusammengesetztes Produkt«, so war der Faschismus schon bald von Francesco Nitti, dem früheren italienischen Ministerpräsidenten, gekennzeichnet worden[48], von dem Curzio Malaparte, unter Mussolini Leiter der ›Stampa‹, schrieb, der strenge, geradlinige, anständige Nitti habe mit seinen bescheidenen Lebensgewohnheiten den protestantischen Moralismus repräsentiert, doch jetzt bedürfe Italien, »um groß zu werden, des katholischen Immoralismus«[49].

Vor seinem Regierungsantritt hatte Mussolini eine geheime Zusammenkunft mit Kardinalstaatssekretär Gasparri im Hause des katholischen Senators Graf Santucci in Rom – ein Treffen, das lebhaft an das Hitlers mit dem päpstlichen Vertrauensmann von Papen, dem »alter ego Monsignore Pacellis«[50], im Hause des Kölner Bankiers von Schroeder vor der nazistischen Machtergreifung erinnert (S. 69). »Seit dieser Unterredung«, bekannte Kardinal Gasparri, »wußte ich, daß wir durch diesen Mann, wenn er zur Macht gelangte, bekommen würden, was wir wollten.«[51]

Und da Mussolini ohne vatikanische Hilfe sein Ziel kaum erreichen konnte – »Fünf Minuten Feuer«, sagte damals Pietro Badoglio, Chef des Generalstabs, »und man wird nichts mehr von Faschismus hören«[52] –, kollaborierte der Duce mit der Kurie noch vor der Farce des »Marsches auf Rom«, den er, wie schon bemerkt, im Schlafwagen zurückgelegt hat[53]. Bereits am 22. Oktober 1922 forderte der Vatikan die italienische Hierarchie auf, sich nicht mit der (faschistenfeindlichen) katholischen Partei zu identifizieren, sondern neutral zu bleiben, was zweifellos eine Unterstützung Mussolinis bedeutete[54], der am 28. Oktober die Macht übernahm.

Knapp drei Monate später, am 20. Januar 1923, begann der Kardinalstaatssekretär geheime Besprechungen mit ihm.[55] Der Vatikan verpflichtete sich, die Partito Popolare, die katholische Partei, auszuschalten, konnte man von den Faschisten doch eine viel radikalere Bekämpfung der Liberalen, Demokraten und Kommunisten erwarten. Mussolini garantierte deren Beseitigung und die Wahrung der kirchlichen »Rechte«.

[46] Vgl. Borgese, 293
[47] Germania, 12.2.1929. Vgl. auch Mussolini, VII., 76
[48] Nitti, 10
[49] Ebenda, 31
[50] Paris, The Vatican, 97
[51] Ebenda
[52] Ebenda
[53] Vgl. Borgese, 227f. Die Lektüre dieses von großartigem Hohn durchsetzten Buches ist ein Genuß.
[54] Manhattan, dt. Ausg., 104
[55] Ebenda

Der erste Dienst

»Mussolini ... hat nicht sofort nach seinem Einmarsch in Rom irgendeine lächerliche Gesandtschaft in den Vatikan geschickt oder mit taktlosen Aufmerksamkeiten die Freundschaft des mächtigen Hohenpriesters zu erkaufen gesucht, er ist den richtigen Weg gegangen und hat zuerst die Rechnung auf den Gebieten des Höheren und Höchsten bereinigt.«

Bayerischer Kurier, München[56]

»Er erkannte, was alle Staatsmänner Europas seit Metternich nicht getan (sic) haben, daß der Vatikan in erster Linie eine geistige Macht ist, eine religiöse Macht, der man mit politischen und materiellen Dingen nicht kommen darf.«

Baron von Cramer-Klett in der ›Münchener Zeitung‹[57]

Der erste Dienst, den der Exsozialist dem Heiligen Stuhle leistete, war ein finanzieller. Er rettete nämlich den »Banco di Roma«, dem die Kurie und mehrere ihrer Prälaten hohe Summen anvertraut hatten, vor dem Bankrott, indem er auf Kosten des italienischen Staates mit ungefähr 1,5 Milliarden Lire einsprang.[58] (Die Familie Pacelli, mit dem italienischen und internationalen Monopolkapital eng versippt, besitzt heute maßgeblichen Einfluß in dieser Bank. Wie denn die drei Neffen Pius' XII., Marcantonio, Carlo und Giulio Pacelli, unter seinem Pontifikat hohe Würdenträger des Vatikans und gleichzeitig Präsidenten und Aufsichtsräte bedeutender Banken und Monopolgesellschaften[59], an fast allen großen italienischen Finanzskandalen der Nachkriegszeit beteiligt waren. Ihre Einkünfte beliefen sich während der Amtszeit ihres päpstlichen Onkels auf ungefähr 120 Millionen DM.[60])

Seit der Sanierung des »Banco di Roma« begannen die Lobgesänge der italienischen Bischöfe, einschließlich des Papstes, auf Mussolini. Der Kardinal Vannutelli, der Dekan des sogenannten Heiligen Kollegiums, erklärte schon damals von ihm, er sei »auserwählt zur Rettung der Nation und zur Wiederherstellung ihres Glükkes«[61]. »Als seinerzeit Faschisten Mitglieder der katholischen Partei überfielen und ermordeten, darunter auch Priester, wie den Pfarrer Don Minzoni, ... protestierte der Papst mit keiner Silbe.«[62] Vielmehr kam er Mussolini zur selben Zeit entschei-

[56] 13.1.1928 [57] 13.2.1929 [58] Manhattan, 112ff.
[59] Vgl. die Tabelle bei Deschner, 432ff. Dazu Mohrmann, 52f.
[60] Ebenda. Siehe auch Breza, 544ff. [61] Manhattan, 112ff. [62] Ebenda

dend entgegen. Denn als dieser im Frühjahr 1923 durch eine Wahlrechtsreform das Parlament beseitigen wollte, wogegen außer Liberalen und Demokraten auch der Gründer und Führer der katholischen Partei, der sizilianische Geistliche Don Sturzo und 107 katholische Abgeordnete erbittert kämpften, befahl der Papst am 9. Juni 1923 Don Sturzo den Rücktritt und legte sogar die Auflösung der katholischen Partei nahe.[63] Zwar bestand sie vorerst weiter, war aber durch die Entfernung ihres Führers empfindlich getroffen. Und unmittelbar darauf agitierten die höchsten Repräsentanten der katholischen Hierarchie, vor allem die in die Politik des neuen Papstes eingeweihten, ganz offen für Mussolini, ja, der Erzbischof von Florenz, Kardinal Mistrangelo, überschüttete ihn zehn Tage später in einer öffentlichen Rede mit Dank, umarmte ihn und küßte ihn auf beide Wangen.[64]

Nun war gewiß die faschistische »Revolution« in Italien eine der unblutigsten Revolutionen überhaupt, geschah doch alles im Einverständnis mit den bisherigen Mächten, der Monarchie und besonders der Kirche, und der widerstrebende Rest – wurde angeblich rasch mit Rizinus bekehrt[65].

Immerhin starben auch einige Tausende durch den faschistischen Terror. Man erschoß kommunistische und sozialistische Arbeiter im Morgengrauen vor den Städten. Man holte höhergestellte Gegner, auch frühere Freunde Mussolinis, nachts aus den Betten und schlachtete sie vor den Augen ihrer Frauen und Kinder ab.[66] Ungezählte wurden eingekerkert oder auf öde Inseln verbannt, darunter Männer wie Rossi, Fancello, Bauer, Vinciguerra. Viele gingen ins Exil. Der Schriftsteller Lauro de Bossis flog von Frankreich nach Rom, warf über der Stadt Flugblätter ab und verschwand spurlos für immer. Der Schriftsteller Carlo Rosselli, einer der bedeutendsten italienischen Emigranten, erlag mit seinem Bruder einem Attentat, ausgerechnet am Jahrestag eines dreizehn Jahre früher begangenen Verbrechens, das Mussolini fast seine Karriere gekostet hätte.

Am 10. Juni 1924 wurde nämlich der junge Strafrechtslehrer und Sozialistenführer Giacomo Matteotti, der erbittertste Gegner Mussolinis, von Faschisten verschleppt und auf ungeheuerliche Weise ermordet. Matteotti, der einer reichen Großgrundbesitzerfamilie entstammte, hatte den zahllosen und ungewöhnlich armen Bauern seiner Provinz selbstlos geholfen und ohne Zögern sein gesamtes Vermögen seinem sozialen Werk geopfert.[67]

---

63 Ebenda 64 Ebenda

65 War nämlich in irgendeinem Dorf sozialistisch gewählt worden, umstellten es in aller Frühe bewaffnete Faschisten, trieben die wahlfähigen Männer zusammen, banden ihnen unten die Hosen zu, flößten ihnen Rizinus ein und ließen sie anderthalb Stunden Laufschritt machen. Rizinus floß damals so reichlich, daß in Italien, das die ganze Welt damit versorgte, infolge der Knappheit die Preise anzogen. Doch in Hunderten von Dörfern nahm daraufhin die Revolution einen siegreichen Verlauf. »Jeder Widerstand wurde mit Rizinusöl gebrochen.« Rumpelstilzchen, 38f.

66 Borgese, 248 67 Nitti, 38f.

Die Entrüstung in Italien war außerordentlich. Wie aus den Dokumenten hervorgeht, wurde der Mord, den katholische Blätter später den Freimaurern zur Last legen wollten[68], von Mussolini persönlich angeordnet[69]. Er schien am Ende seiner Laufbahn. Man forderte seine Absetzung vom König. Doch Pius XI. stellte sich wiederum auf Seite des Duce und befahl sogar den Austritt aller Priester aus der katholischen Partei, was ihrer Auflösung gleichkam. Eines der wichtigsten Hindernisse auf dem Weg zur faschistischen Diktatur hatte damit der Papst so gut wie beseitigt, der am 20. Dezember 1926 der Welt verkündete: »Mussolini wurde uns von der Vorsehung gesandt.«[70]

Damals führte man nämlich schon jene Verhandlungen, deren Abschluß Vatikan und Faschismus noch enger miteinander verband.

[68] Vgl. etwa ALLGEMEINE RUNDSCHAU, 23.2.1929, 130

[69] So NITTI, 38

[70] MANHATTAN, 115

Die Lateranverträge

»Daß eine Regierung es unternahm, eine Reform der staatlichen Kirchengesetze zu studieren und daß sie der Mahnung des Papstes Gehör schenkte, waren Dinge, wie man sie seit über einem Jahrhundert in der Kirchenpolitik der verschiedenen einander folgenden Regierungen in Italien nicht mehr erlebt hatte.«

Francesco Pacelli, 1929[71]

»Vor Gott und seinen heiligen Offenbarungen schwöre und verspreche ich anläßlich meiner Ernennung zum Bischof, dem italienischen Staat die Treue zu halten. Ich schwöre und verspreche, den König und die Regierung, die entsprechend der verfassungsmäßigen Grundlage des Staates gebildet wurde, zu achten und sie von der mir unterstellten Geistlichkeit achten zu lassen. Ich schwöre und verspreche, daß ich mich an keinen Beratungen oder Übereinkünften beteiligen werde, die dem italienischen Staat und der öffentlichen Ordnung Schaden zufügen könnten, und ich werde auch der mir unterstellten Geistlichkeit nicht erlauben, daran teilzunehmen. Ich werde mich um das Wohlergehen und die Interessen des italienischen Staates bemühen und mich befleißigen, allen Gefahren entgegenzutreten, die ihn bedrohen könnten.«

Treueschwur, den die italienischen Bischöfe aufgrund des Konkordats dem faschistischen Staat zu leisten hatten.[72]

Die Verhandlungen begannen bezeichnenderweise 1926. Denn in diesem Jahr gab der Papst endgültig die katholische Partei preis, wurden die Liberalen und Sozialisten, die eben noch über fünfzig Prozent aller Stimmen erhalten hatten, verboten, ihre Zeitungen unterdrückt, ihre Führer verhaftet und überhaupt sämtliche Rechtsgarantien abgeschafft. Die Verhandlungen setzten also mit dem Beginn der faschistischen Diktatur ein, mit dem, was der Diktator selber die totalitäre Faschistisierung des Staates nannte[73], gewiß kein Zufall. Denn nachdem Mussolini mit Hilfe des Papstes sein Ziel erreicht hatte, sollte auch der Papst –

[71] Augsburger Postzeitung, September 1929 [72] Artikel 20 [73] Claar, 64

man erinnere sich der Worte Gasparris (S. 9) – mit Hilfe Mussolinis an das seine gelangen. Und »wie hätte Jesus Christus«, fragt Francesco Pacelli, »der Sohn des lebendigen Gottes, nicht die Gebete seines Stellvertreters erhören sollen?«[74]

In der Tat, er erhörte sie. Lange freilich geschah alles geheim. Der Entwurf zur Lösung der »Römischen Frage«, Ende Februar 1926 gemacht, wurde nicht der Kammer überwiesen, »eine Haltung«, meinte 1929 Francesco Pacelli, »die über jedes Lob erhaben ist«[75].

Der Konsistorialadvokat Pacelli, ein Bruder des späteren Papstes Pius XII., verhandelte auf vatikanischer, sein Freund, der Staatsrat Domenico Barone, auf faschistischer Seite. Nach Domenico Barones Tod konferierte Mussolini selbst mit Pacelli, und zwar, schreibt der katholische ›Bayerische Kurier‹, »meistens bei Nacht«[76].

Die Bedeutung des Rechtsanwalts Pacelli in diesem Zusammenhang kann kaum überschätzt werden. Barone sagte darüber im Sommer 1926 zu Mussolini: »Ich glaube meine Pflicht getan zu haben, als ich die Aufmerksamkeit E.E. auf die Möglichkeiten lenkte, die für eine Einigung über die Regelung der Beziehungen zwischen dem italienischen Staat und dem Heiligen Stuhl bestehen. Ich tat dies auf Grund eines Hinweises, den ich von einem Prälaten, der im Vatikan eine hohe Stellung bekleidet, erhalten hatte und auf Grund der Gespräche, die ich auf dessen Veranlassung mit dem Advokaten Francesco Pacelli hatte. Letzterer ist derjenige von den Rechtsvertretern des Heiligen Stuhles, der am unmittelbarsten das volle Vertrauen des Heiligen Vaters genießt.«[77] Tatsächlich wurde Francesco Pacelli laut eigener Erklärung nicht weniger als 150mal vom Papst empfangen.[78] Und auch Mussolini betonte den »sehr großen Anteil« Pacellis an den Verträgen[79], der dann dafür nach ihrer Ratifizierung den Titel eines Markgrafen bekam und 1940, nach der Krönung seines Bruders zum Papst, in den erblichen Fürstenstand erhoben wurde. Seine Söhne sind die drei schon genannten päpstlichen Neffen, mit denen Pius XII. den Nepotismus der Renaissance-Hierarchen wieder zu glanzvoller Blüte brachte.

Das am 11. Februar 1929 unterzeichnete Abkommen hat einerseits das Ansehen der Faschisten außerordentlich gesteigert, wie bald darauf das Konkordat mit Hitlerdeutschland das Prestige der Nazis, andererseits der römischen Kurie große Vorteile gebracht. Zwar verzichtete sie endgültig auf die Wiederherstellung des Kirchenstaates – fast eineinhalb Jahrtausende lang die angeblich unentbehrliche,

---

[74] Augsburger Postzeitung, 20.9.1929

[75] Ebenda

[76] Bayerischer Kurier, 20.2.1929

[77] Mussolini, VII., 78

[78] Ebenda, 87. Nach dem Bayerischen Kurier, 20.2.1929, »einhundertneunzehnmal«, nach anderen zweihundertmal.

[79] Mussolini, 87

zahllose Kriege kostende Grundlage ihrer Unabhängigkeit und Freiheit – und erkannte das Königreich Italien unter der Dynastie des Hauses Savoyen mit Rom als Hauptstadt an. Dafür aber erhielt der Papst uneingeschränkte territoriale und personelle Souveränität auf dem Gebiet der Città del Vaticano und als Abfindung die ungeheure Summe von einer Milliarde Lire in Staatspapieren und 750 Millionen Lire in bar.

Mussolini hatte die »Römische Frage« gelöst, indem er der Kirche auf der ganzen Linie entgegenkam. Was der Protest von vier Päpsten beim liberalen italienischen Staat nicht erreichte, machte der faschistische möglich, weil er auch weiterhin den Beistand der Kurie brauchte. Es war, wie Francesco Nitti, der ehemalige italienische Ministerpräsident, damals schrieb, ganz einfach »eine *Kapitulation der italienischen Regierung*«[80].

»Denn welche Vorteile hat der italienische Staat?«, fragt Nitti in einem aufschlußreichen Aufsatz. »Nichts als die Anerkennung der seit 1870 bestehenden tatsächlichen Verhältnisse. Wer hätte jemals geglaubt, daß Rom wieder vom Papst beherrscht werden würde? *Sogar im Vatikan selbst dachte niemand daran.* Ich habe mich dreißig Jahre lang mit den führenden Persönlichkeiten der Kirche über die römische Frage unterhalten. Niemand hat von mir ernstlich Rom oder auch nur ein Zipfelchen italienischen Bodens verlangt. Aber was hat der Vatikan jetzt tatsächlich bekommen? Ein zwar nur sehr kleines Territorium, aber die Anerkennung als souveräner Staat. Außerdem hat er eine Summe bekommen, deren Betrag in der Geschichte der Kirche einzig dasteht ..., das Kapital einer Weltbank.«

Nitti, ursprünglich Professor der Finanzwissenschaft in Neapel, führt dann weiter aus: »Ich bin der einzige Mensch, der außerhalb des Vatikans die finanzielle Lage der Kirche kennt. Ich besitze selbst Dokumente über ihre genauen Ausgaben und Einnahmen. Ich war Schatzminister während des Krieges, als die Einnahmen der verschiedenen Fonds kontrolliert wurden. Ich war Ministerpräsident, als die Kapitalsteuer eingeführt wurde. Ich habe kein Recht, Urkunden zu veröffentlichen, die nicht für die Öffentlichkeit bestimmt sind; wohl habe ich das Recht zu sagen, daß *diese Entschädigung*, die ohne Vorgang in der ganzen Geschichte ist, *absolut unerklärlich* ist.«[81]

Außer dem politischen Pakt schlossen die Faschisten mit der Kurie ein Konkordat, worin sie ebenfalls ungewöhnliche Konzessionen machten. Der Katholizismus wurde Staatsreligion, die kirchliche Ehe der bürgerlichen ebenbürtig, die Scheidung unmöglich, der Religionsunterricht als »Fundament und Krönung des öffentlichen Unterrichts« an allen Volks- und Mittelschulen obligatorisch. Antikirchliche Bücher, Zeitungen und Filme wurden verboten, Kritik und Beleidigung

[80] Dresdner Anzeiger, 14.3.1929. Vgl. auch Kurella, 250ff.

[81] Dresdner Anzeiger, 14.3.1929

des Katholizismus unter Strafe gestellt. Ja, der Staat verpflichtete sich, seine ganze Gesetzgebung mit dem kanonischen Recht abzustimmen. Von allen Konkordaten, die Pius XI. bis dahin geschlossen hatte (mit Lettland 1922, mit Bayern 1924, mit Polen 1925, mit Litauen 1927), war das Konkordat mit dem faschistischen Italien für die Kurie am günstigsten. Es löschte, wie Francesco Nitti schrieb, zwei Jahrhunderte innerstaatlicher Entwicklung aus und schaffte die geistige Unabhängigkeit des Landes ab.[82] Die Kirche triumphierte. Am 13. Februar 1929 pries der Papst wieder einmal Mussolini als den Mann, »den uns die Vorsehung geschickt hat«, und befahl bald dem Klerus zum Abschluß der täglichen Messe ein Gebet für den König und den Duce (›*Pro Rege et Duce*‹).[83]

Am 17. Februar fanden in allen größeren Städten Italiens besonders feierliche Gottesdienste im Beisein prominenter Prälaten, hoher Parteiführer und Militärs statt. Faschistische und kirchliche Fahnen wehten nebeneinander, Musikkapellen spielten Nationalhymne und Kirchenlieder, und die Bischöfe hielten Predigten, in denen sie den Papst und Mussolini verherrlichten.[84]

Pius XI. empfing am 9. März das bei ihm beglaubigte diplomatische Corps und erklärte sich »äußerst glücklich«. Es sei die angenehmste und erfreulichste Audienz, die er jemals erteilt habe.[85] Und die Kardinäle schrieben ihm am selben Tag in einer Botschaft, Mussolini regiere »im Auftrag der göttlichen Vorsehung«[86].

Natürlich jubelte die ganze katholische Welt, besonders das gläubige Deutschland, wo ja auch bald ein zweiter faschistischer Staat seinen Handel mit der Kirche machte.

Konrad Adenauer, der verdienstvolle Förderer der NSDAP (S. 74), sandte dem Duce ein bewegtes Glückwunschtelegramm.[87] Und ein so aufrichtiger Bewunderer Hitlers wie Kardinal Faulhaber (S. 121) begrüßte »mit Posaunen der Freude« bereits den Pakt mit Mussolini. »Was der erste Petrus erlebte«, sagte Faulhaber in einer Predigt, anspielend auf die Befreiung Petri in der Bibel, »wiederholte sich weltgeschichtlich an seinen Nachfolgern und heute am 261. Petrus ... Nun ist das Gebet der Kirche erhört. Die Stunde der Erlösung ist gekommen. Der Engel Gottes hat mit dem Hammer an das Tor des vatikanischen Kerkers geschlagen: Tut euch auf, ihr uralten Pforten! Wie muß diese Gebetserhörung *unser Vertrauen zum Gebete* stärken! ... Nein, es ist kein Traum. Das eiserne Tor, das vom Vatikan in die Stadt führt, hat sich geöffnet, und wir sagen mit Petrus: *Der Herr* hat es vollbracht ..., *der Herr*, der die Nachfolger Petri aus der Gefangenschaft errettet hat. Es ist nicht Menschenwerk, es ist *eine Gottestat*.«[88] Was das ›Altkatholische Volksblatt‹

[82] Ebenda
[83] Tondi, Die geheime Macht, 34. Ders., Die Jesuiten, 73. Manhattan, 118
[84] Augsburger Postzeitung, 20.2.1929 und 22.2.1929
[85] Deutsches Volksblatt, 11.3.1929
[86] Manhattan, 118
[87] Vgl. S. 6, Anm. 27
[88] Bayerischer Kurier, 19.2.1929

beißend glossierte: »Daß aus Mussolini plötzlich Christus selbst wurde, ist ja mehr Heiterkeit erregend.«[89]

Wenn schon maßgebende deutsche Katholiken wie Faulhaber und Adenauer sich begeisterten, konnte die katholische Presse nicht hinter ihnen zurückstehen. Sie pries die Verbrüderung von Vatikan und Faschismus als »das größte und glücklichste Ereignis, das die Weltgeschichte seit einem Jahrhundert erlebt«[90], als die »Stunde Gottes«[91], Mussolini war der Zerschneider des gordischen Knotens, der »Alexander dieser Tat«[92], »der weltliche Pontifex Italiens«, das »Feuer des guten Willens«, »der Genius der Politik«[93]. Nur er, »der in engster Verbindung … mit dem römischen Katholizismus lebte, war berufen, diese Frage zu lösen, an die sich kein Liberaler energisch herantraute«[94]. »Das Haus Piemont hat sich durch den Duce Mussolini beschämen lassen.«[95] Usw. usw.

Vielsagend schreibt die Berliner katholische ›Germania‹, das Blatt Franz von Papens: »Nicht nur der italienische Klerus bewundert jetzt in Mussolini den großen Staatsmann, der Italien von der Vorherrschaft der Freimaurerei befreite und die Fesseln der Kirche löste, sondern auch die Laien und ehemaligen Anhänger der *Popolaripartei* geben zu, daß er einen beispiellosen Erfolg an die Fahne des Faschismus in wenigen Jahren geheftet hat, den die Italienische Volkspartei erst in Jahrzehnten zu erringen hoffte.«[96] Denn das war der Grund, weshalb sie Pius XI. fallen ließ. Er hatte richtig kalkuliert. Und 1933 versuchte er, unterstützt von Pacelli, Papen und Kaas, dasselbe in Deutschland durch die Preisgabe des Zentrums! Beide Male betrieb der Papst die Auflösung der katholischen Partei, um dort Mussolini, hier Hitler in den Sattel zu helfen.

89 Altkatholisches Volksblatt, 29.3.1929
90 Münchner Zeitung, 13.2.1929
91 Bayerischer Kurier, 16.2.1929
92 Ebenda
93 Allgemeine Rundschau, München, 23.2.1929
94 Ebenda
95 Germania, Berlin, 12.2.1929
96 Ebenda, 19.2.1929

Die Reaktion der Nazis auf die »Versöhnung« mit den Faschisten

> »Ich sehe die Zeit noch kommen, da der Papst es begrüßen wird, wenn die Kirche vor den Parteien des Zentrums durch den Nationalsozialismus dereinst in Schutz genommen werden wird.«
>
> Adolf Hitler, 1929[97]

Es lohnt sich, die Artikel zu lesen, in denen der ›Völkische Beobachter‹ nach Abschluß der Lateranverträge gegen »das fromme Blatt der Bayerischen Volkspartei«, den ›Bayerischen Kurier‹ polemisierte.[98] Vermochte das spätere Regierungsorgan Hitlers doch plötzlich den Papst und den Münchener Kardinal hohnvoll gegen die katholische Partei Bayerns, die Schwesterpartei des deutschen Zentrums auszuspielen!

Pius' XI. Bekenntnis, »daß Wir von der anderen Seite in nobler Weise unterstützt wurden. Und vielleicht bedurfte es auch eines Mannes, wie des, der nicht die Voreingenommenheit der liberalen Schule besaß, der liberalen Schule, für deren Anhänger jene Ordnung oder richtiger Unordnung, alle jene Gesetze und Bestimmungen Götzen waren und als solche um so unantastbarer empfunden wurden, je häßlicher und falscher sie waren«[99] – mußte natürlich Wasser sein auf die Mühle der Nazis, die ja ebenso wie der Vatikan alle liberalen Kräfte bekämpften. Und so triumphierte der ›Völkische Beobachter‹ im Sperrdruck: »**Diese glatte Absage des Papstes an den Liberalismus und sein demokratisches System ist also ungefähr das gerade Gegenteil von den Ausführungen des Münchener katholischen Blattes.**«[100]

Gleich darauf genoß der ›Völkische Beobachter‹ einen zweiten Triumph. Er zitierte nämlich aus der Rede Kardinal Faulhabers gerade das, was katholische Zeitungen manchmal unterschlagen hatten: »Wohl war auch der Partner der anderen Seite ein Mann, den die Vorsehung geschickt hat, wie der Hl. Vater sich ausdrückte, einer der Großen der Weltgeschichte, dessen Staatspolitik nicht versumpft ist in einer Fülle von staatsrechtlichen Paragraphen, dessen Tatkraft nicht durch ein hundertköpfiges Parlament an die Kette gelegt war ...« – goldene Worte, die den Nazis um so mehr bedeuteten, als Faulhaber selber, ganz im Sinne des ›Bayerischen Kuriers‹, den Nationalismus vorher verurteilt hatte. Nun stellt der ›Völkische Beobachter‹ wiederum im Sperrdruck fest, »**daß die ersten Autoritäten der katholischen Kirche über den faschistischen Staatsgedanken anders**

[97] Völkischer Beobachter, 22.2.1929
[98] Ebenda, 21.2.1929; 27.2.1929 u.a.
[99] Zit. ebenda, 21.2.1929
[100] Ebenda

denken wie die Schriftgelehrten der Bayerischen Volkspartei. Und damit auch anders über die nationalistische Staatsauffassung überhaupt, denn wenn der Kardinal das Römische Ereignis nicht nur als ein Werk der göttlichen Vorsehung und der Klugheit der Kurie preist, sondern auch als den Ausfluß einer Staatspolitik, deren antiparlamentarischer, von der nationalen Diktatur bestimmter Charakter ausdrücklich hervorgehoben wird, dann bedeutet das gleichzeitig eine deutliche Verurteilung des parlamentarisch-demokratischen Systems. Also gerade des Systems, dem das Blatt der Bayerischen Volkspartei ›nach wie vor‹ seine Sympathien entgegenbringt.«[101]

Diese kurze Polemik zeigt bereits die kirchenpolitische Entwicklung an. Zuerst ging der Vatikan zu den Faschisten über, darauf änderte schnell der Episkopat, hier gewissermaßen vertreten durch den Münchener Kardinal, seinen Standpunkt, während das die katholische Volksmeinung repräsentierende Blatt noch dem parlamentarischen System anhing.

Nur vier Jahre später geschieht etwas ganz Ähnliches nach der Machtergreifung Hitlers. Die deutschen Bischöfe, seine erklärten Gegner, unterstützen ihn plötzlich geschlossen, während die zu langsam begreifenden katholischen Parteien auf Weisung des Vatikans kurzerhand aufgelöst werden.

Der ›Völkische Beobachter‹ 1929: »Wenn die Worte des Papstes und des Kardinals überhaupt einen Sinn haben, dann können sie nichts anderes als die feierliche Anerkennung des Faschismus, die Anerkennung des völkischen Staatsgedankens bedeuten.«[102]

Auch Hitler äußerte sogleich, falls die katholischen Parteien weiter die Demokratie vorzögen, geschähe es im Widerspruch zum Geist des Lateranvertrages. »Damit maßen sich diese Organe an, aus ihren parteipolitischen Gründen heraus die weltanschauliche Auffassung des heiligen Vaters einer Korrektur zu unterziehen.«[103] Hitler sagte nicht nur: »Alles, was Italien heute stärkt, kommt uns zugute. Darum begrüßen wir die jetzige Regelung in Italien auf das herzlichste«, sondern er sprach auch den frappierenden Satz: »Ich sehe die Zeit noch kommen, da der Papst es begrüßen wird, wenn die Kirche vor den Parteien des Zentrums durch den Nationalsozialismus dereinst in Schutz genommen werden wird.«[104] Wirklich ließ der Papst 1933 die katholischen Parteien fallen, weil er hoffte, mit den Nazis, wie mit den Faschisten, weiter zu kommen.

Gewiß gab es auch mit Mussolini manchmal Streit, vor allem wegen der Jugenderziehung, die Vertreter dürftiger Weltanschauungen noch stets für sich beansprucht haben. Denn je jünger und unerfahrener der Mensch, desto leichter

[101] Ebenda. Vgl. auch 27.2.1929 [102] Ebenda [103] Ebenda, 22.2.1929
[104] Ebenda

läßt er sich gewinnen, weshalb ihn ja die Kirche vergewaltigt, wenn er noch nicht zum denkenden Selbstbewußtsein, geschweige zu selbständigem Denken befähigt ist, also gleich nach der Geburt oder sogar, mittels der »intrauterinischen« Taufe, schon im Mutterleib[105].

Zwischen zwei derart totalitären Institutionen wie Vatikan und Faschismus konnten Konflikte nicht ausbleiben. Sie stellten sich besonders zu Beginn der dreißiger Jahre ein. Doch dachte Pius XI., der in seiner Enzyklika ›*Non Abbiamo Bisogno*‹ bitter darüber klagte, gar nicht daran, die Partei zu verurteilen. »Wir haben nicht nur von formalen und ausführlichen Verurteilungen Abstand genommen, sondern sind sogar zu der Überzeugung gelangt, daß Kompromisse möglich sind. Wir haben daher Kompromisse begünstigt, die andere als unannehmbar ansahen. Es ist nicht Unsere Absicht, die Partei und das Regime zu verurteilen ... Wir sind bestrebt, nur jene Dinge im Programm und in der Tätigkeit der Partei zu verdammen, die im Gegensatz zur katholischen Lehre und Praxis stehen.«[106]

Nach demselben Grundsatz verfuhr die Kurie übrigens auch im Kirchenkampf mit Hitler. Sie griff niemals sein Regime als solches an, sondern immer nur seine Verletzung *katholischer* Interessen. Dabei war es vor allem Eugenio Pacelli, der vermittelte. Auch im Frühjahr 1932 bat Mussolini den Kardinal um sein Eingreifen, und er sollte, zumal er, wie später Hitler, mit der Preisgabe von Sexualskandalen drohte, nicht umsonst gebeten haben. Das »Vorgehen Pacellis«, stand damals in deutschen Zeitungen, »machte einen vorzüglichen Eindruck und überzeugte Mussolini, daß nunmehr auf dauerndes Einvernehmen zu rechnen sei.«[107] Kardinalstaatssekretär Pacelli erhielt dafür sogar den Annunziatenorden, der seinem Vorgänger Pietro Gasparri erst nach Abschluß der Lateranverträge verliehen worden war.[108]

In den nächsten Jahren, in denen in Deutschland der Terror Hitlers begann, arbeiteten Faschisten und Klerus einträchtig zusammen. Papst und Duce lobten einander, und die italienischen Kinder sprachen das von der Kirche verfaßte Gebet: »Duce, ich danke dir, daß du es mir ermöglicht hast, gesund und kräftig aufzuwachsen. O lieber Gott, behüte den Duce, damit er dem faschistischen Italien lang erhalten bleibt.«[109] Überhaupt bestanden damals die Bücher der italienischen Elementarschulen zu einem Drittel aus Katechismusstücken und Gebeten, zu zwei Dritteln aus Verherrlichungen des Faschismus und des Krieges, den man dann auch bald vom Zaun gebrochen hat.

---

[105] Zu welch unglaublichen Grotesken das führt, zeige ich in meiner Kirchengeschichte, 265ff.

[106] MANHATTAN, dt. Ausg., 111 [107] SCHWÄBISCHER MERKUR, 24.4.1932. Vgl. auch BORGESE, 295

[108] Ebenda. Amtlich wurde die Verleihung an Pacelli allerdings »unpolitisch« begründet.

[109] MANHATTAN, 120. Mit Bez. auf NEW YORK TIMES, 20.1.1938 und GARDINI

Der Abessinienkrieg – mit päpstlicher Billigung und voller Unterstützung des hohen italienischen Klerus

»Angesichts der schicksalhaften Verbundenheit Italiens und des Vatikans kommt den Italienern der Ehrentitel ›Mitarbeiter und Gehilfen Gottes‹ zu. Wir arbeiten mit Gott zusammen in dieser nationalen und katholischen (!) Mission des Guten, vor allem in diesem Augenblick, in dem auf den Schlachtfeldern Äthiopiens die Fahne Italiens im Triumph das Kreuz Christi vorwärts trägt ... Friede und göttlicher Schutz dem tapferen Heer, das um den Preis des Blutes die Tore Äthiopiens dem katholischen Glauben und der römischen Kultur öffnet!«

Kardinal Ildefonso Schuster von Mailand[110]

»Pacelli [der spätere Papst, K.D.] ist stets für ein gutes Verhältnis zu Mussolini und zum faschistischen Italien eingetreten. Insbesondere hat er im Abessinien-Konflikt die nationale Haltung des italienischen Klerus gefördert und unterstützt.«

Graf du Moulin, Leiter des Referats für Angelegenheiten des Vatikans im Deutschen Auswärtigen Amt, am 3. März 1939[111]

DER HAUPTGRUND für den Überfall auf Abessinien, das man 1923 unter Patenschaft der faschistischen Regierung in den Völkerbund aufgenommen hatte, war der italienische Bevölkerungsüberschuß. Italien sei ein »Volk ohne Raum« und deshalb, so stand in ungezählten katholischen Zeitungen, nicht zuletzt in der vatikanischen Jesuitenzeitschrift ›Civiltà Cattolica‹, das abessinische Abenteuer sittlich gerechtfertigt.[112]

Das Blatt, das seit über hundert Jahren die offizielle Meinung der »Gesellschaft Jesu« wiedergibt und zu den bedeutendsten Zeitschriften der Kirche zählt, klärte nämlich gerade während des abessinischen Krieges die sittlichen Voraussetzungen wirtschaftlicher Kolonialisierung derart, »daß die katholische Moraltheologie durchaus nicht jede gewaltsame Wirtschaftsausdehnung verurteilt«. Vielmehr dürfe ein Staat, der seine Hilfsmittel erschöpft und alle friedlichen Wege versucht habe, sich im Falle äußerster Not »durch gewaltsame Eroberung sein Recht nehmen«[113].

[110] Zit. DER ROMFREIE KATHOLIK, 2.2.1936
[111] FRIEDLÄNDER, 17
[112] Vgl. hierzu STIMMEN DER ZEIT, 67. Jg., 132. Bd., 107f.
[113] Ebenda

Die Raumnot war in Italien übrigens keineswegs so groß. Es gab dort sehr viel unbebautes Land, das allerdings den Großgrundbesitzern, auch der Kirche, gehörte, womit es die Faschisten freilich nicht verderben durften. Als 1936 ein Vertreter des ›New Statesman‹ den Ackerbauminister Rossoni, einen der engsten Mitarbeiter Mussolinis, fragte, warum man den unbebauten Boden nicht aufteile, erhielt er mehr oder weniger ausweichende Antworten und zog selbst den Schluß: *die faschistische Revolution sei wegen der Bindung des Regimes an die Mächte des Finanzkapitals und der Großgrundbesitzerklasse an der Agrarfrage gescheitert*; und da die italienische Diktatur die so dringend nötige Agrarreform nicht durchführen könne, mußte der Ausweg in Abessinien gesucht werden. Dieser Krieg sei Agrarreform-»Ersatz«.[114]

Ein weiterer Kriegsgrund war das Bedürfnis Italiens, die Segnungen der christlich-abendländischen Kultur zu verbreiten. »Italien«, schrieb beispielsweise die Wiener katholische ›Schönere Zukunft‹, »hat die *Mission, christliche Kultur und abendländische Zivilisation ins Innere des schwarzen Erdteils zu tragen* und damit dem abessinischen Volke selbst zu Gesittung und Wohlstand zu verhelfen.«[115] Und so begann man denn mit Bomben und Granaten und spritzte, wie sogar die katholische ›Germania‹ gemeldet hat, Gas aus den Armeeflugzeugen der »Mitarbeiter und Gehilfen Gottes«, so daß bald Tausende von vergifteten abessinischen Frauen und Kindern in den englischen Lazaretten lagen.[116]

»Überdies«, gesteht die ›Schönere Zukunft‹, »gebot die Vertrauenswürdigkeit der italienischen Staatsführung, die sich durch den Abschluß der Lateranverträge und die im Zusammenhang damit bewerkstelligte Rekatholisierung des Landes den unauslöschlichen Dank der Katholiken [lies: des Vatikans, K.D.] verdient hatte, den Gehorsam gegenüber den Forderungen, die diese Staatsführung kraft eigener Verantwortung erhob.«[117] Das war in der Tat der springende Punkt. Denn *manus manum lavat*. Und gibt der Kaiser dem Papst, so gibt der Papst dem Kaiser.

In seinem von Mussolini eingeleiteten Buch ›La preparazione e le prime operazioni‹ bekennt der italienische Marschall de Bono unverblümt, er habe 1932 den Krieg bei Mussolini angeregt und dieser ihn seit 1933 ohne Rücksicht auf die Haltung Abessiniens heimlich vorbereitet, auch durch Bestechung der Unterfeldherren des Negus.[118]

Am 4. September 1935 lehnte der italienische Völkerbundsvertreter in Genf, Baron Aloisi, es ab, mit Abessinien zu verhandeln. Italien sei höchstens noch zu Verhandlungen *über* Abessinien bereit.[119] Aber auch das war gelogen. Denn Mussolini wollte den Kampf. Er wollte erobern. »Nein«, erklärte er, »auch wenn mir Abessinien auf einer silbernen Platte gereicht würde, ich will es durch einen Krieg.«[120]

---

[114] Deutsche Freiheit, 5. Jg., 1936, Folge 12
[115] Schönere Zukunft, 7. Juni 1936, 943
[116] Germania, 5.4.1936
[117] Schönere Zukunft, 7.6.1936, 943
[118] Nach Stimmen der Zeit, 67. Jg., 132. Bd., 107
[119] Klein, 53
[120] Siebert, 32

Der Vatikan war mit dem faschistischen Raubzug vollkommen einverstanden.

Am 27. August, als die italienischen Kriegsvorbereitungen auf Hochtouren liefen, verkündete der Papst – eingeflochten in viele Mahnungen zur Besonnenheit und Aufrufe zum Frieden – ein Verteidigungskrieg (!) zum Zwecke der Expansion (!) einer wachsenden Bevölkerung könne gerecht und richtig sein.[121] Die katholische Wiener ›Reichspost‹ veröffentlichte dazu von »*kompetenter Seite*« folgenden Kommentar: »Selten hat der Heilige Vater so präzis und so eindeutig auf eine aktuelle Situation appliziert wie auf die Kriegsgefahr zwischen Italien und Abessinien. Man kann daraus ersehen, wie sehr dem Papst diese Frage am Herzen liegt, wie lange er über sie nachgedacht hat. Indem Papst Pius XI. eindeutig (!) einen *Verteidigungskrieg* und darüber hinaus einen Kolonialkrieg, sofern er in mäßigen Grenzen bleibt und dann einer wachsenden Bevölkerung zugute kommen soll, für nicht ungerecht erklärt, will er ganz bewußt Italien in diesen umschriebenen Grenzen ein Naturrecht zugestehen – und im Rahmen dieses unvollkommenen menschlichen Rechtes ein Anrecht auch auf die Durchführung einer abessinischen Expansion.«[122]

Bald nach der Papstrede, vier Wochen vor dem Überfall, feierte der Kardinallegat beim nationalen Eucharistischen Kongreß Mussolini abermals als »den Mann der Vorsehung«[123]. Und da gerade der Völkerbund das Abessinienproblem behandelte und der Duce fast von allen Seiten verurteilt wurde, sandten ihm 19 Erzbischöfe und 57 Bischöfe ein im ›Osservatore Romano‹ veröffentlichtes Telegramm, worin es heißt: »Das katholische Italien betet für die wachsende Größe seines geliebten Vaterlandes, das durch Ihre Regierung einiger denn je ist.«[124]

Zwei Tage später, am 7. September, suchte noch einmal der Papst selber die sehr wenig kriegswilligen Italiener, die zahlreichen katholischen Delegierten bei der Völkerbundsdebatte und die Weltöffentlichkeit durch die Erklärung zu beeinflussen, obwohl er für den Frieden bete, wünsche er doch, daß »die Hoffnungen und Rechte ... des italienischen Volkes befriedigt und in Gerechtigkeit und Frieden anerkannt ... werden.«[125]

So versteht sich die Haltung der italienischen Bischöfe ganz von selbst.

---

[121] Manhattan, 121ff. Die Rede ist abgedruckt in der Reichspost, Wien, 30.8.1935

[122] Reichspost, Wien, 30.8.1935

[123] Salzburger Chronik, 6.9.1935

[124] Manhattan, 122

[125] Ebenda

Fast der gesamte italienische Episkopat unterstützte den faschistischen Raubüberfall

»Die Bischöfe gingen mit dem Beispiel voran.«

Die katholische ›Schönere Zukunft‹, Wien[126]

»Die Verantwortung des **Papstes** und des **Vatikans** wird dadurch **nicht** berührt.«

›Katholisches Kirchenblatt‹, Berlin[127]

Die absurdesten Apologien gedeihen seit je auf kirchlichem Boden am besten. Doch alle Versuche, den Papst zu entlasten, sind vergeblich. Denn seine eigenen Worte zeugen dagegen. Ganz abgesehen davon, daß die Bischöfe nur tun können, was er will. Oder sollten sie ausgerechnet in Italien Gold sammeln, Waffen segnen und Kriegsreden halten dürfen, wenn der Papst es verbietet? Wenn er wirklich den Frieden wünscht?

Sogar katholische Zeitungen gestanden ja rundheraus, daß Pius XI. den Kolonialkrieg erlaubte.[128] »Das Weltgewissen verurteilte das energische Vorgehen Italiens«, schrieb auch Gert Buchheit 1938. »Was tat das Papsttum? ... Die Kirche forderte die Bischöfe zur Ablieferung ihrer Goldkreuze und Goldketten auf. Das Kräfteverhältnis im Kardinalskollegium wurde durch Neuernennungen zugunsten der italienischen Mitglieder verschoben. Ja, der Papst räumte dem Duce sogar das festgefrorene Guthaben in Deutschland ein, damit Italien die benötigten Rohstoffe beziehen konnte – und so wie in Rom handelten auch in anderen katholischen Ländern die Führer der Kirche. Tausende von Missionaren, Priestern, Kaplänen usw. beteten nicht nur für den Sieg der italienischen Waffen, sie unterstützten sogar das Mutterland der Kirche direkt und indirekt durch ihre Propaganda von der Kanzel herab oder wie in Kanada durch einen energischen Protest gegen den kanadischen Delegierten beim Völkerbund, als dieser die Verschärfung der Sanktionen beantragte. Mit einem Schlage traten so in aller Welt unerwartete Bundesgenossen auf – und warum? Weil Italien seinen Frieden mit der Kirche gemacht hatte.«[129]

Ganz recht. Deshalb konnte es jetzt seinen Krieg mit Abessinien führen.

Als er am 3. Oktober 1935 begann, kannte die Begeisterung des hohen Klerus kaum Grenzen. Während 52 Völkerbundstaaten die italienische Aggression als einen widerrechtlichen Angriffskrieg verdammten, unterstützte der Episkopat im

[126] 7.6.1936 [127] 8.12.1935 [128] Reichspost, Wien, 30.6.1935; Schönere Zukunft, 15.3.1936 u.v.a.
[129] Buchheit, 395f.

Lande des Papstes von den Kanzeln herab die Parteiredner und rief das Volk zu Spenden für den Sieg auf. Die Prälaten selber opferten ihre goldenen Bischofskreuze, goldenen Halsketten, goldenen Ringe, goldenen Medaillen und Uhren, und manche, wie der Kardinal Lavitrano von Palermo, legten ihre Präsente persönlich in die Hand des faschistischen Parteisekretärs.[130] Die gesamte italienische Presse rühmte ihre Opferfreude.[131]

Im übrigen folgten ein Appell und Hirtenbrief dem anderen. Der Fürsterzbischof von Florenz erklärte es als Pflicht eines jeden guten Bürgers und Christen, der Regierung beizustehen.[132] Der Kardinalerzbischof von Genua ließ durch seine Geistlichen die Bevölkerung zur Metallspende antreiben.[133]

Die Erzbischöfe von Messina und Brindisi protestierten gegen die Sanktionen Englands und forderten ihre Diözesanen auf, den Opfermut der alten Römer nachzuahmen.[134]

Besonderen Beifall fand der Erzbischof von Monreale, der sogar Kirchen, Klöster und Wallfahrtsorte anwies, ihre goldenen und silbernen Votivgeschenke auf den Altar des Vaterlands zu legen.[135] Mit diesen und anderen Schätzen kaufte man dann u.a. die charakterlich mißratensten Häuptlinge und kirchlichen Würdenträger Abessiniens.[136]

Der Erzbischof von Parma ermahnte die Katholiken, an der Spitze der eifrigsten und treuesten Bürger zu marschieren und zögerte nicht zu sagen: »Das Vaterland befindet sich im *Belagerungszustand*.«[137]

Der Bischof von Cremona verbot »unnütze Diskussionen über die Berechtigung des Krieges« und schloß mit der Anordnung von Gebeten für die Regierung, die Soldaten und sogar für das abessinische Volk.[138]

Daß die Heuchelei dieser Kreise grenzenlos ist, zeigt auch der Hirtenbrief des Bischofs Cola von der umbrischen Diözese Nocera e Gualdo, der die faschistische Schlächterei als »eine gerechte und heilige Sache« pries und erklärte, Italien habe »an dem halbwilden und geistig und religiös zurückgebliebenen Volke eine große zivilisatorische Mission zu erfüllen«[139].

---

[130] Linzer Volksblatt, 3.12.1935

[131] Vgl. Germania, 1.12.1935. Ferner Frankfurter Volksblatt, 30.11.1935

[132] Germania, 3.12.1935

[133] Ebenda

[134] Salzburger Chronik, 20.12.1935

[135] Vgl. Germania, 1.12.1935

[136] Borgese, 400. Und später hielt man sich in Abessinien schadlos und raubte und plünderte nicht zuletzt, was sich am meisten lohnte: Kaiserliche Throne, kaiserliche Kronen, kaiserliche Kutschen, kaiserliche Säbel, kaiserliches Tafelgeschirr, viele Stücke darunter aus schwerem Gold, andere mit kostbaren Edelsteinen besetzt. Und dreißig Jahre später, im Frühjahr 1965, schickte man sich sogar an, manches davon wieder zurückzugeben. Vgl. Frankfurter Allgemeine, 17.4.1965

[137] Germania, 9.12.1935

[138] Linzer Volksblatt, 17.10.1935

[139] Kirchenzeitung, Salzburg, 24.10.1935

Auch der Erzbischof von Tarent nannte, nachdem er auf einem Unterseeboot eine Messe gelesen, die Aggression »einen heiligen Krieg, einen Kreuzzug«[140].

Der Erzbischof von Mailand, Kardinal Schuster, der die ausrückenden Truppen vor der Mailänder Kathedrale segnete, verglich Mussolini mit Caesar, Augustus und Konstantin und belehrte die italienische Schuljugend, durch das Werk des Duce habe »Gott vom Himmel geantwortet«[141].

Noch viele andere hohe Geistliche segneten während des Feldzuges Kanonen und Bombenflugzeuge und hießen den Krieg im Namen der katholischen Kirche gut.[142]

Nach Professor Salvemini von der Harvarduniversität unterstützten wenigstens 7 italienische Kardinäle, 29 Erzbischöfe und 61 Bischöfe den faschistischen Überfall sofort, und zwar ungeachtet des 1929 abgeschlossenen Konkordates, das den Bischöfen jede politische Betätigung strikt untersagt.[143]

Eine besondere Rolle spielte im Abessinienkrieg die Jungfrau Maria[144]. Und da sie diese Rolle, wie nur wenig bekannt ist, auch in vielen anderen Gemetzeln der an Kriegen überreichen christlichen Geschichte gespielt hat und vielleicht noch spielen wird, sei ein kleiner Exkurs erlaubt, der zeigt, wie man im Katholizismus sogar ergreifende Sinnbilder – »eine schöne Erfindung« nannte Goethe die Gottesmutter[145] – satanisch pervertiert.

»Ave Maria«

> »Wenn man meine Bitten erfüllt, wird sich Rußland bekehren, und es wird Friede sein. Wenn nicht, so wird Rußland in der Welt seine Irrtümer verbreiten, wird Kriege und Verfolgungen der Kirche hervorrufen; viele Gute werden gemartert werden; der Heilige Vater wird viel zu leiden haben; mehrere Nationen werden vernichtet werden ...«
>
> Prophezeiung der Muttergottes von Fatima[146]

Wie vieles in der katholischen Kirche janusköpfig ist, so auch Maria. Ihr liebliches Gesicht, das etwa Stephan Lochners schöne, von musizierenden Engeln umgebene Madonna im Rosenhag zeigt, das man von blütengeschmückten

[140] Manhattan, 124

[141] Tondi, Die geheime Macht, 36f.

[142] Werner, 205

[143] Manhattan, 123

[144] Zur heidnischen Herkunft der Gottesmutter, zur Geschichte des Marienkultes und zur Entstehung der Dogmen ihrer Jungfräulichkeit, unbefleckten Empfängnis und leiblichen Himmelfahrt vgl. Deschner, 360ff.

[145] Goethe, Tagebuch, 8.10.1786

[146] Höcht, 85f.

Marienstatuen kennt und aus stimmungsvollen Maiandachten in dämmernden Dorfkapellen, ist nur eine Seite. Die andere enthüllt das 1953 *mit kirchlicher Druckerlaubnis* erschienene, bezeichnenderweise Pius XII., »dem großen Vorkämpfer des Friedens (!)« gewidmete Buch ›Maria rettet das Abendland. Fatima und die »Siegerin in allen Schlachten (!) Gottes« in der Entscheidung um Rußland‹. Diese »ideologische Vorbereitung des III. Weltkrieges«[147] offenbart »die marianische Dynamik der Geschichte vom Anfang der Zeiten bis in unsere Tage«, die »Geschichte Unserer Lieben Frau vom Siege«, die »starke Frau«, die »Schlangenzertreterin«, die »Erzstrategin« und die »Sternstunden der Christenheit«[148].

Nachdem zu Beginn der Einleitung kurz mitgeteilt wurde, daß der amerikanische Rüstungsetat größer denn je sei, setzt die Erörterung des eigentlichen Themas mit dem Konzil von Ephesus im Jahre 431 ein; wobei der Verfasser u.a. nur zu sagen vergißt, daß es riesige Bestechungsgelder mitentschieden, die der Patriarch von Alexandrien allen möglichen Leuten zuschob, angefangen von hohen Staatsbeamten über die Frau des Prätorianerpräfekten bis zu einflußreichen Eunuchen und Kammerzofen, was seinen Säckel so erschöpfte, daß er, obwohl selbst reich, noch über 100 000 Goldstücke leihen mußte und trotzdem nicht auskam.[149] Immerhin – »ein erster großer Sieg Mariens«[150], und ein unblutiger überdies, was man von den meisten anderen beim besten Willen nicht sagen kann. Karl Martell, ein inniger Marienverehrer, erschlug 732 bei Tours und Poitiers mit Hilfe der Gottesmutter 300 000 Sarazenen[151]. Karl d. Gr., trotz seiner zahlreichen Frauen und Nebenfrauen immerdar Mariens Bild auf der Brust tragend, heftete mit ihrem Beistand Sieg um Sieg an seine Fahnen, den bedeutendsten ausgerechnet bei Lourdes![152] 1212 vernichtete König Alfons von Kastilien, ein Marienbanner schwenkend, ein überlegenes Maurenheer, just am Fest des Skapuliers der Gottesmutter. Ergebnis: »Die Leichen von über 100 000 Mauren.«[153] Im Zeichen der Himmelskönigin schlug man sich 1456 auch bei Belgrad am Tag der Verklärung Christi und gleich nach Mariae Schneefeier. Resultat: 80 000 tote Türken.[154] Dann der Seesieg von Lepanto, 1571. Mit Hilfe der päpstlichen Marine und heißer Mariengebete Pius' V. wurden 167 Galeeren erobert, versenkt oder verbrannt und 8000 Türken getötet. Folge: Stiftung des Rosenkranzfestes.[155] Dann »General Tilly und seine 32 Siege im Zeichen Unserer Lieben Frau von Altötting«[156]. Immer war dieser »große Verehrer der Gottesmutter« siegreich, »bis auf das eine Mal«, wo er ungerechterweise dem Ketzer Gustav Adolf unterlag und starb.[157]

---

[147] MILLER, Informationsdienst zur Zeitgeschichte, Leonberg-Stuttgart, 9/1962
[148] HÖCHT, 23f. u. 61 [149] DESCHNER, 367 [150] HÖCHT, 25
[151] Ebenda, 29 [152] Ebenda, 30ff. [153] Ebenda, 33f. [154] Ebenda, 38f.
[155] Das allerdings erst der Nachfolger Pius' V., Papst Gregor XIII., so benannte. Ebenda, 42
[156] Ebenda, 48ff. [157] Ebenda

Mit solch wunderbaren Mariensiegen geht es in der frommen abendländischen Geschichte weiter. Die meisten entscheidenden Schlächtereien fanden an Marienfeiertagen statt oder doch wenigstens »drei Tage vor ihrem Hochfeste«, »zwei Tage vor Maria Geburt«, »am Tag nach Maria Himmelfahrt«, »am Vorabend des Rosenkranzfestes«[158] usw. usw., bis zu Napoleon und Hitler, der, wie man hier endlich einmal erfährt, im Grunde nur von Maria und Papst Pacelli erledigt worden ist[159]. Als »wahrhaft marianischer Papst« rief Pius XII. nämlich 1942, »als die Völker des Abendlandes ... unter tödlicher Bedrohung« standen, »den katholischen Erdkreis zur Weihe an die Königin des Rosenkranzes und zu einem machtvollen Kreuzzug des Gebetes auf«, und siehe, nun fielen die Mariensiege am laufenden Band – nur nicht auf Seite der Achsenmächte, denen sie Pacelli zugedacht hatte.

Gerade am 31. Oktober 1942, als der Papst das Menschengeschlecht dem Unbefleckten (!) Herzen Mariens weihte, erfolgte der erste Durchbruch der Engländer bei El Alamein.[160] Nächster Mariensieg: Stalingrad! Am Fest Maria Lichtmeß.[161] Weiter: Befreiung von Tunis und Nordafrika am Fatimatag. Kapitulation Italiens an Mariä Geburt. Endgültige Besiegung Deutschlands und Waffenstillstand am Fest der Erscheinung des Erzengels Michael (Schutzherr Deutschlands!) auf dem Berge Gargano.[162] Und noch der Sieg über Japan nach Abwurf der ersten Atombomben – ein Mariensieg! Japanische Kapitulation an Maria Himmelfahrt![163]

Wohin diese »marianische Dynamik der Geschichte« möglicherweise führt, prophezeite die Muttergottes von Fatima mit aller Klarheit für den Fall, daß sich Rußland nicht bekehrt: *»mehrere Nationen werden vernichtet werden ...«*[164] Machen Geisteskranke die Geschichte?

In Abessinien stand Maria wenigstens noch eindeutig auf der richtigen Seite.

Die italienischen Soldaten sandten aus dem Krieg Postkarten, worauf über dem Turm eines von vorgehender Infanterie flankierten, geschützrauchumwölkten Panzerwagens eine sternenbekränzte Madonna mit dem Kinde thront. Unterschrift: »Ave Maria«.[165]

Der Kardinalerzbischof von Neapel, Ascalesi, veranstaltete von Pompei nach Neapel eine Prozession mit dem Bild der Gottesmutter, wobei Militärmaschinen Flugblätter warfen, die die heilige Jungfrau, den Faschismus und den abessinischen Krieg im selben Satz verherrlichten.[166]

Ja, man sandte Madonnenbilder sogar nach Afrika, wie die »Madonnina d'Oltremare«, der man in Italien wunderwirkende Eigenschaften zuschrieb. Sie wurde nach der Einsegnung durch den militärischen Generalvikar Rusticoni und den Kardinal von Neapel in Begleitung prominenter Faschisten an Bord des

---

[158] Ebenda, 57; 61f.
[159] Vgl. bes. ebenda, 12f. u. 114 u.a.
[160] Ebenda, 114f.
[161] Ebenda
[162] Ebenda
[163] Ebenda
[164] Ebenda, 85f.
[165] Abbildung bei BECKER, 102
[166] MANHATTAN, 123

»Conte Grande« gebracht.[167] Mit anderen Schiffen, oder vielleicht auch mit demselben, schickte man Kanonen und Giftgas[168], und die halbnackten Abessinier, die weder Gasmasken noch Schutzräume hatten, fielen ahnungslos den katholischen Kulturbringern zum Opfer. Nach der sogenannten Schlacht von Amba Aradam zählte ein italienischer Hauptmann mehr als sechzehntausend hingemähte »Feinde«. Sie lagen tot und halbtot dort, wo das aus der Luft verspritzte, hautverbrennende und lungenzerreißende Gas sie erreicht hatte und wurden alle zusammen auf dem hygienischsten Wege durch Flammenwerfer beseitigt.[169]

Mitten im Kriege begann man in der Sala Borromini, einer der größten und beliebtesten Vortragsaulen Roms, einen Konferenzzyklus, wobei abwechselnd die höchsten Würdenträger der Kurie und führende Faschisten sprachen. Den Anfang machte der große Marienverehrer Kardinalstaatssekretär Eugenio Pacelli, der in einem Vortrag über »Roms heilige Bestimmung« mit »Worten hoher Anerkennung« bei den Lateranverträgen verweilte und überhaupt »einen ungewöhnlich augenfälligen Beweis von dem Wunsch nach vatikanisch-italienischer Solidarität« gab.[170]

Als Abessinien unterworfen war – zu neunzig Prozent infolge der Ohnmacht oder gänzlichen Abwesenheit der Abessinier[171] – und Scharen von Mönchen und Nonnen den katholischen Heeren folgten, feierten die Bischöfe, Kardinäle und apostolischen Vikare von Mailand bis Addis Abeba die »religiöse Bedeutung« des Marsches auf Rom und »das neue Römische Reich, das Christi Kreuz in alle Welt tragen wird unter der Führung dieses wunderbaren Mannes, des Duce«[172]. Und auch der Papst hatte teil an der »triumphierenden Freude des ganzen großen und guten Volkes über den Frieden, der«, so sagte er am 12. Mai 1936, »wie man hoffen und annehmen darf, ein wirksamer Beitrag, ein Vorspiel für den wahren Frieden Europas und der Welt sein wird«[173].

Das nächste Vorspiel für den wahren Frieden, dem bald weitere Vorspiele folgen sollten, begann noch im selben Sommer in Spanien.

---

[167] Basler Nachrichten, 92. Jg., Nr. 10. Dort auf der Titelseite das Bild der Prälaten, der Madonna und der Faschisten.

[168] Germania, 5.4.1936. Vgl. auch Deutsche Freiheit, 5. Jg., 1936, Folge 12

[169] Borgese, 400

[170] Germania u. Schwäbischer Merkur, Stuttgart, 1.3.1936. Abschließend wurden bezeichnenderweise im Beisein Pacellis Huldigungstelegramme an den König, Mussolini und den Papst abgesandt.

[171] So Borgese, 398 [172] Zit. ebenda, 296 [173] Manhattan, dt. Ausg., 116

Kapitel II

Der Vatikan und der spanische Bürgerkrieg

»Der Vatikan war entschlossen, Gewalt anzuwenden, nachdem sich herausgestellt hatte, daß die Politik der Kirche, die Macht auf politischem Weg zu erringen, wie in anderen Ländern so auch in Spanien gescheitert war ... Der Vatikan nahm im Interesse Francos nicht nur mit Mussolini, sondern auch mit Hitler enge Verbindung auf. Er traf mit ihm ein Abkommen, in dem er sich als Gegenleistung für die Hilfe in Spanien verpflichtete, in der ganzen katholischen Welt eine breit angelegte Kampagne gegen den Bolschewismus zu entfachen.«

Avro Manhattan[1]

[1] MANHATTAN, dt. Ausg., 89ff.

Die Ursachen

»Die spanische Hierarchie bedroht ernsthaft die Interessen der Katholischen Kirche in Spanien und in der Welt.«

Der französische Kardinal Verdier[2]

»... den Arbeiter und Landpächter in seinem Elend im Stiche lassend und um sein Los unbekümmert, wurden wir, statt des Volkes geistliche Führer, zu seinem sozialen Ärgernis.«

Don Gallegos Rocafull, Kanonikus der Kathedrale von Cordoba[3]

»Das Geld ist sehr katholisch.«

Spanisches Sprichwort

SEIT DER ANTIKE besaß der Klerus in Spanien besondere Macht. Die Ketzerbekämpfung war dort schon im Altertum rigoros, die Judenverfolgungen erstreckten sich über lange Zeiten[4], die Sklaverei dauerte bis ins 18. Jahrhundert[5], und die Inquisition blühte wie in keinem anderen Land.

So war der Reichtum der spanischen Kirche kein Wunder. Noch im 16. Jahrhundert soll ihr die Hälfte des Volkseinkommens zugefallen sein[6], und zu Beginn des 19. Jahrhunderts besaß sie immerhin noch 6 Millionen Hektar Land, 17% der Bodenfläche – neben den Schenkungen hochgeborener Granden meist konfiszierte »Ketzerländereien«[7]. Zwar wurde nun ihr Grundbesitz zum großen Teil enteignet, doch flossen ihr nach dem Bürgerkrieg der siebziger Jahre, an dem sie (ebenfalls) führend beteiligt war, neue Schenkungen und Pfründen zu, die sie meist in Banken, Eisenbahnen, Bergwerken, Reedereien und Textilfabriken investierte.[8] Die Jesuiten, die Elitetruppe des Vatikans, die sogar Tanzlokale und Kinos unterhalten haben sollen[9], kontrollierten um 1912 ein Drittel des gesamten spanischen Kapitals[10]. Bevor dann anfangs der dreißiger Jahre die Republik die Gesetze über den kirchlichen Besitz erließ, ernannte die »Gesellschaft Jesu«, um ihren

2 DUFF, 74
3 Zit. in DEUTSCHE FREIHEIT, 6. Jg., Folge 10
4 Vgl. DESCHNER, 453f.
5 TROELTSCH, 350, Anm. 160
6 DAHMS, 302, Anm. 7
7 Ebenda
8 Ebenda, 302f., Anm. 8 u. 9
9 THOMAS, 45
10 MANHATTAN, 88. Zu dem riesigen Landbesitz, Aktienbesitz und der Kapitalbeteiligung der katholischen Kirche überhaupt, vgl. DESCHNER, 429ff. Materialreich MOHRMANN

Reichtum zu retten, einen Strohmann zu ihrem Bevollmächtigten, der in 44 großen Gesellschaften und Handelsunternehmungen – Straßenbahnen, Eisenbahnen, Schiffahrtsgesellschaften, Banken, Wasserkraftwerken, Minen, Baugesellschaften, Rundfunk u.a. – einen Direktorenposten hatte.[11] Und zur selben Zeit litten zwei Drittel der Bevölkerung an endemischer Unterernährung![12]

Der hohe Klerus, verfilzt mit Adel und Großkapital, sonnte sich im Glanze seiner gesellschaftlichen Beziehungen und ließ das Volk verkommen. Er war völlig damit einverstanden, daß 4% der Grundbesitzer über zwei Drittel des bebauten Bodens verfügten, indes 96% sich mit einem Drittel begnügen mußten.[13] Es störte ihn auch nicht, daß von 1026412 steuerpflichtigen Landwirten 847548 einen Tagesverdienst von weniger als einer Peseta hatten[14], was damals 30 Pfennigen entsprach, ja, daß in einigen Gebieten des Landes die Zustände 1936 dieselben waren wie zur Römerzeit[15].

Während die meisten Großagrarier ihre Güter als »eine Art ferner Kolonien«[16] betrachteten und sie kaum sahen, während sie in teuren Seebädern oder in Paris lebten, schufteten ihre Arbeiter fast wie Leibeigene von Sonnenaufgang bis Sonnenuntergang und verfielen ganze Landstriche dem Hunger. »Die Menschen«, schrieb im Sommer 1936 die ›Neue Zürcher Zeitung‹, »wohnen in Höhlen, Strohhütten, in mit Zweigen überdeckten Gruben ...«[17] Und sie nährten sich, wie Pastor Fliedners ›Blätter aus Spanien‹ berichteten, »von Brot und Zwiebeln, ja, nicht selten von Baumrinde und Gras«[18].

Sie lebten, sagten die Spanier selber, »vom Wunder«[19]. Sogar die fromme Berliner ›Germania‹, die sich nicht scheute, bei Ausbruch der Katastrophe »als erste Ursache der heutigen Wirren *die Freimaurerei*« zu nennen, dann die Gottlosigkeit und die zwölftausend geschiedenen Ehen in Madrid[20], hielt es für »eigentlich unmöglich, einen zutreffenden Begriff von dem Elend des überwiegenden Teils der spanischen Landbevölkerung zu übermitteln«[21].

Aber auch der Lohn der Fabrikarbeiter, die meist keine andere Kleidung besaßen als ihr zerschlissenes blaues Überzeug und ein paar Segeltuchschuhe, war jämmerlich und konnte immer noch gedrückt werden, da den Arbeitern keine soziale Gesetzgebung zur Seite stand.[22]

An der Bildung des Volkes hatte die Kirche natürlich nicht das geringste Interesse. Wie ja auch im Kirchenstaat der Prozentsatz des Analphabetentums einer der höchsten in Europa gewesen ist und sogar heute im katholischen Italien fast

---

11 Duff, 109
12 Ebenda
13 Deutsche Freiheit, 5. Jg., 1936, Folge 29
14 Thomas, 55
15 Ebenda
16 Ebenda
17 Neue Zürcher Zeitung, Nr. 1413, 1936
18 Blätter aus Spanien, Juni 1936
19 Der Bund, Bern, 12.9.1936
20 Germania, 27.8.1936
21 Ebenda, 15.9.1936
22 Timmermanns, 22

fünfeinhalb Millionen Menschen nicht schreiben und lesen können.[23] In Spanien waren noch 1870 mehr als 60% der Bevölkerung Analphabeten[24], und noch 1930 erhielten selbst in Madrid 80000 Kinder keinen Unterricht[25]. Die anderen aber verbrachten einen großen Teil der Zeit mit dem Beten des Rosenkranzes.[26] Denn, so sagte Bravo Murillo, als er eine Schule für sechshundert Arbeiter genehmigen sollte: »Wir brauchen keine Menschen, die denken, sondern Ochsen, die arbeiten können.«[27] Die Kirche, deren Gelehrte noch zur Goethezeit an Spaniens größter Universität in Salamanca feierlich über die Sprache der Engel diskutierten und erörterten, ob der Himmel aus weinartiger Flüssigkeit oder Glockenmetall bestehe, bekämpfte im 19. und 20. Jahrhundert erbittert den Liberalismus in Spanien, der sie in Frankreich, Deutschland und Italien bereits besiegt hatte. 1910 drohte beispielsweise der Lehrer und Beichtvater des jungen Königs, jeder Spanier, der mit Protestanten an einem Tisch säße, würde exkommuniziert.[28] Die Frage: »Welche Art Sünde begeht man, wenn man für einen liberalen Kandidaten stimmt?« beantwortete der Katechismus von 1927: »Im allgemeinen eine Todsünde.« Und auf die Frage: »Ist es eine Sünde für den Katholiken, eine liberale Zeitung zu lesen?« lautete die Antwort: »Er darf die Börsennachrichten lesen.«[29]

Denn, wie ein damals geflügeltes Wort hieß: »El dinero es muy católico« (Das Geld ist sehr katholisch).

Unter den niederen Geistlichen, die meist selbst bettelarm waren, gab es nicht wenige, die sozial dachten.

Schon 1861 hatte der Jesuit Vicente in Valencia die Centros Católicos de Obreros, eine katholische Gewerkschaft gegründet, die aber 1874 wieder einging. Auch als vor dem Ersten Weltkrieg die Jesuiten Ayala und Abreu in Barcelona eine Arbeiterorganisation auf christlicher Grundlage schufen, machte man sie bald unmöglich. Beide Patres wurden verbannt.[30] Ein in den dreißiger Jahren von katholischer Seite in den Cortes, dem spanischen Parlament, eingebrachter Gesetzentwurf zur Bodenreform drang ebenfalls nicht durch. Über das Scheitern dieser Versuche werden manche Lügen verbreitet. »Richtig ist«, schreibt der Jesuit Johannes Reisberger, »daß vor Jahren weitblickende Priester in Spanien ihre vom Volk mit Begeisterung aufgenommenen sozialen Gründungen aufgeben mußten, *weil die zuständigen Bischöfe es so wollten.*«[31]

Sogar ein höherer spanischer Geistlicher, Don Gallegos Rocafull, gab nach Beginn des Bürgerkrieges in einer schweizerischen Zeitung zu: »Die Gründung eines Arbeitervereines war schon Ursache genug für strengste Polizeimaßnahmen,

---

[23] Die Welt, 18.10.1956 [24] Manhattan, 87 [25] Ebenda
[26] Thomas, 45 [27] Zit. bei Manhattan, dt. Ausg., 84 [28] Ebenda, 81
[29] Trend, 61 [30] Schweizerische Republikanische Blätter, 10.7.1937
[31] Zit. in Deutsche Freiheit, 5. Jg., 1936, Folge 32

Verhaftung und *jahrelange* Freiheitsberaubung. Die Kirche schwieg. Jede sozialpolitische Tätigkeit war den Klerikern *streng* verboten ... Vor allem gab es *in ganz Spanien nie eine Arbeiterseelsorge. Ein Geistlicher, der sich mit den unteren Volksschichten irgendwie befaßte, wurde sofort aufs Land versetzt,* und die Landpfarreien in Spanien sind so, daß sie wirklich nur mit ganz großer Bußgesinnung behirtet werden können. Daß auf diese Weise unter den seelsorgerisch gänzlich vernachlässigten Arbeitern keine Heiligen und nur wenige Dennochchristen sein können – *weitaus die meisten sind ungetauft, weil ihre Eltern die Taufgebühr nie aufgebracht hätten* –, muß fast als Selbstverständlichkeit gelten. Irgendwie aber lebte in diesem Volk der Mansarden und Kellerlöcher die richtige Idee, daß die Geistlichkeit an ihnen eine Mission versäume und zu Unrecht ihm ausweiche und es vernachlässige. Und nichts ist furchtbarer, einmal zum Ausbruch kommend, als der Haß des Kindes, das sein Recht auf nie empfangene Liebe rächt.«[32]

Meist zwischen Heucheleien und Lügen deuteten auch einige katholische Blätter an, »daß die katholischen Parteien und Führer des betreffenden Volkes Gelegenheit versäumt haben und offenbar auf die Dauer untragbare soziale Gegensätze klaffen ließen«[33]; daß »die Krise in erster Linie einen wirtschaftlich-gesellschaftlichen Charakter« und der Katholizismus »schwerste Mitverantwortung« habe[34]; »daß die katholische Kirche in Spanien sich schwere Verschuldungen zukommen ließ«[35]. »Jeder Sieg des Bolschewismus ist ein Denkstein unserer Versäumnisse.«[36] Und der Jesuit Marina schrieb in der Aprilnummer 1936 der spanischen Jesuitenzeitschrift ›Razon y Fé‹: »Der Augenblick ist da, wo wir mit einem tiefschauenden Blick das ungeheure moralische und religiöse Elend unseres Volkes sehen und in tiefster Erschütterung reuig an unsere Brust klopfen müssen ob der Schuld, die wir alle zweifellos an diesem Zusammenbruch haben.«[37]

Das Versagen der spanischen Hierarchie wurde so weltweit diskutiert, daß nicht einmal der Papst dazu schweigen konnte. Da Selbsterkenntnis zu allen Zeiten die schwächste Seite der katholischen Kirche war, wird man von Pius XI. kein Schuldgeständnis erwarten; kaum aber auch eine so ungeschickte Verteidigung. »Man hat in den letzten Tagen gesagt«, äußerte er am 14. September 1936 vor spanischen Flüchtlingen, »daß die Religion und die katholische Kirche sich zu schwach und unwirksam gezeigt hätten, diesen Verwüstungen und diesem Schrecken entgegenzuwirken. Doch das widerlegen die Worte aus Manzonis Werk: ›Um die Kirche

[32] Ebenda, 6. Jg., Folge 10

[33] Ecclesia militans, Rom, Wien, Luzern, August 1936

[34] Katholisches Kirchenblatt, Berlin, 14.6.1936. Sucht aber bezeichnenderweise die Bischöfe, die Hauptschuldigen, zu entlasten.

[35] Entscheidung, Luzern, 15.10.1936. Ehrlich.

[36] Linzer Volksblatt, 22.8.1936. Im übrigen heuchlerisch und verlogen.

[37] Zit. in Katholisches Kirchenblatt, Berlin, 14.6.1936

zu rechtfertigen, braucht man niemals zu Beispielen seine Zuflucht zu nehmen. Es genügt, ihre Grundsätze zu erforschen‹.«[38] Ja, Beispiele aus ihrer Praxis sind der Kirche meist fatal. Deshalb weist sie so gern auf ihre Theorien hin, um die sie sich in der Praxis so wenig kümmert. Da war Jesus mit seiner Lehre: »An ihren Früchten sollt ihr sie erkennen!« wieder einmal anderer Ansicht als der Papst, der sich freilich nicht gut auf die Früchte des spanischen Katholizismus berufen konnte.

Von der Gründung der Republik bis zum Ausbruch des Krieges

»Man hat diese Leute solange als Hunde behandelt, bis sie das Beißen lernten.«

›Der Bund‹, Bern, 12. September 1936

DIE SPANISCHE KIRCHE, auf deren Betreiben vor dem Ersten Weltkrieg Tausende von Menschen in den Gefängnissen nach mittelalterlichen Methoden noch gefoltert und Hunderte erschossen wurden, hatte als Verbündete der Besitzenden von Jahrzehnt zu Jahrzehnt an Einfluß auf das Volk verloren. Um 1910 waren über zwei Drittel aller Spanier keine praktizierenden Katholiken mehr. Und zu Beginn der dreißiger Jahre besuchten von 80 000 Menschen eines Madrider Bezirkes nur noch 3,5% den Gottesdienst, 25% der Kinder wurden nicht getauft, 40% starben ohne Empfang der Sakramente.[39] In manchen Dörfern Andalusiens ging nur noch 1% der Männer zur Kirche, und in einigen Orten las der Pfarrer die Messe allein.[40]

Das Volk schloß sich immer häufiger den liberalen, sozialistischen und radikal sozialistischen Parteien an, und endlich brach die 1923 errichtete, von König Alfons XIII. gebilligte Militärdiktatur General Primo de Riveras zusammen. Mit Zustimmung der überwältigenden Mehrheit beseitigte man durch die Gemeindewahlen vom 12. April 1931 die Monarchie und erklärte die Republik.

Bei den Parlamentswahlen im Juni 1931 – »zweifellos die freiesten und ordentlichsten in der spanischen Geschichte«[41] – gewann die Koalition von bürgerlichen Republikanern und Sozialisten 377 Mandate, während die Rechtsparteien, repräsentiert durch den hohen Klerus, die Granden, das Offizierskorps und das Großbürgertum, nur 60 Sitze erhielten. Am 9. Dezember 1931 wurde die neue Verfassung von den konstituierenden Cortes angenommen. An die Spitze des Kabinetts trat der ehemalige Augustinerzögling aus dem Kolleg des Klosters El Escorial, Manuel Azaña y Diaz, ein Schriftsteller und erklärter Kirchenfeind, der bis 1933 Ministerpräsident blieb und auch während des Bürgerkrieges der spanischen Republik präsidierte.

[38] REICHSPOST, Wien, 15.9.1936 [39] MANHATTAN, 88 [40] BRENAN, 53 [41] THOMAS, 51

Die neue Regierung hatte enorme Schwierigkeiten zu überwinden. Sie wurde von der extremen Linken und der Rechten sabotiert, und sie durfte sich, wollte sie überhaupt bestehen bleiben, um Wesentliches zu erreichen, um keinen Preis unpopulär machen, so daß sie, gerade durch ihre Zugeständnisse, laufend an Autorität verlor. Überdies stand das Land infolge der früheren Verhältnisse und der allgemeinen Wirtschaftskrise am Rand des Bankrotts. Trotzdem wurden allein im ersten Jahr der Republik unter dem Unterrichtsminister Marcelino Domingo 7000 Schulen gebaut, im zweiten 2500.[42] Bereits Ende 1932 besuchten 70000 Schüler die Oberschulen, vorher 20000.[43] Man schuf ein hochmodernes Scheidungsgesetz, ein neues Strafgesetz, Gesetze über die Zivilehe, über Zwangsarbeit, Schlichtungsausschüsse, Mindestlöhne, Frauenrechte u.a. »Reformen, die anderswo mehr als ein halbes Jahrhundert erfordert hatten, waren in zwei Jahren durchgeführt worden.«[44] Die neue Verfassung, die Rede- und Pressefreiheit gestattete, alle Bürger für gleich erklärte und die Adelstitel abschaffte, sah die Trennung von Kirche und Staat vor. Sie entzog dem Klerus Unterricht und Fürsorge, löste den Jesuitenorden auf, verbot Mönchen und Nonnen den Handel und säkularisierte die Eheschließung. Doch war die Regierung, trotz der rigorosen antiklerikalen Klauseln der Verfassung, keineswegs antireligiös oder auch nur darauf aus, Spanien in ein antichristliches Land zu verwandeln. Sie erlaubte der Kirche, ihre Lehre überall frei zu verkünden und garantierte Glaubens- und Gewissensfreiheit.[45] Selbst der ›Völkische Beobachter‹ sprach noch im Jahre 1935 von den »allen Einschränkungen zum Trotz im ganzen Lande fortbestehenden Einrichtungen der *Kirche*«[46].

Nach der Beseitigung der Monarchie rühmten sich die Spanier, kein Volk der Erde habe je einen derart elementaren Systemwechsel so »ritterlich« und so »human« vollzogen.[47] Die Einführung des bürgerlichen Regimes hatte kaum einen Tropfen Blut gekostet. Und es gab unmittelbar nach dem Wahlsieg auch keine Gewaltmaßnahmen der antiklerikalen Kräfte.

Als die Feindseligkeiten aber begannen, gingen sie von der Kirche aus. »Den ersten Schuß in dem Kampf, der bis zum Bürgerkrieg währen sollte«, schreibt Hugh Thomas, dessen Buch über den spanischen Bürgerkrieg zu den objektivsten Darstellungen gehört, »gab Kardinal Segura, Erzbischof von Toledo und Primas der Kirche von Spanien, mit seinem scharfen Hirtenbrief Anfang Mai ab.«[48] Kurz nach Veröffentlichung dieses »eindeutig republikfeindlichen Hirtenbriefes«[49] und der fast gleichzeitigen Bekanntgabe eines Interviews mit dem nach Paris geflohenen König kam es in Madrid zu Unruhen, die bald auf das ganze Land übergriffen. Dabei richtete sich die Wut der Demonstranten bezeichnenderweise

---

[42] Ebenda, 65 [43] Ebenda [44] Ebenda, 66
[45] Vgl. Keller, 135f. [46] Völkischer Beobachter, 9.5.1935
[47] Schweizerische Rundschau, Heft 8, 1939, 559 [48] Thomas, 42 [49] Detwiler, 2

gegen die mit Monarchie und Adel so eng liierte katholische Kirche, die in Spanien, als der Thron beseitigt war, in gewisser Hinsicht an dessen Stelle trat. Am hellen Vormittag brannte man eine Jesuitenkirche im Stadtzentrum von Madrid nieder und schrieb mit Kreide auf die Mauern der Ruine: »Volksgericht über Diebe«[50]. Allein in sechs Großstädten wurden mehr als hundert Kirchen und Klöster völlig zerstört.[51]

Der spanische Episkopat versuchte sofort, seine ursprüngliche Position wieder zu gewinnen. Er hetzte in den folgenden Jahren offen gegen die Regierung, die »roten Antichristen«, wie Kardinal Segura sagte, indem er aufforderte, »Schluß zu machen mit den Feinden des Königreiches Jesu Christi«[52]. Dabei stützte er sich auf die Anhänger des alten Regimes, die Großgrundbesitzer und den Adel, sowie auf die rückständigste Schicht, Teile der bäuerlichen Bevölkerung, von der noch um 1930 dank der katholischen Erziehungsarbeit 80% Analphabeten waren.[53] Bereits 1933 verlangten die spanischen Bischöfe in einem Hirtenbrief und der Papst in einer Enzyklika vom 3. Juni einen »heiligen Kreuzzug für die vollständige Wiederherstellung der kirchlichen Rechte«[54]. Mündlich und schriftlich rief der Episkopat zur Revolte gegen die Regierung auf. Gleichzeitig mischte sich Eugenio Pacelli ein. Es ist wenig bekannt, daß die aus der Acción Popular, einer Art spanischen Zentrumspartei, die von reichen »Rechten« finanziert wurde, doch das Volk gewinnen sollte, hervorgegangene Confederación Española de Derechas Autónomas (CEDA), 1933 auf Betreiben des päpstlichen Staatssekretärs gegründet worden ist.[55]

Die CEDA, die im Ausland der Vatikan und faschistische Gruppen[56], in Spanien der hohe Klerus und die führenden Kreise des Heeres und der Großagrarier förderten, bekämpfte besonders den Marxismus und den liberalen Einfluß der Freimaurer, die übrigens am 20. Oktober 1936 in der Madrider Ausgabe der Zeitung ›ABC‹ erklärten, »absolut auf der Seite der Volksfront, auf der Seite der legalen Regierung und gegen den Faschismus« zu stehen[57], wobei sie die Logen anderer Länder unterstützten[58].

Führer der von Pacelli angeregten CEDA wurde José Maria Gil Robles, ein von Salesianern erzogener Bewunderer Hitlers und militanter Katholik, dem 1935 der ›Völkische Beobachter‹ nachrühmte, »vor allen Dingen besitzt er ein Organ von einer Stärke, das ihn befähigt, auch den lästigsten und lautesten marxistischen Schreier niederzubrüllen«[59]. Stark vom Faschismus beeinflußt, bezeichnete Gil

[50] Fernsworth, 131
[51] Detwiler, 3
[52] Manhattan, 91
[53] Ebenda
[54] Ebenda
[55] Thomas, 66f.
[56] Longo, 12f.
[57] Zit. in Reichspost, Wien, 21.12.1936
[58] Vgl. die im Grazer Volksblatt, 6.12.1936, abgedruckten Briefe
[59] Völkischer Beobachter, 9.5.1935

Robles – der sich bei den Wahlen, in Analogie zu »Führer« und »Duce«, von seinen Anhängern »Jefe« (Chef) nennen ließ – sein durch die Enzykliken der letzten Päpste vorgezeichnetes politisches Programm als »christlich-sozial«[60].

Noch vor Beginn des Aufstandes schloß sich die Jugendorganisation von Gil Robles' CEDA der 1933 gegründeten »Falange Española« an, der faschistischen Partei Spaniens. Ihr Gründer und Leiter José Antonio, der Sohn des Diktators Primo de Rivera, war eng mit den oberen Klassen und der Kirche verbunden und hatte schon am 24. September 1934 Franco brieflich mitgeteilt, daß er einen militärischen Staatsstreich zur Wiederherstellung »der verlorenen geschichtlichen Bestimmung des Landes« unterstützen werde.[61] Der Übergang der katholischen Jugendorganisation zu den spanischen Faschisten vollzog sich um so leichter, als man ihr mit Recht bereits einen »ausgesprochen faschistischen Charakter« bescheinigen konnte.[62] Wie andererseits jedes Mitglied der Falange wenigstens während des Bürgerkrieges zur Messe gehen, beichten und kommunizieren mußte.[63]

Der Führer der zur Falange übertretenden katholischen Jugend, Ramón Serrano Suñer, ein Schwager Francos, ein Freund Mussolinis und Hitlers, wurde später spanischer Innen- und Außenminister und Ende Juni 1942 von Papst Pacelli mit dem Großkreuz des Ordens Pius' IX. ausgezeichnet. Zwei Monate zuvor hatte Suñer zu einem dänischen Zeitungskorrespondenten geäußert, daß schon 15000 Spanier an der Ostfront stünden und ihre Zahl, falls nötig, auf eine Million erhöht werde.[64] Ende 1933 erlangten die Rechtsparteien, die alle Maßnahmen der Regierung bekämpft hatten, die Mehrheit im Parlament, worauf in den »beiden schwarzen Jahren« die kirchen- und faschistenfreundliche Regierung Lerroux(–Gil Robles) die wenigen sozialen und politischen Errungenschaften der jungen Republik wieder liquidierte. Man unterließ die Durchführung des Agrargesetzes und senkte die Löhne, bis sie noch geringer waren als zur Zeit der Monarchie.[65] Man vertagte die Ersetzung konfessioneller Schulen durch staatliche und erlaubte sogar den Jesuiten, deren Orden formell verboten blieb, ihre Lehrtätigkeit wieder aufzunehmen. Ungezählte Männer und Frauen verloren durch die Großgrundbesitzer Arbeit und Brot, viele wanderten ohne jeden Prozeß, nur wegen ihrer Zugehörigkeit zu den Linksparteien, ins Gefängnis.[66] Allein im Oktober und November 1934 hat man 30000 Menschen aus politischen Gründen eingekerkert und häufig noch gefoltert.[67] Der Journalist Luis Sirval, der über die Torturen berichtete, wurde inhaftiert und von drei Offizieren ermordet.[68] Die Zahl der Arbeitslosen erreichte eine Million.[69]

---

[60] Ebenda [61] Thomas, 81 [62] Völkischer Beobachter, 9.5.1935
[63] Thomas, 150f. [64] Scheinmann, 274 mit Bez. auf Current History, Juni 1942
[65] Vgl. das Vorwort der Herzogin von Atholl bei Koestler, 8
[66] Deutsche Freiheit, 5. Jg., 1936, Folge 28 [67] Thomas, 79f. [68] Ebenda [69] Longo, 14

Unter den neuen Herren traten auch die mit dem hohen Klerus kollaborierenden Monarchisten wieder in Erscheinung. Seit 1933 bildeten die Carlisten im Norden Truppen aus. Ihr militärischer Chef, der ehrgeizige Oberst Enrique Varela, genannt Onkel Pepe, »fuhr als Priester verkleidet durch die Pyrenäendörfer wie ein Missionar des Bürgerkriegs«[70]. Und bereits am 31. März 1934 besuchte der monarchistische Fraktionsführer des Parlaments, Antonio Goicoechea, in Begleitung mehrerer Carlisten Mussolini. Der gottgesandte Partner des Papstes versprach den spanischen Rebellen 200 Maschinengewehre, 20000 Handgranaten und weiteres Material nach Putschbeginn. Außerdem erhielten sie schon am nächsten Tag 1,5 Mill. Peseten.[71]

Der zunehmende Einfluß der kirchlichen und faschistischen Kräfte hatte nicht nur eine Kette von Streiks, Massendemonstrationen und lokalen Aufständen zur Folge, sondern veranlaßte Arbeiter und Bauern, städtisches Klein- und Mittelbürgertum sowie die sozial empfindende Intelligenz am 16. Januar 1936 zum Zusammenschluß in der »Volksfront«. Dagegen verbündeten sich die Falange, die Monarchisten und Carlisten, die Agrarier, die CEDA und andere rechtsgerichtete Kreise in der »Nationalen Front«.

Bei den Wahlen am 16. Februar, die, laut Londoner ›Times‹, »mustergültig« verliefen[72], errang die Volksfront 268 Sitze, gegenüber 140 Sitzen der Rechten und etwa 70 Sitzen der Mitte. Und dies, obwohl die katholische Kirche Himmel und Hölle in Bewegung gesetzt, Bannflüche gegen die »Roten« geschleudert und sogar in strengster Klausur lebende Nonnen, die nicht einmal beim Tode ihrer Eltern das Kloster verlassen durften, in die Wahllokale kommandiert hatte.[73]

Der überwältigende Sieg war die Antwort auf die zweijährige klerikale Gewaltherrschaft. Während die reaktionären Gruppen aus allen Wolken fielen, jubelten die linken. »Tagelang durchzogen die Volksmassen die Straßen Madrids«, berichteten damals Pastor Fliedners ›Blätter aus Spanien‹, »aber ebenso wie seinerzeit bei der Ausrufung der Republik, in vollkommener Ordnung. Kein Schuß fiel, kein Blut floß, keine Kirche wurde geplündert oder gar verbrannt. Die Freude über den Sieg hatte alle Rache- und Haßgedanken verschlungen.«[74] Das dauerte jedoch nicht lang. Die Opposition erhob sich gegen die »Roten«, wie Kardinal Gomá y Tomás in einem Hirtenbrief vom 24. Januar 1936 die republikanischen Parteien kurzerhand genannt hatte.[75] Es kam zu Provokationen, Anschlägen, Schießereien, zu Hunderten von Teil- und Generalstreiks, Hunderten von Attentaten und Mor-

---

70 Thomas, 73 71 Ebenda 72 The Times, 17.2.1936

73 Manhattan, dt. Ausg., 88 u. National-Zeitung, Basel, 28.9.1937

74 Blätter aus Spanien, Juni 1936, zit. in Deutsche Freiheit, 5. Jg., 1936, Folge 28. Vgl. dazu auch die Aussage des republikanischen spanischen Justizministers in National-Zeitung, Basel, 28.9.1937

75 Manhattan, dt. Ausg., 88

den auf beiden Seiten. Es kam zu neuen Lohnsenkungen, Mieterhöhungen und Zwangsräumungen, so daß sogar Gil Robles vom »selbstmörderischen Egoismus« der Arbeitgeber sprach[76], die Pächter und Taglöhner auf die Straße setzten: »Laßt euch doch von der Republik zu fressen geben!«[77]

Jetzt brannten die Arbeiter in vielen Orten wieder die Kirchen nieder, wobei einige aber auch die Falange einäscherte, um die Zerstörung den Anarchisten anzukreiden.[78] Ganz abgesehen davon, daß manche Kirchen nichtkirchlichen Zwekken dienten oder während des Krieges von Rebellenflugzeugen zerstört worden sind. »Ich bin wiederholt«, schreibt der Katholik Friedrich Prinz zu Loewenstein nach seinem Spanienbesuch im Herbst 1937, »in Kirchen gekommen, die von den Faschisten als Festungen benützt worden sind; ich habe in Madrid zahlreiche Kirchen gesehen, die keine militärischen Objekte waren und die man mit Leichtigkeit als Kirchen erkennen konnte – dennoch sind sie von faschistischen Fliegern in Staub und Asche verwandelt worden. Auch daß beim Aufstand vom 18. Juli 1936 zahlreiche Kirchen als Operationsbasis gegen Volk und Staat benützt worden sind, läßt sich nicht mehr leugnen.«[79]

Der eigentliche Anlaß zum Aufstand war der Wahlsieg der Volksfront im Februar. Der blutige Staatsstreich aber gelang Franco nur mit Hilfe der Faschisten.

Hitlerdeutschland und Italien verhalfen den katholischen Rebellen zum Sieg

> »Ohne die Hilfe der beiden Länder gäbe es heute keinen Franco.«
>
> Adolf Hitler am 28. September 1940[80]

> »Er (Franco) würde selbst von den Kopfjägern Borneos Hilfe angenommen haben, um sein eigenes Volk niederzuzwingen.«
>
> Charles Duff[81]

DIE »NATIONALEN«, die sich am 17. Juli 1936 mit dem Segen der Kirche erhoben, hatten mit einem schnellen Erfolg gerechnet, wurden aber enttäuscht. Ja, ihre Situation war Ende Juli verzweifelt. »Francos Rebellenarmee stand vor der sicheren Niederlage.«[82] Denn obwohl der größte Teil des Heeres und der Zivilgar-

[76] THOMAS, 72 [77] BLÄTTER AUS SPANIEN, Juni 1936. Zit. in DEUTSCHE FREIHEIT, 5. Jg., 1936, Folge 28
[78] THOMAS, 89 [79] NATIONAL-ZEITUNG, Basel, 28.9.1937. Vgl. auch TIMMERMANNS, 12
[80] Zit. bei DETWILER, 12 [81] DUFF, 24 [82] Bob Edwards, M. P., in KONKRET, 1.10.1960

de zu ihr überging, obwohl sie über die bessere Strategie und ausgebildetere Truppen verfügte, schlug die Regierung mit Hilfe des fanatisch kämpfenden Volkes einen Aufstand nach dem anderen in Madrid, Barcelona, Albacete und anderen Städten nieder. Sogar die Gegner gaben den größeren Kampfgeist der Volksfront zu. »Schreib's in dein Tagebuch«, sagte Mussolini zu Ciano, »ich prophezeie Francos Niederlage ... Die Roten sind Kämpfer, Franco ist es nicht.«[83] Und auch die deutsche Botschaft meldete am 25. Juli aus Madrid, daß die Aufständischen viel geringere Stoßkraft entfalteten als die Regierungstruppen, daß der Widerstand der Bevölkerung in Stadt und Land sehr stark sei und auch das geistig-moralische und propagandistische Kräfteverhältnis sich zugunsten der Regierung entwickle. »Diese verfügt über ein die breiten Volksmassen fesselndes Programm. Verteidigung der Republik, Freiheit, Fortschritt, Abwehr politischer und sozialer Reaktion ... Die roten Milizen sind von einem fanatischen Kampfgeist erfüllt und schlagen sich mit außerordentlicher Bravour, bei entsprechenden Verlusten. Diese sind jedoch aus den Volksmassen leicht zu ersetzen, während den Aufständischen, die nur über Kontingente ihrer Truppenteile verfügen, solche Reserven im allgemeinen fehlen. Falls nicht Unerwartetes geschieht, ist nach allem kaum mit Erfolg des Militäraufstandes, jedoch noch mit längerer Dauer der Kämpfe zu rechnen.«[84]

Das Unerwartete geschah in derselben Nacht, in der dieser Bericht nach Berlin gedrahtet wurde – Hitler entschloß sich, die Rebellen zu unterstützen.[85]

Schon vor dem Putsch hatten nazistische Kreise der spanischen Opposition Verstärkung zugesagt.[86] General Sanjurjo, der sie führen sollte, reiste unmittelbar vor der Erhebung nach Berlin, verunglückte aber auf dem Rückflug tödlich.[87] So sandte Franco eine Delegation, die Hitler am 26. Juli 1936 nach einer Aufführung der ›Walküre‹ in Bayreuth empfing, wo er auf Drängen Görings sogleich Hilfe versprach.[88] »Franco stand mit seinen Truppen in Afrika«, berichtete Göring beim Nürnberger Prozeß, und »konnte nicht hinüber, weil die Flotte in den Händen der Kommunisten war ... Die entscheidende Aufgabe war es, vor allem die Truppen nach Spanien zu bringen.«[89]

Noch Ende Juli gingen 20 deutsche Transportflugzeuge nach Marokko ab und beförderten Francos »Erlöserarmee«, seine mohammedanischen Mauren und seine Legionäre, Losung: »Es lebe der Tod! Nieder mit der Intelligenz!«[90], zur Rettung des katholischen Abendlandes übers Meer, worauf sie ihre ersten Heldentaten in Sevilla vollbrachten. »Das ganze Arbeiterviertel – obwohl so gut wie ohne Waffen – leistete bis zum Schluß Widerstand. Besonders furchtbar war das Massaker in dem Bezirk San Julian. Die Legionäre trieben alle Männer, die sie hier antrafen,

[83] Zit. bei Dahms, 249 [84] Detwiler, 6f.
[85] Vgl. ebenda, 8. Ferner, Merkes, 170 [86] Siebert, 52 [87] Longo, 25
[88] Thomas, 183f. [89] Ebenda [90] Ebenda, 216

auf die Straße und stachen sie mit dem Messer ab. Der untere Teil von Triana (Arbeiterviertel von Sevilla) wurde sodann durch Artilleriebeschuß dem Erdboden gleichgemacht.«[91] Von Ende Juli bis September gelangten über die erste »Luftbrükke« mehr als 20000 Mann nach Spanien, so daß Hitler 1942 sagen konnte: »Franco sollte der Ju 52 ein Denkmal setzen. Diesem Flugzeug verdankt die spanische Revolution ihren Sieg.«[92]

Bald nach Lieferung der Transportflugzeuge schickten die Nazis Jagd-, Kampf- und Aufklärungsmaschinen, Panzer und Flak.[93] Vier Frachtflugzeuge starteten von jetzt an wöchentlich nach Spanien, und etwa alle fünf Tage fuhr dahin ein deutsches Schiff. Insgesamt trafen dort während des Bürgerkrieges 170 deutsche Frachtdampfer ein.[94]

Hitlers Nachschub kam anfangs meist über Portugal, ein besonders klerikales, von den portugiesischen Bischöfen 1931 »Unserer Lieben Frau von Fatima« geweihtes Land, dessen Diktator die Aufständischen förderte, wo er konnte.[95] Schon am 1. August versprach Salazar, ihnen »mit allen verfügbaren Mitteln« zu helfen.[96] Er ließ sie nicht nur in Lissabon konspirieren und eine Waffenankaufszentrale einrichten, sondern auch Hitlers Kriegsmaterial rasch nach Spanien weiterbefördern und überdies 20000 Portugiesen auf der Seite der Rebellen kämpfen.[97]

Auch das katholische Irland sandte schnell eine Brigade unter O'Duffy für den »christlichen Kreuzzug«. Als sie jedoch neben Francos Mohammedanern fechten sollte, die man, um den Schein zu wahren, in Mönchskutten gesteckt hatte, waren die Iren nicht mehr für den heiligen Krieg zu gebrauchen und wurden kaum noch im Kampf eingesetzt.[98]

Bereits bis Oktober 1936 hatte Hitler an das katholische Franco-Spanien 87 Flugzeuge, 41 Kampfwagen, 24 Panzerabwehrkanonen, 50 Minenwerfer, 212 Maschinengewehre, 10000 Handgranaten, 22000 Bomben, 30000 Gewehre und 75 Millionen Patronen geliefert.[99] Anfang November kam ein geschlossenes Luftwaffenkorps, die Legion Condor, die zunächst 4500 Mann umfaßte.[100] Franco stellte jedoch bis zuletzt immer neue Forderungen und vermochte sie auch durchzusetzen, obwohl man in Berlin den Spanienkrieg allmählich satt hatte. Denn das Wichtigste war ausprobiert: Stukas, Heinkel-Bomber, Messerschmitt-Jäger und das Flakgeschütz 8,8. »Hoffentlich kommen genug Deutsche«, sagte der englische Botschafter in Spanien, der unentwegt für die Rebellen war, »um den Krieg zu Ende zu bringen.«[101]

Mit den Nazis eilten vor allem die Italiener Franco zu Hilfe, die die spanischen Verschwörer ja bereits 1934 mit Waffen und Geld unterstützt hatten.

---

91 Ebenda, 135 92 Ebenda, 194 93 BEUMELBURG, 22ff., 36. DAHMS, 101 94 THOMAS, 185
95 So DAHMS, 145 96 THOMAS, 186 97 Ebenda 98 DUFF, 23
99 STUTTGARTER ZEITUNG, 28.2.1963 100 Näheres bei BEUMELBURG, 56ff. 101 THOMAS, 263

Schon am 5. August, dem »Tag der Madonna von Afrika«, trafen unter dem Schutz italienischer Kampfflugzeuge 2500 Soldaten samt Ausrüstung zu Schiff aus Marokko in Spanien ein.[102] Am 2. September folgte die erste faschistische Miliz, und etwa um dieselbe Zeit gelangte Mallorca in italienische Hand.[103] Es wurde zu einem Militär- und Flottenstützpunkt der Faschisten ausgebaut, wobei es zu furchtbaren Niedermetzelungen spanischer Arbeiter kam.[104] Am 2. September 1936 schrieb die italienische Zeitung ›Roma fascista‹: »Die Komödie der Nichteinmischung ist zu Ende. Für uns hatte sie nie angefangen ... Der Faschismus steht wieder in Reih und Glied ... wir kämpfen in Spanien, das im Augenblick der lebhafteste Abschnitt unseres Krieges ist, der schon über siebzehn Jahre andauert ... Heute ist Franco der Führer der Revolution, die sich als Schwester unserer Revolution erweist, und wir sind – mit der Waffe in der Hand, als Soldaten – in ideeller, geistiger und materieller Hinsicht mit ihm und seinen Legionären.«[105]

Bereits im Januar 1937 sollen 40000 italienische Soldaten in Spanien gekämpft haben[106], später waren es 110000[107]. Die Italiener unterstützten Franco im Laufe des Krieges immer mehr und machten sogar von sich aus Angebote.[108] Wußten sie doch, wie der italienische Botschafter in Paris sagte, daß Francos Kräfte »nicht ausreichend« seien, »um ganz Spanien zu erobern«[109].

Vor allem halfen Hitler und Mussolini mit Material. Ihre ständigen Lieferungen verhinderten zum Beispiel den Zusammenbruch der Aufständischen Anfang 1937 nach drei vergeblichen Versuchen, Madrid zu erobern. Und der faschistische Nachschub erlaubte es während der Schlacht am Ebro der Rebellenluftwaffe, die dabei kaum von den Republikanern gestört worden ist, fünf Wochen lang durchschnittlich zehntausend Bomben täglich zu werfen.[110] Insgesamt überstieg die deutsch-italienische Bürgerkriegshilfe eine Milliarde Reichsmark.[111]

Der »teure Sohn« des Papstes ein anhänglicher Freund Hitlers

Wie die Italiener Du-ce, Du-ce riefen, so schrien die Nationalspanier, nachdem sich der Rebell am 1. Oktober 1936 in Burgos zum Staatsoberhaupt hatte ausrufen lassen, Fran-co, Fran-co. Und statt des Nazislogans »Ein Volk, ein Reich, ein Führer«, verkündeten nun Plakate in Nationalspanien: »Ein Staat – ein Land – ein Chef!«[112]

Wenige Tage nach Francos »Machtergreifung« überbrachte ein deutscher Botschaftsrat Hitlers Glückwünsche. Der General, der aus diesem Anlaß in Salamanca,

[102] Ebenda, 196 [103] Longo, 28 [104] Thomas, 202 [105] Longo, 28 [106] Dahms, 154
[107] Duff, 23 [108] Thomas, 259f. [109] Ebenda, 259 [110] Ebenda, 423
[111] Detwiler, 13f. [112] Thomas, 227

wo er im erzbischöflichen Palais residierte[113], einen Empfang gab, dankte dem deutschen Diktator für seine »wertvolle materielle und moralische Hilfe« und drückte die Hoffnung aus, bald seine eigene Flagge neben dem Banner der Kultur hissen zu können, das der Führer bereits vorantrage[114].

Am 18. November brachen Hitler und Mussolini die Beziehungen zur spanischen Republik ab und erkannten die »Regierung« Francos an, der am 1. Dezember 1936 Mussolini und im März 1937 Hitler in einem Geheimabkommen enge wirtschaftliche und politische Zusammenarbeit versprach.[115] Die durch die gemeinsame Intervention in Spanien bedingte rasche Annäherung von Deutschland und Italien, den »Bollwerken der Kultur und des Christentums«, wie sie Franco damals nannte[116], war sicher eines der folgenschwersten internationalen Ereignisse des spanischen Bürgerkrieges. Schon im Oktober konferierte der italienische Außenminister in Berlin, und unmittelbar darauf prägte Mussolini in einer Rede auf dem Mailänder Domplatz das Wort von der »Achse Berlin–Rom«[117]. Auch in späteren Jahren, um hier nur kurz vorauszublicken, machte Franco aus seiner Sympathie für die Faschisten, besonders für Hitler, nie ein Hehl. Als ihm dieser 1940 das Großkreuz vom Deutschen Adler in Gold verlieh, fühlte sich der Heerführer des spanischen Katholizismus »stolz, unter meinem Befehl in den ersten Schlachten dieser großen Auseinandersetzung die Legion Condor gehabt zu haben, den ruhmreichen Herold Ihrer Siege von heute«[118].

Am 26. Februar 1941 schrieb Franco an Hitler: »Wie Sie, bin auch ich der Überzeugung, daß eine geschichtliche Sendung uns unlösbar verbindet, Sie, den Duce und mich«, wobei er taktvoller Weise den Papst nicht nannte, doch abschließend dem »lieben Führer« noch einmal gelobte, »mich voll entschlossen auf Ihre Seite zu stellen, einem gemeinsamen Schicksal verbunden, dem auszuweichen Selbstaufgabe und Verrat der guten Sache bedeuten würde, die ich in Spanien führe und vertrete. Es bedarf wohl keiner Versicherung meines Glaubens an den Sieg Ihrer guten Sache, der ich stets treu anhängen werde. Mit herzlichem Gruß Ihr aufrichtiger Freund.«[119]

Als Hitler die Sowjetunion überfiel, verbreitete der spanische Klerus eine wahre Kreuzzugsbegeisterung, und Franco stellte Deutschland U-Boot- und Luftstützpunkte zur Verfügung, Abhördienste und Kriegsmaterial.[120] Er schickte die aus 47000 Soldaten bestehende »Blaue Division« nach Rußland, nachdem sie spanische Bischöfe und Priester für ihre »heilige Aufgabe« gesegnet und den »heldenhaften katholischen Kreuzfahrern gegen die Roten« geweihte Medaillons übergeben hatten[121], war aber doch vorsichtig genug, den Krieg nicht zu erklären. Ja, der

---

113 Dahms, 193
114 Thomas, 229
115 Siebert, 52
116 Thomas, 259
117 Dahms, 136f.
118 Detwiler, 148
119 Ebenda, 131ff.
120 Thomas, 472
121 Manhattan, dt. Ausg., 98

»undankbare Feigling«, wie Ribbentrop sagte, »der uns alles verdankt und nun nicht mitmachen will«[122] (während Hitler jetzt äußerte, ein solcher Mann wäre bei ihm nicht einmal Kreisleiter geworden), beorderte bereits 1943, als er sah, daß der Krieg für die Faschisten verloren war, alles nach Spanien zurück und suchte plötzlich Kontakte mit den führenden Kreisen Englands und Amerikas – womit er sich genauso verhielt wie der Vatikan (S. 159).

Doch noch 1945, als die Nachricht von Hitlers »Heldentod« Madrid erreichte, standen die spanischen Faschisten Schlange, um ihre Namen in das Beileidsbuch der deutschen Botschaft einzutragen.[123] Und das katholische Franco-Spanien kondolierte offiziell zum Tod des Führers und zum Zusammenbruch des Regimes[124], dem es ja auch entscheidend seine Existenz verdankte.

Die Einmischung der Sowjets in Spanien blieb dagegen ohne Erfolg.

Die Hilfe Rußlands für die Republik

Die westlichen Demokratien hatten auf einer internationalen Konferenz eine Politik der Nichteinmischung in Spanien beschlossen und einen Boykott über Waffenlieferungen an das Land verhängt, worum sich die Faschisten freilich nicht kümmerten. Die Demokratien jedoch respektierten das Abkommen, und auch das kommunistische Rußland hatte in den ersten drei Monaten des Krieges der spanischen Republik keinerlei Waffen geliefert. Anfang Oktober aber erklärte die Sowjetregierung, sie werde ihre Verpflichtungen annullieren, falls die Paktverletzungen anderer Mächte nicht verhindert würden. »Wenn ein Abkommen besteht, so wünschen wir, daß es eingehalten wird. Wenn das Komitee ... das sicherstellen kann ..., ist alles in Ordnung. Wenn das Komitee es nicht kann, so möge es dies sagen.«[125]

Die Legion Condor vollbrachte schon monatelang Heldentaten in Spanien, ehe dort die ersten sowjetrussischen Flugzeuge erschienen. Das bestätigten die Legionäre selbst: »Fast keine Erdabwehr und keine Gegner in der Luft. Aus 800 Meter Höhe warfen wir unsere wohlgezielten Bomben, und die Übung macht den Meister.«[126] (Und als dann die ersten »asiatischen Untermenschen« auftauchten, wurden sie natürlich von der blonden Herrenrasse fertiggemacht: »Denen in die ›Fresse‹ halten, dachten wir, und jagten Trommel auf Trommel mit Phosphor und Leuchtgeschossen heraus ... Zwei Kameraden sind schon verwundet, aber sie feuern weiter. Trommel drauf! Dem aber wieder mitten in die ›Fresse‹!«[127])

---

[122] Dahms, 285 [123] Detwiler, 144 [124] Manhattan, dt. Ausg., 98
[125] Zit. bei Thomas, 230f. [126] Bley, 36
[127] Ebenda, 38. Der Stil derartiger Bücher erregt den Brechreiz. Vgl. auch etwa Legion Condor (Hrsg.)

Die Hilfe der Sowjetunion für die spanische Regierung – die ersten russischen Schiffe mit Waffen trafen Mitte Oktober ein[128] – kam im letzten Augenblick, zu einer Zeit, als die Hauptstadt bereits gefährdet war. Und bis Ende November lieferten die Russen, nach nationalspanischen Quellen, 100000 Gewehre, 3 Milliarden Patronen, 1500 Maschinengewehre, 6000 Granatwerfer, 300 Bomber, 45000 Bomben und 75 Flakgeschütze.[129]

Die Intervention der faschistischen Staaten und der Sowjetunion verlängerte den Krieg immer mehr. Ohne den ständigen Nachschub aus Deutschland und Italien aber hätte sich Rußland kaum eingemischt. Das spanische Volk wäre verhältnismäßig rasch mit den Rebellen fertig geworden. »Wir verlangen nicht, daß uns geholfen wird«, sagte der republikanische Regierungschef, »wir verlangen, daß wir nicht dafür bestraft werden, daß ein Aufstand gegen uns angezettelt worden ist.«[130]

Vom »christlichen« Kreuzzug gegen die »gottlosen Roten«

> »Die ›Große Nationale Bewegung‹ wurde vom ersten Tag an von ihren Führern und von der Kirche als der ›Christliche Kreuzzug gegen den Bolschewismus‹ bezeichnet. Dieser ›Christliche Kreuzzug‹ hatte die volle Unterstützung des Heiden Hitler und des Atheisten Mussolini. Einige 150000 angeheuerte mohammedanische Marokkaner und eine Fremdenlegion von höchster moralischer Fragwürdigkeit vervollständigten die Heiligkeit dieses Kreuzzuges.«
>
> Charles Duff[131]

> »Sobald klar war, daß Franco den Bürgerkrieg nicht sofort gewinnen konnte, eröffnete der Vatikan auf direkte Weisung des Papstes eine wütende antibolschewistische Hetzkampagne. Dadurch unterstützte er Hitlers innen- und außenpolitische Pläne; Hitler brauchte zur Durchsetzung seiner Politik das Schreckgespenst des Bolschewismus.«
>
> Avro Manhattan[132]

Die gesamte faschistische und klerikale Propaganda suggerierte aller Welt, in Spanien stünden sich Engel und Teufel, Kreuzritter und Gottlose, die Christen und die »Roten« gegenüber. Kardinalprimas Gomá y Tomás, der damals auch

[128] Thomas, 238 [129] Ebenda, 242 [130] Longo, 26 [131] Duff, 147 [132] Manhattan, dt. Ausg., 92

den mit Hilfe von Madonnenbildern und Giftgasen ausgeführten Raubüberfall auf Abessinien als ein »Werk der Zivilisation« pries[133], belehrte nun die Weltöffentlichkeit: »Es stehen also auf der einen Seite die Kämpfer jener Ideale, welche aus der alten Tradition und der alten Geschichte Spaniens geboren sind; auf der anderen Seite steht eine zusammengewürfelte Horde ... *Christus und der Antichrist bekämpfen sich auf unserem Boden.*«[134] Und die katholischen Zeitungen, die »in Spanien nur mehr zwei große Gruppen« sahen, »die Bolschewisten, die ›weder Gott noch Herren‹ wollen, und die Rechtsparteien, die unter dem Schlachtruf ›Gott, Vaterland, Autorität‹ kämpfen«[135], sprachen, genau wie die Faschisten, bloß noch vom »bolschewistischen Regime« in Spanien, von »Sowjetspanien«, den »roten Machthabern in Madrid«, der »roten Geißel«, dem »rotspanischen Mordregime«[136] usw.

Diese groteske Geschichtsfälschung, die die Vatikanpresse ebenso verbreitete wie das Berliner Propagandaministerium oder Mussolini, benebelte – wie heute andere beliebte Schwarz-Weiß-Malereien – Millionen Hirne. Und die skrupellose Hetze der katholischen Hierarchie wirkte sich gewiß auch auf den Entschluß fast aller europäischen Länder und der USA aus, die spanische Regierung nicht zu unterstützen.

In Wirklichkeit spielte der Kommunismus in Spanien keinerlei dominierende Rolle, am wenigsten vor dem Bürgerkrieg, als Largo Caballero und seine Sozialisten sich mächtig entfalteten. Die Volksfront hatte alles andere als ein marxistisches Programm, gab es doch unter den 473 Abgeordneten des Parlaments bloß 15 Kommunisten[137], die überdies in zwei heftig rivalisierende Grüpplein gespalten waren, die von Moskau beeinflußten Stalinisten, die Partido Comunista Española, und die Trotzkij zuneigende Partido Obrero de Unificación Marxista. Das republikanische Kabinett hatte nur einen einzigen kommunistischen Minister[138] und die kommunistische Partei Spaniens nur 10000 Mitglieder[139].

Auch als ihre Mitgliederzahl während des Bürgerkrieges rasch auf 500000 stieg[140], war die spanische Republik mit einer Bevölkerung von 25 Millionen kein kommunistischer Staat. »Weder ist diese Regierung kommunistisch«, erklärte damals Justizminister Manuel Irujo, übrigens ein Baske und sehr guter Katholik[141], seinem katholischen Interviewer Friedrich Prinz zu Loewenstein, »noch hat dieser Staat eine kommunistische Ordnung. Und was mich selber anbelangt: Sie wissen, daß ich kein ›Marxist‹, kein ›Roter‹ bin. Aber ich bin Christ und glaube daher, daß es kein Christentum ohne soziale Gerechtigkeit geben kann.«[142]

Das glaubten auch katholische Kleriker in Spanien, die mit allen baskischen Katholiken der Republik die Treue hielten. Was sie dazu bestimmte, mag der Brief zeigen,

---

133 Germania, 25.2.1937 134 Ebenda, 30.1.1937 135 Ebenda, 27.8.1936
136 Vgl. u.a. ebenda, 19.4.1937 u. 5.8.1937 137 Bates, 24 138 Duff, 147 139 Thomas, 89
140 Duff, 147 141 National-Zeitung, Basel, 28.9.1937 142 Ebenda

den seinerzeit ein höherer Geistlicher, Don Gallegos Rocafull, Kanonikus der Kathedrale von Cordoba, an die katholischen ›Schweizerischen Republikanischen Blätter‹ schrieb: »Es gibt auch Priester, die, ohne aufgehört zu haben, dies vor Gott und der Kirche zu sein, dennoch, *aus dem Zwange ihres Gewissens, auf Seiten des Volkes, nicht auf Seite der Militärrevolution stehen.* Halten Sie mich mit dieser Feststellung als Ihnen vorgestellt. Und vernehmen Sie zugleich, was mich, ich weiß es, entgegen vieler meiner Amtsbrüder und Standesgenossen, zu meiner Einstellung bestimmte. Ich habe nie politisiert. Ich war immer nur Seelsorger. Wie meinen Beruf, so liebe ich den, in welchem jener begründet ist, Jesus Christus, den Heiland der Welt, zu der auch mein armes Spanien gehört. Als die Gewalttätigkeiten ausgebrochen sind, da gab es für mich nur *eine* Frage, um meine weitere Einstellung zu bestimmen: *Wer hat zuerst* die Waffe ergriffen, wer hat den gesetzlichen Zustand, wenn auch einen für uns nicht idealen, gewaltsam angegriffen, wer hat das erste Blut vergossen und damit diesen furchtbaren Brand entzündet? Es war *nicht die Regierung*, die, wenn auch nicht so zusammengesetzt, wie wir Katholiken es gern gehabt hätten, doch uns keinerlei Schwierigkeiten in den Weg legte, es waren die Militärrevolutionäre … Die Regierung plante die *Aufteilung des Großgrundbesitzes*, eine bescheidene Fabrikgesetzgebung mit Inspektoraten, etwas, was Sie in der Schweiz schon lange besitzen, ohne im Rufe des Kommunismus zu stehen. *Das* war die Veranlassung zur Revolution. Man hat den Willen, den Armen und Bedrängten zu helfen, und ein selbständiges Bauerntum in Spanien zu gründen, *immer in Blut erstickt.* Mir aber scheint das der Wille Christi zu sein, der immer mehr auf Seite der Armen als der Reichen gestanden ist. Ich bin Priester. So stehe auch ich auf Seiten der Armen. Und Sie müssen wissen, der ganze spanische Bürgerkrieg ist nur ein Krieg zwischen Arm und Reich, zwischen Volk und Feudalherren. Es steckt kein politischer Sinn dahinter, nur ein sozialer Konflikt.«[143]

Wie die spanische Republik nicht kommunistisch war, so auch nicht antireligiös. »Wir fanden keine Anzeichen einer organisierten Gottlosenpropaganda, wie sie in Sowjetrußland betrieben wurde«, stellte eine Delegation englischer Geistlicher, die im Januar 1937 Barcelona, Valencia und Madrid besuchte, um sich ein Urteil über die Haltung der Regierungsparteien zur Religion zu bilden, einstimmig fest. »Wir konnten trotz Nachforschung nichts in Erfahrung bringen von irgendwelchen Spottliedern über Gott, Christus, die Heilige Jungfrau und die Heiligen, wie sie in der Gottlosenbewegung anderer Länder zu beobachten waren. Auf der anderen Seite fanden Mitglieder unserer Abordnung Bibeln in Straßenbuchläden offen zum Verkauf ausgestellt.«[144]

Die spanische Republik war aber nicht nur nicht antireligiös, sondern auch nicht antichristlich. Der beste Beweis dafür ist die völlige Religionsfreiheit der

---

[143] Zit. in Deutsche Freiheit, 6. Jg., Folge 10

[144] Ebenda, 9. 1937

evangelischen Kirche im republikanischen Teil während des ganzen Krieges. An Ostern 1937 meldete beispielsweise der Korrespondent der Basler ›National-Zeitung‹ aus Madrid feierliche Gottesdienste in allen evangelischen Kirchen, die bis auf den letzten Platz gefüllt waren; die Bibelgesellschaft habe wie üblich das Neue Testament verteilt und die Bevölkerung dem allen ihre Sympathie bekundet.[145] Die protestantischen Pfarrer betonten überdies, »daß sämtliche evangelischen Kirchen während der gesamten Zeit des Bürgerkrieges keinen einzigen Sonntag den Gottesdienst aussetzen mußten und daß für die evangelische Kirche endlich *die absolute Religionsfreiheit* hergestellt sei, während die spanische Monarchie und die Diktatur Primo de Riveras die protestantische Religion stets unterdrückt habe«[146].

Aber auch die Ausübung der katholischen Religion war erlaubt. Niemand verhinderte katholische Gottesdienste, solange es dabei nicht zu politischen Predigten kam.[147] Der Katholik Prinz zu Loewenstein berichtete von seiner Informationsreise im Jahre 1937, daß allein in Barcelona täglich 2000 Messen gelesen wurden, zwar in Privathäusern, doch mit ausdrücklichem Wissen der Regierung.[148]

Und auch der mehr rechts- als linksgerichtete katholische französische Abgeordnete Raymond Laurent, vordem Stadtratspräsident von Paris, der im Winter 1938/39 eingehend die religiöse Situation der Katholiken im republikanischen Spanien untersuchte, spricht von einer »uneingeschränkten Toleranz«[149].

Die auf Seiten der Regierung kämpfende baskische Armee wurde von hundert katholischen Geistlichen begleitet, die die Messe zu zelebrieren, die Sakramente zu spenden und »die Seelen der Rekruten nach der christlichen Tradition zu bilden« hatten.[150]

Endlich gab es wenigstens zwei Bischöfe, die sich weigerten, den Hirtenbrief des spanischen Episkopats zu unterzeichnen, der 1937 die Katholiken aller Länder zur Unterstützung der Rebellen aufrief, zwei Bischöfe, die bis zuletzt das Franco-Regime verurteilten und mutig für das Volk und seine rechtmäßige Regierung eintraten: den Erzbischof von Tarragona, Kardinal Vidal y Barraquer, und den Bischof von Vitoria, Mateo Múgica. »Fast ohne Ausnahme ignorierte die katholische Presse in der ganzen Welt die Forderungen und Anschuldigungen dieser beiden Bischöfe. Die Wahrheit wurde unterdrückt.«[151]

Während also weder ein kommunistischer noch ein antireligiöser, noch ein antichristlicher, ja, nicht einmal ein grundsätzlich antikatholischer Staat in Spanien bestand, während der anglikanische Dekan der Kathedrale von Canterbury nach seiner Informationsreise öffentlich erklärte, die republikanische Front für Freiheit, Gerechtigkeit und soziale Ordnung sei den Absichten Christi näher als das frühere

---

[145] NATIONAL-ZEITUNG, Basel, 31.3.1937 [146] Ebenda [147] Ebenda
[148] Ebenda, 23.9.1937 [149] Ebenda, 16.1.1939 [150] THOMAS, 268
[151] DUFF, 72

Kirchensystem[152], diffamierte der katholische Klerus in aller Welt, im schönsten Verein mit den deutschen und italienischen Faschisten, die spanische Republik als kommunistisch und propagierte den Aufstand und das dreijährige Blutbad als »Cruzada« gegen die »Gottlosen«.

Wie der falangistische General Yagüe am ersten Tag des Putsches in Marokko von einem Kreuzzug sprach[153], wie Franco die Parole ausgab, der Krieg gegen die Republik, der er soeben seinen Treueid gebrochen, sei ein heiliger Krieg, ein Kreuzzug des christlichen Glaubens, und er selber ein Kämpfer Christi[154], so schrieben nun die spanischen Bischöfe, die ja schon 1933 einen »Kreuzzug« für die vollständige Wiederherstellung ihrer »Rechte« gefordert hatten (S. 37): »Dieser Krieg ist kein Bürgerkrieg, sondern ein *Kreuzzug* gegen die rote Weltrevolution«[155], »ein *Kreuzzug* ... insofern er alles das verteidigt, was für die Religion wesentlich ist«[156]. »Es ist jämmerlich, daß man der zivilisierten Welt noch erklären muß, daß dies kein militärisches Pronunciamento ist, *kein Bürgerkrieg*, kein Klassenkampf. Weise Kirchenfürsten haben diese Aufklärungsarbeit jetzt unternommen ... Es wird klar und sicher feststehen, daß es sich von unserer Seite ... um einen reinen Verteidigungskrieg (!) handelt« oder, wie der Erzbischof von Santiago de Compostela in seinem langen Hirtenbrief auch enthüllte, um »die *Verteidigung gegen eine Bande von Räubern*«[157]. Und Bischof Enrique Pla y Deniel von Salamanca hat diesen »reinen Verteidigungskrieg« alsbald *sittlich gerechtfertigt* – »mit umfassender Gelehrsamkeit«, wie das Organ der deutschen Jesuiten versichert.[158]

Im Reglement des Rebellenheeres aber hieß es: »Denke daran, daß du berufen bist, *Christus* die Nation seiner Auserkorenen wiederzuerobern, die ihm von anderen entrissen wurde. Wenn du dich ganz in den Dienst dieser hehren Aufgabe stellst und dein Leben dafür opferst, so lobpreise die göttliche Barmherzigkeit, die das Gewissen mit dem erhabenen Licht des *Märtyrerscheins* überstrahlt. Dein Heldenmut, deine Bereitschaft zur Märtyrerschaft führt zu dem Ideal: Für *Gott* und *Vaterland*!« Genau dafür kämpften ja auch die Soldaten Hitlers, auf deren Bauch noch das Koppelschloß verkündete: »Mit Gott.« »Du trägst in deinem Herzen«, stand im Reglement der Aufständischen Francos, »das Feuer eines Apostels, und deine Hände müssen das Werkzeug der *göttlichen Allmacht* sein.«[159]

Antonio Ruiz Villaplana, ein angesehener Richter, durchaus kein Kommunist, der während des Bürgerkrieges in Burgos, dem Hauptquartier der Rebellen, sein

---

152 Germania, 19.4.1937   153 Dahms, 313   154 National-Zeitung, Basel, 2.7.1938

155 Der Bischof der nordspanischen Diözese Pamplona. Vgl. Salzburger Chronik, 22.9.1936

156 Der Bischof von Gerona, Cartana Ingles. Vgl. Die Ostschweiz, 10.1.1939

157 Grazer Volksblatt, 30.1.1937

158 J. Overmans, Zwei Kriege im heutigen Spanien, in: Stimmen der Zeit, 68. Jg., 134. Bd.

159 Salzburger Chronik, 16.11.1936

Amt ausübte, berichtet in seinem Buch ›Das ist Franco‹, daß die katholische Kirche nicht nur an allen militärischen Kundgebungen teilgenommen, sondern sie sogar geleitet, daß sie die Waffen gesegnet und die Tedeums organisiert habe – was sie ja auch während des Hitlerkrieges in Deutschland tat. »In diesem entfesselten Kampf«, schreibt Villaplana, »hat die Geistlichkeit niemals ihre Rache vergessen ... Wie eine Kriegsdrommete schmettert die Stimme dessen, der Hirt und Führer des Volkes sein sollte, kriegerische Aufrufe: ›Wir können nicht gemeinsam mit den ruchlosen Sozialisten leben ... Krieg, Blut und Feuer! Es darf weder Waffenstillstand noch Pardon geben, ehe nicht der Sieg der Religion und der Ordnung völlig gesichert ist ...‹«[160]

Nach dem Zeugnis des gläubigen katholischen Justizministers Manuel Irujo beharrten von 51 spanischen Bischöfen 48 bei ihrer »profaschistischen Haltung«[161].

Und der Episkopat der ganzen Welt unterstützte sie.

In Österreich ergriffen bereits kurz nach Beginn des Aufstandes Kardinal Innitzer von Wien und Fürsterzbischof Waitz von Salzburg, die später bei der Besetzung ihres Landes durch Hitler behaupteten, daß nunmehr die tausendjährige Sehnsucht des österreichischen Volkes ihre Erfüllung finde (S. 110), Partei für die Faschisten. Denn, wie Innitzer schrieb, »die Gottlosigkeit erhebt ihr Haupt gegen alles, was Religion, Gottverbundenheit heißt«[162]. Oder, wie Waitz wußte: »›Die Hölle ist derzeit am Werke.‹ Von einem Mittelpunkt aus, von Moskau, sucht sie ihr Verderben in alle Völker zu tragen.«[163] Weshalb beide Prälaten ihren Geistlichen befahlen, »in geeigneter Art« »auf die großen Gefahren hinzuweisen, die von seiten des Bolschewismus auch den anderen Ländern Europas drohen«[164].

Die Gefahren, die von Hitler drohten und schließlich 55 Millionen Menschenleben kosteten, beschworen die Bischöfe nicht. Im Gegenteil! Diesem Verbrecher halfen sie – »mit allen Mitteln«, wie sie selber bekannten.

Schon am 30. August 1936 veröffentlichte der deutsche Episkopat auf direkte Weisung des Kardinalstaatssekretärs Pacelli einen Hirtenbrief, worin es im Hinblick auf Spanien heißt: »Welche Aufgabe damit unserem Volk und Vaterland zufällt, ergibt sich von selbst. Möge es unserem Führer mit Gottes Hilfe gelingen, dieses ungeheuer schwere Werk der Abwehr (!) in unerschütterlicher Festigkeit und treuester Mitwirkung aller Volksgenossen zu vollbringen.«[165]

Und bereits am 3. Januar 1937 bearbeiteten die deutschen Bischöfe, wiederum mit Hinweis auf Spanien, ihre Gläubigen erneut: »Geliebte Diözesanen! Der Führer und Reichskanzler Adolf Hitler hat den Anmarsch des Bolschewismus von weitem gesichtet und sein Sinnen und Sorgen darauf gerichtet, diese ungeheure

---

[160] A. R. Villaplana, Questo è Franco, 1945, 139ff. Zit. nach Tondi, Die Jesuiten, 76f.
[161] National-Zeitung, Basel, 28.9.1937 [162] Reichspost, Wien, 28.8.1936
[163] Ebenda, 3.9.1936 [164] Ebenda [165] Kirchl. Amtsblatt f. d. Diözese Münster, Nr. 21

Gefahr von unserem deutschen Volk und dem Abendland abzuwehren. Die deutschen Bischöfe halten es für ihre Pflicht, das Oberhaupt des deutschen Reiches in diesem Abwehrkampf *mit allen Mitteln* zu unterstützen, die ihnen aus dem Heiligtum zur Verfügung stehen.«[166]

In ähnlicher Weise machte die katholische Hierarchie auf der ganzen Welt, und sogar mit offensichtlichem Erfolg in protestantischen Ländern wie Großbritannien und den USA, die stärkste Propaganda für die spanischen Faschisten.

Darüber hinaus sammelte man in weltweiten Hilfsaktionen für die armen Franco-Spanier! In Südamerika, wo 33% aller Katholiken leben, aber 35–40% der Bevölkerung Analphabeten und 30% obdachlos sind[167], so daß Millionen, um einen katholischen Verwandten Adenauers zu zitieren, »zu wenig zum Leben und zu viel zum Sterben« haben[168], kam es nach einem Aufruf des Erzbischofs von Buenos Aires »zu rührenden Szenen«[169]: »alte Mütterchen spendeten ihre Trauringe, arme Mädchen das letzte von der Mutter ererbte Schmuckstück. Das ganze katholische Volk und *namentlich die ärmsten Schichten* wetteiferten im Werk der Liebe.«[170]

Und das alles floß dann mit den Materiallieferungen Hitlers und Mussolinis nach Spanien, um andere arme Menschen weiter zu unterdrücken.

Die Verbrechen der Republikaner und die Märtyrerlegende der Kirche

»Wir brauchen Märtyrer, sonst wird uns bange um den Endsieg.«

Der »Deutsche Weg«, 20.10.1935

Zum Propagandaspiel der Kirche gehörte damals auch das Renommieren mit »Märtyrern«.

Tatsächlich verlor sie in jenen drei Jahren bedeutend mehr Priester als während der gesamten zweihundertjährigen antiken Christenverfolgungen, die sie freilich seit je grotesk übertrieben hat.[171] Zwar starben auch in Spanien keinesfalls, wie der päpstliche ›Osservatore Romano‹ bald behauptete, 16750 Priester[172], eine Zahl, die selbst dem spanischen Kardinalprimas peinlich war, »denn«, so sagte er, »in allen von den Roten beherrschten Gebieten gab es bei Ausbruch der Revolution zusammen 15000 Priester«[173]. Aber fast 8000 spanische Kleriker, darunter zwölf Bischöfe

[166] Ebenda, Nr. 34. Hervorhebung von mir [167] Vgl. Deschner, 434f. [168] Ebenda
[169] Linzer Volksblatt, 30.7.1937 [170] Ebenda, Hervorhebungen von mir
[171] Ausführlich Deschner, 334ff. [172] Vgl. Germania, 3.2.1937 [173] Neue Basler Zeitung, 1.3.1937

und 283 Nonnen, fanden durch die Republikaner den Tod[174], eine ungeheure Zahl. Überdies kam es dabei zu außergewöhnlichen Grausamkeiten. In einigen Fällen wurden nicht nur Nonnen vor ihrer Hinrichtung vergewaltigt – wie früher zum Feuertod bestimmte junge »Hexen« durch Geistliche[175], sondern auch Priester lebend verbrannt[176], wie freilich ebenfalls schon Millionen »Ketzer« durch die Inquisition; was die furchtbaren Verbrechen der Republikaner nicht entschuldigen, aber doch daran erinnern soll, daß Blutrausch und Massensadismus nicht erst damals nach Spanien gekommen sind. Ein Vorsitzender der Tscheka wurde mit einem mittelalterlichen Würgekragen umgebracht und die Mutter zweier Jesuiten ermordet, indem man ihr den Stiel eines Kruzifixes in den Schlund trieb[177].

Solche Unmenschlichkeiten, die sich häufen ließen, sind noch viel beklagenswerter als die Niederbrennung von Kirchen und Klöstern. Allein in Madrid gingen in der Nacht vom 19. auf 20. Juli 1936, also zu Beginn des Putsches, 50 Kirchen in Flammen auf.[178] Und nach dem ersten Bürgerkriegsjahr bezifferte ein Rundschreiben der spanischen Bischöfe die zerstörten Kirchen und Kapellen auf über 20000[179], was selbstverständlich nicht bloß zu Lasten der Republikaner geht, auch nur möglich war, wie ein nach Frankreich geflohener Geistlicher sagte, »weil vorher wir die Kirche zerstört hatten«[180].

Fast alle ungesetzlichen Tötungen auf republikanischer Seite aber geschahen zu Beginn des Bürgerkrieges[181], als die Position der Regierung, der in den meisten Orten ja auf einmal keine Polizei und Truppen zur Verfügung standen, so daß sie sogar die Insassen von Gefängnissen für sich kämpfen ließ, noch schwach war und der lang aufgestaute Haß der Massen sich spontan entlud. »So bedauerlich das sein mag«, sagte seinerzeit der katholische Justizminister der Republik, »es war nicht die Schuld des Staates, und in solchen Stunden kann man nicht nach der Vergangenheit der Menschen fragen, die bereit sind ihr Leben zu geben, während die berufenen Vertreter von Ruhe und Ordnung zu Rebellen werden. Selbstverständlich gab es viele böse Elemente unter den Leuten, die wir einsetzen mußten, und es ist viel geschehen, was tief zu bedauern ist; aber heute gibt es in diesem Lande nur noch eine Autorität: die Regierung, und nur noch eine Entscheidungsgewalt über Recht und Unrecht, die liegt bei den Gerichten und beim Justizminister der Republik. Erst gestern hat der politische Gerichtshof von Valencia, bestehend aus lauter Nichtkatholiken, neun Priester freigesprochen, die wegen faschistischer Betätigung angeklagt waren. Sie waren unschuldig, also wurden sie freigesprochen … Es wird nicht mehr lange dauern, bis alle frei sind, das verspreche ich Ihnen. Ich selber nehme das

---

174 Thomas, 144 175 Deschner, 489 176 Thomas, 145 177 Dahms, 122
178 Thomas, 131 179 Vgl. Stimmen der Zeit, 68. Jg., 134. Bd., 407f.
180 Madariaga, 377 181 So Thomas, 144

so ernst, daß ich lieber zurücktreten würde, als Unschuldige im Gefängnis zu belassen.«[182]

Kein katholischer Geistlicher aber, darum geht es hier, wurde wegen seines Glaubens verfolgt, keiner aus religiösen Gründen getötet, wie die römischen Propagandisten aller Welt bald mit Erfolg suggerierten. »Es sind Glaubenskämpfer«, schrieb der Jesuit Muckermann, »wie es nur je in der Kirche gegeben hat. Wo sie gefallen sind auf dem Felde der Ehre, da sehen wir die Palme der Märtyrer zum Himmel aufsteigen.«[183]

Papst Pius XI. aber schreckte in seinem Weltrundschreiben vom 19. März 1937 nicht einmal vor der Behauptung[184] zurück, die »kommunistische Vernichtungswut« habe »immer vor allem nach jenen« Bischöfen, Priestern, Ordensmännern und Klosterfrauen gespürt, »die sich mit besonderem Eifer der Armen und der Arbeiter angenommen«[185], was allen aus Spanien bekannten Tatsachen widerspricht. Warum auch hätten seine elenden Bauern und Arbeiter sich »immer vor allem« an jenen rächen sollen, die ihnen geholfen haben?

»Nie und nirgends in der Welt«, bekannte demgegenüber ein höherer spanischer Geistlicher während des Bürgerkrieges, »ist ein Priester von denen erschossen worden, denen er seine Liebe und Aufopferung offenbarte, nie und nirgends in der Welt ist eine Kirche von einem Volk zerstört worden, das je auf deren Kanzeln seine im Evangelium begründeten Menschenrechte verteidigen hörte. Wo Priester wirken, die wissen, daß der Kranke und nicht der Gesunde des Arztes bedarf, die neunundneunzig Schafe verlassen, um das verlorene zu suchen und auf den Schultern es zur Herde heimzutragen, *da gibt es keine Priestermorde, keine Klosterstürme, keine Kirchenbrände* ... Ich habe das Volk immer geliebt und daher nie gefürchtet. *Ehemalige Marxisten ministrieren mir heute*, Menschen, die in ihrem Leben nie einen Priester aufgesucht haben, vertrauen sich mir seelisch an. *Man verfolgt nicht den Geist der Religion, sondern jene, die ihn nicht erfüllten.*«[186]

Laut José Bergamin, einem der bekanntesten Vertreter der damaligen katholischen Literatur Spaniens, gibt es überhaupt keinen einzigen Priester oder Mönch, der *vor* dem Juliaufstand in Spanien ermordet wurde. Erst als die Kleriker, wie Bergamin ausführt, auf Weisung ihrer Obrigkeit für die Militärs und gegen die Regierung Partei ergriffen und manchmal Seite an Seite mit den Faschisten kämpften, brachte man sie um. Aber sie starben als Faschisten oder Kriegführende. »Nicht einer von ihnen«, betont der spanische Katholik, »auch nicht ein einziger, hat den Tod für Christus erlitten. *Sie starben für Franco.* Nationalistische Helden kann man aus ihnen machen, politische Opfer, aber keine Märtyrer.«[187]

---

[182] National-Zeitung, Basel, 28.9.1937 [183] Grazer Volksblatt, 15.8.1937

[184] Zur mangelnden Wahrheitsliebe auch seines Nachfolgers Pacelli vgl. Deschner, 429ff.

[185] Germania, 5.8.1937 [186] Deutsche Freiheit, 6.Jg., Folge 10 [187] National-Zeitung, Basel, 4.2.1938

Doch gerade Märtyrer braucht Rom nötiger als das tägliche Brot. Und da in Spanien, mehr als in anderen Ländern, der Katholizismus infolge jahrhundertealter konfessioneller Einheit und offizieller Sicherung nur noch in äußeren Andachtsbezeugungen, in Pomp und Pracht der Zeremonien fortgelebt hat, freute man sich jetzt besonders im Vatikan über das buchstäblich blutige Interesse, das plötzlich die Kirche fand. So sagte am 14. September 1936 Pius XI. in seinem Sommersitz Castel Gandolfo: »Wir müssen einerseits weinen aus innigstem bitteren Mitempfinden, Wir müssen andererseits *aufjauchzen* um des Stolzes und der *süßen Freude* willen, die Uns erhebt ... Dies ist ein gewaltiges Schauspiel (!) christlicher und priesterlicher Tugend, von Heldentaten und Martyrien ... Wie kommt eure Sühne im Sinne der Vorsehung *gerade zurecht*, gewertet von Gott als Sühne des Glaubens, der Ehre und des Ruhmes.«[188] »Gerade zurecht« also kamen dem Heiligen Vater die 8000 getöteten katholischen Geistlichen! Denn Rom denkt immer in großen Zusammenhängen. Und zehntausend oder hunderttausend oder noch mehr Leichen, selbst wenn sie aus dem eigenen Lager stammen, spielen gegebenenfalls nicht nur keine Rolle, sondern können sogar sehr erwünscht sein.

(Zumal immer dort, wo viel gestorben wird, das »religiöse« Leben blüht, weshalb die Kirche an Katastrophen nie uninteressiert ist[189]. »An allen Fronten«, jubelte der spanische Kardinalprimas, »hätten die nationalen Truppen das Meßopfer gefeiert und Tausende von jungen Soldaten hätten Beichte und Kommunion empfangen und zu Zeiten der Waffenruhe gemeinsam im Lager den Rosenkranz gebetet. Sie hätten fromme Abzeichen an Uniformen geheftet. Ihre Begeisterung im Glauben ...« usw.[190] Was in fataler Weise an das Gejauchze der Jesuiten während des Ersten Weltkrieges erinnert: »Das ganze Land wurde zum Gotteshaus. Die Sakramente wurden gespendet auf Bahnhöfen, in Kasernen, Wirtshäusern, unter Bäumen, im Gesträuch ...« »Das religiöse Leben blüht bei unseren Truppen in der schönsten Weise.« »Die Hauptleute selbst bitten um Feldgottesdienste ... Fleißig wird der Rosenkranz gebetet ... Ein Geistlicher bat geradezu um Rosenkränze als Liebesgaben; so viele habe er schon kommen lassen, aber alles sei wie ein Tropfen auf einen heißen Stein« usw.[191])

Und während man die Verbrechen der Republikaner in die ganze Welt schrie, erwähnte man kaum je die eigenen.

---

188 Hervorhebungen von mir

189 Vgl. Deschner, 515ff.

190 Germania, 30.1.1937

191 Deschner, 518

Die Verbrechen der Franco-Rebellen

»Wie bezeichnend, zugleich wie schmerzlich für uns Katholiken, die wir mit Entsetzen den Greueltaten dieses Bruderkrieges zusehen müssen: die Sache des Christentums wird wieder einmal mehr von den Generälen mit Maschinengewehren ausgefochten; die christliche Nächstenliebe betätigt sich in Massenhinrichtungen; das ›Liebet eure Feinde!‹ wird umgeformt; ›Man muß sie abstechen wie Schweine!‹«

Die katholische ›Entscheidung‹, Luzern[192]

»Die Marxisten sind reißende Tiere, wir aber sind Caballeros. Der Señor Companys verdient abgestochen zu werden wie ein Schwein.«

Franco-General Gonzales Queipo de Llano[193]

»MAN ERMORDET UND MARTERT« die Bischöfe und Priester, schrieb der spanische Erzbischof von Santiago de Compostela, »in größerer Zahl und mit größerem Blutdurst als die Häscher des Nero.«[194] Aber die eigenen Schlächter waren die »Caballeros«! »Kämpfer Christi«! »Werkzeuge der göttlichen Allmacht«! Und wie die frechen Phrasen alle hießen. Und vielleicht wieder heißen werden ... Dabei hatte sich Franco schon mit den frömmsten Absichten erhoben. Denn als er kurz nach seinem Staatsstreich zu einem Korrespondenten des ›News Chronicle‹ sagte, er würde Spanien »um jeden Preis vom Marxismus befreien«, und der Korrespondent erwiderte: »Das bedeutet, daß Sie halb Spanien erschießen lassen müssen«, betonte der General: »Ich wiederhole – um jeden Preis!«[195] So mordete seine »Erlöserarmee« während des ganzen Krieges mit ziemlich gleichbleibender Intensität, wenn auch später vor Standgerichten und zuletzt vor Kriegsgerichten. Zunächst aber liquidierte sie ohne jedes Gerichtsverfahren. In der Etappe erschoß man alle eventuellen Gegner des Regimes, Gefangene stets aufs Geratewohl, weshalb der neue italienische Botschafter Cantalupo seine Mission mit der Bitte begann, die Abschlachtung der Gefangenen einzustellen.[196] Oft wurden

[192] ENTSCHEIDUNG, 15.10.1936 [193] KOESTLER, 13

[194] GRAZER VOLKSBLATT, 30.1.1932. Nero hat die Christen als solche überhaupt nicht verfolgt. Es ging dabei nur um einen Brandstifterprozeß, »das Christentum«, wie der Theologe Carl Schneider in seiner ausgezeichneten ›Geistesgeschichte des antiken Christentums‹ sagt, »stand dabei überhaupt nicht zur Diskussion«. Vgl. DESCHNER, 336f. Zur diokletianischen Verfolgung DESCHNER, 339ff.

[195] DUFF, 22 [196] THOMAS, 278

republikanische Soldaten unter den Augen ihrer Frauen und Kinder niedergemacht und diese manchmal noch vergewaltigt[197] – »während Siegesfeiern und Dankgottesdienste das äußere Bild bestimmten«[198].

Die Rebellen töteten prinzipiell alle Zivilgouverneure, alle regierungstreuen Generale und Regimentskommandeure, ferner die Volksfront- und linksorientierten Gewerkschaftsfunktionäre und die führenden Freimaurer.[199] Wo der Vormarsch rasch vonstatten gehen sollte, wurde überhaupt jeder beseitigt, der politisch verdächtig schien.[200] Man mordete sogar auf den Stufen des Hochaltars von Badajoz[201], und zwar, wie die katholische ›Österreichische Arbeiterzeitung‹ schrieb, »im Namen Jesu Christi und im Namen der heiligen Gottesmutter«[202]. Wie im Abessinienkrieg (S. 28), spielte nämlich auch bei den Franco-Söldnern Maria eine große Rolle. Die Verteidiger des Alcazar waren einschließlich ihres Generals Moscardo marianische Sodalen oder, wie Bischof Díaz y Gómara rühmte, »Ritter der allerseligsten Jungfrau, der Siegerin über den bösen Feind!«[203] Die christlichen Kreuzfahrer geleiteten nicht nur Madonnenbilder in der Prozession[204], sondern verliehen auch der Muttergottes von Pilar in Saragossa, wo sie die protestantische Kirche anzündeten[205], den Titel eines Generalissimus der spanischen Armee[206]. Und zur selben Zeit brachten ihre Pfarrer von der Kanzel herab Hochrufe auf Hitler aus.[207]

Während sie aber vorgaben, für das Christentum zu kämpfen, steckten sie nicht nur evangelische Kirchen in Brand, sondern metzelten auch die spanischen Protestanten nieder.

In Granada wurden die beiden protestantischen Pfarrer Salvador Iniguez und José Garcia Fernandez und dessen Frau, die ihren Mann nicht verlassen wollte, von Marokkanern hingerichtet. In San Fernando erschoß man den Pfarrer Miguel Blanco in Gegenwart seiner gefesselten Mutter, »um für die Ketzer ein Exempel zu statuieren«[208]. Das gleiche Los erlitt der protestantische Pfarrer von Puerto-Real.[209] Andere evangelische Geistliche und Lehrer sind verschollen und vermutlich ebenfalls ermordet worden. Die dreißig Mitglieder zählende reformierte Gemeinde von Predajon, Provinz Logrono, wurde bis auf sechs Flüchtlinge massakriert. In Santa Amilia übergoß man die Frau eines protestantischen Dreschmaschinenführers mit Petroleum, zündete sie an und erschlug sie, da sie ihren Brandwunden nicht erlag, mit einem Beil.[210] Die Aufzählung könnte fortgesetzt werden.[211]

---

[197] Dahms, 157. Thomas, 139 [198] Dahms, 157 [199] Ebenda, 119f. [200] Ebenda, 120 [201] Thomas, 197
[202] Zit. Deutsche Freiheit, 5. Jg., 1936, Folge 32 [203] Das große Kirchenblatt, Wien, 13.12.1936
[204] Thomas, 150 [205] Deutsche Freiheit, 5. Jg., 1936, Folge 34
[206] Ebenda, 5. Jg., 1936, Folge 29. Kurz darauf wurde sie von einer Bombe getroffen.
[207] Keding, 27 [208] Deutsche Freiheit, 5. Jg., 1936, Folge 34 [209] Ebenda
[210] Ebenda [211] Ebenda

Aber nicht nur Protestanten brachten diese »Werkzeuge der göttlichen Allmacht« um, sondern auch katholische Geistliche, die treu zur republikanischen Regierung standen. Priester des Baskenlandes sollen sogar prinzipiell getötet worden sein, insgesamt 400.[212]

Lückenlos bewiesen ist, daß Franco vierzehn katholische Kleriker, die zu ihren Gemeinden hielten, nach einem Schnellverfahren erschießen ließ, ohne ihnen auch nur die Möglichkeit einer Verteidigung zu geben. Man verscharrte sie als »gewöhnliche Verbrecher«[213]. Und viele Hunderte von Priestern, die gleichfalls die Sache des Volkes vertraten, wurden von Franco verfolgt.[214]

Doch von diesen Geistlichen sprach die kirchliche Propaganda nicht. Wer der Regierung half, war »roter Pöbel« und »Werkzeug Moskaus«[215], er gehörte zu jener »Handvoll geistesverwirrter oder freimaurerisch verseuchter spanischer Kleriker«, wie eine bekannte katholische deutsche Zeitung schrieb, »die sich nicht schämten, als ›Wortführer der spanischen Katholiken‹ ihren Namen unter marxistische Hetzaufrufe zu setzen«[216]. Erwiesen ist auch, daß Franco selbst Befehl gab, ihm Begnadigungsgesuche grundsätzlich erst nach vollzogener Hinrichtung vorzulegen.[217]

Der Propagandachef des Generals Queipo de Llano, Antonio Bahamonde, der schließlich angeekelt ins Ausland floh, schätzt die Zahl der Exekutionen bis Anfang 1938 allein im Bereich Queipo de Llanos auf etwa 150000, was aber doch wohl übertrieben ist.[218]

Bezeichnenderweise hält die Franco-Regierung heute die Bürgerkriegsdokumente unter strengem Verschluß[219] – wie die Kurie bekanntlich die Archive der Inquisition. (Und als der siebzigjährige französische Schriftsteller Edmond Paris im Vatikan um Einblick in Dokumente jüngeren Datums bat, ersuchte man ihn freundlich, in hundert Jahren wieder vorbeizukommen.[220])

Über die Rolle des Papstes im spanischen Bürgerkrieg besteht trotzdem so wenig ein Zweifel wie über die des Generals Franco.

---

212 Dahms, 120, Echo d. Zeit, 18.5.1958
213 Duff, 73
214 Ebenda
215 Ebenda, 112
216 Germania, 5.8.1937
217 Thomas, 141
218 Ebenda
219 Stuttgarter Zeitung, 28.2.1963
220 Mündliche Mitteilung von Edmond Paris an mich

Franco und der Vatikan

»Ich bin das Werkzeug der Vorsehung.«

Francisco Franco[221]

DIE INTENSIVE ZUSAMMENARBEIT von Franco und dem Vatikan stünde selbst dann fest, wenn wir keinerlei Äußerungen des Papstes über den spanischen Bürgerkrieg kennten. Denn was der Vatikan wünscht, zeigen die Reaktionen des völlig von ihm abhängigen Episkopats. Er hätte ohne Einverständnis des Papstes weder Mussolini noch Hitler noch Pavelić oder Franco unterstützen können.

Natürlich gibt es jenen großen Kreis in der katholischen Kirche, für den der Papst von vornherein jeder Schuld enthoben ist. Ohne jede Begründung sind diese Gläubigen überzeugt: »Wer belastet wird bei den überaus betrüblichen Vorkommnissen in Spanien, das ist nicht das Papsttum, das auf der Höhe seiner Mission steht und vor der ganzen Welt höchstes Ansehen genießt. Wer belastet wird, das sind die führenden Katholiken in Spanien ...«[222]

Und es gibt jene Frommen, die mit biederem Augenaufschlag Schlüsse ziehen, die einem die Sprache verschlügen, wäre man von ihnen nicht längst an alles gewöhnt. So kommentierte das katholische Blatt ›Avvenire d'Italia‹ das einstweilige Fortbestehen der vatikanischen diplomatischen Beziehungen zur republikanischen Regierung: »Dies geschieht, weil versucht wird, *Schrecknisse zu verhüten*, damit die ganze Welt einsehe, daß, wenn auch Ströme von Blut in Spanien fließen, dort nicht ein Tropfen wegen irgendeines Verschuldens des Heiligen Stuhles vergossen wurde.«[223] Nebenbei: Hitler und Mussolini pflegten auch noch Beziehungen zur spanischen Republik, als ihre Truppen schon monatelang gegen sie fochten.

Endlich gibt es jene Naiven, die analog dem Glauben vieler Deutschen unter Hitler: »Der Führer weiß das nicht«, »Wenn der Führer das wüßte ...« usw., auch vom Papst glaubten: »Der Heilige Vater in Rom weiß nicht, daß der Katholizismus in Spanien eine Falschheit und eine Lüge gewesen ist, daß Priester und Mönche, anstatt das Volk zu evangelisieren, sich damit beschäftigten, den Reichen zu schmeicheln und nach ihrer Pfeife zu tanzen. Seine Heiligkeit weiß nicht, daß das Volk Hunger litt. Wir spanischen Katholiken erwarten alle die Stimme des Heiligen Vaters in Rom mit großer Spannung. In diesen Augenblicken der Agonie, die das Vaterland durchlebt, wird die Stimme des Stellvertreters Christi auf Erden wie diejenige der Engel bei der Geburt des Messias sein: ›Friede auf Erden und den Menschen ein Wohlgefallen‹.«[224]

---

[221] COLES, 92
[222] SCHWEIZERISCHE REPUBLIKANISCHE BLÄTTER, 31.10.1936
[223] Zit. in GRAZER MITTAG, 17.2.1937
[224] LINZER VOLKSBLATT, 28.9.1936

Weder diese Naiven noch die zynischen Heuchler oder die Apriori-Gläubigen werden von ihrem Glauben oder ihren Methoden durch noch so überzeugende Fakten abzubringen sein. Tatsache ist jedenfalls, daß die Stimme des Stellvertreters Christi nicht »Friede auf Erden« im Spanienkonflikt gepredigt hat. Vielmehr wußte Pius XI., der schon zur selben Zeit, als er das Konkordat mit Hitlerdeutschland schloß, einen Kreuzzug zur vollständigen Wiederherstellung der kirchlichen Rechte in Spanien propagieren ließ (S. 37), nicht nur Monate vorher, was dort geplant war, sondern er wurde auch als erster durch Franco vom Beginn des Aufstandes unterrichtet.[225] Und bald wandte er sich in Appellen und Reden an die Weltöffentlichkeit, um die Rebellen zu unterstützen.

Schon am 14. September 1936 erhob der Papst, wie die Berliner ›Germania‹ formulierte, »in feierlicher Ansprache Protest gegen das Rotspanische Mordregime«[226]. Nur wenige Tage zuvor hatte Hitler auf dem Nürnberger Reichsparteitag den Kampf wider die bolschewistische Gefahr gefordert. Jetzt rief Pius XI. die ganze zivilisierte Welt auf, gegen den Bolschewismus zu kämpfen, der »bereits alle Beweise seines Willens zur Zerstörung jeglicher Ordnung von Rußland bis China, von Mexiko bis Südamerika erbracht« habe. Die »Feuer des Hasses und der Verfolgung« seien in Spanien entzündet worden und würden sich, träfe man nicht unverzüglich Maßnahmen, gegen »alle göttlichen und menschlichen Institutionen richten«. (Göttlich und Gott sagen die Päpste meistens, wenn sie den Katholizismus und ihre Herrschaft meinen.) »Erhaben«, behauptete der Papst abschließend ebenso ungeniert wie unlogisch, »über alle politischen Erwägungen, wendet sich Unser Segen in besonderer Weise jenen zu, die die schwere und gefahrvolle Aufgabe übernommen haben, die Rechte und die Ehre Gottes und der Religion zu verteidigen und wiederherzustellen.«[227]

Und in allen folgenden Ansprachen[228] vergaß Pius XI. nicht, die legale spanische Regierung direkt oder indirekt zu belasten und anzuklagen.

Schon wenige Monate später sagte der Papst in einer Rede, der spanische Bürgerkrieg sei eine »Mahnung, ernster und drohender als alle bisherigen«. »Das sind Ereignisse, die mit erschreckender Gewißheit und Deutlichkeit offenbaren und ankündigen, was für Europa und die ganze Welt bevorsteht, wenn man nicht sofort und wirksam zu Schutz- und Heilmitteln greift.«[229]

Die Schutz- und Heilmittel lieferten Hitler, Mussolini und das »national«-spanische Kreuzritterheer, voran die 150000 mohammedanischen Mauren, die ihre Opfer, einem alten maurischen Schlachtbrauch gemäß, kastrierten, und die afrikanischen Legionäre – Devise: »Nieder mit der Intelligenz!«[230]

---

[225] Manhattan, 95ff. [226] Germania, 5.8.1937
[227] Manhattan, dt. Ausg., 92 u. Neue Zürcher Zeitung, 15.9.1936
[228] Vgl. Germania, 5.8.1937 [229] Corsten, 162 [230] Thomas, 216

Das war die Phalanx, die für den Vatikan focht, geführt von einem Manne, von dem der französische Schriftsteller Jean Cassou schrieb: »So verbrecherisch wie Hitler, so heuchlerisch wie Salazar und so einfältig wie Pétain«[231], während der englische Autor Charles Duff urteilt: »Im Vergleich zu dem spanischen ›Caudillo‹ entpuppen sich der ›Führer‹ Hitler und der ›Duce‹ Mussolini fast als Ehrenmänner«[232], was wenigstens im Hinblick auf Mussolini stimmt.

Francisco Paulino Hermenegildo Teódulo Franco y Bahamonde soll der jüngste europäische General gewesen sein, als Offizier außergewöhnlich tapfer, aber auch gefühllos bis zur Grausamkeit. Seit er Kommandant der Fremdenlegion wurde, war er »ein aalglatter Opportunist«, der sein Fähnchen stets nach dem Winde hing und bald nur noch an eine Sache bestimmt glaubte, an die Gewalt und die rücksichtslose Liquidierung seiner Gegner.[233]

Charles Duff nennt Franco einen Mann, »der seinen Katholizismus öffentlich zur Schau stellt ..., der sich kniend vor dem Altar in seiner Hauskapelle photographieren läßt und dann das beste Bild für Propagandazwecke aussucht. Wenn er auch ein scheinheiliger Katholik ist, so glaubt er doch allen Ernstes, ein Kind Gottes zu sein, das der Allmächtige zum ›Caudillo de todos las Españas‹ – zum ›Führer von ganz Spanien‹ – auserwählt hat.«[234] In diesem Glauben wurde er auch von seiner Gattin bestärkt, einer glühenden Katholikin, die in ihm immer mehr den von Gott erwählten Retter Spaniens und der Kirche zu sehen begann[235], so daß er schließlich von sich selber sagte: »Ich bin das Werkzeug der Vorsehung.«[236]

Franco zögerte zwar nicht, der Kirche zu trotzen, wenn es ihm geboten schien. Ging er doch einmal so weit, die päpstliche Enzyklika ›Mit brennender Sorge‹ in Spanien zu verbieten, weil sie jenen Totalitarismus rügte, der den Staat über die Kirche stellt.[237] Selbstverständlich ließ er erst recht den mutigen Hirtenbrief des Bischofs der Kanarischen Inseln, Antonio Pildain, der 1946 in einzigartiger Weise das Franco-Regime angriff[238], unterdrücken und nach jedem Exemplar fieberhaft durch seine Sicherheitspolizei fahnden. Doch das schmälert nicht im geringsten seine Verdienste um den Vatikan.

Franco, zu dessen ersten Taten nach seiner Erhebung die Errichtung eines Konzentrationslagers am 19. Juli in Tetuán zählte[239], erklärte noch im Anfangsstadium des Krieges, der spanische Staat werde »nach den Grundsätzen des Katholizismus aufgebaut werden, die recht eigentlich die Grundsätze unseres Vaterlandes sind«[240]. So wurde der ganze Bürgerkrieg, den er, wie die Bischöfe, von Anfang an als heiligen Krieg und Kreuzzug ausgegeben hatte, von ihm auch »im Zeichen

---

231 Duff, 26
232 Ebenda, 24
233 In enger Anlehnung an Duff, 19ff.
234 Ebenda, 24
235 Thomas, 218
236 Coles, 92
237 Manhattan, dt. Ausg., 96
238 Ausführlicher darüber Duff, 75ff.
239 Thomas, 130
240 Neue Basler Zeitung, 4.1.1937

des Kreuzes« geführt.[241] Und wie er sich »Kämpfer Christi« und »Werkzeug der Vorsehung« nannte, so fühlten sich die Nationalspanier überhaupt »eher als Werkzeuge Gottes denn als Militärputschisten oder reaktionäre Verschwörer«[242]. Das zeigt ja auch eindeutig ihr Reglement (S. 50).

Franco führte noch im Sommer 1936, am Fest Mariä Himmelfahrt, die Fahne der Monarchie anstelle der republikanischen ein, wobei ihm der Kardinal von Sevilla, Ilundáin, assistierte. Auf dem Rathausbalkon der Stadt küßte der kleine General vor einer großen Volksversammlung viele Male die Fahne, Tränen in den Augen. Und dann küßte sie der Kardinal.[243]

Schon im September 1936 wurde in allen Schulen Franco-Spaniens der Religionsunterricht wieder obligatorisch, die Madonnenbilder und Kruzifixe erschienen wieder an den Wänden, die Schüler beteten am Anfang und Ende des täglichen Unterrichts und mußten an Feiertagen mit ihren Lehrern zur Messe.[244]

Dafür verschwanden in Nationalspanien außer der faschistischen Falange und den Carlisten sämtliche Parteien, einschließlich der katholischen CEDA, da Franco nun die Interessen Roms, die parlamentarisch nicht durchgesetzt werden konnten, militärisch viel erfolgversprechender vertrat. Auch unter Mussolini und Hitler hatte der Vatikan ja die katholischen Parteien aufgelöst. Es war dasselbe blutige Spiel.

Wie weit das Kollaborieren der Kirche mit dem Caudillo ging, mag noch der Ausspruch von Kardinal Gomá bezeugen: »Wir befinden uns in völliger Übereinstimmung mit der nationalen Regierung, die niemals einen Schritt ohne meinen Rat unternimmt, den sie immer befolgt.«[245]

Als erste ausländische Flagge wehte über Francos Hauptquartier in Burgos die päpstliche, und über dem Vatikan wurde bald das Banner Francos gehißt.[246]

Die vatikanische Jesuitenzeitschrift ›Civiltà Cattolica‹ propagierte laufend den Bürgerkrieg. »In dem faschistischen Putsch«, schrieb sie am 2. Januar 1937, »zeigte das Heer eine hundertmal gesegnete und ruhmreiche Haltung.«[247] Und am 20. November 1937 forderte das offiziöse Blatt des Vatikans: »Gegenwärtig ... müssen alle ehrlichen Bürger ohne Rücksicht auf alle anderen Meinungsverschiedenheiten in dem gemeinsamen Vorhaben einig sein, die neuen Barbaren ohne Vaterland und ohne Gott hinwegzufegen, was immer auch daraus entstehen wird.«[248]

Was immer auch daraus entstehen wird! Ein Meer von Blut berührt sie nicht, geht es um Wahrung ihrer Macht. So schlug der Papst im Sommer 1938 die Bitte der französischen und englischen Regierung, sich einem Protest gegen die Bombardierung der republikanischen Zivilbevölkerung anzuschließen, auch rundheraus ab.[249]

---

241 Detwiler, 13f. 242 Ebenda, 14 243 Thomas, 216 244 Ebenda, 374
245 Manhattan, 99 246 Ebenda 247 Zit. bei Tondi, Die Jesuiten, 80f.
248 Ebenda 249 National-Zeitung, Basel, 2.7.1938

Was kümmerte den Papst die bombardierte spanische Zivilbevölkerung! Er dankte mitten im Kriege Franco für ein Huldigungstelegramm, hocherfreut darüber, »daß wir in der Botschaft Ew. Exzellenz den angestammten Geist des katholischen Spanien pulsieren fühlen« und sandte dem Rebellengeneral »von Herzen als Unterpfand der göttlichen Gnade unsern apostolischen Segen«[250].

Nach Niederringung der Republik mit Hilfe der deutschen und italienischen Faschisten beglückwünschte der kurz zuvor gekrönte Pius XII. am 1. April 1939 Franco: »Indem wir unser Herz zu Gott erheben, freuen wir uns mit Ew. Excellenz über *den von der katholischen Kirche so ersehnten Sieg*. Wir hegen die Hoffnung, daß Ihr Land nach der Wiedererlangung des Friedens mit neuer Energie *die alten christlichen Traditionen wieder aufnimmt*.«[251] In seiner Antwort gab Franco der großen Dankbarkeit des spanischen Volkes Ausdruck und sandte gleichzeitig weitere Telegramme an Mussolini und Hitler.[252] Bereits Anfang Juni 1939 verpflichtete sich das Franco-Regime, die ersten vier Paragraphen des Konkordats von 1851 (!) zu respektieren, womit der Klerus wieder den größten Einfluß erhielt. Wenige Tage darauf empfing Pius XII. 3200 spanische Faschisten, an ihrer Spitze Serrano Suñer, den Freund Hitlers, und General Gambara, den Befehlshaber der italienischen Truppen im spanischen Bürgerkrieg. Papst Pacelli hieß seine »teuren Söhne« willkommen. Sie hätten, so führte er aus, ihrem gemeinsamen Vater viel Trost gespendet, da sie den Glauben und die Zivilisation verteidigt und dafür viel gelitten hätten.[253] Der Papst prophezeite ohne Scham, daß beim Wiederaufbau Spaniens »die glorreiche Vergangenheit der katholischen Tradition, soweit möglich, noch übertroffen werden dürfte«[254].

Redefreiheit, Pressefreiheit, Versammlungsfreiheit wurden nun in Spanien wieder aufgehoben; Literatur, Film und Funk unter strengste Zensur gestellt; alle Parteien außer der faschistischen Falange verboten und alle außerkatholischen religiösen Bekenntnisse unterdrückt, auch sämtliche protestantischen Kirchen und Schulen geschlossen. Der Katholizismus wurde Staatsreligion, wobei bemerkenswert ist, daß in den Landbezirken sogar alle Bibeln verschwanden. In Madrid beschlagnahmte die Polizei 100 000 Exemplare. An den Grenzen nahm man Bibeln einfach ab. Im letzten Vorbürgerkriegsjahr hatte die ständig steigende Verkaufsziffer die Zahl von 211 000 Bänden erreicht.[255]

---

[250] Neue Zürcher Zeitung, 30.4.1938

[251] Basler Nachrichten, 3.4.1939

[252] Neue Zürcher Zeitung, 30.4.1938

[253] Basler Nachrichten, 12.6.1939

[254] Ebenda

[255] Bates, 29

»Ein Friede in Ordnung, in Ehre, in Wohlfahrt« (Papst Pius XII.)[256]

Obwohl bereits im Bürgerkrieg ungefähr 600 000 Spanier umgekommen waren[257], ging nachher das Schlachten unter Franco weiter, dessen »sehr edle christliche Gefühle« Staatssekretär Pacelli schon während des Putsches bewundert hatte[258].

Militärtribunale und Exekutionskommandos waren pausenlos tätig. Graf Ciano schätzte, daß in Sevilla täglich 80, in Barcelona täglich 150 und in Madrid täglich 200 bis 250 Hinrichtungen stattfanden.[259] (Der Einfachheit halber wurden alle Getöteten als Kommunisten bezeichnet.[260])

Nach offiziellen Statistiken der spanischen Regierung ließ Franco vom Ende des Bürgerkriegs 1939 bis zum Frühjahr 1942, also in der Zeit, in der er auf Pacellis Wunsch begann, »die alten christlichen Traditionen« wieder aufzurichten, mehr als 200 000 Republikaner erschießen[261], das entspricht einem Drittel aller Opfer des Bürgerkrieges!

Noch drei Jahre danach befanden sich in spanischen Gefängnissen mehr als eineinhalb Millionen politische Gefangene, Ärzte, Anwälte, Schriftsteller, baskische Geistliche, Lehrer, Taglöhner, unschuldige Menschen, von denen viele ebenfalls ermordet wurden.[262] Und drei Jahre nach dem Weltkrieg gab es immer noch über 100 000 politische Häftlinge[263], und auch jetzt bestand, wie Francos Behörden selber zugegeben haben, die Folter fort[264].

Die Methoden der Inquisition erhielten sich in Spanien umso länger, als das Personal des Generaldirektors für Sicherheit zu 30 % von Experten Himmlers, mit dem Franco 1940 einen »Polizei-Vertrag« geschlossen hatte, ausgebildet worden war, von deutschen Gestapoleuten also, die der General als »Gehirntrust« auch in der Nachkriegszeit weiter beschäftigte.[265] Für seine Beliebtheit beim Volk spricht die Tatsache, daß er in den Nachkriegsjahren über 50 % seines Staatshaushaltes für Armee- und Polizeikräfte ausgeben mußte, um sich an der Macht zu halten.[266]

Die sozialen Verhältnisse gestaltete er entsprechend.

Franco, hinter dem schon während des Bürgerkrieges die gesamte spanische Hochfinanz stand, so daß er seinerzeit zum Beispiel aus Texas zwei Millionen Tonnen Öl beziehen konnte[267], war ein Mann, wie der deutsche Botschafter General Wilhelm Faupel nach Berlin berichtete, »dem die Fragen sozialer Gesetzgebung persönlich fern liegen«, weshalb der Botschafter in Nationalspanien »die sofor-

256 National-Zeitung, Basel, 17.4.1939
257 Dahms, 276
258 National-Zeitung, Basel, 17.4.1939
259 Ciano's diplomatic papers, 1948, 293f.
260 Duff, 27
261 Konkret, 1.10.1960
262 Manhattan, 100. Duff, 34ff.
263 Duff, 27 u. 37
264 Ebenda
265 Ebenda, 28
266 Ebenda, 18
267 Feis, 269

tige Bekanntmachung und Durchführung sozialer Reformen« empfahl, »die der ärmeren und ärmsten Bevölkerung eine Erleichterung ihrer Lage ... bringt«[268]. Tatsächlich geschah schon damals einiges. Der Vertrauensmann der katholischen Bischöfe Englands, Prälat Henson, rühmte aus Valladolid, Donnerstags esse man keine Süßspeisen, und am 1. und 15. jeden Monats genieße man mittags und abends nur einen Gang. Das so ersparte Geld werde mit Erträgen aus einer besonderen Steuer auf Tabak und Vergnügen für die Armen verwandt.[269] Und 1938 erklärte der Innenminister der Rebellen das Fest des hl. Josef zum bürgerlichen Feiertag. Denn dies entspreche dem katholischen Geiste, in dem man Spanien regieren wolle. »Der Tag soll besonders ein Fest des arbeitenden Volkes werden.«[270] So verzichtete die herrschende Schicht selbstlos am Donnerstag auf Süßspeise und gab dem Volk überdies noch Feste. Und auf Streik setzte Franco die Todesstrafe.[271]

Heute ist die gesellschaftliche Struktur in Spanien ungefähr »dieselbe, wie sie 1936 oder 1836 war«[272], das heißt, daß es auch jetzt sechzig Familien sind, »denen über zwei Drittel von allem wertvollen Grund und Boden Spaniens gehören«[273], daß sie »oft noch üppiger (leben) als die Finanzkönige der Vereinigten Staaten oder die Rindfleischbarone Argentiniens«[274], und daß noch immer »die Kirche sich unveränderlich gegen die Armen und Ausgestoßenen stellt, wenn diese die Privilegien oder Interessen der Herrenkaste in Frage ziehen oder bedrohen«[275]. Ausnahmen unter den Klerikern bestätigen nur die Regel.

»Nirgendwo in Europa«, schreibt der englische Parlamentarier Bob Edwards, »sind Reichtum und Macht in so wenigen Händen. Nirgendwo in der Welt – mit Ausnahme einiger Länder des mittleren Ostens – ist Reichtum so ungleichmäßig verteilt. Abseits von den beliebten Ferienplätzen und im spanischen Hinterland lebt ein Drittel der Bevölkerung (10 Millionen!) in Schmutz und Elend und kann sich physisch kaum am Leben erhalten. Ihr Lebensstandard ist in der Tat der niedrigste Europas – in vielen ländlichen Gegenden ist er so niedrig wie in Asien ... Ohne amerikanische Dollarhilfe und das Militär würde Franco bald im Staub der Geschichte verschwinden.«[276]

Mit der Dollarhilfe der protestantischen und demokratischen USA aber wächst nun die spanische Jugend katholisch und faschistisch auf. Und noch in einer »Grammatik der spanischen Sprache«, die von der Falange und der kirchlichen Behörde (unterzeichnet von Generalvikar Dr. Manuel Rubio) empfohlen wird, liest diese Jugend: »Schreibe zur Übung nachfolgendes Stück ab: Franco kann in der Geschichte nur mit Christoph Columbus verglichen werden ... Für alle Zeiten

[268] Detwiler, 10 [269] Vgl. J. Overmans S.J. in: Stimmen der Zeit, 67. Jg., 131. Bd., 108
[270] Katholisches Kirchenblatt, 24.6.1938 [271] Thomas, 139
[272] Duff, 17 [273] Ebenda, 14 [274] Ebenda, 13
[275] Ebenda, 16 [276] Konkret, 1.10.1960, 7

vernichteten unsere spanischen Helden den marxistischen Pöbel der Meuchelmörder, Gesetzesbrecher und roten Brandstifter.«[277]

Was stünde wohl heute in den deutschen Lehrbüchern von Hitler, hätte er gesiegt? Der Vatikan und der deutsche Episkopat wünschten dies und arbeiteten dafür, wie das nächste Kapitel beweist.

277 DUFF, 68

Kapitel III

Der Vatikan und Hitlerdeutschland

> »Die Bischöfe, die Nachfolger der Apostel und die Vertreter des Heiligen Stuhles, bekräftigen durch einen in die Hände der obersten Staatsbehörden abgelegten Eid in feierlicher Entschiedenheit ihre Zusammenarbeit mit dem neuen Reich.«
>
> Franz von Papen[1]

1 Papen, Der 12. November 1933, 5

Der Nationalsozialismus gelangt zur Macht

SEIT DEM ENDE des Ersten Weltkrieges beeinflußte der Vatikan die deutsche Politik durch den Nuntius Eugenio Pacelli.[2] Er hatte seine Tätigkeit 1901 in der diplomatischen Abteilung der Kurie begonnen und lebte von 1917 bis 1929 in München und Berlin als, wie Dorothy Thompson schrieb, »der bestinformierte Diplomat in Deutschland«. 1930 wurde er Kardinalstaatssekretär und 1939 als Pius XII. Papst.

Das politische Instrument der Kurie in Deutschland war die mit bekannten rheinischen Großindustriellen verbundene Zentrumspartei, deren Führer Dr. Marx keine wichtige Entscheidung ohne Rücksprache mit dem päpstlichen Nuntius fällte. Der Einfluß des Kardinals auf die Zentrumspartei wuchs noch, als 1928 Prälat Kaas, Professor für Kirchengeschichte an der Universität Bonn, Parteivorsitzender wurde. Über ihn steuerte Pacelli, der wiederholt mit Kaas in der Schweiz seinen Urlaub verbrachte, die Zentrumspartei immer mehr nach rechts. Er sympathisierte mit nationalistischen Strömungen und Kreisen aus Angst vor der zunehmenden Macht der demokratischen und sozialistischen Gruppen, zumal die Zentrumspartei selbst an Einfluß verlor.

Bereits 1928 fiel fast eine halbe Million Wähler von ihr ab. Und als bei der Reichstagswahl 1932 von über 35 Millionen Stimmen für die Nazipartei 13,7 Millionen, für die sozialdemokratische und kommunistische Partei zusammen 13,2 Millionen, für die Zentrumspartei, einschließlich der Bayerischen Volkspartei, 5,7 Millionen votierten, sah sich der Vatikan veranlaßt – man vergleiche sein Verhalten gegenüber Mussolini –, aus Furcht vor den linken Parteien, Hitler an die Macht zu bringen.

Der Katholik Franz von Papen

war ihm dabei behilflich. Ja, nach Meinung vieler wurde er »der wichtigste Helfershelfer Hitlers zur Macht«[3].

Der ehemalige Ulanenoffizier hatte sich während des Ersten Weltkrieges als Militärattaché in Washington bei Sabotageunternehmen schnappen lassen. Nach seiner Ausweisung gelangten die Briten durch ihn zu Geheimdokumenten, mit deren Hilfe das Geschwader des Grafen Spee bei den Falklandinseln in die Falle gelockt worden sein soll.[4] Außerdem hatte Papen damit, wie Hitler sagte, »in

---

2 Ausführlich MANHATTAN, 138ff., dem ich hier folge.

3 FEST, 220. Vgl. zum Folgenden außer FEST, 209ff., GISEVIUS, 144ff., GLUM, 180ff.

4 GLUM, 180 mit Bez. auf von RINTELEN, The dark invader

den USA zirka 5000 Agenten an den Strick geliefert«[5]. An der türkischen Front passierte Papen bald darauf eine ähnliche Panne. Nach dem Krieg beschloß er, Politiker zu werden. Er trat der Zentrumspartei bei, brachte die Berliner katholische Zeitung ›Germania‹, von der er ein großes Aktienpaket besaß, unter seinen Einfluß, heiratete die Tochter eines saarländischen Industriellen und wurde am 1. Juni 1932, zur allgemeinen Verwunderung, Reichskanzler. »Jedermann«, schrieb der französische Botschafter François-Poncet, »tuschelte oder lachte ..., da Papen weder von seinen Freunden noch von seinen Feinden ernst genommen wurde ... Daß er von Politik etwas verstünde, hätte niemand, der ihn näher kannte, angenommen.«[6] »Kein Kopf«, sagte General von Schleicher, »aber ein Hut.«

Dieser katholische Herrenreiter also beseitigte – etwas außerhalb der Legalität – am 20. Juni 1932 die sozialdemokratische Regierung Braun–Severing, hob durch ein Übereinkommen mit Hitler[7] das Verbot der SA und SS auf und »arbeitete dann«, wie im katholischen Herder-Lexikon steht, »für die Ernennung Hitlers«[8]. »Denn allen gegenteiligen Beteuerungen zum Trotz war er es selbst, der die Initiative zu dem Bündnis mit dem bereits am Gewinn der Macht verzweifelnden Hitler ergriff.«[9]

Am 13. August bot ihm Papen den Posten eines Vizekanzlers an. Am 28. August notiert Goebbels eine Rede Papens, »die von A bis Z aus unserem Gedankengut stammt«[10]. Am 30. August wurde Göring mit Hilfe der katholischen Zentrumspartei Reichstagspräsident. Am 13. November erneuerte Papen sein Angebot an Hitler. Am 17. November ersuchte Papen um seine Entlassung und empfahl Hindenburg, Hitler zu empfangen. Am 10. Dezember forderte Papen im Berliner Herrenklub abermals Hitlers Einbeziehung in die Regierung. Und am 4. Januar 1933 trafen sich beide im Hause des Kölner Bankiers und NS-Parteigenossen Freiherrn v. Schröder, eines Freundes der Großindustriellen Kirdorf, Vögler, Thyssen und Flick. Bei dieser berühmt-berüchtigten Begegnung, die streng geheim bleiben sollte, versprach Papen, nach begründeter Meinung mancher Historiker, Hitler die Unterstützung des Papstes, während Papen als Gegenleistung die Vernichtung der kommunistischen und sozialdemokratischen Partei verlangte sowie den Abschluß eines Konkordats. Fest steht, daß Hitler bei dieser unter sechs Augen erfolgten Debatte, nach Aussage Schröders vor dem Nürnberger Tribunal, von der »Entfernung aller Sozialdemokraten, Kommunisten und Juden aus führenden Stellungen« sprach, und daß man auch kurz darauf das Konkordat geschlossen hat. »Papen und Hitler«, sagte Schröder, »einigten sich grundsätzlich, so daß

---

5 Picker, 396

6 A. François-Poncet, Souvenirs d'une ambassade à Berlin, 1946, 42f. Ich zitiere nach Glum, 180f.

7 Das Urteil von Nürnberg, 26

8 Der Neue Herder, 1949

9 Fest, 215

10 Goebbels, 152

viele Reibungspunkte überwunden wurden und sie gemeinsam vorgehen konnten.«[11]

Unmittelbar nach dem Treffen setzte Papen seine Reise im Ruhrgebiet fort, und augenblicklich flossen wieder die Gelder in die leere Nazikasse.[12] Allein an die SS überwies ein Konsortium von Industriellen eine Million Reichsmark.[13] Auch die dringendsten Parteischulden, die man, wahrscheinlich übertrieben, auf zwanzig Millionen geschätzt hat, wurden damals bezahlt.[14] Am 9. Januar sprach Papen mit dem Reichspräsidenten. Am 22. Januar konferierte er mit Göring und anderen Persönlichkeiten im Hause von Ribbentrops. Und am 30. Januar wurde Hitler auf Papens Vorschlag zum Reichskanzler berufen. »Hindenburg hatte seine Bedenken nur überwunden, weil ihm Papen versicherte, daß der eigentliche Chef der Regierung er selbst, der Vizekanzler, sein werde.«[15]

In einer Ansprache am 2. November 1933 sagte Papen: »Wie ich damals bei der Übernahme der Kanzlerschaft dafür geworben habe, der jungen, kämpfenden Freiheitsbewegung den Weg zur Macht zu ebnen, wie ich am 30. Januar durch ein gütiges Geschick dazu bestimmt war, die Hände unseres Kanzlers und Führers in die Hand des geliebten Feldmarschalls zu legen, so fühle ich heute wieder die Verpflichtung, dem deutschen Volk und allen, die mir ihr Vertrauen bewahrt haben, zu sagen: Der liebe Gott hat Deutschland gesegnet, daß er ihm in Zeiten tiefer Not einen Führer gab.«[16] Und am 9. November bekannte Papen in einer Rede vor der Arbeitsgemeinschaft katholischer Deutscher in Köln: »Seit dem 30. Januar, da die Vorsehung mich dazu bestimmt hatte, ein *Wesentliches* zur Geburt der Regierung der nationalen Erhebung beizutragen, hat mich der Gedanke nicht losgelassen, daß das wundervolle Aufbauwerk des Kanzlers und seiner großen Bewegung unter keinen Umständen gefährdet werden dürfe durch einen kulturellen Bruch ... Denn die *Strukturelemente des Nationalsozialismus* sind nicht nur der katholischen Lebensauffassung nicht wesensfremd, sondern *sie entsprechen ihr in fast allen Beziehungen.*«[17]

Im gleichen Jahr schloß der Katholik von Papen das Konkordat zwischen Nazideutschland und dem Vatikan. In einem Geheimschreiben aus Rom vom 2. Juli 1933 an Hitler gab der Vizekanzler der Überzeugung Ausdruck, »daß der Abschluß dieses Konkordates außenpolitisch als ein großer Erfolg für die Regierung der nationalen Erhebung gewertet werden muß«[18]. Ja, Papen traf in einem geheimen Zusatzprotokoll bereits eine vertragliche Vereinbarung mit dem Heiligen

---

[11] Glum, 199f. Papen hat in Nürnberg die Darstellung Schröders bestritten. [12] Goebbels, 42f.
[13] Hallgarten, 110 und Fußnote 92 [14] Ebenda. Ferner Glum, 198 [15] Glum, 207
[16] Das Urteil von Nürnberg 1946, dtv dokumente Bd. 8, 1961, 275
[17] Papen, 7f. Von mir hervorgehoben
[18] Vgl. S. Einstein, Herrn von Papens Pension, in: Die Andere Zeitung, Hamburg, 19.4.1962

Stuhl für den Fall der allgemeinen Wehrpflicht in Deutschland! »Ich hoffe, daß Ihnen diese Abmachung«, schrieb Papen an seinen sehr verehrten Kanzler Hitler, »Freude bereitet.«[19] Am 13. November 1933 wurde Papen Bevollmächtigter für das Saargebiet, am 26. Juli 1934 Gesandter in Österreich. Im Ernennungsschreiben versichert ihm Hitler: »Sie besaßen und besitzen seit unserer Zusammenarbeit im Kabinett mein vollstes und uneingeschränktes Vertrauen.«[20]

In Wien bereitete Papen die nazistische Machtergreifung vor. Im Urteil von Nürnberg heißt es: »Laut dem Beweismaterial unterliegt es keinem Zweifel, daß das Hauptziel von Papens als Gesandter in Österreich darin bestand, das Schuschniggsche Regime zu unterhöhlen und die österreichischen Nazis zu stärken, um den Anschluß herbeizuführen.«[21] Papen erbat nicht nur für die »verfolgten nationalsozialistischen Dulder in Österreich« monatlich 200 000 Mark, sondern ersuchte in einer Denkschrift an Hitler auch um Geld für den »katholischen Freiheitsbund« in Wien, um dessen »antisemitische Arbeit zu fördern«[22]. Nach der Annexion Österreichs bekam Papen von Hitler »für treue Dienste« das Goldene Parteiabzeichen, das er »in feierlicher Erregung und mit allen dazu gehörenden Dankesbezeugungen entgegennahm«[23]. Und für seine Tätigkeit als deutscher Botschafter in Ankara (von 1939 bis 1944) zeichnete ihn Hitler mit dem Ritterkreuz zum Kriegsverdienstkreuz aus.

Beim Nürnberger Prozeß aber wurde der Päpstliche Kammerherr Franz von Papen, gegen den Einspruch des sowjetischen Mitgliedes des Militärgerichtshofes[24], freigesprochen. Ja, Hitlers »Steigbügelhalter«, der 1952 den Deutschen wegen ihres Führer-Kultes »mangelnde Intelligenz« und »Denkträgheit« vorwarf[25], erhielt zehn Jahre später von einem deutschen Gericht wieder eine Pension zuerkannt.

---

19 Ebenda 20 Das Urteil von Nürnberg, 275f. 21 Ebenda, 244
22 S. Einstein, Herrn von Papens Pension, in: Die Andere Zeitung, 19.4.1962
23 Ebenda 24 Vgl. die Begründung in Das Urteil von Nürnberg, 274ff.
25 Papen, Der Wahrheit eine Gasse, 302

Das Ermächtigungsgesetz

»Was dem Vatikan recht dünkt, muß auch der Zentrumspartei billig sein. Die präsidierenden Prälaten in den Fraktionen des Reichstages und der Landtage können nicht päpstlicher sein als der Papst.«

Hans Bernd Gisevius[26]

NACH SEINEM REGIERUNGSANTRITT forderte Hitler ein »Ermächtigungsgesetz«, das ihm die Diktatur ermöglichen sollte. Die nötige Zweidrittelmehrheit bekam er einerseits durch verfassungswidrige Auflösung der kommunistischen Partei, andererseits durch die Stimmen des Zentrums.

Wie wir von Pater Leiber S.J. wissen, lobte Pius XI. in einem geheimen Konsistorium am 13. März 1933, zehn Tage vor Verabschiedung des Ermächtigungsgesetzes, Hitler für sein Verbot der kommunistischen Partei. Und Kardinal Faulhaber, tags zuvor vom Papst empfangen, kolportierte dessen Lob.[27]

Die Kommunisten wurden ausgeschaltet, die Katholiken machten mit. Nachdem auch die christlichen Gewerkschaften gewonnen worden waren, bekannte sich, mit Ausnahme einer kleinen Gruppe, das Zentrum samt seinem Führer Kaas zu Hitler, da er den Abschluß eines Konkordates zugesichert hatte. Eindrucksvoll schreibt Gisevius unter dem Stichwort »Schwarze Hintergründe«: »Schade, daß uns kein Foto von der Szene erhalten ist, wie der auf der Regierungsbank aufmerksam lauschende Reichskanzler den kurialen Stil des Zentrumssprechers mit staatsmännischer Verhaltenheit quittiert. Nur das unheimliche Flackern seiner Augen mag für Bruchteile von Sekunden verraten, welche Reaktion diese Verklausulierungen in ihm hervorrufen. Und dann noch ein päpstlicher Prälat, der ihm diese Kapitulation zu Füßen legt! Das wiegt mehr als noch so viele Beifallsorkane im Sportpalast oder Zirkus Krone.«[28]

Gewiß kann man einwenden, Hitlers Diktatur habe schon vor dem Ermächtigungsgesetz vom 23. März begonnen, schon mit der Reichstagsbrand-Verordnung und der Heimtücke-Verordnung. Aber das Ermächtigungsgesetz oder, wie es offiziell hieß, das »Gesetz zur Behebung der Not(!) von Volk und Reich« hat die Diktatur in vollem Umfang sanktioniert.

26 GISEVIUS, 191 27 MILLER, I. D. 3/1963, 10 28 GISEVIUS, 189

Theodor Heuss und Hitler

> »Jeden Pazifisten, jeden Kommunisten ließ man reden, Ausländer darunter, denen Takt und Geschmack fehlten – aber für diesen einen Mann (Hitler), dessen lautere Beweggründe nicht in Frage gestellt waren, gab es offenbar die Grundrechte der Verfassung nicht.«
>
> Theodor Heuss

Bekanntlich stimmte auch Theodor Heuss dem Ermächtigungsgesetz zu. Hatte der spätere deutsche Bundespräsident doch schon ein Jahr vor der Machtergreifung Hitler das »gar nicht unliebenswürdige Buch« ›Hitlers Weg‹ gewidmet, worin Heuss zwar mancherlei am Nationalsozialismus kritisiert und ironisiert, besonders seine Rassentheorien, aber auch viel Positives an ihm findet und vor allem Hitler selbst auffallend schont.

Doch nicht nur dies. Schon angesichts des jungen Hitler entsteht »das Bild eines jungen Faust in der Dachstube«. »Bewundernswert« sei die »Spannkraft«, mit der er den Fehlschlag des Münchener Putsches vom Jahre 1923 überwinde und nun eine »erstaunliche«, ja »großartige Wendung« einleite. »Und niemand kann der Unverdrossenheit des Mannes die Anerkennung versagen, der … aus den Scherben ein neues Gefäß zu fügen unternahm und verstand.« Er habe auch »Grund dazu«, auf die Entwicklung dieser Bewegung »stolz« zu sein. Seine Finanzierung der NSDAP »ist eine fabelhafte Leistung«. Die Einnahme durch die Mitgliedsbeiträge sei aber »nicht bloß eine große Organisationstat«. Hitler habe »auch Seelen in Bewegung gesetzt und einen zu Opfern und Hingabe bereiten Enthusiasmus an sein Auftreten gefesselt«. In seinem Buch ›Mein Kampf‹ referiere der »Menschenbezwinger« in den Abschnitten über Propaganda »mit anschaulicher Aufrichtigkeit«. In seinen Theorien über Volk und Staat erkenne man »die gutgläubige Aufklärungsabsicht einer pädagogischen Darreichung«, in der NSDAP und ihrem Programm »verwandte Strukturelemente« zur katholischen Soziallehre und zum hierarchischen Bau der katholischen Kirche. Zwar mag »dies und jenes Stück falsch, vielleicht Unsinn« sein, aber: »Hier ist doch ein Wille, der nicht handeln und bandeln, der siegen will.« Dabei wußte Theodor Heuss sehr wohl, daß »Köpfe rollen« würden. Doch immer wieder wird Hitler selbst verteidigt oder sogar gelobt. Immer wieder trifft man Wendungen: »… daraus braucht man ihm keinen Vorwurf zu machen«; »Daß Hitler guten Glaubens war …, kann nicht bezweifelt werden«; »Er hat natürlich ganz recht, das zu tun«; »… der Erfolg gab ihm recht« usw.[29]

---

[29] Die Zitate: Heuss, 25, 3f., 5, 18, 121, 123, 119, 130, 14, 109, 22, 4, 6, 124, 27.

Unter Adenauer war Theodor Heuss nicht nur acht Jahre lang Bundespräsident, sondern er erhielt auch den Friedenspreis des deutschen Buchhandels.

Der Katholik Adenauer

»Sie, junger Mann, Sie müssen die Menschen noch verachten lernen.«

Konrad Adenauer 1949 zu einem (55jährigen) Mitglied des Parlamentarischen Rates[30]

Dr. Konrad Adenauer stand immer auf der Höhe der Zeit.

Im Oktober 1917 versicherte er als Oberbürgermeister von Köln, die Stadt werde »als *untrennbar* mit dem Deutschen Reich vereinigte Metropole der Rheinlande, dessen immer eingedenk sein ... und sich *stets als Glied des deutschen Vaterlandes* fühlen«[31]. Und er beendete seine Rede vor dem Vertreter der preußischen Staatsregierung, indem er sich feurig gegen »der Feinde Ansturm und die feindliche Eroberungsgier« wandte und sagte: »Wie könnten wir diese für Köln so bedeutungsvolle Stunde würdiger schließen als mit dem *von heißer Dankbarkeit durchglühten Schwur zu Kaiser und Reich*, dem Rufe: Seine Majestät, unser allergnädigster Kaiser und König, er lebe hoch, hoch, hoch.«[32]

Eineinviertel Jahre später, am 1. Februar 1919, proklamierte Adenauer: »Entweder wir kommen direkt oder als Pufferstaat *zu Frankreich* oder wir werden eine *westdeutsche* Republik, ein Drittes gibt es nicht.«[33]

Doch gab es auch ein Drittes für ihn. Am 10. August 1934 schrieb Konrad Adenauer an den Naziinnenminister in Berlin: »Die NSDAP habe ich immer durchaus korrekt behandelt und mich dadurch wiederholt in Gegensatz zu den damaligen ministeriellen Anweisungen und auch zu den von der Zentrumsfraktion der Kölner Stadtverordnetenversammlung vertretenen Anschauungen gesetzt. So habe ich jahrelang entgegen der damaligen Verfügung des Preußischen Innenministers der NSDAP die städtischen Sportplätze zur Verfügung gestellt und ihr bei ihren Veranstaltungen auf diesen das Hissen ihrer Hakenkreuzfahnen an den städtischen Flaggenmasten gestattet. Ich beziehe mich auf die einschlägigen Akten der Stadt Köln und das Zeugnis des Beigeordneten i.R. Billstein.«

Adenauer erwähnte in einer langen Aufzählung sein Eintreten für eine Nazizeitung, für nazistische Beamte, sein Entgegenkommen bei nazistischen Veranstal-

---

30 Bundestagsprotokoll, 11.6.1949. Zit. bei Miller, I. D. 12/1962, 1

31 Kölnische Volkszeitung, 19.10.1917, Zit. nach Miller, I. D. 8/1964, 3. Von mir hervorgehoben

32 Kölnische Volkszeitung, 19.10.1917

33 Zit. bei Miller, I. D. 8/1964, 3f.

tungen, ja, er betonte, ausdrücklich und öffentlich im Winter 1932/33 erklärt zu haben, »daß nach meiner Meinung *eine so große Partei wie die NSDAP unbedingt führend* in der Regierung vertreten sein müsse«[34].

Auf kirchliche Weisung liquidierten sich die katholischen Parteien selber

»Habt ihr euch noch nicht aufgelöst?«
»Hitler weiß das Staatsschiff gut zu lenken.«

Prälat Kaas' Verlautbarungen aus dem Vatikan[35]

BEREITS AM 30. MÄRZ sagte der badische Zentrumsführer Monsignore Föhr, die Mitarbeit der Katholiken im neuen Reich sei Pflicht, und andere Zentrumsführer äußerten sich ähnlich.[36] Am 29. Juni gestand der frühere Zentrumskanzler Brüning dem britischen Gesandten in Berlin, Sir Horace Rumbold, er habe gute Gründe zu glauben, der Kardinalstaatssekretär stehe dem Zentrum feindlich gegenüber.[37] Und am 5. Juli löste es sich auf Weisung der Kurie selber auf. Ebenso die katholische Bayerische Volkspartei. Nicht nur Exkanzler Brüning, im Mai 1932 »100m vor dem Ziel« entlassen, zürnte: »Pacelli schwebt ein autoritärer Staat und eine autoritäre, von der vatikanischen Bürokratie geleitete Kirche vor.«[38] Auch viele Katholiken protestierten. Deshalb beschwichtigte sie der Vatikan durch eine halboffizielle Verlautbarung und durch Staatssekretär Pacelli. Und zur Überraschung vieler gab Zentrumsführer Kaas nach einer Unterredung mit dem Papst und Pacelli die Erklärung ab: »Hitler weiß das Staatsschiff gut zu lenken. Noch ehe er Kanzler wurde, traf ich ihn wiederholt und war sehr beeindruckt von seinen klaren Gedanken und seiner Art, den Tatsachen ins Auge zu sehen und dabei doch seinen edlen Idealen treu zu bleiben ... Es kommt nicht darauf an, wer regiert, wenn nur die Ordnung gewahrt bleibt. Die Geschichte der letzten Jahre in Deutschland hat den demokratischen Parlamentarismus als unfähig erwiesen.«[39]

Wie der Vatikan in Italien durch Beseitigung der katholischen Partei Mussolini den Weg zur Diktatur ebnete, so verschaffte er in Deutschland durch Papen, Kaas und die Auflösung des Zentrums, der ältesten katholischen Partei Europas, Hitler die unumschränkte Macht. Dafür erwartete man von ihm dasselbe Entgegenkommen wie von Mussolini. Das

---

[34] Ebenda, 1, 1962, 7f.

[35] Erstes Zitat aus Telefongespräch von Kaas aus dem Vatikan am 2. oder 3. Juli mit Zentrumsführer J. Joos in MATTHIAS/MORSEY, 398. Zweites Zitat s. MANHATTAN, 175

[36] MATTHIAS/MORSEY, 370

[37] LEWY, 75

[38] Zit. SPIEGEL, 18.11.64, 117

[39] Zit. bei MANHATTAN, 175

gab der päpstliche Nuntius in Berlin, Cesare Orsenigo, der über Hitlers Machtergreifung »offen frohlockte«, deutlich zu erkennen.[40]

Kaum hatte Kaas das Votum seiner Fraktion für das Ermächtigungsgesetz erlangt, setzte er sich nach Rom ab. Nicht einmal seine nächsten Parteifreunde hatte er davon unterrichtet, wohl aber vorher noch mit Hitler unter vier Augen konferiert.[41] Am 7. April 1933 verließ Kaas Berlin. Am nächsten Tag reiste er von München zusammen mit Papen nach Rom[42], am 10. April erschienen Papen und Hermann Göring im Vatikan, wo sie, wie die Presse berichtete, mit großen Ehren empfangen wurden und Pius XI. sehr von ihnen beeindruckt war[43]. Auch bemerkte der Papst, schreibt Papen, wie beglückt er sei, an der Spitze der deutschen Regierung eine Persönlichkeit zu sehen, die kompromißlos gegen Kommunismus und russischen Nihilismus in allen seinen Formen kämpfe.[44] Am 20. April sandte Kaas zu Hitlers Geburtstag »aufrichtige Segenswünsche und die Versicherung unbeirrter Mitarbeit«[45]. Und bald präsentierte man der staunenden Welt

Das Konkordat mit Hitlerdeutschland

> »Das Konkordat hat nach Zeitpunkt, Inhalt und offizieller bischöflicher Interpretation Verbrechen und Verbrechern Vorschub geleistet, jede entschiedene Opposition moralisch diffamiert, dem Naziregime die Legitimation verliehen, sich zu den ›auf der Seite der Ordnung stehenden staatlichen Gewalten‹ zu zählen (Kardinal Pacelli am 30. April 1937), und das katholische Volk von vornherein auf den Weg ins Massengrab zur Sicherung der Hitlerdiktatur verpflichtet.«
>
> Johannes Fleischer[46]

Als am 20. Juli 1933, ein halbes Jahr nach Hitlers Machtergreifung, das Konkordat zwischen dem Heiligen Stuhl und dem Deutschen Reich geschlossen wurde, habe niemand, so lautet ein beliebter Einwand, den Charakter seiner Regierung erkennen und ihre Tendenz zum notorischen Verbrechen voraussehen können. Aber der Einwand verfängt nicht. Denn über Wesen und Methode dieser Bewegung gab es damals keinen Zweifel mehr.

40 Shuster, 188 41 Gisevius, 190 42 Stimmen der Zeit, 1960, 426
43 Bericht des bayerischen Gesandten beim Heiligen Stuhl, Vgl. Lewy, 70
44 Papen, Der Wahrheit eine Gasse, 314 45 Matthias/Morsey, 379
46 J. Fleischer, Das Schanddokument des Konkordats von 1933, in: Das Andere Deutschland, 18.9.1959

Ein paar Fakten sollen daran erinnern.

1. Bereits am 3. Februar 1933 forderte Hitler in seiner ersten Rede vor der Generalität die Wiedereinführung der allgemeinen Wehrpflicht, Eroberung neuen Lebensraumes im Osten und die Germanisierung der gewonnenen Gebiete.[47]
2. Am 20. Februar sagte Göring im Reichstagspräsidentenpalais zu Führern der deutschen Industrie: wenn man keine Mittel bekomme, die SA zu bezahlen, könne man sie von der »Nacht der langen Messer« nicht mehr zurückhalten; auch die Villen der Industriellen würden dann brennen.[48] (Worauf Krupp von Bohlen Dankesworte sprach und die Industriellen einen Wahlbeitrag von drei Millionen spendeten.[49])
3. Am 28. Februar wurden »zum Schutze von Volk und Staat« die bürgerlichen Grundrechte der Weimarer Verfassung »bis auf weiteres« außer Kraft gesetzt, das heißt, es gab keine Meinungs- und Pressefreiheit, kein Versammlungsrecht und Postgeheimnis mehr. Statt dessen verhaftete man unter den nichtigsten Vorwänden und sprach den Verhafteten das Recht auf Konfrontation mit einem ordentlichen Richter ab.[50]
4. Schon in den ersten Wochen nach dem 30. Januar nahm man führende Männer der Weimarer Republik wie den preußischen Minister Severing, den Reichslandbundpräsidenten Hepp, den sozialdemokratischen Abgeordneten Dr. Leber u. a. fest, manche durch SA und »Stahlhelm«, die Göring seit dem 22. Februar als »Hilfspolizei« mobilisiert hatte.
5. Gleichzeitig wurden für alle, die man rasch und unter Ignorierung ordentlicher Gerichte ausschalten wollte, die ersten Konzentrationslager errichtet, die Hitler sofort zu schätzen begann.
6. Am 3. März drohte Göring in einer Wählerversammlung in Frankfurt am Main: »Deutsche Volksgenossen! Meine Handlungen werden nicht angekränkelt sein durch juristische Bedenken und Bürokratie. Ich habe keine Gerechtigkeit auszuüben, sondern nur zu vernichten und auszurotten.«[51] Die SA ging denn auch in diesem Monat brutaler als bisher vor. Allein während des Wahlkampfes wurden 51 Menschen getötet, mehrere hundert verletzt. Über 30 junge Leute lagen mit Bauchschüssen in Berliner Krankenhäusern.[52]
7. Schon im Frühjahr begann die erste Judenverfolgung. Am 1. April befahl die Parteileitung: »In jeder Ortsgruppe und Organisationsgliederung der NSDAP sind sofort Aktionskomitees zu bilden zur praktischen, planmäßigen Durchführung des Boykotts jüdischer Geschäfte, jüdischer Waren, jüdischer Ärzte und

[47] GÖRLITZ, Hitler, 88f.
[48] GLUM, 209
[49] Ebenda, 210
[50] Vgl. etwa ANGER, 17, 24. GÖRLITZ, Hitler, 91. GLUM, 212
[51] GLUM, 216
[52] GLUM, 210. GÖRLITZ, Hitler, 93

jüdischer Rechtsanwälte ... Die Aktionskomitees müssen bis in das kleinste Bauerndorf vorgetrieben werden, um besonders auf dem flachen Land die jüdischen Händler zu treffen. Grundsätzlich ist immer zu betonen, daß es sich um eine uns aufgezwungene Abwehrmaßnahme handelt.«[53] Dabei kam es schon damals zu Gewalttaten.[54]

8. Am 2. Mai besetzte man sämtliche Gewerkschaftshäuser und konfiszierte das Gewerkschaftsvermögen.
9. Am 14. Juli erließ man ein ganzes Bündel terroristischer Gesetze. Vor allem legalisierte man das Einparteiensystem: »§ 1. In Deutschland besteht als einzige politische Partei die NSDAP. § 2. Wer es unternimmt, den organisatorischen Zusammenhalt einer anderen politischen Partei aufrechtzuerhalten oder eine neue politische Partei zu bilden, wird ... mit Zuchthaus ... oder Gefängnis bestraft.«[55] Ein weiteres Gesetz vom 14. Juli ermöglichte die Landesverweisung politischer Gegner oder Juden.[56] Außerdem beschloß man das »Reichsgesetz zur Verhütung erbkranken Nachwuchses«, das später kirchliche Kreise »ein Attentat auf unveräußerliche Rechte, auf Würde und Freiheit des Menschen« nannten.[57]

Die Liste könnte verlängert werden. Doch sie genügt, um jedermann zu überzeugen, daß kein Zweifel darüber bestehen konnte, mit wem man es zu tun hatte, als am 20. Juli 1933 Hitlers Vizekanzler Papen und Kardinalstaatssekretär Pacelli den Vertrag unterzeichneten, der im ersten Satz von »freundschaftlichen Beziehungen« zwischen dem Heiligen Stuhl und dem Deutschen Reich spricht. Der einst »bestinformierte Diplomat in Deutschland«, der übrigens auch als Nuntius wiederholt zu Kundgebungen der Nazipartei erschienen war[58], kannte sie gut. Sicher sah er nicht so klar und weit wie der antiklerikale Erich Ludendorff, der unmittelbar nach dem 30. Januar 1933 an Hindenburg schrieb: »Sie haben durch die Ernennung Hitlers zum Reichskanzler einem der größten Demagogen aller Zeiten unser heiliges Deutsches Vaterland ausgeliefert. Ich prophezeie Ihnen feierlich, daß dieser unselige Mann unser Reich in den Abgrund stoßen, unsere Nation in unfaßliches Elend bringen wird, und kommende Geschlechter werden Sie verfluchen in Ihrem Grabe.«[59]

Nein, so weit sah Eugenio Pacelli nicht. Doch durfte er hoffen, daß Hitler mit zahlreichen Feinden der Kirche noch resoluter aufräumen würde als Mussolini. Deshalb war man mit den Terrorakten, die man später so verdammte, gewiß

---

[53] Anger, 55 [54] Görlitz, Hitler, 94. Glum, 230. Ausführlich: Ball-Kaduri
[55] J. Fleischer, Das Schanddokument des Konkordats von 1933 [56] Görlitz, Hitler, 97
[57] J. Fleischer, Das Schanddokument des Konkordats von 1933
[58] Spiegel, 18.11.1964, 107 u. 114 [59] Binder, 234

vielfach einverstanden. Hitlers Wendung gegen den Osten war willkommen, galt sie doch den Bolschewisten. Seine Aufhebung der demokratischen Grundrechte der Presse-, Rede- und Versammlungsfreiheit entsprach jahrhundertealten Vorstellungen der Päpste. Auch die Verhaftung und Tötung ihrer kommunistischen, sozialistischen und liberalen Gegner störte die Kirche nicht. Und daß sie für die Juden nicht allzuviel empfand, versteht sich nach dem fast zweitausendjährigen rabiaten christlichen Antijudaismus[60] von selbst.

Deshalb nochmals: man wußte, mit wem man sich verband. Man wußte, jedes Aufbegehren gegen diese Regierung würde mit Zuchthaus und KZ bestraft werden. Und Kardinalstaatssekretär Pacelli versäumte nicht, 1934 der Hitlerregierung ausdrücklich zu bescheinigen: »Wird die Totalität so verstanden, daß in all dem, was gemäß dem eigentlichen Daseinszweck des Staates der staatlichen Zuständigkeit angehört, die Gesamtheit aller Staatsbürger ohne Ausnahme dem Staat und der ihn lenkenden rechtmäßigen Regierung untertan sei, so ist das zweifellos zu bejahen.«[61] Man wußte sicher auch, daß Hitler in ›Mein Kampf‹ die religiösen Streitigkeiten und die Bekämpfung des Ultramontanismus kritisiert hatte, ja, daß er für die Bedeutung der Dogmen eingetreten war. »Es konnte in den Reihen unserer Bewegung«, schrieb er, »der gläubigste Protestant neben dem gläubigsten Katholiken sitzen.«[62] Und da man in der Weimarer Republik von Sozialisten und Demokraten nicht erreicht hatte, was nun Hitler, wenigstens auf dem Papier, gewährte – »ein propagandistischer Schachzug«, prahlte er später, der ihm »alle Ehre« mache[63] –, überboten sich bald führende katholische Kleriker und Laien an Loyalitätsbeteuerungen.

Zwar waren fast zwei Drittel der 34 Artikel des Konkordats zu Gunsten der Kirche. Aber das kümmerte Hitler nicht. Immerhin mußten die Bischöfe, laut Artikel 16, einen Treueid ablegen und versprechen, die Regierung zu achten und durch ihren Klerus achten zu lassen. Artikel 27 gab den Nazis Einfluß auf die Ernennung des katholischen Armeebischofs und der katholischen Militärgeistlichen. Artikel 30 sah an allen Sonn- und Feiertagen in sämtlichen Kirchen Deutschlands nach dem Hauptgottesdienst ein Gebet für das Wohlergehen des Hitlerreiches vor.

Wichtiger als Einzelheiten aber war für Hitler das Konkordat als solches. Es machte ihn sozusagen hoffähig. Sein erster völkerrechtlicher Vertrag wurde mit dem Papst geschlossen. Das verlieh dem neuen Staat vor aller Welt Legalität. So triumphierte der ›Völkische Beobachter‹, Hitlers Regierungsorgan: »Durch die Unterzeichnung des Reichskonkordates ist der Nationalsozialismus in Deutsch-

---

[60] Ausführlich Deschner, 442–464

[61] Zit. bei J. Fleischer, Das Schanddokument des Konkordats von 1933

[62] Hitler, 379, 631 [63] Picker, 289

land von der katholischen Kirche in der denkbar feierlichsten Weise anerkannt worden ... Diese Tatsache bedeutet eine *ungeheure moralische Stärkung* der nationalsozialistischen Reichsregierung und ihres Ansehens.«[64]. Hitler selbst lehnte eine Debatte über Einzelheiten ab. »Er vertrat die Auffassung«, wie es im Sitzungsprotokoll der Reichsregierung vom 14. Juli 1933 heißt, »daß man hierbei nur den großen Erfolg sehen dürfte. Im Reichskonkordat wäre Deutschland eine Chance gegeben und eine Vertrauenssphäre geschaffen, die bei dem vordringlichen Kampf gegen das internationale Judentum bedeutungsvoll wäre.«[65]

Drei »große Vorteile« sah Hitler, laut Sitzungsprotokoll, im Abschluß des Konkordats:

»1. daß der Vatikan überhaupt verhandelt habe, obwohl besonders in Österreich damit operiert würde, daß der Nationalsozialismus unchristlich und kirchenfeindlich wäre;
2. daß der Vatikan zur Herstellung eines guten Verhältnisses zu diesem nationalen deutschen Staat bewogen werden konnte. Er, der Reichskanzler, hätte es noch vor kurzer Zeit nicht für möglich gehalten, daß die Kirche bereit sein würde, die Bischöfe auf diesen Staat zu verpflichten. Daß das nunmehr geschehen wäre, wäre zweifellos eine rückhaltlose Anerkennung des derzeitigen Regimes;
3. daß mit dem Konkordat sich die Kirche aus dem Vereins- und Parteileben herauszöge, z.B. auch die christlichen Gewerkschaften fallenließe; auch das hätte er, der Reichskanzler, noch vor einigen Monaten nicht für möglich gehalten. Auch die Auflösung des Zentrums wäre erst mit Abschluß des Konkordats als endgültig zu bezeichnen, nachdem nunmehr der Vatikan die dauernde Entfernung der Priester aus der Parteipolitik angeordnet hätte.

Daß das von ihm, dem Reichskanzler, stets erstrebte Ziel einer Vereinbarung mit der Kurie so viel schneller erreicht wurde, als er noch am 30. Januar gedacht habe, das sei ein so unbeschreiblicher Erfolg, daß demgegenüber alle kritischen Bedenken zurücktreten müßten ...«[66]

Und wie beurteilten die deutschen katholischen Kirchenfürsten damals das Konkordat? Nun, sie beurteilten es im Grunde genauso. Erzbischof Gröber von Freiburg schrieb 1937 in seinem ›Handbuch der religiösen Gegenwartsfragen‹ – übrigens »mit Empfehlung des deutschen Gesamtepiskopats«: »Was die Bewertung des deutschen Konkordates betrifft, so war es, außen- und innenpolitisch betrachtet, die erste weittragende internationale Abmachung des neuen Reiches, was für Partei und Staat als ein moralischer Erfolg im Gegensatz zu den bisherigen vergeblichen Bemühungen des ›Weimarer Systems‹ gebucht wurde und eine freu-

---

[64] Völkischer Beobachter, 24.7.1933. Von mir hervorgehoben [65] Binder, 244f. [66] Ebenda

dige Hinwendung der bekenntnistreuen Katholiken zum nationalsozialistischen Staat zur Folge haben konnte.«[67]

Kardinal Faulhaber, Erzbischof von München, betonte besonders den Beistand des Papstes. »Papst Pius XI.«, bekannte Faulhaber 1936 in einer Predigt, »hat *als erster Souverän des Auslandes* mit der neuen Reichsregierung im Reichskonkordat einen feierlichen Vertrag abgeschlossen, von dem Wunsche geleitet, ›die zwischen dem Heiligen Stuhl und dem Deutschen Reich bestehenden freundschaftlichen Beziehungen zu festigen und zu fördern‹.«[68]

Der Kardinal wurde damals aber noch deutlicher. »In Wirklichkeit«, sagte er nämlich, »ist Papst Pius XI. *der beste Freund, am Anfang sogar der einzige Freund des neuen Reiches gewesen*. Millionen im Ausland standen zuerst abwartend und mißtrauisch dem neuen Reich gegenüber und haben erst durch den Abschluß des Konkordats Vertrauen zur neuen deutschen Regierung gefaßt ... Das Versailler Diktat hat die Deutschen vor aller Welt schuldig gesprochen, das Reichskonkordat hat der Deutschen Regierung das Vertrauen des Papstes ausgesprochen und damit vor aller Welt ihr Ansehen gehoben.«[69]

Zehn Jahre später, parenthetisch bemerkt, erscheint freilich einem Prälaten des Kardinals, dem Münchener Weihbischof Neuhäusler, die Rolle des Papstes in etwas anderem Licht. Unter den beeindruckenden Überschriften (mit der bei fast allen katholischen Theologen beliebten und oft extrem übertriebenen exakten Unterteilung, die sozusagen schon äußerlich auf die Zuverlässigkeit des Mitgeteilten schließen lassen soll) »B. Kraftzentren des kirchlichen Widerstandes. 1. Der Fels Petri« verkündet nämlich das Standardwerk über den katholischen Kirchenkampf im Dritten Reich: »Am mächtigsten war katholischerseits die Gegenwehr gegen den antichristlichen Nationalsozialismus an der höchsten Stelle der katholischen Kirche, *am Felsen Petri*. Freilich versuchte der Hl. Stuhl zunächst die schlimmen Geister des Nationalsozialismus mit einer *›feierlichen Übereinkunft‹* zu bändigen.«[70]

Aus dem besten und anfangs einzigen ausländischen Freund des Nazireiches, nach dem Sprachgebrauch des Kardinals Faulhaber im Jahre 1936, wurde also, nach dem Sprachgebrauch seines Prälaten im Jahre 1946: ein Bändiger der bösen Geister! Dabei hatte dieser »Bändiger«, wie Leiber, Faulhaber und Papen bezeugen, Hitler wegen seines antikommunistischen Kampfes wiederholt gelobt[71], und Pius XI. war auch, das sei nochmals betont, schon 1933 mit der Einführung des Wehrzwangs durch die Nazis einverstanden! Die vielsagende Stelle in Papens Brief vom 2. Juli 1933 aus Rom an Hitler lautet: »Schließlich haben wir im Zusatzprotokoll eine dahingehende Bestimmung aufgenommen ... im Falle, daß

---

[67] Zit. bei J. FLEISCHER, Das Schanddokument des Konkordats von 1933

[68] AMTSBLATT D. ERZDIÖZESE MÜNCHEN UND FREISING, Jg. 1936, Nr. 6, Beilage II. Hervorhebung von mir

[69] Ebenda. Von mir hervorgehoben [70] NEUHÄUSLER, II., 26 [71] LEWY, 30f., 70

Deutschland die allgemeine Wehrpflicht wieder einführt. Dieser Zusatz ist mir weniger wertvoll wegen der sachlichen Regelung als wegen der Tatsache, daß hier der Hl. Stuhl bereits mit uns eine vertragliche Abmachung für den Fall der allgemeinen Wehrpflicht trifft. Ich hoffe, daß Ihnen diese Abmachung deshalb Freude bereitet. Sie muß selbstverständlich geheim behandelt werden.« Mit Recht kommentiert Johannes Fleischer: »Der Vatikan zeigte sich hier also auch noch als Hitlers Bundesgenosse bei eventueller Mißachtung völkerrechtlicher Verträge.«[72]

Die Kurie wünschte die Wiederbewaffnung Deutschlands unter Hitler – wie die Wiederbewaffnung der Bundesrepublik unter Adenauer. In meiner Kirchengeschichte ›Abermals krähte der Hahn‹ zeigte ich im letzten, das Verhältnis Pius' XII. zur Bundesrepublik erörternden Kapitel, daß es der Kardinal Frings von Köln war, der am 23. Juni 1950 auf dem Katholikentag in Bonn *als erster öffentlich in Deutschland die Wiederaufrüstung der Deutschen forderte.*[73]

Weil der Vatikan es wollte, riefen 1933 alle deutschen Bischöfe zur Zusammenarbeit mit Hitler auf

BISHER HATTEN SIE den Beitritt zur NSDAP geradezu verboten.[74] Plötzlich plädierten sie geschlossen für die Partei. Gegen den Willen Roms? Es zeugt von einer erstaunlichen, doch typischen Befangenheit (um kein negativeres Wort zu gebrauchen), wenn man noch unlängst in einem durchaus kritischen Artikel über den politischen Katholizismus des Jahres 1933 anscheinend allen Ernstes an »die Mißbilligung« dieser Entwicklung durch Kardinalstaatssekretär Pacelli glaubte, indem man ihn – wenn auch mit dem Zusatz »laut Pater Leiber« – zitierte: »Warum mußten die deutschen Bischöfe der Regierung so schnell entgegenkommen?«[75] –, während sogar der Katholik Walter Dirks von »des Staatssekretärs Pacelli sehr aktiver Beteiligung«[76] spricht. Die katholische ›Allgemeine Rundschau‹ schrieb Mitte April ganz offen, die Bischöfe könnten nicht kämpfen, wenn Rom sich für den Frieden entschließe.[77] Und wenige Tage darauf, am 24. April, berichtete Baron von Ritter, der bayerische Gesandte beim Vatikan, Kaas und Staatssekretär Pacelli hätten ständigen Kontakt, es gebe keinen Zweifel an der Haltung des Staatssekretärs und anderer prominenter Kardinäle, sie billigten die »ehrliche Mitarbeit der

[72] J. FLEISCHER, Das Schanddokument des Konkordats von 1933 [73] DESCHNER, 587

[74] Vgl. etwa SCHMAUS, 7; BATES, 39

[75] A. WUCHER, Der politische Katholizismus 1933 vor Hitlers Karren gespannt, in: SÜDDEUTSCHE ZEITUNG, August 1961. Vgl. dazu R. LEIBER, S.J., Reichskonkordat und Ende der Zentrumspartei, in: STIMMEN DER ZEIT, 1960/61, 217

[76] DIRKS, 242 [77] ALLGEMEINE RUNDSCHAU, 19.4.1933, Nr. 16, 243

Katholiken zur Förderung und Leitung der nationalen Bewegung in Deutschland im Rahmen der christlichen Weltanschauung ... Auch aus dem Munde anderer hervorragender Kardinäle habe ich Äußerungen vernommen, die sich ganz in der gleichen Richtung bewegten«[78].

Es bedarf keines Wortes, daß man im Vatikan nicht allzu sehr mit Hitler sympathisierte. Er war für die römischen Diplomaten nicht mehr als »das kleinere Übel«, von dem man die Liquidierung des, wie man glaubte, größeren Übels, des Kommunismus, erhoffte. Darin hat sich die Kurie bekanntlich gründlich getäuscht. Denn heute wissen wir, um noch einmal Dirks zu zitieren, »daß der Nazismus ein wahnsinniger und verbrecherischer Provinzialismus gewesen ist, ein kollektiver Exzeß, der ein Dutzend Jahre dauerte, ehe er erstickt werden konnte, der Kommunismus dagegen ein System, das sich zu Zeiten mit Verbrechen befleckt hat und das noch heute um der Gewalt willen, die es an vielen Stellen der Erde ausübt, unter Anklage steht, zugleich aber eine Bewegung von weltgeschichtlichem Ausmaß, eine epochale Wirklichkeit, an deren Vernichtung niemand, an deren Wandlung wir alle brennend interessiert sind – schon deshalb, weil seine Zerstörung uns alle oder wenigstens Hunderte von Millionen Menschen erneut in die Katastrophe reißen würde.«[79]

Noch im Frühjahr 1933 gestanden die Bischöfe auf ihren Konferenzen in Fulda und Freising, sie hätten »in den letzten Jahren gegenüber der nationalsozialistischen Bewegung eine ablehnende Haltung durch Verbote und Warnungen eingenommen«. Nun glauben sie aber – natürlich auf Weisung des Vatikans, wie sich bei der völligen Abhängigkeit des katholischen Episkopats von selbst versteht –, »das Vertrauen hegen zu können, daß die vorgezeichneten allgemeinen Verbote und Warnungen nicht mehr als notwendig betrachtet zu werden brauchen«[80].

Ende April 1933 konferierten Vertreter des hohen katholischen Klerus mit Hitler in Berlin. Nachdem er sich selber als Katholik herausgestellt hatte, sagte er: »Man hat mich wegen Behandlung der Judenfrage angegriffen. Die katholische Kirche hat fünfzehnhundert Jahre lang die Juden als Schädlinge angesehen, sie ins Getto gewiesen usw., da hat man erkannt, was die Juden sind ... Ich gehe zurück auf die Zeit, was man fünfzehnhundert Jahre lang getan hat. Ich stelle nicht die Rasse über die Religion, sondern ich sehe die Schädlinge in den Vertretern dieser Rasse für Staat und Kirche, und vielleicht erweise ich dem Christentum den größten Dienst ...«[81] Die Begegnung verlief im besten Einvernehmen. »Die Besprechung mit Hitler«, berichtete Bischof Berning, »war herzlich und sachlich. Er sprach mit Wärme und Ruhe, hie und da temperamentvoll. Gegen die Kirche kein Wort, nur Anerkennung gegenüber den Bischöfen.«[82]

---

78 Lewy, 47 79 Dirks, 246

80 Amtsblatt f. d. Erzdiözese Bamberg, 56. Jg., 1933, 28.3.1933, Nr. 11, 83

81 Heldt, 168f. 82 Ebenda

Wer aber die Bischöfe anerkennt, den anerkennen auch sie. So schrieben sie in einem gemeinsamen Hirtenbrief im Juni 1933: »Wenn wir unsere Zeit mit der Vergangenheit vergleichen, so finden wir vor allem, daß sich das deutsche Volk noch mehr als bisher *auf sein eigenes Wesen* besinnt, um dessen Werte und Kräfte zu betonen. *Wir deutschen Bischöfe sind weit davon entfernt, dieses nationale Erwachen zu unterschätzen oder gar zu verhindern* ... Wir deutschen Katholiken brauchen deswegen auch *keine Neueinstellung dem Volk und Vaterland gegenüber,* sondern setzen höchstens bewußter und betonter fort, was wir bisher schon als unsere natürliche und christliche Pflicht erkannten und erfüllten ... Es fällt deswegen uns Katholiken auch keineswegs schwer, die neue starke Betonung der Autorität im deutschen Staatswesen zu würdigen und uns mit jener Bereitschaft ihr zu unterwerfen, die sich nicht nur als eine natürliche Tugend, sondern wiederum als eine übernatürliche kennzeichnet, weil wir in jeder menschlichen Obrigkeit einen Abglanz der göttlichen Herrschaft und eine Teilnahme an der ewigen Autorität Gottes erblikken (Röm. 13,1ff.) ... *Auch die Ziele, die die neue Staatsautorität für die Freiheit unseres Volkes erhebt, müssen wir Katholiken begrüßen* ... Wenn die neue staatliche Autorität sich weiter bemüht, sowohl die Ketten zu zerbrechen, die andere uns schlugen, als auch die eigene Volkskraft und Volksgesundung zu fördern und damit unser Volk zu verjüngen und zu einer neuen, großen Sendung zu befähigen, so liegt auch das ganz in der Richtung des katholischen Glaubens ... Wenn sodann nach dem Willen der staatlichen Autorität die Zerrissenheit und Gegensätzlichkeit innerhalb unseres Volkes endlich der Einheit und Geschlossenheit weichen soll, so findet sie in uns Katholiken auch auf diesem Gebiet verständnisvolle und opferwillige Helfer ...« Nachdem die Bischöfe dann auch eine Reihe von Bedenken angemeldet und Forderungen an das neue Reich erhoben hatten, versichern sie noch einmal ausdrücklich, »daß darin nicht etwa ein versteckter Vorbehalt dem neuen Staat gegenüber« liege. »Wir wollen dem Staat *um keinen Preis* die Kräfte der Kirche entziehen ... Ein abwartendes Beiseitestehen oder gar eine Feindseligkeit der Kirche dem Staate gegenüber müßte *Kirche und Staat* verhängnisvoll treffen ...«[83]

Dieser Hirtenbrief, »im Jubiläum unserer Erlösung« von allen deutschen Kardinälen, Erzbischöfen und Bischöfen unterzeichnet, ist ein seltsames Zeugnis vom »Kampf des deutschen Episkopats«. Der Münchener Weihbischof Neuhäusler verfuhr deshalb in seinem ›Kreuz und Hakenkreuz‹, einem vielzitierten katholischen Standardwerk, bei der Wiedergabe des wichtigen Dokumentes folgendermaßen. Er unterdrückte alle Bekenntnisse der Bischöfe zum Nazismus, die Haupttendenz des Briefes, ausnahmslos. Zehn längere Stellen fielen so ganz fort. Neunmal ließ Neuhäusler, ohne Kennzeichnung, Sätze oder kleine Abschnitte weg und verän-

[83] Hervorhebungen meist von mir

derte sogar wiederholt willkürlich den in Anführungszeichen stehenden Text. Das Hirtenwort ist in diesem angeblichen Urkundenwerk »derart verändert worden, daß man es fast nicht wiedererkennt«, das Verfahren des Weihbischofs »ein Schlag gegen die geschichtliche Wahrheit«[84].

Die Sammlung des katholischen Herder-Verlags ›Zeugnis und Kampf des deutschen Episkopats, Gemeinsame Hirtenbriefe und Denkschriften‹ läßt die Hirtenbriefe aus den Jahren 1933 und 1934 ganz fort und erwähnt nur im Kommentar einiges davon.[85]

In einer Untersuchung der katholischen Nachkriegsliteratur zum Kirchenkampf kommt Hans Müller 1961 zu dem folgenden Resultat: »Das, was gesagt oder abgedruckt wird, ist derart einseitig, daß von objektiver Berichterstattung keine Rede mehr sein kann. Wesentliche Dinge werden übergangen, unwesentlichere in aller Breite geschildert. Die vorgebrachten Entschuldigungen sind nur in den wenigsten Fällen wirklich stichhaltig. Die Tendenz, alle Schuld auf die Nationalsozialisten abzuschieben, um das eigene Versagen dahinter besser verbergen zu können, liegt bei den meisten dieser Bücher klar auf der Hand.«[86]

Die bayerischen Bischöfe veröffentlichten am 5. Mai 1933 ein Hirtenwort, um die weithin herrschende Unklarheit, Unruhe und Sorge vieler Gemüter zu beheben und zur »Klärung und Beruhigung«, »zur Wiederkehr des inneren Friedens« beizutragen: »Unsere jetzige Reichsregierung hat sich große und schwierige Aufgaben gestellt ... *Niemand darf jetzt aus Entmutigung und Verbitterung sich auf die Seite stellen und grollen*; niemand, der zur Mitarbeit innerlich bereit ist, darf aus Einseitigkeit und Engherzigkeit auf die Seite gestellt werden. Daher rufen wir Bischöfe in tiefer Liebe zu unserem Vaterland ... unsere Diözesanen auf, den Blick nicht mehr zu richten auf die Vergangenheit, nicht auf das zu sehen, was uns trennt, sondern auf das, was uns eint ... *Niemand soll sich der großen Aufbauarbeit entziehen.*«[87]

Zur Volksabstimmung am 12. November 1933, nach dem Austritt Deutschlands aus dem Völkerbund, schreiben die Bischöfe erneut: »Die Katholiken bekunden ... ihr Einverständnis mit den weitschauenden und kraftvollen Bemühungen des Führers, dem deutschen Volk die Schrecken des Krieges und die Greuel des Bolschewismus zu ersparen, die öffentliche Ordnung zu sichern und den Arbeitslosen Arbeit zu beschaffen.«[88] Inzwischen hatte man natürlich längst erlaubt, was bis

---

[84] Vgl. H. Müller, Zur Behandlung des Kirchenkampfes in der Nachkriegsliteratur, in: Politische Studien, Juli 1961, 478ff.

[85] Vgl. ebenda, 477 [86] Ebenda, 481

[87] Amtsblatt f. d. Erzdiözese Bamberg, 56. Jg., 1933, Nr. 13, 5.5.1933, 99ff. Von mir hervorgehoben

[88] Zit. bei J. Fleischer, Der Mythos vom heiligen Widerstandskämpfer. Die »Generallinie« des Kardinals von Galen, in: Die Andere Zeitung, 13.12.1956

1933 streng verboten war: das Betreten der Kirchen durch uniformierte SA- und SS-Männer sowie das Hissen von Hakenkreuzfahnen an und in den Kirchen. Auf dem Berliner Katholikentag am 25. Juni – Hitler hatte eine Einladung mit Bedauern abgelehnt – wurde der päpstliche Nuntius von SA mit Hakenkreuzflaggen zum Altar begleitet.[89] Und als nach dem Konkordatsabschluß im Berliner Hedwigsdom ein Dankgottesdienst stattfand, lautete die Anweisung: »Katholische SA- und SS-Männer Berlins nehmen geschlossen teil.«[90] Auf dem Opernplatz spielte eine SA-Kapelle Kirchenmusik.[91]

Erzbischof Gröber, der am 25. April die deutschen Katholiken beschwor, daß sie den »neuen Staat nicht ablehnen dürfen, sondern ihn positiv bejahen (sic) und in ihm unbeirrt mitarbeiten müssen«[92], ordnete im August an: »Demgemäß besteht kein Hindernis, auch die Fahnen und Abzeichen der Nationalsozialistischen Arbeiterpartei in die katholische Kirche zuzulassen und deren Aufstellung im Kirchenschiff zu gestatten.«[93]

Der Kardinal von Breslau, der die entschlossene Kehrtwendung des gesamten hohen deutschen Klerus zum Naziregime mit den schamlosen Sätzen rechtfertigt: »Wiederum hat sich gezeigt, daß unsere Kirche an kein politisches System, an keine weltliche Regierungsform, an keine Parteikonstellation gebunden ist. Die Kirche hat höhere Ziele, ihr obliegen übernatürliche (!) Aufgaben«, verwahrt sich ausdrücklich und sehr energisch »gegen Vermutungen, als sei es der Kirche nicht recht ernst mit ihrem Eintreten für die neu erstandene staatliche Ordnung.«[94]

An diesen unerschrocken argumentierenden Kardinal dachte Hitler am Abend des 7. Juni 1942 in der »Wolfsschanze«, dem damaligen Führerhauptquartier. »Wie geschickt es die Kirche, insbesondere die katholische Kirche, verstehe, sich beim Träger der politischen Macht ein harmloses Ansehen zu geben und sich einzuschmeicheln«, so äußerte er, »das habe er beim ersten Besuch des Bischofs Bertram nach der Machtübernahme erlebt. Bertram habe nämlich in seiner Ansprache in so feierlicher Weise *demütige* Grüße der Kirche überbracht, daß man, wenn man es nicht am eigenen Leibe erfahren hätte, hätte glauben können, es sei nie ein Nationalsozialist seiner Überzeugung wegen von der Kirche ausgeschlossen, verfolgt oder in seiner Totenruhe beeinträchtigt worden. Mit solch einem demütigen Getue habe sich die Kirche stets in die Macht eingeschlichen und sich auch bei den deutschen Kaisern, von Karl dem Großen an, eingeschmeichelt.«[95]

Damit hatte Hitler recht.

Bischof Vogt von Aachen versprach ihm am 10. Juli telegraphisch, mit seiner Diözese freudig am Aufbau des neuen Reiches mitzuarbeiten.[96]

---

[89] Lewy, 100
[90] Heldt, 169
[91] Ebenda
[92] Ecclesiastica, 13. Jg., 475
[93] Zit. bei Schmaus, 7
[94] Ebenda, 43f.
[95] Picker, 395f.
[96] Lewy, 103

Bischof Berning von Osnabrück erklärte, die deutschen Bischöfe würden den neuen Staat nicht nur bejahen, sondern ihn unterstützen mit heißer Liebe und all ihren Kräften.[97]

Erzbischof Gröber von Freiburg sagte am 9. Oktober auf einem katholischen Vereinstreffen unter starkem Beifall, er stelle sich »restlos hinter die Reichsregierung und das neue Reich«[98].

Bischof Bornewasser von Trier wurde 1933 geradezu pathetisch: »Aufrechten Hauptes und festen Schrittes sind wir eingetreten in das neue Reich und sind bereit, ihm zu dienen mit dem Einsatz aller Kräfte unseres Leibes und unserer Seele.«[99]

Weihbischof Burger behauptete gar: »Die Ziele der Reichsregierung sind schon längst die Ziele unserer katholischen Kirche.«[100]

Der Generalvikar des Bistums Berlin, Prälat Steinmann, der den erkrankten Bischof Schreiber vertrat, faßte den Glauben des deutschen Episkopats in dem Satz zusammen: »Unser Kanzler wurde von Gott berufen.«[101]

Kardinal Faulhaber von München, der schon während des Ersten Weltkrieges als Feldbischof diente, wurde ein besonders eifriger Parteigänger Hitlers. Ja, seine Sympathien reichen angeblich weit zurück. Als man ihn zum Hitlerputsch vom 9. November 1923 in negative Beziehung bringen wollte, soll ihn das schon damals »mit größter Bitterkeit erfüllt«[102] haben. Und die Feindseligkeit des Auslands gegen den Führer schmerzte Faulhaber derart, daß er die Kardinäle Hayes von New York und Mundelein von Chicago bat, sie möchten in ihren Bischofsstädten ihren ganzen Einfluß aufbieten, um diese »Greuelhetze« zu unterbinden.[103]

1933 beeilte sich der kühne Kardinal, Hitler handschriftlich zu beteuern: »Uns kommt es aufrichtig aus der Seele: Gott erhalte unserem Volk unseren Reichskanzler.«[104] »Was die alten Parlamente und Parteien in sechzig Jahren nicht fertigbrachten«, bedankte er sich nach Abschluß des Reichskonkordats bei Hitler, »hat Ihr staatsmännischer Weitblick in sechs Monaten weltgeschichtlich verwirklicht. Für Deutschlands Ansehen nach Osten und Westen und vor der ganzen Welt bedeutet dieser Handschlag mit dem Papsttum, der größten sittlichen Macht der Weltgeschichte, eine Großtat von unermeßlichem Segen.«[105] In seinem Fastenhirtenbrief ›Unser staatsbürgerliches Gewissen‹ verkündete Faulhaber: »Über allen staatlichen Thronen leuchtet also ein Strahl der Autorität Gottes ... Für das staatsbürgerliche Gewissen wäre es ein Verbrechen, durch Revolution oder Staats-

---

[97] E. F. J. MÜLLER, 76f. [98] Ebenda, 72f. [99] Ebenda, 78

[100] UNSER WILLE ZUR TAT, ZEIT UND VOLK I., 181 [101] AUGSBURGER POSTZEITUNG, 5.10.1935

[102] MILLER, I. D. 11/1962, 2 mit Bez. auf ›Wächter der Kirche‹ mit kirchl. Druckerlaubnis vom erzb. Ordinariat, München, 1934

[103] Ebenda [104] H. MÜLLER, 170f. [105] Ebenda

streich eine bestehende Staatsform gewaltsam umzustoßen.«[106] Dem bayerischen Innenminister Adolf Wagner schrieb der Kardinal am 12. Juni, er habe den Klerus angewiesen, in Predigten und Privatgesprächen alles zu vermeiden, was das Vertrauen zur nationalen Regierung stören oder der friedlichen Zusammenarbeit von Kirche und Staat schaden könne.[107]

Und der 1934 mit kirchlicher Druckerlaubnis (vom Erzbischöflichen Ordinariat Faulhabers) erschienene Band ›Wächter der Kirche, ein Buch vom deutschen Episkopat‹ versichert – man traut seinen Augen nicht –, daß das Ende der Spannungen zwischen Kirche und Nationalsozialismus, mit anderen Worten die Machtergreifung Hitlers, »niemand mehr herbeigesehnt hatte, als die deutschen Bischöfe selbst«[108].

Auch führende katholische Theologen unterstützten Hitler

SCHUFEN SIE doch sogar eine Schriftenreihe, die, wie der Verlag Aschendorff in Münster auf der Rückseite all dieser Broschüren formulierte, »dem Aufbau des Dritten Reiches aus den geeinten Kräften des nationalsozialistischen Staates und des katholischen Christentums dienen soll«.

Michael Schmaus

> »Sie müssen unterscheiden zwischen einer solchen Populärliteratur und einer wissenschaftlichen, theologischen Interpretation.«
>
> Michael Schmaus bei einer Disputation über die Misch-Ehe[109]

In der genannten Reihe des Aschendorff-Verlages erkannte Schmaus sehr richtig: »Ich sehe nämlich in der nationalsozialistischen Bewegung den schärfsten und wuchtigsten Protest gegen die Geistigkeit des 19. und 20. Jahrhunderts«, was Schmaus natürlich positiv wertet. Er ist begeistert über die »Unterdrückung aller schädigenden Einflüsse in Schrifttum, Presse, Bühne, Kunst und Lichtspiel.«[110] Und während er, in voller Übereinstimmung mit dem Papsttum des 19. Jahrhunderts, den Liberalismus scharf verdammt, bekennt er sich zum »rauschenden Blut und tragenden Boden«. »Die Tafeln des nationalsozialistischen Sollens und die

106 Zit. bei J. FLEISCHER, Noch einmal in den Abgrund, in: DAS ANDERE DEUTSCHLAND, 16/56
107 LEWY, 102
108 Zit. bei MILLER, I. D. 8/1964, 5
109 SPIEGEL, 7.3.1962, 54
110 SCHMAUS, 12f., 21

der katholischen Imperative«, erläutert Schmaus, offenbar nicht populär, sondern wissenschaftlich, »weisen in dieselbe Wegrichtung«. Und er bescheinigt der »nationalsozialistischen Vitalität«, daß »in ihr wieder der ganze Mensch zu seinem Rechte kommt, nicht nur eine Seite des Menschen, der Verstand.«[111]

Seine gelehrte Interpretation des Nationalsozialismus schadete Michael Schmaus in der christlichen Bundesrepublik nicht. 1951 wurde er in die Bayerische Akademie der Wissenschaften berufen und Rektor der Münchener Universität. 16 katholische Verbindungen, deren Führer einst ebenfalls begeistert für Hitler eintraten, ernannten Schmaus zum »Ehrenphilister«. Der mit Hitler verbündete Franco verlieh Schmaus das Komturkreuz des spanischen Ordens »Al merito civil«. Und der mit Hitler kollaborierende Pius XII. erhob ihn 1952 zum Päpstlichen Hausprälaten.

Joseph Lortz,

prominent wie Schmaus und Parteigenosse seit dem 1. Mai 1933, scheute gleichfalls keine Mühe, den Umschwung seiner Kirche plausibel zu machen. Er beklagt auf katholischer Seite »eine wahrhaft tragisch zu nennende Unkenntnis der gewaltigen positiven Kräfte, Ideen und Pläne des Nationalsozialismus, wie sie authentisch in Hitlers Buch ›Mein Kampf‹ bereits seit 1925 allgemein zugänglich niedergelegt waren. An diesem Versäumnis tragen wir alle unser Teil Schuld«[112]. Im Hinblick auf ›Mein Kampf‹ spricht unser Katholik von einer »stupenden Sicherheit«, von »ganz überragender innerer Folgerichtigkeit«, ja, er gebraucht die Formulierung »wahrhaft groß«[113]. Theologe Lortz dankt Hitler ergriffen für »die Rettung Deutschlands und dadurch Europas vor dem Chaos des Bolschewismus«; er verkündet die »Erkenntnis *grundlegender Verwandtschaften* zwischen Nationalsozialismus und Katholizismus«; er schreibt: »In vielem Wesentlichen kann nur der Katholizismus den Nationalsozialismus erfüllen«; und spricht endlich »zu ihm ein volles ›Ja‹«, und zwar aus einer »doppelte(n) Gewissensverpflichtung«, weil nämlich der Nationalsozialismus nicht nur die rechtmäßige Gewalt in Deutschland sei, sondern »zum großen Teile Deutschland selbst.«[114]

Eine letzte, besonders bedenkenswerte Stelle aus Lortz' Schrift. Nachdem er den Liberalismus zu den Todeskrankheiten der Zeit und den Hauptfeinden der Kirche gezählt hat, fährt er fort: »Demgegenüber ist es geradezu befreiend, daß endlich in der Moderne *außerhalb* der Kirche eine große Kraft und Gestaltung des Lebens erscheint, die das verkündet und weit in die Wirklichkeit des Lebens einführt, was im 19. Jahrhundert die Päpste Gregor XVI., Pius IX. und auch Leo XIII.

---

[111] Ebenda, 29, 31, 44 [112] LORTZ, 5f. [113] Ebenda, 6, 15 [114] Ebenda, 4, 9, 15, 26

unter dem überheblichen Hohngelächter der ganzen sogenannten gebildeten und fortschrittlichen, für die ›Kultur‹ kämpfenden Welt lehrten bzw. ablehnten: Die Überschätzung der Majorisierung und ihre Verwechslung mit der Autorität; die Forderung schrankenloser Presse- und Redefreiheit, kurz aller Auswüchse, die der individualistische Liberalismus mit dem Wesen der Freiheit verwechselte.«[115] In so bezeichnenden Punkten sieht dieser Theologe eine völlige Übereinstimmung zwischen den bedeutenden Päpsten des 19. Jahrhunderts und dem Nazidiktator oder, wie Lortz auch schreibt, »dem Katholiken Adolf Hitler«[116]. Und Lortz hat recht.

Joseph Pieper,

der bekannte theologische Autor, der 1964 in einem Festvortrag über den ›Verderb des Wortes und die Macht‹ vor der Deutschen Forschungsgemeinschaft sagte: »Das publizistische Wort, wenn es einmal prinzipiell neutralisiert ist gegen die Wahrheitsnorm, ist von Natur das zubereitete Werkzeug, das darauf wartet, von einem Machthaber in die Hand genommen und für beliebige Gewaltzwecke ›eingesetzt‹ zu werden. Es schafft aber auch selbst, von sich aus, je mehr Boden es gewinnt, eine Atmosphäre epidemischer Krankheitsbereitschaft und Anfälligkeit für Gewaltherrschaft«[117] – Joseph Pieper sprach aus Erfahrung. Dreißig Jahre früher, 1934, wies er in einer eigenen Schrift die Gemeinsamkeiten in Pius' XI. Enzyklika ›*Quadragesimo anno*‹ und den sozialen Vorstellungen der Nazis nach. »Die sehr weitreichenden, in einzelnen Punkten erstaunlichen Übereinstimmungen zwischen dem Richtbild der Enzyklika und den sozialpolitischen Zielen und Verwirklichungen des nationalsozialistischen Staates sollen deswegen so nachdrücklich verdeutlicht werden, damit den katholischen Christen außerhalb der NSDAP die Brücke sichtbar werde, die das Gedankengut der christlichen Soziallehre verbindet mit der nationalsozialistischen Sozialpolitik, dem Kernstück der Innenpolitik des Dritten Reiches.«[118]

Karl Adam

Gewiß, nicht jeder prominente katholische Theologe biederte sich so rasch an. Wohl der bekannteste, Karl Adam, dessen Buch ›Das Wesen des Katholizismus‹ in alle Weltsprachen übersetzt worden ist, grenzte als Festredner bei der Heilig-Jahr-Feier in Stuttgart am 21. Januar 1934 den Katholizismus scharf gegen den Nationalsozialismus ab. Lebendige Religion, predigte Adam damals, lebe »niemals aus den Kräften des Volkstums«, nehme vielmehr ihre stärksten Antriebe

[115] Ebenda, 9f. [116] Ebenda, 5 [117] FRANKFURTER ALLGEMEINE, 29.7.1964 [118] PIEPER, 3

aus einer Urwirklichkeit »jenseits allen Volkstums«. »Eine Religion, die ihren höchsten Wert nicht in einer jenseitigen, ewigen, sondern in einer diesseitigen vergänglichen Wirklichkeit, ja im *Mythos des Blutes* finden wollte, müßte mit innerer Notwendigkeit in sich selbst versacken und verkrampfen.«[119]

Doch allmählich kam die Erleuchtung auch über Karl Adam. Und im Juni 1940, als Hitlers Ruhm gipfelte, bekannte der Gelehrte in Aachen das Gegenteil dessen, was er wenige Jahre früher vertreten hatte: »Die Zeit ist endgültig vorbei, wo der Nationalsozialismus nur als eine von vielen politischen Parteien vor uns stand. Ein *viel Tieferes*, ein schlechthin Neues ist in ihm aufgebrochen: eine neue Weise, die deutsche Wirklichkeit zu sehen, sie aus *ihren Urgründen*, aus *der Eigenart des Blutes und des Volkstums zu begreifen*, sie gegen alle fremde Art abzugrenzen und die *rassischen Eigen- und Höchstwerte* zum Aufbau eines neuen Reiches einzusetzen. Nun steht dieses neue dritte Reich vor uns, voll heißen Lebenswillens und Leidenschaft, voll unbändiger Kraft, voll schöpferischer Fruchtbarkeit. Wir Katholiken wissen uns als Glieder dieses Reiches und erblicken *unsere höchste irdische Aufgabe in unserem Dienst am Reich* ...

Das deutsche Blut ist und bleibt der substantielle *Träger auch unserer christlichen Wirklichkeit* ... *Um des Gewissens willen dienen wir dem neuen Reich mit allen unseren Kräften, mag kommen, was will* ...«[120]

Nun freilich, was kam auch schon! Das Jahr 1951 – und das Große Bundesverdienstkreuz der Bundesrepublik Deutschland für Karl Adam. Verliehen vom Bundespräsidenten Heuss, der selber schon 1932 so anerkennende Worte für Hitler gefunden hatte ...

Nicht nur die Bischöfe und Theologen, auch die katholischen deutschen Studentenführer traten wiederholt für Hitler ein. So erklärte zur Volksabstimmung und Reichstagswahl 1933 der Verbandsführer des CV, Forschbach: »Wer am 12. November nicht mit ›Ja‹ wählt, bricht seinen Burscheneid, weil er in der Stunde größter Gefahr sein Vaterland und sein Volk verrät.«[121] Die katholische Burschenschaft, die zur Wahl einen ähnlichen Aufruf erließ, hatte schon im September bekannt: »Wir wollen die Burschenschaft, weil wir die Einheit des katholischen und des deutschen Studententums unter nationalsozialistischer Zielsetzung wollen.«[122]

Der Generalsekretär des katholischen Gesellenvereins, Nattermann, schrieb an Hitler, der Gesellenverein sähe in ihm nicht nur die von oben verordnete Autorität, sondern auch den Führer, der durch politische Macht vollendet habe, was Adolf Kolping, der Stifter und Führer des Gesellenvereins, durch geistige Umwand-

---

[119] DEUTSCHES VOLKSBLATT, 23.1.1934. Von mir hervorgehoben [120] Zit. bei MILLER, I. D. 3/1963, 6
[121] GERMANIA, Nr. 306, 6.11.1933 [122] Ebenda, Nr. 248

lung bewirken wollte, die Überwindung des Liberalismus und Sozialismus.[123] Und auch der Generalpräses des katholischen Jungmännerverbandes, Monsignore Ludwig Wolker, versicherte, daß seine Jugend sich dem nationalsozialistischen Staat mit ganzer Bereitschaft und Treue zur Verfügung stelle.[124]

Die Nazis selbst bepflasterten übrigens zur Volksabstimmung am 12. November die Anschlagsäulen und Häuser mit einem Plakat, das Hitler, den Funktionär Hermann Esser und den päpstlichen Nuntius von Hakenkreuzfahnen umgeben zeigt. Darunter der Text: »Ein feierlicher Augenblick von der Grundsteinlegung zum Haus der deutschen Kunst. Der päpstliche Nuntius Vassallo di Torregrossa spricht eben zum Führer: ›Ich habe Sie lange nicht verstanden. Ich habe mich aber lange darum bemüht. Heute versteh' ich Sie.‹ Auch jeder deutsche Katholik versteht heute Adolf Hitler und stimmt am 12. November mit: ›Ja‹!«[125]

Der angebliche Sündenbock: der deutsche »Milieukatholizismus«

wurde erst dreißig Jahre später entdeckt. Und zwar von einem jener Katholiken, die ihre Kirche nur kritisieren, um sie dann desto überzeugender verteidigen zu können – stets die fatalsten Apologeten.

Wenn ein solcher Autor ein Kapitel eröffnet: »1933 und der deutsche Katholizismus! Wieder nähert sich der Bohrer des Zahnarztes – und wieder wird der Patient mit wildem Schrei zusammenzucken«[126], macht ihn schon sein Kitsch suspekt. Carl Amery legt in dem Taschenbuch ›Die Kapitulation oder Deutscher Katholizismus heute‹ das Versagen der katholischen Kirche im Jahre 1933 nicht dem Papst und den Bischöfen zur Last, sondern – ihren Gläubigen. Er sagt: dem deutschen »Milieukatholizismus«. Das erinnert beinah an den Herrn von Papen, der Hitler an die Macht brachte und dann den Deutschen »mangelnde Intelligenz« und »Denkträgheit« vorwarf. Gegenüber der »Ausgangslage« des Katholizismus »im Jahre 1933«, behauptet Amery, »tritt die Bedeutung der Bischöfe, des Prälaten Kaas, ja sogar des Vatikans im ›Arrangement‹ mit den herrschenden Mächten zurück«.[127] Über die »Ausgangslage« hören wir, der deutsche Katholizismus konservierte »die kleine heile Welt von gestern«, sein Kirchenbild entsprach »natürlich der Entwicklung des deutschen Bürgertums im 19. Jahrhundert«, er betonte »so gut wie keine christliche Primärtugend«, und schließlich schreibt Amery: »In dieser kleinen Welt herrschten staatliche und geistliche (!) Obrigkeit; die letztere sorgte mit Stab und Hund, das heißt mit den Mitteln ihres Amtes und der allgemeinen Konformität dafür, daß die Schäflein nicht nur in der Hürde der Doktrin, sondern auch in der

[123] Lewy, 46f. [124] Zit. bei H. Müller, 192 [125] Arnold, V/5 [126] Amery, 28 [127] Ebenda, 31

Hürde der relativen geistig-geistlichen Sicherheit blieben. Nicht die Aufgabe des Schäfleins war es, die Weidegründe zu bestimmen, auf denen gegrast wurde …«[128] Wonach der »Milieukatholizismus« doch das Ergebnis bischöflicher Bevormundung ist! Andernfalls: Was taten die deutschen Bischöfe *gegen* den »Milieukatholizismus«? Darüber schweigt Amery. Er wiederholt nur, was er nicht beweisen kann: »Die Kapitulation vollzogen nicht in erster Linie die Bischöfe oder die Zentrumsprälaten oder die Monsignori, sondern das *juste milieu* des deutschen Katholizismus.«[129] Und Amery glaubt, seinen größten Trumpf auszuspielen: »Nehmen wir an, Kaas hätte Brüning nachgegeben, und die Zentrumsführung wäre bei der ›Linken‹ geblieben, die bis zum Untergang gekämpft hätte. Nehmen wir an, der Episkopat hätte sich mit der vulkanischen Kraft der Propheten nicht nur vor die Rechte der Kirche, sondern vor die Rechte aller Verfolgten, rechtlos Eingekerkerten, durch die Straßen Gejagten, Ausgepeitschten, mit Rizinusöl Behandelten gestellt. Nehmen wir an, das päpstliche Rundschreiben *Mit brennender Sorge* wäre – natürlich mit ganz anderem Inhalt – schon 1933 an die deutsche katholische Christenheit ergangen. Was wäre zu erwarten gewesen? *Das Milieu hätte trotzdem kapituliert.*«[130]

Vielleicht. Aber hätte das »Milieu« kapituliert, der Episkopat *nicht*, dann brauchte er heute keine so fadenscheinige Verteidigung. Es geht nicht darum, zu mutmaßen: was wäre gewesen, wenn …, sondern darum, festzustellen, was gewesen ist. Die Kirchenführung hat Verbrecher unterstützt.

Nicht das Gros des katholischen Volkes ging zuerst zu Hitler über, dann der Episkopat, dann die Kurie. Sondern die Kurie entschloß sich, das Experiment, das ihr mit Mussolini geglückt war, nun auch mit Hitler zu wiederholen. Die deutschen Bischöfe gehorchten, und die Gläubigen mußten folgen, was man sogar auf katholischer Seite bestätigt. Schrieb doch, es wurde schon gesagt, die ›Allgemeine Rundschau‹ am 19. April 1933: »Die Bischöfe können nicht kämpfen, wenn Rom sich für den Frieden entschließt.«[131] Und Karl Bachem, der Geschichtsschreiber der Zentrumspartei, erklärte Widerstand nach Anerkennung der neuen Regierung durch die *Bischöfe* für moralisch unverantwortlich und unmöglich. Es bleibt uns nichts übrig, bekannte er, als dem Beispiel der Bischöfe zu folgen.[132] Auch die Analyse der Wahlergebnisse bestätigt ja, daß die Bevölkerung katholischer Gebiete am 5. März 1933 den Nazis zum Teil noch widerstand, während sie bei der Wahl am 12. November schon fast ganz zu ihnen übergegangen war.[133] Der Aberwitz von Amerys Mohrenwäsche zeigt sich auch, wenn man seine Behauptung »Eugenio Pacelli, der spätere Papst Pius XII., glaubte lange, mit Hilfe einer diplomatischen Methode das Schlimmste verhindern zu können«[134] konfrontiert mit Pacellis ei-

[128] Ebenda, 20ff. [129] Ebenda, 32 [130] Ebenda, 31f. [131] Vgl. S. 82, Anm. 77
[132] LEWY, 75 [133] Vgl. Ebenda, 181 u. 217 [134] STERN, 41, 11.10.1964, 181

genen Worten an Hitlers Botschafter beim Vatikan: der Hl. Stuhl billige auch die Anwendung »äußerer Machtmittel gegen die bolschewistische Gefahr«[135].

Nun hält man noch heute weithin das nazifreundliche Taktieren des deutschen Episkopats für einen kurzen Irrtum, beschränkt auf das Jahr 1933. Denn gab es nicht schon bald Klagen, Differenzen, Auseinandersetzungen, mit einem Wort den Kirchenkampf? Gewiß, wenn auch keine Kirchenverfolgung, und erst recht keine Christenverfolgung.[136] Mit der Betonung des Kirchenkampfes aber, mit dem pathetischen Hinweis auf die bischöflichen Beschwerden bei Partei und Regierung, auf die Verhaftung von einigen tausend Katholiken und sogar auf Blutzeugen, verschleiert man nur den Sachverhalt, den zwei fundamentale Fakten charakterisieren:

1. Die Proteste des hohen katholischen Klerus betrafen, mit einer Ausnahme, nur katholische Interessen.
2. Wer den nationalsozialistischen Staat als solchen angriff, wurde von der Kirche nicht unterstützt, sondern oft noch im Sinne der Nazis zu »bekehren« versucht.

Es ging der Kirche also wie immer nur um Wahrung ihrer Macht. Was sonst geschah, ließ sie gleichgültig. Nein, schlimmer, sie war, abgesehen von der Tötung der Geisteskranken, durchaus damit einverstanden. Sie war bereit, Millionen Menschen sterben zu lassen, um selbst zu überleben. Sie trieb die Deutschen für – und damit die Engländer, Franzosen, Polen, Russen, Amerikaner gegen – Hitler in den Tod, obwohl er sie selbst, die Kirche, bekämpfte.

1. Niemals protestierten die deutschen Bischöfe unter Hitler gegen ihn und sein System

NIEMALS PROTESTIERTEN SIE gegen eine Politik, mit der er die halbe Welt ins Unglück stürzte. Das störte sie nicht. Das unterstützten sie. Nein, ihre Beschwerden betrafen lediglich Hitlers *Religions*politik, seine Verletzungen des Konkordats. Er hatte versprochen, die Rechte der Kirche zu respektieren, dachte aber gar nicht daran, sein Versprechen zu halten. So wehrten sich die Bischöfe gegen die Beschneidung kirchlicher Ansprüche auf dem Gebiet der Jugenderziehung, des Schulwesens, der Presse, sie wehrten sich gegen die Gleichschaltung katholischer Vereine, gegen

[135] NEUHÄUSLER, II., 44

[136] Zu den Unterscheidungen PZILLAS, 92ff. Ich empfehle diese geistreiche, zutreffend-zynische Broschüre nachdrücklich. Zu beziehen durch den Verfasser, Dr. Friedrich Pzillas, Bad Godesberg, Kronprinzenstr. 41. Zu Pzillas selbst: s. DESCHNER, 129

die Kritik am Alten Testament, an den Evangelien, am Klerus, gegen die Konfiskation von Kirchengütern, das Verbot von Prozessionen, gegen die Mönchsprozesse, obwohl sogar der Papst nach einer Reihe von Prozessen eine ganze Provinz des Franziskanerordens wegen »Ausschweifungen« auflöste.[137] Und manchmal tadelte natürlich auch die Kurie mit herben Worten das Nichteinhalten des Konkordats.

Das katholische Paradestück ist besonders Pius' XI. Enzyklika ›Mit brennender Sorge‹ vom 4. März 1937. Tatsächlich aber trat der Papst darin nur für die katholische Kirche ein und sonst für nichts! In seitenlangen Klagen verwandte er sich für den rechten Gottesglauben, den wahren Christusglauben, den Glauben an die alleinseligmachende Kirche, den Primat des römischen Bischofs, für das Recht auf freie Religionsbetätigung (siehe Kroatien!), auf katholische Erziehung der Jugend und dergleichen mehr. Doch kein Wort gegen die Konzentrationslager und die Judenpogrome!

So konnte auch Staatssekretär Pacelli in einem langen Schreiben vom 30. April 1937 an den deutschen Botschafter beim Vatikan die Enzyklika als »bei aller Freimütigkeit wohlwollend« bezeichnen und äußern, dem Heiligen Stuhl wäre es ein leichtes, aktenmäßig nachzuweisen, wie er seit dem Konkordatsabschluß jede Möglichkeit einer »verantwortbaren Verständigung« genutzt habe, »mit einer Geduld, die von vielen als zu weitgehend empfunden wurde«. Auch Pacelli selbst aber verfocht in dem Schreiben einzig und allein die sogenannten Rechte der katholischen Kirche, wobei er nicht vergaß, die Liquidierung des Kommunismus durch die Nazis wiederholt zu rühmen.

Alle Klagen der Catholica also, das kann man sich kaum nachdrücklich genug bewußt machen, galten nur der Verletzung *katholischer* Interessen.

Was bedrückte den deutschen Episkopat am 26. Juni 1941, vier Tage nach Hitlers Überfall auf die Sowjetunion? In einem gemeinsamen, von allen Kanzeln verlesenen Hirtenbrief grollte man: »Aber wir verstehen es nicht und sind mit großem Schmerz darüber erfüllt, daß manche Maßnahmen getroffen wurden, die tief in *das kirchliche Leben* eingreifen, ohne daß sie *durch Kriegsnotwendigkeit* begründet sind.« Daß Millionen und Abermillionen nun sterben mußten, kümmerte diese Bischöfe nicht. Statt dessen erinnerten sie »an die Einschränkungen auf dem Gebiete der religiösen Erziehung, des religiösen Schrifttums, der außerordentlichen Seelsorge in Exerzitien und Einkehrtagen, des Gottesdienstes und der kirchlichen Feiertage. Wir denken mit Trauer daran, daß in den letzten Monaten so manche Klöster geschlossen und nichtkirchlichen Zwecken zugeführt wurden. Wir haben inniges Mitleid mit den Ordensleuten, die aus ihrer klösterlichen Heimat verwiesen wurden.« Sie bedauerten nur sich selbst. Mitleid mit den Soldaten, die in der Fremde

[137] Manhattan, 187

fielen, Mitleid mit den Frauen, Kindern und Greisen, die daheim von Bomben zerrissen und begraben wurden, äußerten diese Bischöfe nicht. Geschweige, daß sie protestierten! Dafür erinnerten sie an »heilige Gewissenspflichten, von denen uns niemand befreien kann und die wir erfüllen müssen, koste es uns selbst das Leben: Nie, unter keinen Umständen, darf der Mensch Gott lästern, nie darf er seinen Mitmenschen hassen, nie darf er außerhalb des Krieges und der gerechten Notwehr einen Unschuldigen töten, nie darf er ehebrechen, nie lügen. Nie darf er seinen Glauben verleugnen oder sich durch Drohung und Versprechung verleiten lassen, aus der Kirche auszutreten.«[138]

Darauf also kam es den Bischöfen nach dem Einmarsch der deutschen Heere in Sowjetrußland an: nicht Gott zu lästern, nicht Ehe zu brechen, nicht zu lügen, nicht den Glauben zu verleugnen, nicht aus der Kirche auszutreten – und, jawohl, nicht »außerhalb des Krieges« zu töten. Im Kriege erlaubten sie (und erlauben sie noch heute) das Abschlachten der Menschen, auch der Katholiken untereinander, hekatombenweise. Sie erlaubten es nicht nur: sie machten es zur Pflicht! (Und sie werden es wieder zur Pflicht machen!)

Bloß um die Wahrung ihrer kirchlichen Interessen ging es ihnen, und sonst, mit einer Ausnahme, um nichts. Niemals wandten sich die deutschen Bischöfe gegen die vielen Tausende von Justizmorden an ihren Gegnern, gegen die Beseitigung von Liberalen, Demokraten und Kommunisten, die sie ja gerade wünschten. Niemals protestierten diese Bischöfe gegen Hitlers Überfall auf Österreich, die Tschechoslowakei, Polen, Dänemark, Norwegen, Belgien, Holland, Frankreich, Jugoslawien oder gar die Sowjetunion, einen Krieg, den sie doch »mit Genugtuung« verfolgten. Niemals protestierten sie gegen die Judenpogrome, gegen die Zerstörung von mehr als zweihundert Synagogen, gegen die Verschleppung und Vergasung der Juden, die ihre eigene Kirche ja eineinhalb Jahrtausende lang gemartert und getötet hatte. Niemals protestierten sie gegen das System des Nazismus überhaupt. Kein einziger Hirtenbrief, betonte Kardinal Bertram 1936, habe den Staat, die Bewegung oder den Führer kritisiert.[139] Vielmehr erklärten seinerzeit hohe Geistliche, wie Kardinal Faulhaber von München, Kardinal Schulte von Köln, Bischof Matthias Ehrenfried von Würzburg, ihre volle Bereitschaft zur Mitarbeit und bedauerten ihre Ausschaltung.[140] Ja, in corpore gestanden sie, Hitler um so mehr zu unterstützen, je weniger Widerstand er ihnen entgegensetze. So liest man im ›Hirtenwort der deutschen Bischöfe über die Abwehr des Bolschewismus‹ vom 24. Dezember 1936: »Geliebte Diözesanen! Die Kirche wird um so kraftvoller das Dritte Reich unterstützen können, je mehr sie auf ihrem eigenen Rechts- und Arbeitsgebiet jene Freiheit genießt, die ihr nach göttlichem Recht und auch nach dem

[138] Zit. bei Binder, 424ff. [139] Altmeyer, 144 [140] Belege bei Manhattan, 182ff.

Reichskonkordat zugesichert ist.« Von den Wahrheiten ihres heiligen Glaubens wollten sie »kein Jota« preisgeben. Doch sollten sie sich um ein bißchen Humanität und Ethos scheren, wenn nur ihre eigennützigen Wünsche respektiert werden würden? »Dabei wollen aber eure Bischöfe ebenso furchtlos und mit ihnen alle *treuen* Katholiken die Ehrfurcht vor der staatlichen Autorität bekennen und, was an uns liegt, mit dem Staat in Frieden und Vertrauen zusammenarbeiten.«[141]

Immer wieder, Jahr für Jahr, haben sich die Bischöfe in dieser Weise bei den braunen Verbrechern angebiedert. Der Kirchenkampf hielt sie nicht ab. Sie haben gemahnt und geklagt, doch gleichzeitig unbeirrt Hitler und seinen Generälen die Katholiken ans Messer geliefert. Und nachher wollten sie es nicht gewesen sein. Nachher erfüllten sie die Welt mit Geschrei und grotesken Propagandamärchen. »*Während* des Naziregimes«, schreibt der Katholik Johannes Fleischer, »wies man zwar auf die Angriffe hin, denen die christliche Glaubenslehre durch ein amtlich propagiertes Neuheidentum ausgesetzt war, beteuerte aber bei jeder sich bietenden Gelegenheit, daß diese amtlichen Angriffe nicht ›im Sinne des Führers‹ sein können, daß sie das ›Aufbauwerk des Führers‹ untergraben, daß man sich dadurch in der ›Treue zum Führer und Staat‹ nicht irre machen läßt und daß im ›weltgeschichtlichen Abwehrkampf gegen den Bolschewismus‹ auf die Katholiken trotz allem als auf die treuesten Gefolgsleute von Führer und Staat gerechnet werden kann. *Nach* dem Sturz des Naziregimes jedoch hatte man angeblich den gesamten ›totalitären Staat‹ bekämpft und konnte, auf dieser Geschichtslüge aufbauend, der *neuen* Front gegen den ›Frieden unter kommunistischer Zwangsherrschaft‹ als sozusagen ›alter Kämpfer‹ für Freiheit und Recht seine unersetzlichen Dienste zur Verfügung stellen. Ein Schuldbekenntnis ob der Haltung im Dritten Reich mochten andere ablegen – die katholische Führung hatte das nicht nötig; *sie* war ja immer ›dagegen gewesen‹.«[142]

Wer aber wirklich dagegen war, der wurde von ihr im Stich gelassen.

2. Die deutschen katholischen Märtyrer unter Hitler zeugen gegen die Kirche

KATHOLIKEN, deren Martyrium gegen die Kirche zeugt, hat es in ihrer Geschichte stets gegeben, schon in der Antike. War zum Beispiel die Kirche *vor* Konstantin stolz auf ihre hingerichteten Pazifisten, so konnte sie deren Blutzeugnis seit 313 nicht mehr brauchen. Die plötzlich militärfreundliche Catholica

[141] Zit. bei J. FLEISCHER, Der Christ als perfekter Staatsroboter, in: GESAMTDEUTSCHE RUNDSCHAU, 27.5.1955

[142] FLEISCHER, Katholischer Wehrbeitrag. Gestern und Heute, 8f.

strich die Namen aller hingerichteten Militärdienstverweigerer aus den Kalendern und ersetzte die wirklichen Soldaten-Martyrien durch erfundene, die so gestaltet wurden, daß sie auf christliche Soldaten nur erbaulich wirken konnten.[143]

Auch unter Hitler waren katholische Wehrdienstverweigerer und Gegner der »staatlichen Ordnung« (Faulhaber) der Kirche völlig unerwünscht. Nach dem Kriege aber *renommierte* sie damit.

»Damals«, so schreibt der westdeutsche katholische Theologe Dr. Wilhelm Lenzen, der einst in Dachau saß und dem später sein Generalvikar in Aachen die Teilnahme am Ostermarsch der Atomwaffengegner verbot, »damals wußten jene Herren den in Konflikt mit NS-Stellen geratenen Pfarrern und Kaplänen nichts anderes zu sagen: ›Sie müssen auch vorsichtig sein!‹ Kein effektiver Beistand den Angehörigen, keine Hilfe für die Betroffenen ... Die damals irgendwie Mut und Haltung zeigten, die ›Unvorsichtigen‹ (P. Alfr. Delp SJ, Pfr. Dr. Metzger, P. Rupert Mayer, Prälat Lichtenberg – nur diese wenigen von Dutzenden seien genannt), werden heute als Aushängeschild für glorreiches, renommeegeladenes christliches Martyrium benutzt. Nein, damals blieben sie ohne effektiven Beistand von jenen kirchlichen Amtsträgern. Heute wird ihr wahrhaft glorreiches Handeln systemhaft umgelogen: Die auf ihr eigenes persönliches Gewissen hin von einer teuflisch-schändlichen Staatsmacht niedergeschlagen und ermordet wurden, sollen heute als Märtyrer des kirchlichen Systems herhalten.«[144] Und der eben genannte Pater Alfred Delp, als Mitglied des Kreisauer Kreises nach dem 20. Juli 1944 hingerichtet, hat bekannt: »Die künftige deutsche Geschichte wird das bittere Kapitel zu schreiben haben über das Versagen der Kirchen.«[145]

Doch die Bischöfe selber bezeugen ja wieder mit aller Deutlichkeit, daß sie auch Hitlers Kampf gegen seine inländischen Gegner unterstützten. In einer »Denkschrift« an ihn beteuert die Fuldaer Bischofskonferenz 1935: »Die katholischen Verbände werden dem deutschen Volk und Vaterland im nationalsozialistischen Staat stets in Opfermut und Treue dienen. Wir lehnen jede staatsfeindliche Handlung oder Haltung von Mitgliedern strengstens ab ... Wer heute in das Vereinsleben ... regierungsfeindliche Strömungen leiten wollte, müßte unnachsichtlich aus den Vereinen entfernt werden ... Die für die Gefangenen bestellten Geistlichen werden ... den Sträfling zur ... Anerkennung der staatlichen Obrigkeit verpflichten und so zur inneren Umstellung und Besserung der Gefangenen mithelfen.«[146]

---

[143] Vgl. Deschner, 506ff. Zu den wirklichen und angeblichen Christenverfolgungen und der (relativ) äußerst geringen Zahl christlicher Martyrien ausführlich: Deschner, 334–352

[144] Begegnung, Monatsschrift deutscher Katholiken, Berlin, 6/1964, 18ff. Vgl. auch Miller, I. D. 6/1963, 1f.

[145] Amelunxen, 130

[146] Zit. nach J. Fleischer, Adolf Hitler: sein Krieg und die Bischöfe: Wo bleibt das Schuldbekenntnis der Katholischen Kirche?, in: Die Andere Zeitung, 8.10.1964

Jede staatsfeindliche Handlung also lehnten die Bischöfe »strengstens« ab! Noch Hitlers Gegner in Zuchthäusern und Konzentrationslagern wollten sie zu Nazi-Kreaturen machen! Wie sich der hohe deutsche Klerus und seine Vertreter gegenüber politischen Opfern des Regimes verhielten, das zeige hier pars pro toto der wenig bekannte Fall eines katholischen Referendars und seine Verurteilung durch das Reichskriegsgericht am 16. Dezember 1940.[147]

Dieser Mann hatte 1935 in den Justizdienst treten wollen, erklärte aber – in Übereinstimmung mit der katholischen Lehre –, nur jene Gesetze beachten zu können, die ihr nicht widersprächen. Er hatte Gewissensbedenken gegen eine Betätigung in Ehescheidungs- und Erbgesundheitssachen und verweigerte den Eid. 1937 wurde er in »Schutzhaft« genommen und dann sechs Wochen in einer Heil- und Pflegeanstalt untersucht. Als man ihn 1940 zur Wehrmacht einberief, betonte er, daß er als strenggläubiger Katholik ein unbedingtes Vorrecht der Kirche vor Volk und Staat anerkenne. »Er könne«, heißt es in der Begründung des Reichskriegsgerichtsurteils, »den Soldateneid nur insoweit leisten, als sich nicht ein Widerspruch mit der katholischen Glaubens- und Sittenlehre ergebe. Später ergänzte er diese Erklärung noch dahin, daß er den gegenwärtigen Krieg für einen ungerechten halte und deshalb auch den Wehrdienst nicht in vollem Umfange leisten könne. Er sei zwar bereit, sich jederzeit für sein Volk töten zu lassen. Er vermöge aber nicht, jederzeit auf Befehl oder, wenn nötig, ohne Befehl selbst zu töten. Auf diesem Standpunkt hat der Angeklagte trotz eingehender Ermahnungen und Belehrungen auch in der Hauptverhandlung beharrt.«[148]

Die Ansicht des Referendars, kein Katholik dürfe einem Hitler unbedingten Gehorsam schwören und an diesem ungerechten Krieg teilnehmen, provozierte im Wehrmachtsgefängnis in Tegel »auf sehr drastische Weise die Entrüstung eines hohen katholischen Wehrmachtsgeistlichen«. Und vor dem Reichskriegsgericht rief ein Pater als Sachverständiger: »Wenn die Ansicht des Angeklagten katholische Lehre wäre, würde ich noch heute mein Priestergewand ablegen.«[149] Die Kirche gab ihn völlig preis. Ja, sie trat gegen ihn auf. Indes konzedierte – und dies ist eine einzigartige Blamage des mit Hitler kollaborierenden Episkopats – der anklagende, nicht katholische, nazistische Kriegsgerichtsrat: »Die Ansicht, die der Angeklagte vertritt, ist katholische Lehre. Daran gibt es nichts zu drehen und zu deuteln. Wären die deutschen Bischöfe wirklich die Glaubenskämpfer, für die sie sich ausgeben, dann müßten sie statt des Angeklagten vor Gericht stehen. Ihr Opportunismus bewahrt sie davor. Der Fall des Angeklagten ist hier noch nicht zu Ende, sondern wird noch einmal vor dem Forum der Weltöffentlichkeit ausge-

---

[147] Ich folge hier in gedrängter Form den beiden Artikeln von J. Fleischer, Schuldbekenntnis der versäumten Pflichten und Sprache der Tatsachen, in: Tagesspiegel, Berlin, 12.1.1947 und 16.2.1947

[148] Ebenda [149] Ebenda

tragen. Doch dann gibt es kein Vertuschen, kein Verschweigen, kein Ausweichen. Dann sprechen Tatsachen.«[150]

Tatsache ist, daß, nach Gordon Zahns Untersuchung, nur sieben Katholiken im ganzen Großdeutschen Reich den Militärdienst verweigerten; sechs davon hat man getötet, den siebten für geisteskrank erklärt.[151] Tatsache ist, daß ein katholischer Gefängniskaplan dem Pallottiner-Priester Franz Reinisch, weil er keinen Militäreid auf Hitler leistete, sogar die Kommunion versagte.[152] Tatsache ist, daß selbst der Papst von den »Millionen Katholiken« in »den deutschen Heeren« zu dem Berliner Korrespondenten des ›Osservatore Romano‹ sagte: »Sie haben geschworen. Sie müssen gehorsam sein.«[153]

Der Papst und die deutschen Bischöfe forderten Gehorsam für Hitler. Folglich gab es überhaupt keinen »katholischen Widerstand«. Es gab einen Widerstand einzelner Katholiken. Und er erfolgte gegen den Willen der Kirche. Auch waren die Verluste hier minimal, verglichen etwa mit denen der »Zeugen Jehovas«, deren kleine Gemeinschaft durch das NS-Regime zweitausend Opfer hatte.[154] Überdies wurde kein deutscher Bischof damals Märtyrer, keiner saß auch nur in einem Konzentrationslager. Dafür waren geringere Geistliche gut genug. Und orthodoxe Bischöfe, die man mit Hilfe der Katholiken nach Dachau schleppte (S. 175)! Nochmals: keinem deutschen Kirchenfürsten wurde unter Hitler ein Haar gekrümmt, auch nicht dem Grafen Galen, der sich der Welt zum Inbegriff eines katholischen Widerstandskämpfers verklärte.

Der »Löwe von Münster«

»... für Deutschland kämpfen und sterben.«

Bischof Graf von Galen trug zur Aufhebung des sogenannten Euthanasie-Programms bei. Er erstattete am 28. Juli 1941 bei der Staatsanwaltschaft und beim Polizeipräsidenten in Münster Anzeige wegen der Ermordung Geisteskranker, nachdem etwa 70 000 Menschen der »Aktion Gnadentod« zum Opfer gefallen waren. Dieses Verdienst Galens muß anerkannt werden. Freilich haben auch andere protestiert, vor allem evangelische Theologen, unter ihnen Pastor von Bodelschwingh. Die spärlichen kirchlichen Interventionen bewogen übrigens Hitler, wie der Amtsleiter dieser Verbrechen, Hefelmann, beim Limburger Euthanasieprozeß aussagte, die Aktion einzustellen.[155]

---

[150] Ebenda [151] Lewy, 234 [152] Kreutzberg, 86 [153] Spiegel, 18.11.1964, 123
[154] Picker, 393, Anm. 1 [155] Miller, I. D. 6/1964, 12

Bischof Galen trat außerdem gegen die Verhaftung von Geistlichen, Mönchen und Nonnen auf, gegen die Beschlagnahme von Kircheneigentum und die Bekämpfung religiöser Institutionen. Doch das betraf rein katholische Belange. Niemals protestierte Graf Galen gegen den Terror der Nazis überhaupt. Im Gegenteil! Er betonte am 28. Oktober 1935, es sei nicht seine Aufgabe, vergangenen Staatsformen nachzutrauern und die gegenwärtige staatliche Politik zu kritisieren.[156] Er sandte dem Freiherrn von Fritsch, dem Oberbefehlshaber des Heeres, bei der Besetzung der entmilitarisierten Zone des Rheinlandes ein begeistertes Telegramm.[157] Und er protestierte vor allem niemals gegen den von Hitler angezettelten verbrecherischen Krieg. Im Gegenteil! Der »Löwe von Münster« verteidigte seine Angriffe mit der Behauptung, die religionsfeindliche Politik des Hitlerregimes hindere Deutschland an einem Sieg! Sie könne den Verlauf des Krieges ungünstig beeinflussen, da sie »die innere nationale Einheit« untergrabe. Der gefeierte katholische Kirchenfürst versicherte, »die Christen werden ihre Pflicht tun«, die deutschen Soldaten »wollen für Deutschland kämpfen und sterben« und dergleichen.[158] Nun, mehr verlangte Hitler auch nicht von ihnen.

Erinnern wir uns auch, daß unter allen Hirtenbriefen, worin die deutschen Bischöfe gemeinsam beteuerten, dem Nazismus um keinen Preis die Kräfte der Kirche zu entziehen, worin sie ihre Ehrfurcht vor der Autorität des Dritten Reiches bekannten, das Wirken der Bewegung mit den besten Segenswünschen begleiteten, das Vertrauen zum Führer stärkten, worin sie im Kriege zu treuer Pflichterfüllung und tapferem Ausharren aufriefen – erinnern wir uns, daß unter all diesen, einen Verbrecher fördernden Hirtenbriefen stets auch der Name Clemens August Graf von Galen stand, der Name – eines Widerstandskämpfers?

Direkt und indirekt setzte sich der »Löwe von Münster«, wie er selbst zugibt, »immer wieder« und »eindringlichst« für Hitler und die Fortführung des Krieges ein. Auch autorisierte kein anderer als Graf Galen 1938 ein Machwerk ›Fahneneid‹, das den christlichen Soldaten mit den hehrsten Phrasen aufputschte, Hitler bedingungslos treu zu sein. »Der christliche Soldat gehorcht, weil er im Befehl jeder führenden Stelle in seinem Truppenteil eine Ausstrahlung jener Gewalt sieht, die er in seinem dem Führer des deutschen Volkes und obersten Befehlshaber der Wehrmacht geschworenen Fahneneid als eine von Gott verliehene anerkannt und bejaht hat.«[159] In jedem Offiziers- und Unteroffiziers-Befehl noch eine Ausstrah-

---

[156] Beilage zum Amtsblatt f. d. Diözese Münster, Oktober 1935, 1

[157] Amtsblatt f. d. Diözese Münster, 12. März 1936, 44

[158] P. Smith, The Bishop of Münster and the Nazis, London, 1943, 7ff. Katholische Veröffentlichung. Zit. nach Scheinmann, 393

[159] Zit. bei J. Fleischer, Der Mythos vom heiligen Widerstandskämpfer, in: Die Andere Zeitung, 13.12.1956

lung göttlicher Gewalt! »Ob und inwieweit ein Krieg gerecht ist«, heißt es in dem von Galen autorisierten Opus weiter, »kann dabei niemals dem Urteil des einzelnen, etwa gar des Soldaten unterliegen, so daß er die Bereitschaft zum Einsatz seines Lebens davon abhängig machen könnte. Solches zu entscheiden ist allein Sache der Führung.« Womit Graf Galen, wie übrigens der ganze deutsche Episkopat, den Soldaten nicht einmal persönliche Gewissensentscheidung zugestand. »Für den Christen ist ein Schwanken auch in solch entscheidender Stunde nicht möglich, für den christlichen Soldaten, der sich durch einen heiligen Eid vor Gott zur Treue verpflichtet hat, erst recht nicht. Er wird den Krieg von der sittlichen Seite sehen als ein Ringen zwischen Recht und Unrecht.«[160]

Recht und Unrecht. Im Zweiten Weltkrieg kämpften die deutschen Katholiken für, die polnischen und französischen Katholiken gegen Hitler. Eine Seite kann nur im »Recht« gewesen sein. War es die der Polen, Franzosen, Engländer, Amerikaner, dann nicht die deutsche. War der Krieg auf deutscher Seite ein Unrecht, dann waren auch die deutschen Bischöfe im Unrecht. War Hitler ein Verbrecher, dann waren es auch die, die ihn an führender und einflußreicher Stelle mehr als ein volles Jahrzehnt unterstützten.

Noch mitten im Krieg schrieb das ›Katholische Kirchenblatt für das nördliche Münsterland‹ – mit bischöflicher Billigung aus Münster: »Es ist immer eine Sache der Gerechtigkeit, sein angegriffenes Vaterland zu verteidigen. Es ist Christenpflicht. Denn der Heiland hat gesagt: ›Gebet dem Kaiser, was des Kaisers, und Gott, was Gottes ist‹![161] Wir würden also dem Gebote des Heilandes zuwiderhandeln, wollten wir unser Vaterland in der Not im Stich lassen. Hört mir also auf mit dem englischen Christentum, es hat nichts mit dem göttlichen Heiland zu tun! Und so geschieht ihm recht, was ihm jetzt geschieht. Gott läßt seiner nicht spotten. Einmal kommt doch die Stunde der Abrechnung und Vergeltung.«[162]

Als man damals eine gefälschte Predigt verbreitete, in der Bischof Galen angeblich die Vernichtung des gottlosen Naziregimes forderte, bestritt Galen entschieden die Urheberschaft dieser Predigt und betonte, sie stehe zu seiner Gesinnung und Haltung »in schroffem Widerspruch«[163]. Noch im Sommer 1945 demonstrierte Graf Galen seinen Kampf gegen Hitler in einem Hirtenbrief: »Ich sagte, unsere Soldaten würden weiter ihre Pflicht tun. Solange Krieg sei, würden sie ihre Waffen gegen bewaffnete Gegner führen in der Bemühung um den Frieden.«[164]

Für diesen Bischof, der den Nazistaat, sein Mordregiment und sein Kriegsverbrechen sanktioniert und die Soldaten zum Töten für Hitler verpflichtet hatte,

[160] Ebenda [161] Vgl. zu diesem Wort: DESCHNER, 497f. Jesu Stellung zum Krieg und die Haltung der vorkonstantinischen Kirche: ausführlich DESCHNER, 493–510
[162] KIRCHENBLATT, 9.3.1941. Zit. nach J. FLEISCHER, Der Mythos vom heiligen Widerstandskämpfer
[163] LEWY, 311 [164] Zit. bei HERMAN, 74

betrieb man später den Seligsprechungsprozeß. Für den katholischen österreichischen Bauern und Familienvater Franz Jägerstätter aus St. Radegund, der am 9. August 1943 *hingerichtet* wurde, weil er aus Gewissensgründen unter allen Umständen verweigerte, was Bischof Galen vom deutschen Soldaten unter allen Umständen verlangte, steht der Seligsprechungsprozeß noch aus!

Es ist interessant, daß gerade Pius XII. die Beatifikations- und Kanonisationsprozesse der Bischöfe, Kardinäle und Päpste vorwärtstreiben ließ »zum Beweis dafür, daß die Kirche nicht nur in ihren Gliedern heilig sein kann, sondern auch in ihren Köpfen. Das sollte gleichzeitig eine maßgebliche Antwort auf Artikel, Publikationen und Bücher sein, die die Heiligkeit nur in Klöstern und Pfarreien suchen heißen, und auf den bischöflichen und apostolischen Sitzen Menschen sehen, die so mit irdischem Geschehen angefüllt sind, daß sie für die Heiligkeit ganz einfach keine Zeit haben«[165]. Man muß, ich sage, man muß bei Breza lesen, was beispielsweise unter Pius XII. den Seligsprechungsprozeß des Mailänder Kardinals Schuster, bekanntlich eines der faschistenfreundlichsten Kirchenfürsten, in Gefahr gebracht hätte. Nicht etwa seine Segnung italienischer Truppen, bevor sie Abessinien überfielen, sondern der Auftritt von Tänzerinnen der Folies Bergères, die, wie der ›Osservatore Romano‹ schrieb, »als Kostüm drei – genau drei! – Briefmarken tragen«. Ich wiederhole, man muß das bei Breza lesen. Überhaupt gibt sein nur sehr dezent ironisches, aus bester Diplomatenfeder stammendes Buch einen glänzenden Einblick in das kuriale Leben zur Zeit Pius' XII.

Der 1959 für den Kardinal Clemens August Graf von Galen durch das Ordinariat in Münster betriebene Seligsprechungsprozeß erregte sogar den Protest kirchentreuer Katholiken. So intervenierte Johannes Fleischer (erfolglos) beim bischöflichen Ordinariat in Münster, dann bei der Ritenkongregation des Heiligen Stuhles. Unter Hinweis auf das von ihm beigefügte, den Kardinal Galen »schwerstens« belastende Material betonte Fleischer:

1. »daß Bischof Galen und *alle* während der Nazizeit regierenden deutschen Bischöfe in den entscheidendsten Fragen Fundamentalgebote der katholischen Glaubens- und Sittenlehre in geradezu blasphemischer Weise verfälscht und mißachtet und somit Verrat an Christus und seiner Heiligen Kirche verübt haben;
2. daß Bischof Galen und *alle* deutschen Bischöfe ihre gottgegebene Amtspflicht laufend auf das gröbste verletzt haben;
3. daß Bischof Galen und *alle* deutschen Bischöfe Millionen von Katholiken, die den bischöflichen Verlautbarungen unbesehen vertrauten, in die Nacht des Irrtums geführt, sie zu Handlangern im Dienste von Verbrechern und notorischen

[165] Breza, 319

Antichristen gemacht und dadurch sich selber vor Gott und den Menschen eine ungeheure, bis heute nicht gesühnte Blutschuld aufgeladen haben.

Sollte aber trotzdem der Seligsprechungsprozeß weitergeführt werden und gar eine Seligsprechung erfolgen, so muß jeder urteilsfähige Katholik und die durch die genannten Aufsätze über den wirklichen Sachverhalt informierte Öffentlichkeit daraus zwangsläufig den Schluß ziehen, daß der Heilige Stuhl den bischöflichen Verrat an Christus, seiner Kirche, seiner Lehre und am bischöflichen Amt sowie die Gewissenspervertierung des gutgläubigen katholischen Volkes durch seine Bischöfe nicht nur billigt, sondern darüber hinaus auch noch als nachahmenswertes Beispiel für jedes Glied des Corpus Christi Mysticum verherrlicht.

Es unterliegt jedoch keinem Zweifel, daß selbst der enragierteste Kirchenhasser mit seinen Angriffen gegen die Kirche und ihre Einrichtungen dem Ansehen der Kirche und der kirchlichen Lehre niemals so schaden könnte, wie das mit einer eventuellen Seligsprechung des Kardinals von Galen der Fall sein würde.«[166]

Nun beschränkten die deutschen Bischöfe sich eben nicht nur auf Hitlers Unterstützung im Jahre 1933 und dann – von vielen *kirchen*politischen Beschwerden abgesehen – auf ein schweigendes Hinnehmen seiner Diktatur. Zwar glaubt dies noch heute fast die halbe Welt, liest man etwa in einem sonst zutreffenden Beitrag zur Behandlung des Kirchenkampfes in der Nachkriegsliteratur, »daß ein erheblicher Teil der deutschen Katholiken, unter ihnen Bischöfe und andere höhere Würdenträger, durch Hitlers diabolische Taktik lange Zeit getäuscht, sich wenigstens *während des ersten Jahres hinter den Führer stellten*«[167].

Tatsache aber ist:

Bis in die letzten Jahre des Zweiten Weltkrieges unterstützten die deutschen (und seit 1938 auch die österreichischen) katholischen Bischöfe mit zunehmender Intensität einen der größten Verbrecher der Weltgeschichte

»Mit Ausnahme der Massentötungen der Geisteskranken haben die Bischöfe alles, restlos alles mitgemacht.«

A. Miller[168]

[166] Der Brief ›An die Ritenkongregation des Heiligen Stuhles, Città del Vaticano‹ vom 16.10.1959 wurde mir in einer Abschrift vom Verfasser zur Einsicht überlassen.

[167] H. Müller, Zur Behandlung des Kirchenkampfes, 474. Von mir hervorgehoben. Ich erblicke allerdings auch einen Widerspruch zwischen der Behauptung »lange Zeit« und deren folgende Begrenzung auf das erste Jahr.

[168] Miller, I. D. 9/1961, 10

KARDINAL FAULHABER, der schon 1933 so spontan mit Hitler sympathisierte, fordert auch 1934 in einem Hirtenbrief *immer wieder* »Ehrfurcht und Gehorsam« vor der staatlichen Obrigkeit und rühmt den »unschätzbaren Dienst«, den die Naziregierung auf vielen Gebieten dem Volk und der Kirche geleistet habe.[169]

Der Bischof von Osnabrück, Wilhelm Berning, schreibt 1934 in einem Hirtenwort: »Wir *deutschen Katholiken*, die wir als treue Söhne unserer heiligen Kirche für die Erhaltung und Bewahrung unserer religiösen und sittlichen Güter eintreten, sind ebenso auch *treue* Söhne unseres *deutschen Staates*, die den Aufbau und Ausbau des neuen Reiches freudig und entschlossen mitgestalten wollen. Dazu haben wir als deutsche Katholiken das *Recht* und die *Pflicht*.«[170]

Ähnliches versichert der Bischof wiederholt und bezeichnet die persönlichen Opfer für die NS-»Volksgemeinschaft« als »eine von Christus uns eingeschärfte Pflicht«[171]. Berning, bereits 1933, auf Görings Vorschlag, zum Mitglied des Staatsrats ernannt[172], gab 1944 dem KZ-Arzt von Auschwitz, Dr. Lucas, den Rat, er »solle sich durchlavieren«[173].

Der Freiburger Erzbischof Gröber, förderndes Mitglied der SS, belegt 1935 in einem eigenen Buch die Staatstreue der Katholiken durch die Jahrhunderte.

Gröber rühmt schon die Staatstreue der Apostel[174], obwohl wir von ihnen so gut wie nichts wissen, was historisch gesichert ist[175]. Bei den ältesten Kirchenvätern dagegen, deren Schriften wir kennen, findet der Autor wenig patriotische Zeugnisse, weshalb er mit Carlyle annimmt, daß die Vaterlandsliebe immer dann am stärksten sei, wenn man kaum ihren Namen nenne.[176] Aus einem salischen Gesetz zitiert Erzbischof Gröber: »Es lebe Christus, der die Franken liebt.«[177]

Durch das ganze Buch wird die staatserhaltende Tätigkeit des Katholizismus betont – und Nietzsche als der gute Europäer diffamiert! Nicht mit dem ›Zarathustra‹ seien die deutschen Soldaten in Weltkrieg Nr. 1 gezogen. »Was sollten denn unsere Helden aus dem ›Zarathustra‹ lernen? Etwa Begeisterung für Kaiser und Reich? Im ersten Teil können sie das Kapitel vom ›neuen Götzen‹ lesen, wo sie also über den Staat belehrt werden: ›Staat? Was ist das? Wohlan, jetzt tut mir die Ohren auf, denn jetzt sage ich euch mein Wort vom Tode der Völker. Staat heißt das kälteste aller kalten Ungeheuer ... Ja, ein Sterben für viele war da erfunden, das sich selber als Leben preist: wahrlich ein Herzensdienst allen Predigern des Todes!‹«[178]

---

[169] FAULHABER, Die Sittenlehre d. katholischen Kirche, 114 [170] BERNING, 122f.
[171] Ebenda, 129 [172] SCHEINMANN, 184 mit Bez. auf F. THYSSEN, I paid Hitler, New York 1941, 214
[173] SÜDDEUTSCHE ZEITUNG, 30.1.1964 [174] GRÖBER, 17f.
[175] Ausführlich DESCHNER, 9ff. Über die Stellung der vorkonstantinischen Christenheit zum Staat: DESCHNER, 499ff.
[176] GRÖBER, 21f. [177] Ebenda, 27 [178] Ebenda, 51

Allerdings, damit ließ sich weniger gut in ein vierjähriges, zehn Millionen Menschenleben kostendes Gemetzel ziehen als mit den Ratschlägen der katholischen Kirche auf beiden Seiten.[179] Wie willkommen mußte Hitler Erzbischof Gröbers Berufung auf die »einstimmige Lehre der katholischen Moraltheologie« sein: »Die katholischen Theologen haben (zwar) immer den gerechten vom ungerechten Krieg unterschieden und (aber) es niemals in den Urteilsbereich des einzelnen mit all seinen Kurzsichtigkeiten und Gefühlsstimmungen gelegt, im Kriegsfalle die Erlaubtheit oder das Unerlaubtsein (auch nur) zu erörtern, sondern die letzte Entscheidung der rechtmäßigen Autorität überlassen.«[180] Das heißt, kommentiert ein Katholik: »Die ›katholischen Theologen‹ vertreiben sich zwischen den staatlich organisierten Menschenschlächtereien ihre Langeweile mit dem neckischen Fragespiel: Wann ist ein Krieg ›gerecht‹ und wann ›ungerecht‹? Sie füllen damit dicke Wälzer, weil ja die Entscheidung ›sittlich, politisch und technisch so überaus kompliziert‹ ist (der Jesuit Hirschmann), weisen aber vorsorglich mehr oder minder deutlich darauf hin: Kinder, wie seid ihr doch dämlich, unseren moraltheologischen Zeitvertreib so ernst zu nehmen! Denn ›im Kriegsfalle‹, wenn unsere ›Entscheidungen‹ eigentlich zum Zuge kommen sollten, danken wir still und heimlich ab und überlassen jedem Verbrecher das Urteil über Recht und Unrecht, wenn er nur – und das ist ja immer der Fall – als ›rechtmäßige Autorität‹ als ›Gottes Dienerin zum Besten für dich‹ (Hirschmann zu Röm. 13,4) von uns empfohlen wurde.«[181]

Sehr sinnig, wenn nicht zynisch, schließt denn auch der den Katholiken Nazideutschlands Patriotismus empfehlende Freiburger Prälat mit einem Wort aus Leos XIII. Enzyklika ›*Sapientiae christianae*‹: »Es gibt in Krieg (!) und Frieden keinen besseren Bürger als einen pflichtbewußten Christen.«[182]

1935 richtete die Fuldaer Bischofskonferenz eine Denkschrift an Hitler. »Mit Ihnen«, heißt es darin, »hat Papst Pius XI. als erster Souverän des Auslandes durch das Reichskonkordat den Handschlag des Vertrauens getauscht, Ihnen hat Papst Pius XI. im Konsistorium vor aufhorchenden Vertretern der anderen Nationen das hohe Lob ausgesprochen, daß Sie als erster Staatsmann mit ihm vom Bolschewismus abrücken.«[183]

Geradezu ergreifend verwahren sich die Bischöfe: »Es ist eine Unwahrheit, zu sagen, die deutschen Bischöfe hätten den Staat niemals anerkannt, niemals die

---

[179] Zur frenetischen Kriegsunterstützung der katholischen und protestantischen Theologen auf beiden Seiten vergleiche die zahlreichen Belege bei DESCHNER, 514–522.

[180] Zit. nach FLEISCHER, Der absolute Pazifismus – ein verpflichtendes Gebot der katholischen Kirche, 18

[181] Ebenda [182] GRÖBER, 120

[183] Zit. nach J. FLEISCHER, Adolf Hitler: sein Krieg und die Bischöfe: Wo bleibt das Schuldbekenntnis der Katholischen Kirche?

Mitarbeit am Erneuerungswerk des neuen Staates zugesagt ... Die Bischöfe mögen tun, was sie wollen, durch Kirchenbauten Arbeit beschaffen, Saarkundgebungen erlassen, das Winterhilfswerk empfehlen, alles wird als Ausdruck staatsfeindlicher Gesinnung oder als Heuchelei verdächtigt. In einer Rede haben Sie, Herr Reichskanzler, einmal ein erschütterndes Wort gesprochen: ›Was ich auch mache, es wird alles mißdeutet. Was soll ich überhaupt noch machen?‹ Wir Bischöfe fühlen uns in der gleichen Lage.«[184]

Der Bischof (und preußische Staatsrat) Berning von Osnabrück besichtigte im Juni 1936 die Konzentrationslager im Emsland, die schon damals äußerst berüchtigt waren. Bischof Berning pries indes die »Aufbauarbeit« Himmlers und seiner Kreaturen und zögerte nicht, zu sagen: »Hierhin müßten alle die geführt werden, die noch zweifeln an der Aufbauarbeit des Dritten Reiches. Was man früher versäumte, das ist heute hier in Angriff genommen worden.«[185] Und im gleichen Jahr forderte Bischof Berning als Schutzherr des Reichsverbandes für die katholischen Auslandsdeutschen auf einem Kongreß in Frankfurt die Rückkehr der deutschen Kolonien.[186]

Als Hitler im März 1936 die entmilitarisierte Zone besetzte, läuteten im ganzen Rheinland die Kirchenglocken, feierten die Katholiken Dankgottesdienste, und Kardinal Schulte von Köln, dem Nazismus gegenüber angeblich viel skeptischer als viele seiner Amtsbrüder[187], telegraphierte an den Obersten Befehlshaber der Wehrmacht: »In den denkwürdigen Stunden, da die Wehrmacht des Reiches wiederum als Hüterin des Friedens und der Ordnung in das deutsche Rheinland den Einzug hält, begrüße ich die berufenen Waffenträger unseres Volkes mit ergriffener Seele ...«[188]

Sie kamen aus der Erschütterung und Ergriffenheit nicht heraus.

Ähnlich begeistert äußerten sich bei derselben Gelegenheit die Bischöfe von Münster, Speyer, Mainz und Trier.[189]

Am 24. Mai 1936 predigte Bischof Rackl von Eichstätt, gute Katholiken seien immer gute Patrioten gewesen und katholische Soldaten keine Deserteure. Bestimmt, versicherte er, haben keine guten Katholiken die Revolution von 1918 gemacht, und gute Katholiken werden nie auf der Seite von Revolutionären stehen, was immer auch kommen mag.[190]

Als kurz darauf ein Schweizer Katholik Kinder aufforderte, für Hitlers Tod zu beten, sprach Kardinal Faulhaber am 7. Juni vom Wahnsinnsanfall eines verrückten Ausländers und beteuerte, alle seien Zeugen, daß an allen Sonn- und Feiertagen in allen Kirchen beim Hauptgottesdienst für den Führer gebetet werde. Der Kardinal

---

184 Ebenda 185 Vgl. MILLER, I. D. 6/1963, 3 186 LEWY, 165
187 So H. MÜLLER, Zur Behandlung des Kirchenkampfes, 476
188 CORSTEN, 118 189 LEWY, 202 190 Ebenda, 310

war beleidigt, weil man die Treue der Katholiken zum Staat bezweifelte, und gab sofort »eine christliche Antwort«: er betete auf der Stelle mit seinen Gläubigen ein Vaterunser für das Leben Hitlers![191]

Am 4. November 1936 wurde Faulhaber auf dem Obersalzberg empfangen und in einem dreistündigen Gespräch wieder einmal mehr von Hitler beeindruckt. Der Führer, schwärmte er, beherrsche Diplomatie und Etikette besser als ein geborener Souverän.[192]

In einem Hirtenbrief vom Dezember 1936 traten die Bischöfe zwar abermals nachdrücklich für ihre Rechte ein, aber ebenso nachdrücklich für Hitler.

»Die deutschen Bischöfe halten es für ihre Pflicht, das Oberhaupt des Deutschen Reiches in diesem Abwehrkampf mit *allen Mitteln zu unterstützen* ...

Die zweite Waffe der Kirche ist das Wort. Das Wort, das den Zusammenbruch der Volkswirtschaft und Volkssittlichkeit in Rußland, im Lande der Gottlosen, bekanntgibt ... Das Wort, das nicht im Kritisieren und in Klageliedern steckenbleibt und nicht immer nur das Ungute sieht. Das Wort, das alle auseinanderstrebenden Kräfte zu einer *Gemeinschaft der Kraft* zusammenfaßt und *das Vertrauen zum Führer stärkt.*

Die dritte Waffe der Kirche ist das Gebet, das ... die Legionen des Himmels an unsere Seite stellt ... das die Gewißheit hat, erhört zu werden ... die *Treue bis in den Tod* zu bewahren und so eine charaktervolle Persönlichkeit in den Dienst von Volk und Vaterland zu stellen. *Die Kirche wird um so kraftvoller das Dritte Reich im weltgeschichtlichen Abwehrkampf gegen den Bolschewismus unterstützen können,* je mehr sie ... jene Freiheit genießt, die ihr nach göttlichem Recht und auch nach dem Reichskonkordat zugesichert ist.

Nun aber beobachten wir mit Sorge das beständige Mißtrauen ... Das muß im Volk *die Freude der Mitarbeit* herabstimmen. Wir beobachten mit Sorge ... *für das Aufbauwerk des Führers keine Hilfe* ... Wir beobachten mit Sorge ... wie im besonderen auf *die kirchentreuen Beamten und Angestellten der Bewegung* ... eingewirkt wird.

Wir Katholiken werden bereit sein ... den Führer in der Abwehr des Bolschewismus und seinen anderen Aufgaben zu unterstützen. Wir müssen aber verlangen ... Wir müssen fordern ...

Wir werden von den Wahrheiten unseres heiligen Glaubens kein Jota preisgeben und für die unveräußerlichen Rechte unserer heiligen Kirche immer einstehen. Dabei wollen aber eure Bischöfe ebenso furchtlos und mit ihnen alle treuen Katholiken die Ehrfurcht vor der staatlichen Autorität bekennen und, was an

---

191 Beilage zum Amtsblatt d. Erzdiözese München und Freising, 12.6.1936, 7

192 Lewy, 208

uns liegt, mit dem Staat in Frieden und Vertrauen zusammenarbeiten. Auch dort, wo wir die Eingriffe in die Rechte der Kirche zurückweisen, wollen wir die Rechte des Staates auf staatlichem Gebiet achten und am Werk des Führers auch *das Gute und Große sehen.*

So schließen eure Bischöfe mit der Mahnung: *Laßt euch nicht von unzufriedenen Menschen in eine Mißstimmung und Verdrossenheit hineinreden,* die noch immer ein üppiger *Nährboden für bolschewistische Gesinnung* war! Laßt euch nicht täuschen und *in der Mitarbeit an der Abwehr* des Todfeindes der christlichen Kultur nicht irremachen! So werden der Glaube an die christliche Lehre und das Leben nach dem Glauben zugleich ein *Dienst an Volk und Vaterland.*«[193]

Man sieht: immer ging es den Bischöfen bloß um *ihre* Interessen. Aber sonst um nichts. Sonst waren sie bereit, so gut wie alles mit den Nazis zu machen, sogar, wie sich bald zeigte, den schrecklichsten Krieg der Geschichte. Nur ihre Kirche sollte bestehen bleiben – Armeen und Völker konnten verbluten.

1937 veröffentlichte Erzbischof Gröber ein ›Handbuch der religiösen Gegenwartsfragen‹. Die katholischen Kirchenführer geloben darin

- Hitler ihre besondere Treue und die freudige Hinwendung der Katholiken zum nationalsozialistischen Staat;
- sie bescheinigen Hitler die Wiederherstellung der Menschenwürde;
- sie feiern das Dritte Reich als Rechtsstaat;
- sie preisen es als Verteidiger europäischer Kultur;
- und sie bekennen sich zum totalitären Regime.[194]

Denn das Buch drückt nicht nur die Meinung des Freiburger Erzbischofs und fördernden Mitglieds der SS aus. Es trägt auf dem Titelblatt den Vermerk: »*Herausgegeben mit Empfehlung des deutschen Gesamtepiskopates*«. »In der gegenwärtigen Schicksalsstunde unserer Nation stellen sich die Leiter der Kirche in besonderer Treue an die Seite der Männer des Staates ... Sofern der Staat auf dem wesenseigenen Gebiet die Totalität beansprucht, wenn er ... heute auf allen Gebieten des Volkslebens die Zügel straffer spannt, wenn er ... bei der Organisierung und Inzuchtnahme des Volkslebens weiter geht als in Zeiten ruhiger Entwicklung, so ist er mit alledem durchaus im Recht.«[195]

Im Frühjahr 1938 besetzten Hitlers Truppen Österreich.

---

[193] Zit. nach FLEISCHER, Katholischer Wehrbeitrag, 10f. Vgl. auch J. FLEISCHER, Adolf Hitler: sein Krieg und die Bischöfe. Hervorhebungen von Fleischer und mir

[194] Vgl. die Auszüge zu allen diesen Punkten bei FLEISCHER, Katholischer Wehrbeitrag. Gestern und heute, 3ff.

[195] Zit. bei J. FLEISCHER, Der Mythos vom heiligen Widerstandskämpfer, in: D. A. Z, 13.12.1956

Man hatte vorgearbeitet. Bereits Ende Mai 1933 wurde der Reiseverkehr von Deutschland nach Österreich faktisch unterbunden (nämlich Reichsangehörigen nur nach Abgabe einer Gebühr von tausend Reichsmark erlaubt).[196] Dann schickte man Herrn von Papen als Botschafter nach Wien, man bildete in Süddeutschland eine »österreichische Legion«, trieb eine intensive Propaganda über den Münchener Sender, ließ den österreichischen Bundeskanzler Dollfuß im Bundeskanzleramt ermorden, organisierte Aufstände in Steiermark und Kärnten, schloß 1936 ein deutsch-österreichisches Freundschaftsabkommen, in dem »die deutsche Reichsregierung die volle Souveränität des Bundesstaates Österreich« anerkannte[197], und okkupierte ihn zwei Jahre später.

Kardinal Innitzer von Wien, der im Einvernehmen mit dem Vatikan Schuschnigg die Unterwerfung empfohlen und erklärt hatte: »Der Anschluß ist unvermeidlich«, feierte den Einmarsch mit Glockengeläut und Hakenkreuzfahnen an den Kirchen und beauftragte seine Geistlichkeit, dasselbe zu tun. Am 12. März verpflichtete er sie zur Abhaltung eines Dankgottesdienstes. Und als ihn Hitler am 15. März in Audienz empfing und ihm die Wahrung der kirchlichen Rechte zusicherte, forderten alle österreichischen Bischöfe, mit Ausnahme des Bischofs von Linz, das Volk auf, für Hitler zu stimmen, und beschlossen ihren Aufruf mit »Heil Hitler«.[198]

Der Kardinalerzbischof Innitzer, erzählte Hitler selbst, habe ihn damals »mit so strahlendem Gesicht angesprochen ..., als ob er während der ganzen österreichischen Systemzeit nie auch nur einem einzigen Nationalsozialisten je ein Härchen gekrümmt gehabt habe«[199]. Und Hitlers Flugkapitän Bauer, ein Augenzeuge der Szene, schreibt: »Der Abschluß war ebenso herzlich.«[200]

Am 28. März 1938 veröffentlichte die österreichische Presse unter der Überschrift »Bekenntnis der katholischen Kirche zu Großdeutschland. Episkopat für Nationalsozialismus« eine »Feierliche Erklärung« der österreichischen Bischöfe zur Volksabstimmung. In einem Vorwort betonen zunächst Kardinal Innitzer und Fürsterzbischof Waitz von Salzburg, daß nun »die tausendjährige Sehnsucht unseres Volkes« ihre Erfüllung finde und die österreichischen Bischöfe »umso unbesorgter« ihren Aufruf an alle Gläubigen erlassen könnten, als ihnen der Beauftragte des Führers die Linie seiner Politik bekanntgegeben habe, die unter dem Motto stehen solle: »Gebt Gott, was Gottes ist, und dem Kaiser, was des Kaisers ist.«[201]

Welche Verbrechen hatten damals schon Hitlers Schergen in den Konzentrationslagern und an den Juden verübt! Doch wenn die Bischöfe nur bekommen

[196] Verordnung vom 29. Mai 1933 im Reichsgesetzblatt. Dazu BINDER, 265
[197] Text des Abkommens bei BINDER, 267
[198] MANHATTAN, 250. Vgl. auch SCHEINMANN, 45
[199] PICKER, 438
[200] GISEVIUS, 414
[201] WIENER NEUESTE NACHRICHTEN, 28.3.1938, 14. Jg., Nr. 5501

konnten, »was Gottes ist«, so wollten sie mit allem andern einverstanden sein, ja, das Regime nach besten Kräften unterstützen.

In ihrer »Feierlichen Erklärung« versicherten sie: »Aus *innerster Überzeugung* und mit *freiem Willen* erklären wir unterzeichneten Bischöfe der österreichischen Kirchenprovinzen anläßlich der großen geschichtlichen Geschehnisse in Deutschösterreich:

Wir erkennen *freudig* an, daß die *Nationalsozialistische Bewegung* auf dem Gebiete des völkischen und wirtschaftlichen *Aufbaues* sowie der Sozialpolitik für das Deutsche Reich und Volk und namentlich für die *ärmsten Schichten* des Volkes *Hervorragendes geleistet hat und leistet.* Wir sind auch der Überzeugung, daß durch das Wirken der nationalsozialistischen Bewegung die *Gefahr des alles zerstörenden gottlosen Bolschewismus abgewehrt* wurde.

Die Bischöfe begleiten dieses Wirken für die Zukunft mit ihren *besten Segenswünschen* und werden auch die Gläubigen in diesem Sinn ermahnen.

Am Tage der Volksabstimmung ist es für uns Bischöfe *selbstverständliche nationale Pflicht, uns als Deutsche zum Deutschen Reich zu bekennen,* und wir erwarten auch von *allen gläubigen Christen,* daß sie wissen, *was sie ihrem Volke schuldig sind.*«[202]

Diese Erklärung wurde in allen katholischen Kirchen Österreichs verlesen.

Ein deutscher Historiker, der am Tag des Einmarsches durch Österreich fuhr, behauptet, und zwar in der Absicht, die katholische Kirche zu entlasten: »Die Dörfer zwischen Brenner und Innsbruck waren menschenleer, dort lebte eine fromme katholische Bevölkerung, die Hitler feindlich war.«[203] Stimmt dies, beweist es nur, daß in Österreich, wie in Deutschland, erst die Propaganda des Episkopats die frommen Katholiken für Hitler gewann. Denn früher hatten die österreichischen Prälaten, genau wie die deutschen, den Nazismus öffentlich abgelehnt.

Am 6. April wurden Innitzer und einige seiner Bischöfe vom Papst und von Staatssekretär Pacelli empfangen. Nach seiner Rückkehr aus Rom wies der Kardinal den Wiener Klerus an, deutsche Fahnen an den Kirchen aufzuhängen und am Vorabend der Volksabstimmung die Glocken zu läuten. Am 10. April betrat Innitzer ein Wahllokal mit dem »deutschen Gruß«.[204] Auch Briefe an Nazi-Funktionäre schloß er jetzt mit »Heil Hitler«, hatten doch mehrere deutsche Bischöfe schon jahrelang diesen Gruß benutzt.[205] Im übrigen ließ auch der deutsche Episkopat nun aus Freude über den »Anschluß« Österreichs die Glocken läuten.

Als Hitler, ebenfalls noch 1938, die Tschechoslowakei durch Gewaltandrohung zur Kapitulation zwang, sandte die Fuldaer Bischofskonferenz an ihn eine Glückwunschadresse und ordnete abermals ein feierliches Läuten der Glocken für den Sonntag an.[206]

---

[202] Ebenda [203] ERNST, 111 [204] SCHEINMANN, 48 [205] LEWY, 212 [206] Ebenda, 218

Auch zu Hitlers 50. Geburtstag, im Jahr darauf, ließen die Bischöfe in ganz Deutschland von allen Kirchen ein Festgeläut erschallen. So heißt es im ›Amtsblatt für die Erzdiözese Bamberg‹:

»Zum Geburtstag des Führers
(am Weißen Sonntag nach der Predigt zu verlesen)

Am kommenden Donnerstag, 20. April, feiert das Deutsche Volk den 50. Geburtstag unseres Führers und Reichskanzlers Adolf Hitler. Zur Feier dieses Tages wird am Vorabend des 20. April nach Beschluß unserer Hochwürdigsten Bischöfe im Anschluß an das abendliche Gebetläuten ein Festgeläute stattfinden. Wir wollen heute schon an heiliger Stätte unsere Glückwünsche dadurch zum Ausdruck bringen, daß wir jetzt gemeinsam ein andächtiges ›Vaterunser‹ für Führer und Vaterland beten: ›Vater unser ...‹«[207]

In allen Diözesen wurden an den Kirchen Hakenkreuzfahnen gehißt, überall besondere Gottesdienste gefeiert.[208] Der Bischof von Mainz verlangte Gebet für den Mehrer und Beschützer des Reiches.[209] Kardinal Bertram sandte Hitler im Namen des Episkopats ein Glückwunschtelegramm.[210] Und Kardinal Schulte beteuerte in einer Kundgebung am Tage nach Hitlers Geburtstag: »Unsere Treue zum Deutschen Reich und seinem Führer haben wir soeben an dessen 50. Geburtstag noch einmal feierlich bekundet. *Diese Treue kann durch nichts erschüttert werden.* Denn sie beruht auf den unveränderlichen Grundsätzen unseres hl. Glaubens.«[211]

Es ist wahr – kein Verbrechen, das Hitler schon begangen hatte und noch beging, konnte ihre Treue erschüttern.

Bischof Galen autorisiert den »Fahneneid« auf Hitler

Erzbischof Gröber hatte bereits 1935 betont, daß es die katholischen Theologen niemals dem »einzelnen mit all seinen Kurzsichtigkeiten und Gefühlsstimmungen« anheimstellen, »im Kriegsfälle die Erlaubtheit oder das Unerlaubtsein zu erörtern«; vielmehr bleibe »die letzte Entscheidung der rechtmäßigen Autorität überlassen«[212]. Die rechtmäßige Autorität war Hitler.

Und am 8. November, zur Zeit des großen Judenpogroms (Kristallnacht!), autorisierte Bischof von Galen das schon erwähnte Werkchen ›Fahneneid‹, aus dem nun ausführlich zitiert werden muß. Nachdem darin der »Wille des Führers« als »Wille des Volkes« und das »Wehrdienst-leisten-Müssen zugleich (als) eine

[207] Amtsblatt f. d. Erzdiözese Bamberg, Nr. 10, 62. Jg., 5.4.1939 [208] Lewy, 221
[209] Ebenda [210] Ebenda [211] Zit. bei Miller, I. D. 11/1962, 3
[212] Zit. bei J. Fleischer, Gewalttat unter kirchlichem Segen, in: Freisoziale Presse, 25.7.1964

religiöse Bindung und Verpflichtung« ausgegeben worden ist, wird der Fahneneid so interpretiert:

»›Ich schwöre bei Gott diesen heiligen Eid …‹

Bei Gott schwören heißt, Ihn zum Zeugen anrufen, daß man die Wahrheit sagen, daß man sein Versprechen halten will, heißt *Ihn zum Bürgen der nun folgenden Aussage machen*, heißt, sich Seiner Rache und Vergeltung ausliefern, so man Ihn etwa durch die Aussage in eine Lüge oder in einen Eidbruch hineinzieht.

›… daß ich dem Führer des Deutschen Reiches und Volkes,
Adolf Hitler, dem obersten Befehlshaber der Wehrmacht …‹

In diesen Worten der Eidesformel ist ein persönliches Treueverhältnis zu dem höchsten Befehlshaber des Heeres, das vom Großen Kurfürsten bis zum Zusammenbruch bestanden hatte und nur durch die Zeit der Weimarer Republik unterbrochen ward, wiederhergestellt und zum Ausdruck gebracht.

Der Führer verkörpert die Einheit des Volkes und des Reiches. Er ist der oberste Träger der staatlichen Gewalt. Ihm als solchem zu gehorchen, ist der christliche Deutsche *auch ohne Eid im Gewissen gebunden.*

›Jedermann soll den obrigkeitlichen Gewalten untertan sein, denn es gibt keine Gewalt, die nicht von Gott stammt: die vorhandenen sind von ihm angeordnet. Wer sich daher der Gewalt widersetzt, widersetzt sich der Anordnung Gottes.‹

So schreibt Paulus im Römerbrief, Kapitel 13. Dieses sein *vorbehaltloses Ja* zur Staatsgewalt hat er an Christen geschrieben, die geneigt waren, in ihrem Staat den Ausdruck einer ihrem Glauben feindlichen Macht zu sehen.

Der Apostel entzieht mit seiner Darlegung dem einzelnen Christen das Recht, seinen Gehorsam gegenüber der staatlichen Gewalt willkürlich *an Bedingungen zu knüpfen.* Dies sei hier nur um dessentwillen gesagt, weil man vom Christen, insonderheit dem katholischen, oft fälschlicherweise glaubt, seine Staatstreue steht auf wankendem Boden, er sei nur von Fall zu Fall zum Gehorsam bereit.

Ist dem deutschen Soldaten solche Treue seinem Führer und obersten Befehlshaber zu geloben schon leicht gemacht, weil er in ihm das Vorbild wahrhaft soldatischen Wesens und soldatischer Tugend erkennt, weil er seine Treue einem Manne schenkt, der den *Sinn seines Lebens in der Mehrung der Größe und Ehre seines Volkes* sieht und Tag für Tag selbst das Beispiel der Treue gibt, dann wird der christliche Soldat erst recht sein Gelöbnis in Ernst und Freudigkeit des Herzens sprechen können, weil ihn sein Glaube lehrt, in der Person des Herrschers über die rein menschlichen Fähigkeiten und Leistungen hinaus *die ihm von Gott verliehene Herrlichkeit und Ehre* zu erkennen und anzuerkennen.

So wird auch in der Gegenwart der wahrhaft christliche deutsche Soldat *seine ehrfürchtige und liebende Hingabe an den Führer* im Gebet zum Ausdruck bringen.

›... unbedingten Gehorsam leisten ...‹

Der christliche Soldat gehorcht nicht, um sich Unbequemlichkeiten zu ersparen, sondern weil er im Befehl *jeder* führenden Stelle in seinem Truppenteil eine Ausstrahlung jener Gewalt sieht, die er in seinem dem Führer des deutschen Volkes und obersten Befehlshaber der Wehrmacht geschworenen Fahneneid *als eine von Gott verliehene anerkannt und bejaht* hat.

›... und als tapferer Soldat bereit sein will,
jederzeit für diesen Eid mein Leben einzusetzen.‹

Soldatentum und Wehrdienst sollen *nicht* den Krieg heraufbeschwören, wie der Pazifismus glauben machen will, sondern im Gegenteil ein starkes Bollwerk für den Frieden sein.

Aber wenn das Leben und die Ehre von Volk und Vaterland in Gefahr sind, muß der wehrhafte Mann diese von Gott verliehenen Güter *bis zum letzten Blutstropfen* zu verteidigen bereit sein.

Das Christentum bejaht die sittliche Erlaubtheit des gerechten Krieges. Ob und inwieweit ein Krieg gerecht ist, kann dabei *niemals* dem Urteil des einzelnen, *etwa gar* des Soldaten unterliegen, so daß er die Bereitschaft zum Einsatz seines Lebens *davon* abhängig machen könnte. *Solches* zu entscheiden, ist *allein* Sache der Führung, die dafür auch allein vor Gott und vor ihrem Volk verantwortlich ist.

Für den Christen, der in seinen Glauben hineingenommen hat, daß die Staatsgewalt ihren Auftrag von Gott empfing, ist ein Schwanken auch in solch entscheidender Stunde nicht möglich, für den christlichen Soldaten, der sich durch einen *heiligen* Eid *vor Gott zur Treue verpflichtet* hat, erst recht nicht. Er wird ihn von der sittlichen Seite sehen als ein *Ringen zwischen Recht und Unrecht* und für sich selbst als eine Probe der Bewahrung seines Mannestums.

Was Frost und Leid!
Mich brennt ein Eid.
Der glüht wie Feuerbrände
Durch Schwert und Herz und Hände.
Es ende drum wie's ende –
Deutschland, ich bin bereit!«[213]

Es ende drum wie's ende – ermächtigte Graf Galen. Und wie endete es? Fünfundfünfzig Millionen Menschen waren tot, und Bischof Galen wurde Kardinal und sollte selig gesprochen werden.

[213] Zit. bei J. FLEISCHER, Adolf Hitler, sein Krieg und die Bischöfe

Das Verhalten der katholischen Kirche gegenüber Kriegsdienstverweigerern unter Hitler ist, wie schon erwähnt, eindeutig gewesen. Das zeigt auch die von Dr. Josef Fleischer an die Bischöfe gesandte, ›Kriegsdienstverweigerung und Militärseelsorge‹ betitelte Denkschrift des ›Weltfriedensbundes katholischer Kriegsgegner‹: »Der Verfasser hatte auf dem Tisch seiner Zelle (im Wehrmachtsuntersuchungsgefängnis Berlin-Tegel, 1940) seine Verteidigungsschrift liegen, in welcher sehr sorgfältig die Unvereinbarkeit des Fahneneides und der Teilnahme am Hitlerkrieg mit der katholischen Glaubens- und Sittenlehre dargelegt und begründet war. Der in hakenkreuzgeschmückter Uniform erscheinende Generalvikar und stellvertretende Armeebischof *Werthmann* ließ sich aber mit dem Verfasser überhaupt auf keine weiteren Diskussionen ein, sondern forderte ihn auf, den Fahneneid auf Hitler vorbehaltlos zu schwören, damit dem Führer bedingungslosen Gehorsam zu leisten und sich rückhaltlos an seinem Kriege zu beteiligen. *In diesem Zusammenhang bemerkte er, daß solche ›Elemente‹, die hierbei Vorbehalte machten, ausgemerzt und um einen Kopf kürzer gemacht werden müßten.*«[214]

Der katholische Generalvikar Hitlers wurde 1956 Generalvikar in der Bundeswehr.

Während des Krieges unterstützten die deutschen Bischöfe Hitler noch intensiver

> »Wäre unser Volk 1939 dem Wort der Bischöfe gefolgt, lägen unsere zahllosen Kameraden jetzt nicht im Grab.«

So behauptete Richard Jäger, heute Vizepräsident des Deutschen Bundestages, auf dem 5. Allgäuer Katholikentag 1953.[215] Und wie war es wirklich? Einzeln oder gemeinsam riefen die Bischöfe »immer wieder«, wie sie selbst schreiben, und »eindringlichst«, wie ebenfalls sie formulieren (S. 119), das Volk auf, Hitler entschlossene Gefolgschaft zu leisten.

Als im Herbst 1939 bei den Bombenangriffen auf Warschau polnische Katholiken massenhaft ums Leben kamen, beteten die deutschen Katholiken, aufgefordert von ihren Kardinälen und Bischöfen, für den Schutz des Nazireiches. So lautet ein Gebet, das die Geistlichen auf Anweisung des Bischofs von Galen zu sprechen hatten: »Allmächtiger ewiger Gott! Wir bitten dich, nimm unser Vaterland in deinen

214 Fleischer, Katholischer Wehrbeitrag, 5ff.

215 Zit. bei J. Fleischer, Das wahre Gesicht, der Militärseelsorger, in: Das Andere Deutschland, 10.3.1956

beständigen Schutz: Erleuchte seine Lenker mit dem Lichte deiner Weisheit, damit sie erkennen, was zur wahren Wohlfahrt des Volkes dient, und das, was recht ist, in deiner Kraft vollbringen. Schütze alle Angehörigen unserer Wehrmacht und erhalte sie in deiner Gnade, stärke die Kämpfenden ...«[216]

Der katholische Feldbischof Franziskus-Justus Rarkowski, den der päpstliche Nuntius Orsenigo, assistiert von den Bischöfen Preysing und Galen, am 20. Februar 1938 feierlich geweiht hatte[217], erließ zum Polenfeldzug eine Botschaft, die mehr mit Phrasen gespickt war als die Reden des Dr. Goebbels. Es wimmelt darin von Wendungen wie »Feuerprobe der Bewährung«, »Kampf um seine natürlichen und gottgewollten (!) Lebensrechte«, »große und ehrenvolle Aufgabe« und dergleichen. »Euer Einsatz ist von einem heiligen Ernst, von einer großen Bestimmung und Verpflichtung getragen ... das leuchtende Bild eines wahrhaften Kämpfers, unseres Führers und Obersten Befehlshabers ... in die helle Freude und in die Dankbarkeit gegenüber dem allmächtigen Gott, der den uns aufgezwungenen (!) Waffengang gegen Polen sichtlich gesegnet hat« – und der das katholische Polen, so müssen wir noch ergänzen, schrecklich zugrundegehen und dann dem gottlosen Bolschewismus anheimfallen ließ! – »... die herrliche Wiedergeburt des Reiches, die wir in den vergangenen sechs Jahren erleben durften ...«[218]

Selbstverständlich stand nicht nur Rarkowski, sondern der ganze katholische Episkopat Deutschlands Hitler sogleich bei. »In dieser entscheidenden Stunde«, schrieben die Bischöfe in einem gemeinsamen Hirtenbrief im September 1939, »ermutigen und ermahnen wir unsere katholischen Soldaten, aus Gehorsam zum Führer ihre Pflicht zu tun und bereit zu sein, *ihre ganze Person zu opfern.*« Nun, konnte Hitler mehr verlangen von Leuten, mit denen er einen Kirchenkampf führte? Mehr, es muß wiederholt werden, wollte er auch nicht als Opferung der ganzen Person oder, wie die Bischöfe schon 1936 versprachen, »Treue bis in den Tod« (S. 108) oder, wie es Widerstandskämpfer Galen autorisierte, Verteidigung »bis zum letzten Blutstropfen« (S. 114). »Wir appellieren an die Gläubigen, sich in innigen Gebeten zu vereinen, damit Gottes Vorsehung diesen Krieg zu einem gesegneten Erfolg und zum Frieden für Vaterland und Volk führen möge.«[219]

Die »ganze Person zu opfern« forderten die Bischöfe 1939. Und da lügt Herr Richard Jäger auf einem Allgäuer Katholikentag das Blaue vom Himmel herunter: »Wäre unser Volk 1939 dem Wort der Bischöfe gefolgt, lägen unsere zahllosen Kameraden jetzt nicht im Grab.«[220]

---

[216] Vgl. Kirchl. Amtsblatt f. d. Diözese Münster, 73. Jg., Nr. 25

[217] Katholisches Kirchenblatt f. d. Bistum Berlin, 27.2.1938, 10

[218] Zit. bei J. Fleischer, Adolf Hitler: sein Krieg und die Bischöfe

[219] Gemeinsames Wort der deutschen Bischöfe, Martinusblatt, 17. September 1939

[220] Vgl. S. 112, Anm. 212

Das Wort der Bischöfe! Ihr gemeinsamer Aufruf, aus Gehorsam zum Führer die ganze Person zu opfern, genügte ihnen nicht einmal. Die meisten feuerten ihre Diözesanen auch noch in eigenen Hirtenbriefen an, Hitlers Krieg zu unterstützen. Erzbischof Gröber erflehte den Segen des Allmächtigen für die gerechte Sache des deutschen Volkes.[221] Bischof Sproll von Rottenburg bat Gott, er möge allen, die dem Ruf des Führers gefolgt seien, Kraft und Stärke geben, siegreich fürs liebe Vaterland zu kämpfen oder dafür zu sterben.[222] Bischof Rackl von Eichstätt versprach, die Priester würden ihre vaterländische Pflicht mit größter Gewissenhaftigkeit erfüllen.[223]

Nach der Niederlage Polens feierten die Kirchenblätter, das ›Passauer Bistumsblatt‹, das ›Klerusblatt‹, die Zeitungen der Diözesen Breslau, Hildesheim u.a., begeistert den Sieg. Man sprach von einem heiligen Kampf, man ermahnte jedermann, aus religiöser Überzeugung die Wehrmacht zu unterstützen, für das Recht des deutschen Volkes auf Freiheit und für eine gerechte Verteilung des notwendigen Lebensraumes zu kämpfen usw.[224] Außerdem erklang zur Siegesfeier an sieben Tagen von allen Kirchtürmen wieder einmal ein Festgeläut. Und in den darauffolgenden Monaten Oktober und November wurden 214 katholische polnische Priester von den Nazis exekutiert.

Nach dem mißlungenen Attentat auf Hitler im November 1939 zelebrierte Kardinal Faulhaber in der Münchener Frauenkirche einen feierlichen Dankgottesdienst und beglückwünschte mit allen bayerischen Bischöfen Hitler zu seiner Errettung.[225]

Anfangs des Jahres 1940 versicherte der Augsburger Bischof Kumpfmüller, der Christ sei »immer der beste Kamerad«. »Der Christ bleibt der Fahne treu, der er Ergebenheit geschworen hat, komme, was kommen mag.«[226]

Um die gleiche Zeit appellierte Bischof Bornewasser von Trier an die Gläubigen, alle ihre »inneren und äußeren Kräfte in den Dienst des Volkes zu stellen«. »Wir müssen jedes Opfer tun, das die Situation von uns verlangt.«[227]

Das 1940 durch den Feldbischof der Wehrmacht zusammengestellte Katholische Militär-Gebet- und Gesangbuch brachte auch die Jungfrau Maria wieder in innigen Zusammenhang mit Hitlers Schlachten: »O segne uns im Streite, Maria, unsre Königin, Du Hochgebenedeite, Maria, unsre Königin! Du thronest in des Sieges Glanz, erbitt' uns Sieg im Streit! Im Leben einen Lorbeerkranz, im Tod die Seligkeit! Im Donner der Kanonen, Maria unsre Königin, erbitt' uns Siegeskronen ...!«[228]

---

221 Amtsblatt d. Erzdiözese Freiburg, 5.9.1939

222 Amtsblatt f. d. Erzdiözese Rottenburg, 8.9.1939, 223

223 Amtsblatt f. d. Erzdiözese Eichstätt, 21.9.1939

224 Vgl. Lewy, 227f.

225 Manhattan, 196

226 Zit. in Münchner Katholischer Kirchenzeitung, 7.1.1940

227 Ebenda, 25.2.1940, 45

228 Zit. bei J. Fleischer, Adolf Hitler: sein Krieg und die Bischöfe

Außerdem belehrte das bischöflich approbierte Katholische Militär-Gebet- und Gesangbuch den deutschen Soldaten: »Wehrpflicht ist Ehrpflicht. Was Deutschland groß gemacht hat, ist nicht zuletzt dem Soldatenstande zu danken. Er ist eine Schule der Tapferkeit, die Geburtsstätte großer Helden, ein Schauplatz der Ehre und des Ruhmes! ... Halte dich an die Parole: ›Mit Gott für Führer, Volk und Vaterland!‹ ... Lasset uns beten! ... Laß uns ein heldenhaftes Geschlecht sein ... Segne besonders unseren Führer und Obersten Befehlshaber der Wehrmacht in allen Aufgaben, die ihm gestellt sind. Laß uns alle unter seiner Führung in der Hingabe an Volk und Vaterland eine heilige Aufgabe sehen ...« usw.[229]

Zum Geburtstag Hitlers am 20. April 1940 sandte ihm Kardinal Bertram im Namen des Episkopats die »herzlichsten Glückwünsche«[230]. Und nach der schnellen Niederlage Frankreichs priesen die Bischöfe überschwenglich die Wehrmacht, und abermals ließen sie eine Woche lang die Kirchenglocken läuten und die Fahnen hissen.[231] Am 8. November 1940 rief Bischof Berning die Gläubigen auf, für einen deutschen Sieg zu beten.[232] Am 8. Februar 1941 plädierte Erzbischof Gröber wieder einmal für den notwendigen »Lebensraum«[233]. Und der Hirtenbrief, den Bischof Kaller von Ermland im Januar 1941 veröffentlichte, war so enthusiastisch, daß er sogar den Beifall des extrem antiklerikalen Polizeichefs Heydrich fand.[234] Nach dem deutschen Angriff auf die Sowjetunion richtete Feldbischof Rarkowski, von dem man selbst auf katholischer Seite zugab, daß seine Hirtenbriefe nur so »strotzen ... von nationalsozialistischer Kriegsunterstützung«[235], an die katholischen Wehrmachtsangehörigen ein Hirtenwort, in dem es heißt: »Wie schon oft in der Geschichte ist Deutschland in der Gegenwart zum *Retter und Vorkämpfer Europas* geworden ... Viele europäische Staaten ... wissen es, daß der Krieg gegen Rußland *ein europäischer Kreuzzug ist* ... Dieses starke und verpflichtende Erlebnis eures Einsatzes im Osten wird euch zu Bewußtsein bringen, wie unsagbar groß das Glück ist, daß wir Deutsche sein dürfen.«[236]

Doch war Rarkowski keinesfalls, wie Katholiken heute oft behaupten, ein »Außenseiter«. Der gesamte deutsch-österreichische Episkopat verhielt sich wie er.

Erzbischof Jäger von Paderborn sprach von einem Kampf zum Schutz der Christenheit; Bischof Kumpfmüller von Augsburg verglich die bolschewistische Gefahr mit der türkischen in früheren Jahrhunderten; Bischof Rackl von Eichstätt

---

229 Zit. in Gesamtdeutsche Rundschau, 14.3.1958, 3 230 Lewy, 256 231 Ebenda, 228

232 Amtsblatt f. d. Diözese Osnabrück, 13.11.1940

233 Amtsblatt d. Erzdiözese Freiburg, 12.2.1941 234 Lewy, 230

235 Vgl. Werkhefte, Zeitschrift f. Probleme der Gesellschaft und des Katholizismus, 15. Jg., Juli 1961, 217

236 Zit. in Gesamtdeutsche Rundschau, 14.3.1958, 3. Von mir hervorgehoben

erklärte Hitlers Überfall als Kreuzzug und heiligen Krieg; und auch Bischof Galen äußerte wiederholt seine Hoffnung auf einen deutschen Sieg.[237]

Die bayerischen katholischen Bischöfe schrieben 1941 in einem Hirtenbrief: »Wir haben eine ähnliche Zeit schon durchlebt im Weltkrieg und wissen daher aus einer harten und bitteren Erfahrung, *wie notwendig und wichtig* es ist, daß in solcher Lage *jedermann ganz und gern und treu seine Pflicht erfüllt*, ruhige Besonnenheit und festes Gottvertrauen bewahrt und *nicht anfängt zu zagen und zu klagen*. Darum richten wir heute an euch, liebe Diözesanen, in väterlicher Liebe und Sorge *ein Wort der Ermahnung, das euch ermuntern möchte, in gewissenhafter Pflichterfüllung und ernster Berufsauffassung die ganze Kraft einzusetzen im Dienst des Vaterlandes und der teueren Heimat* … Wir haben in den ersten Jahren des Weltkrieges mit Freude und Stolz gesehen, was die Einigkeit Großes vollbringt, wir haben am Ende des Weltkrieges aber auch erfahren müssen, wie die Uneinigkeit alles Große wieder zerstört. Einig wollen wir sein in der Liebe und im Dienst des Vaterlandes, wollen zum Schutz der Heimat eine einzige Opfer- und Arbeitsgemeinschaft bilden …«[238]

Und alle deutschen Bischöfe ermutigten am 26. Juni 1941 in einem Hirtenschreiben die Gläubigen: »Bei der Erfüllung der schweren Pflichten dieser Zeit, bei den harten Heimsuchungen, die im Gefolge des Krieges über euch kommen, möge die *trostvolle Gewißheit* euch stärken, daß ihr damit nicht nur dem Vaterlande dient, sondern zugleich *dem heiligen Willen Gottes folgt*.«[239]

Hitlers Rußlandfeldzug entsprach, laut ihnen, dem heiligen Willen Gottes!

Und schon am 10. Dezember 1941 bekennen alle katholischen Bischöfe Deutschlands erneut: »Wir begleiten unsere Soldaten mit unseren Gebeten und gedenken in dankbarer Liebe der Toten, die ihr Leben für ihr Volk hingaben. Wir haben *immer wieder* und noch im Hirtenbrief des Sommers unsere Gläubigen *zu treuer Pflichterfüllung, zu tapferem Ausharren*, opferbereitem Arbeiten und Kämpfen im Dienste unseres Volkes in schwerster Kriegszeit *eindringlichst* aufgerufen. *Mit Genugtuung* verfolgen wir den Kampf gegen die Macht des Bolschewismus, vor dem wir deutschen Bischöfe in zahlreichen Hirtenbriefen vom Jahre 1921 bis 1936 die Katholiken Deutschlands gewarnt und zur Wachsamkeit aufgerufen haben, wie der Reichsregierung bekannt ist.«[240]

Jeder Kommentar hierzu erübrigt sich.

Auch noch 1942 und 1943 standen die Bischöfe in dieser eindeutigen Weise einem der größten Verbrecher der Weltgeschichte bei.[241] Dann freilich wurden sie

---

[237] Vgl. die Belege bei LEWY, 231

[238] AMTSBLATT F. D. ERZDIÖZESE BAMBERG, Nr. 4, 64. Jg., 24.2.1941, 21ff. Von mir hervorgehoben

[239] Zit. bei MILLER, I. D. 11/1962, 3

[240] Zit. in GESAMTDEUTSCHE RUNDSCHAU, 14.3.1958, 3. Von mir hervorgehoben

[241] Vgl. etwa die Belege bei MANHATTAN, 207; SCHEINMANN, 392; LEWY, 231, 256

vorsichtiger, wenn auch so mancher, wie etwa der österreichische Fürstbischof Ferdinand von Seckau, noch 1944 von einer »großen Zeit« und »heroischen Taten« faselte[242], oder der Bamberger Erzbischof Kolb, nach dem heute in Bamberg eine Straße benannt ist, am 31. Januar 1944 schrieb: »Wenn Armeen von Soldaten kämpfen, dann muß eine Armee von Betern hinter der Front stehen.« Ja, noch zu Beginn des sechsten Kriegsjahres ermutigte der Bamberger Oberhirte die Katholiken zum tapferen Tragen des Kriegsjoches: »Gerade weil die Not der Welt so groß ist, braucht Gott der Herr Menschen, welche diese Not beherrscht auf sich nehmen ... Christus erwartet, daß wir gehorsam wie Er das Leiden willig übernehmen und das Kreuz tapfer tragen.« Und Kolb verlangt *»heißes Gebet* für unser geliebtes Volk und Vaterland in dieser Stunde höchster Anspannungen«.[243]

Erzbischof Jäger von Paderborn, der sogar Sympathie für das Nazi-Schimpfwort vom slawischen »Untermenschen« bekundete und in einem Hirtenbrief im Februar 1942 nicht die Lüge scheute, die Russen seien wegen ihrer Gottesfeindschaft und ihres Hasses auf Christus fast zu Tieren entartet[244], ermahnte noch im Januar 1945 die Katholiken, ihren Beitrag zu leisten im Kampf gegen Deutschlands große Feinde, Liberalismus und Individualismus auf der einen, Kollektivismus auf der anderen Seite[245]. (1957 forderte Jäger die Erfüllung der »Ideale der Kreuzzüge ... in neuzeitlicher Form«[246], 1965 wurde er Kardinal.)

Der katholische Armeebischof Rarkowski aber feuerte Hitlers Truppen noch 1945 in einem Aufruf an: »Vorwärts, christliche Soldaten, auf dem Weg zum Sieg!«[247] Der katholische Moraltheologe Angermair nannte das *»private* Überzeugung«[248]. Für diese »private« Überzeugung sind Millionen von Soldaten und Zivilisten verblutet. Aber stört das die Kirche?

Und was einer ihrer sogenannten Moraltheologen *nach dem Krieg* als »private« Überzeugung abtat, priesen alle deutsch-österreichischen Bischöfe *im Krieg* als den »heiligen Willen Gottes«!

Kaum aber war Hitler tot, gingen sie zu seinen Feinden über. Dieselben Bischöfe, die seit 1933 ihre einflußreiche Stimme wenigstens ein volles Jahrzehnt für einen Mann erhoben, den ein amerikanischer Senator als internationalen Banditen noch mild charakterisierte, dieselben Bischöfe, die, trotz aller Differenzen auf religiösem Gebiet, ihre Gläubigen immer wieder zur Untertanentreue, zum

---

242 Fastenhirtenschreiben über d. Vorsehung Gottes u. den Ernst der Zeit, 1944, 1
243 Amtsblatt f. d. Erzdiözese Bamberg, Nr. 1, 31.1.1944, 5 u. ebenda, Nr. 29, 22.9.1944, 200f.
244 Amtsblatt f. d. Erzdiözese Paderborn, 11.2.1942, 17. Dazu Lewy, 231
245 Amtsblatt f. d. Erzdiözese Paderborn, 16. Januar 1945
246 Deschner, 591
247 Zit. bei J. Fleischer, Das wahre Gesicht der Militärseelsorger. Zur Berufung von Kardinal Wendel als Militärbischof, in: Das Andere Deutschland, 5/56, 10.3.1956
248 Ebenda

unbeirrten Mitarbeiten und zur bedingungslosen Pflichterfüllung in Hitlers Krieg aufgerufen hatten, beteuerten jetzt Engländern und Amerikanern, sie hätten den Nazismus stets verdammt. Ein eklatantes Beispiel bietet

Der wendige Kardinal Faulhaber (oder: wie überlebt man zweitausend Jahre?)

> »Kardinal **Faulhaber** war sozusagen ein **Herzog** im großen Heerbann deutscher Katholiken, die immer wieder unerschrocken gegen Hitler und seine Trabanten ... zu Felde zogen.«
>
> Weihbischof Johann Neuhäusler[249]

> »Es ist etwas Unheimliches um das kurze Gedächtnis der Menschen. Nach kaum drei Jahren können sie sich ›nicht mehr erinnern‹. Solchen Menschen mit kurzem Gedächtnis mag dieses Buch die Wirklichkeit der vergangenen Jahre wieder ins Gedächtnis rufen.«
>
> Kardinal Faulhaber[250]

Der grosse Kirchenfürst, nach dem heute in Deutschland Straßen und Plätze benannt sind, der einst die Weimarer Republik als ein Produkt von »Meineid und Hochverrat« geschmäht hatte[251], aber 1933 in einem handschriftlichen Brief an Hitler versicherte, es komme ihm aufrichtig aus der Seele: »Gott erhalte unserem Volk unseren Reichskanzler« (S. 87); der 1934 in einem Hirtenbrief die bayerischen Katholiken belehrte: »Die kirchliche Sittenlehre kommt der staatlichen Ordnung zugute, als Erziehung zu Einfachheit und Pflichttreue, zu Gemeinschaftssinn und Opfergeist. Andererseits hat unsere staatliche Obrigkeit grobe Auswüchse im Buch- und Badewesen, in Film und Theater und anderen Gebieten des öffentlichen Lebens ausgeräumt und ... auch dem sittlichen Leben des Volkes einen unschätzbaren Dienst erwiesen«[252]; Kardinal Faulhaber, der 1936 mit allen deutschen Bischöfen die Erklärung zur Volksabstimmung am 29. März abgab, um die, wie zugegeben wird, durchaus möglichen Gewissensbedenken der Katholiken zu zerstreuen und »den Weg zu einem entschiedenen ›Ja‹ zu öffnen«: »wir geben dem Vaterland unsere Stimme, aber das bedeutet nicht eine Zustimmung zu Dingen, die unser Gewissen nicht würde verantworten können.

[249] Neuhäusler, II., 149

[250] Geleitwort am 21. März 1946 zu Neuhäusler, 4

[251] Gisevius, 69

[252] Faulhaber, Die Sittenlehre der katholischen Kirche, 114

Diese Erklärung genügt, damit nunmehr alle Katholiken ruhigen Gewissens mit ›Ja‹ stimmen können in dem Bewußtsein, so vor aller Welt für die Ehre, Freiheit und Sicherheit unseres deutschen Vaterlandes einzutreten«[253] – worauf, drei Jahre vor Ausbruch des Zweiten Weltkrieges, von rund 45 Millionen Stimmen Hitler fast 44,5 Millionen erhielt, gegenüber 17,25 Millionen am 5. März 1933; Kardinal Faulhaber, der nach dem fehlgeschlagenen Attentat auf Hitler im November 1939 einen Dankgottesdienst zelebrierte und noch unmittelbar nach Stauffenbergs Attentat am 20. Juli 1944 (!) Hitler zu seiner Errettung persönlich und im Namen seiner Bischöfe beglückwünschte und in der Münchener Frauenkirche ein Tedeum singen ließ[254]: dieser Faulhaber beschimpfte kaum zehn Monate später, am 12. Mai 1945, vor amerikanischen Journalisten in heftigster Weise das Hitlerregime und sagte abschließend: »Der Nazismus darf nicht wieder aufleben.«[255] Ja, er zögerte nicht, mit allen bayerischen Bischöfen »nach der Beendigung des schrecklichsten aller Kriege« zu behaupten: »**Die deutschen Bischöfe** haben, wie ihr selber wißt, von Anfang an vor den Irrlehren und Irrwegen des Nationalsozialismus ernstlich gewarnt und immer wieder hingewiesen ...«[256]

Kardinal Faulhaber, der Deutschland schon unter Kaiser Wilhelm von 1914 bis 1917 als stellvertretender Feldpropst und dann als wirklicher Feldpropst der bayerischen Armee diente; der 1915 den Charakter der westlichen Demokratie eine »Moral des Teufels« nannte und die deutschen Soldaten »als Hüter und Rächer der göttlichen Weltordnung« feierte[257]; Kardinal Faulhaber, der 1915 sagte: »Nach meiner Überzeugung wird dieser Feldzug in der Kriegsethik (!) für uns das Schulbeispiel eines gerechten Krieges werden«[258] (während im gleichen Jahr der Erzbischof von Cambrai in einem Hirtenbrief schrieb: »Die französischen Soldaten fühlen mehr oder weniger deutlich, aber fest und stark, daß sie die Soldaten Christi und Mariä sind, die Verteidiger des Glaubens; und daß französisch sterben christlich sterben heißt. Es lebe Christus, der die Franzosen liebt!«[259]); Kardinal Faulhaber, der 1936 zu seinem 25. Bischofsjubiläum eine Schrift erscheinen ließ, in der von rund 100 Seiten 24 seiner Soldatenzeit gewidmet sind, wobei nicht nur jede Beförderung vom Gefreiten an sorgfältig registriert, sondern auch mitgeteilt wird, mit welchem Gewehrmuster der spätere Kirchenfürst ausgebildet wurde, der hier u.a. äußert: »Die Dienstzeit im Rock des Königs war doch *eine Schule für das Leben*«[260]; Kardinal Faulhaber, der 1941 mit allen seinen Bischöfen in einem Hirten-

253 Vgl. Amtsblatt d. Erzdiözese München und Freising, Jg. 1936, Nr. 8, 70

254 Manhattan, 219

255 Ebenda, 221

256 Amtsblatt f. d. Erzdiözese Bamberg, Nr. 5, 68. Jg., 4.7.1945, 31

257 Zit. bei J. Fleischer, Die Fronten sind klar, in: Das Andere Deutschland, 1/1957

258 Begegnung, Berlin, 8/1964, 11

259 Fleischer, Der absolute Pazifismus

260 Faulhaber, 25 Bischofsjahre

brief mahnte: »Wir haben eine ähnliche Zeit schon durchlebt *im Weltkrieg* und wissen daher aus einer harten und bitteren Erfahrung, *wie notwendig und wichtig* es ist, daß in solcher Lage *jedermann ganz und gern und treu seine Pflicht erfüllt* ...« (S. 119); Kardinal Faulhaber, der mit den bayerischen Bischöfen am 17. August 1941 zwar, wie üblich, für die Rechte der Kirche eintrat – »Geliebte Diözesanen, betet, daß die Kruzifixe nicht aus den Schulen entfernt werden!« oder, wie es teilweise fast im Stil jener Autorin heißt, deren Romane, laut Herder-Lexikon, dem Durchschnittsgeschmack in der Sehnsucht eines bescheidenen Gemüts nach Glück entgegenkommen: »Im ganzen katholischen Volk zittert schmerzlich verhaltenes Weh, daß die *Bittprozessionen* nicht mehr gehalten werden durften« und dergleichen mehr –, Kardinal Faulhaber dachte auch in diesem Schreiben nicht daran, nur eine Silbe gegen den Krieg zu veröffentlichen, zu dem er ja erst so eindringlich aufgerufen hatte. Vielmehr war er begeistert über das Oberkommando der Wehrmacht, weil es über die Bestattung der Kriegsgefallenen »außerordentlich erfreuliche und pietätvolle Anweisungen« gegeben habe, die ihren Höhepunkt erreichten in der Forderung: »Für jeden ein Kreuz mit Namen und näheren Angaben oder ein gemeinsames großes Kreuz ...« – auf dem Massengrab, dürfen wir ergänzen. »Von ganzem Herzen danken wir und mit uns wohl das ganze deutsche Volk der Wehrmacht für diese feinfühlige christliche Pflege ...«[261]; Kardinal Faulhaber, der ebenfalls noch 1941 sein Einverständnis zur Ablieferung der Kirchenglocken gab, um die Fortsetzung des Krieges und den Sieg der Nazis zu ermöglichen, wie seine »Kanzelerklärung zur Abnahme der Glocken« bezeugt: »Für das teure Vaterland aber wollen wir auch dieses Opfer bringen, wenn es notwendig geworden ist zu einem glücklichen Ausgang des Krieges«[262]: dieser Faulhaber sprach nach dem Zusammenbruch mit dem ganzen bayerischen Episkopat von dem »schrecklichsten aller Kriege« und beklagte sich vor den amerikanischen Korrespondenten im Mai 1945 darüber, daß die Nazis unablässig Propaganda für den *Militarismus* getrieben hätten![263]

Und Faulhabers Prälat Johann Neuhäusler im Jahre 1946 unter den fetten Überschriften: 3. Der einmütige bayerische Episkopat. a) eine deutliche Sprache schon im ersten Jahr. »Kraftvoll ist der Widerstand, der sich auch hier zeigt, bereits im Mai 1933 ...«[264]

Doch noch nicht genug! In gewisser Hinsicht sogar das Schlimmste ist jene Affäre, die in aller Ausführlichkeit die Beilage zum Amtsblatt Nr. 20 der Erzdiözese München und Freising vom 15. November 1934 behandelt: »Eine dem Kardinal Faulhaber unterschobene Predigt gegen Juden- und Rassenhaß.«

Was war vorgefallen?

---

261 Neuhäusler, II., 118f.

262 Amtsblatt d. Erzdiözese München und Freising, Jg. 1941, Nr. 13, 162

263 Manhattan, 221

264 Neuhäusler, II., 100

Das Blatt der deutschen sozialdemokratischen Partei in Prag, der ›Sozialdemokrat‹, publizierte im August 1934 eine Predigt Faulhabers *gegen* den Juden- und Rassenhaß, die von ihm natürlich niemals gehalten worden war. Wie hätte denn Faulhaber den Mut aufgebracht, öffentlich gegen Hitlers Judenpogrome zu protestieren, selbst wenn er sie bedauert hätte, was man aber bezweifeln darf. Denn in seinen Adventspredigten von 1933 sagte er ausdrücklich, Abneigung gegen die Juden von heute dürfe nicht auf die Bücher des vorchristlichen Judentums übertragen werden, was ja suggerieren mußte, die Abneigung gegen die zeitgenössischen Juden sei erlaubt. Ließ der Kardinal doch damals, wie schon Paulus, für die Juden erst »am Ende der Zeiten ... die Stunde der Gnade schlagen!«[265] Der Kardinal beschwerte sich also und stellte richtig nach allen Seiten. Er telegraphierte oder schrieb an das Reichsministerium des Innern, an das Reichsministerium für Volksaufklärung und Propaganda, an die Bayerische Politische Polizei, die Bayerische Staatskanzlei, die deutsche Gesandtschaft in Prag, an zahlreiche inländische und ausländische Zeitungen und sogar an Privatpersonen, vor aller Welt beteuerte der große Bekenner, daß er niemals gegen den Rassenhaß und gegen den Judenhaß gepredigt habe, auch keinen einzigen Satz[266]. »Predigt Faulhaber gegen Rassenhaß niemals gehalten. Ersuche Falschmeldung widerrufen«, telegraphierte das Erzbischöfliche Sekretariat beispielsweise an die Basler ›National-Zeitung‹.[267] Faulhaber selber wandte sich am 9. November 1934 an den Naziinnenminister: »Es ist aber dringlich, daß der Verkauf eines so schmachvollen Hetzartikels, der auf einer marxistischen Fälschung beruht, polizeilich verboten und daß die Öffentlichkeit über diese schamlose Lüge baldigst aufgeklärt wird, und darum ersuche ich ebenso ernst als dringend.«[268] Sein vermeintliches Eintreten *für* die Juden und *gegen* den Rassenhaß also nannte Faulhaber Ende 1934 eine marxistische Fälschung, eine schamlose Lüge oder, wie er in diesem Zusammenhang auch sagt, »wahnsinnige Behauptungen«.

Noch immer nicht genug. Als sich in ihrer Not die damals in Genf tagende Jüdische Weltkonferenz, um in der Sprache des Kardinals zu bleiben, »der angeblichen Predigten für das Judentum bemächtigt« hatte, weil sie offenbar glaubte, ein katholischer Bischof könnte aus Nächstenliebe oder auch nur aus Gerechtigkeit gegen Hitlers Judenverfolgungen aufgetreten sein, da legte Faulhaber in einem Schreiben an die Jüdische Weltkonferenz, wie sein Amtsblatt formuliert, »entschiedene Verwahrung dagegen ein, daß sein Name auf einer Konferenz genannt werde, die gegen Deutschland Handelsboykott fordere«[269].

Faulhabers Predigt *gegen* den Rassenhaß also war gefälscht. Nicht gefälscht aber war jene Predigt, worin der Kardinal im Jahre 1936 Papst Pius XI. als den besten

---

[265] Faulhaber, Judentum, Christentum, Germanentum, 19 u. 10f.

[266] Vgl. Amtsblatt d. Erzdiözese München und Freising, Nr. 20, 15.11.1934, Beilage

[267] Ebenda [268] Ebenda [269] Ebenda

und anfangs sogar einzigen Freund des Nazireiches rühmte, eine Predigt, die er uns dankenswerterweise in seinem eigenen Amtsblatt überliefert hat. In dieser Predigt aber findet sich nun auch der folgende, wohl einmalige Ausspruch eines katholischen Kirchenfürsten: »Die persönlich gehässigste Unwahrheit gegen den Heiligen Vater Pius XI.«, verteidigt Faulhaber nämlich den ersten ausländischen Freund Nazideutschlands, »wurde zum ersten Tag dieses Jahres dem deutschen Volk von einer deutschen Zeitung ... vorgesetzt: Der Papst sei ein Halbjude, seine Mutter sei eine holländische Jüdin gewesen. Ich sehe, meine Zuhörer fahren vor Entsetzen empor. Diese Lüge ist besonders geeignet, in Deutschland das Ansehen des Papstes dem Gespött preiszugeben.«[270]

Nicht doch! Sollte dem Kardinal nicht bewußt gewesen sein, daß das, was seine katholischen Zuhörer so entsetzt emporfahren ließ und ihm selbst Grund schien, den Papst dem Gespött preiszugeben, erst recht auf seinen Herrn Jesus Christus zutrifft, einen Volljuden! Oder doch, geht man vom katholischen Glauben aus, der Jesus ja vom Vater her übernationaler Herkunft sein läßt, einen Halbjuden, so daß demnach Jesus genau das ist, was die ›Deutsche Volksschöpfung‹, Düsseldorf, am 1. Januar 1936 für den Heiligen Vater in Anspruch nahm: Sohn einer Jüdin. Was für ein schmähliches, was für ein lächerliches Schauspiel!

Hatte Kardinal Faulhaber aber unter Hitler der jüdischen Weltkonferenz in Genf verboten, auch nur seinen Namen zu nennen und ihr empört mitgeteilt, er habe »das altbiblische Schrifttum Israels verteidigt, nicht aber zur Judenfrage von heute Stellung genommen«[271], so konnte man im Frühjahr 1946 in den deutschen Zeitungen von dem Auftreten und der Erklärung Kardinal Faulhabers vor der damals in Rom tagenden englisch-amerikanischen Palästina-Kommission lesen: weil er seit 1933 für die Juden eingetreten sei, habe man ihn im Dritten Reich gar sehr verfolgt!

So überdauerte der Kardinal, hochgeehrt, den Kaiser und Hitler, einer der »aufrechtesten Bischöfe«, wie uns Carl Amery erzählt, »durchaus bereit, Verhaftung und Martertod zu riskieren«[272], eine »führende Gestalt im deutschen Episkopat«, wie es im katholischen Herder-Lexikon heißt, »von großer Zeitaufgeschlossenheit und *starkem Bekennertum* ...« In der Tat, niemand kann dies bestreiten, weder die Führerstellung noch die Zeitaufgeschlossenheit, noch gar das starke Bekennertum: vor Hitler dagegen, unter Hitler dafür, nach Hitler dagegen – und wäre uns der Kardinal noch längere Zeit in der Ära Adenauer erhalten geblieben, hätte er uns zu seinem 50. Bischofsjubiläum sicher in einer Festschrift wieder mitteilen lassen, mit welchem Gewehrmuster er ausgebildet worden sei ... Selbstverständlich reagierten auch die anderen deutschen Bischöfe ähnlich. Erzbischof Gröber

---

270 Amtsblatt d. Erzdiözese München und Freising, Jg. 1936, Nr. 6, Beilage II

271 Beilage zum Amtsblatt d. Erzdiözese München und Freising, 15.11.1934

272 Amery, 47f. und Illustrierte Stern, 41, 11.10.1964, 182

beispielsweise, der vordem die Katholiken zur unbeirrten Mitarbeit im neuen Reich aufgefordert, der den Fahnen und Abzeichen der Nazis eiligst die »Aufstellung im Kirchenschiff« gestattet und 1935 ein Buch veröffentlicht hatte, in dem er Patriotismus und Staatstreue der Katholiken glorifizierte (»Es lebe Christus, der die Franken liebt«!) und den Europäer Nietzsche diffamierte (S. 105); Erzbischof Gröber, der 1935 lehrte: »Die katholischen Theologen haben es niemals in den Urteilsbereich des einzelnen mit all seinen Kurzsichtigkeiten und Gefühlsstimmungen gelegt, im Kriegsfalle die Erlaubtheit oder das Unerlaubtsein zu erörtern, sondern die letzte Entscheidung der rechtmäßigen Autorität überlassen«[273] – die rechtmäßige Autorität waren Hitler und die Bischöfe; Erzbischof Gröber, der alles tat, um das Regime zu stärken (S. 109), der förderndes Mitglied der SS und einer der nazifreundlichsten Bischöfe überhaupt gewesen ist, schämte sich nicht, sogleich im Sommer 1945 in einem Hirtenbrief zu schreiben, daß »man in den KZ ergraute Männer bis aufs tropfende Blut gepeinigt oder sadistisch zu Tode geprügelt hat, nur weil sie *Charakter* besaßen und ihre eigene *Überzeugungstreue nicht dem Wahn des Dritten Reiches opfern* wollten«[274]. In einem zweiten Hirtenschreiben vom 21. September 1945: »Und wie wurden nicht bloß unsere Soldaten, sondern das gesamte deutsche Volk ... hinsichtlich der Kriegsursachen, Kriegsaussichten und Kriegsziele angelogen.« (Ja, von wem wohl?) Und: »Waren es nicht ausgerechnet wir, die durch den Untergang des Dritten Reiches eine Erlösung und eine neue Freiheit für uns und unsere Kirche, für unser Volk und unser Vaterland erhofften?«[275] Ja, Erzbischof Gröber zögerte nicht, zu erklären: »Wir ersuchen die Weltöffentlichkeit, die Worte des Heiligen Vaters Pius XII. in seiner Ansprache vom 2. Juli dieses Jahres nachzulesen, in der *gerade den deutschen Bischöfen ihrer Treue und ihres Mutes wegen hohes Lob gespendet wurde*, ›weil sie es nie unterlassen haben, auch in den letzten Kriegsjahren nicht, mutig und ernst ihre Stimme zu erheben‹.«[276]

Jawohl. Für Hitler und seinen Krieg!

Prälat Neuhäuslers Resümee

Johann Neuhäusler aber entdeckt uns am Schluß seines Standardwerkes über den katholischen Kirchenkampf: »Der Kampf ist zu Ende, der Weltkrieg mit sei-

[273] Zit. bei J. Fleischer, Noch einmal in den Abgrund? Wenn Bischöfe unbesehen die Regierungspolitik bejahen, in: Das Andere Deutschland, 16/1956

[274] Hirtenschreiben, vom 1.8.1945. Zit. bei Fleischer, Katholischer Wehrbeitrag, 11

[275] Zit. bei J. Fleischer, Adolf Hitler: sein Krieg und die Bischöfe: Wo bleibt das Schuldbekenntnis der katholischen Kirche?, in: Die Andere Zeitung, 8.10.1964

[276] Ebenda

nen tausenderlei Mordwaffen, der Kulturkampf mit seinem Ansturm gegen Gott, Christus und Kirche, mit seiner Menschenvergötterung, Menschenversklavung und Menschenvernichtung. Leichen und Ruinen bedecken das Feld.«[277]

Wozu man nur ergänze:

1. Den »Kulturkampf mit seinem Ansturm gegen Gott, Christus und Kirche« führte nicht das von der Kurie bekämpfte Sowjetrußland, sondern das mit ihr liierte Nazireich.
2. Die »Menschenvergötterung« trieb auch der hohe deutsche Klerus immerhin so weit, daß Hitler in einem 1938 von Galen autorisierten Opus als »Vorbild wahrhaft soldatischen Wesens und soldatischer Treue« in einem Weihnachtshirtenbrief des Militärbischofs 1942 als »leuchtendes Vorbild« figurierte, während alle katholischen deutschen Bischöfe 1933 wie in jeder menschlichen Obrigkeit so auch in der Hitlers »einen Abglanz der göttlichen Herrschaft und eine Teilnahme an der ewigen Autorität Gottes« erblickten.
3. Die »Menschenversklavung und Menschenvernichtung« in den Konzentrationslagern, bei den Judenmassakern und im Krieg hat der deutsche Episkopat niemals geächtet, vielmehr
4. die Katholiken zur Teilnahme am »Weltkrieg mit seinen tausenderlei Mordwaffen« *verpflichtet* und deren Anwendung *»mit Genugtuung«* verfolgt.

Diese Beiläufigkeiten enthielt Prälat Neuhäusler seinen Lesern vor. Doch vergaß er nicht, ihnen in der letzten fetten Überschrift das Wichtigste mitzuteilen: »D. Das Kreuz steht!«[278]

Auch die deutsche katholische Presse verwandte sich für Hitlers Krieg

> »Für die katholischen Zeitungen und Verlage gibt es ein ungeschriebenes Gesetz, daß nur das gedruckt werden darf, was den heute regierenden Personen und ihrer Sinnesrichtung paßt. Nicht Gottes Gebot, nicht die Wahrheit ist maßgebend, sondern die persönliche Meinung und der bloße Wunsch der jeweils herrschenden Personen.«
>
> Pater Heinrich Bremer S. J.[279]

---

[277] Neuhäusler, II., 405f. [278] Ebenda

[279] Zit. bei J. Fleischer, Die Freiheit, die sie meinen. Ein Jesuitenpater brandmarkt den kirchlichen Faschismus, in: Die Andere Zeitung, 17.5.1956

Es versteht sich von selbst, daß die katholische Öffentlichkeit in Deutschland und Österreich schließlich ebenfalls ganz hinter Hitler stand.

Die katholischen Zeitungen, soweit sie die Nazis nicht beschlagnahmt hatten, riefen, *wie schon im Ersten Weltkrieg*[280], auch diesmal zur Unterstützung des Krieges auf. So las man 1941 im ›Klerusblatt‹: »Wir erleben es heute, wie unser Volk wieder zu all den Werten (!) zurückzufinden sucht, die es einmal so groß und mächtig werden ließen, daß es als Heiliges Reich nicht nur den Deutschen, sondern dem ganzen Abendland Schutz und Ordnung bot.«[281] Das Blatt des Bischofs Galen schrieb damals: »Gott hat es zugelassen, daß das Vergeltungsschwert gegen England in unsere Hände gelegt wurde. Wir sind die Vollzieher seines gerechten göttlichen Willens.«[282] Und in der Kirchenzeitung des Erzbistums Köln stand ungefähr zur selben Zeit: »Es gibt nur wenige Männer ... und zu diesen großen Männern gehört unstreitig der Mann, der heute seinen 52. Geburtstag feiert – Adolf Hitler. Am heutigen Tag versprechen wir ihm, daß wir alle Kräfte zur Verfügung stellen, damit unser Volk den Platz in der Welt gewinnt, der ihm gebührt.«[283]

Mit derartigen Ergüssen kann man Bände füllen. Der amerikanische Gelehrte Gordon C. Zahn begegnete, laut einer 1961 erschienenen Untersuchung über »Die deutsche katholische Presse und Hitlers Kriege«, in der von ihm durchgesehenen »exemplarischen Gruppe von Zeitschriften« »keinem einzigen Beispiel einer auch nur verborgenen Opposition gegen den Krieg«. Vielmehr sei die »katholische Presse voll« gewesen »mit Aufrufen zur Kriegsunterstützung«, habe sie »Seite um Seite feurigen Aufrufen zum ›Patriotismus‹ und Ermahnungen zur ›Pflicht‹ gewidmet«. »Der Gesamteindruck für den Leser«, schreibt der amerikanische Soziologe, übrigens in einer ausgesprochen katholischen Zeitschrift, »ist der einer äußerst nationalistischen Unterstützung des Krieges«, ein Resümee, das der Autor noch ergänzt: »Der Ton der hypernationalistischen Begeisterung in allen Zeitungen, die wir für diese Studie durchsahen, macht auf den Leser nicht den Eindruck, er sei erzwungen worden.«[284]

Er war es ja auch nicht. Die Schreiber, von denen, wie Zahn bemerkt, »viele, wenn nicht die meisten Geistliche waren«[285], folgten allenfalls ihren bischöflichen Vorgesetzten, und diese dem Papst.

Daß damals freilich – um das wenigstens anzudeuten – die Vertreter der deutschen Protestanten nicht hinter den Katholiken zurückstanden, sie an Kollaborationseifer und Kriegsenthusiasmus eher noch übertrafen, zeige zum Abschluß des Kapitels ein kurzer

---

[280] Ausführliche Belege bei Deschner, 514ff.

[281] Klerusblatt, 19.2.1941

[282] Katholisches Kirchenblatt f. d. nördliche Münsterland, 9.3.1941

[283] Katholische Kirchenzeitung d. Erzbistums Köln, 20.4.1941

[284] G. C. Zahn, Die Deutsche Katholische Presse und Hitlers Kriege, in: Werkhefte, 15. Jg., 1961, 205ff.

[285] Ebenda, 209

Seitenblick auf die deutsche Evangelische Kirche im Hitlerreich

»In einer Fülle von Kundgebungen und Aufrufen bezeugten die einzelnen Kirchenleitungen, an dem großen Einheitswerk mitzuarbeiten, und betonten ihre Verbundenheit mit den großen Vorgängen im politischen Leben Deutschlands.«

Der Theologe Karl Kupisch[286]

Hatten die katholischen Bischöfe Deutschlands bis 1933 den Nazismus geschlossen bekämpft, sympathisierten theologische Kreise der evangelischen Kirche schon vorher mit ihm, wie die »Arbeitsgemeinschaft nationalistischer Pfarrer«, die seit 1931 bestand. Nach Hitlers Machtergreifung aber jagten sich die pronazistischen Aufrufe der evangelischen Kirchenführer förmlich.

Zu der März-Wahl 1933 fordert der Evangelische Bund: »Evangelische Christen, erkennt den Ernst und die Verheißung *dieser Wahlentscheidung* ... Tretet hinter die Männer der gegenwärtigen Regierung, um ihnen Gelegenheit zu schöpferischer Arbeit zu geben. Seid eurer Verantwortung eingedenk: es geht um Deutschlands Rettung!«[287]

Nach der Wahl schreibt die ›Allgemeine Evangelisch-Lutherische Kirchenzeitung‹: »Hier war für die Kirche kein Platz zum Auf-der-Seite-Stehen, sondern zum Mittun ... und jeden Tag von neuem wird es uns klar: wir sind bewußt Zeugen großer, werdender Geschichte ... Aber bei aller Freude über die Wendung im Innern dürfen wir keinen Tag vergessen, daß die außenpolitische Befreiung noch erkämpft werden muß!«[288]

Das sogenannte Drei-Männer-Kollegium (Kapler, Marahrens, Hesse) erklärt als Bevollmächtigter des Deutschen Evangelischen Kirchenausschusses und damit sämtlicher evangelischen Kirchen Deutschlands in einer Kundgebung am 25. April 1933: »Zu dieser Wende der Geschichte sprechen wir ein dankbares Ja. Gott hat sie uns geschenkt. Ihm sei die Ehre!«[289] Der evangelische Wehrkreispfarrer Ludwig Müller stellt sich einen Tag später in einem Aufruf vor: »Mit Gottvertrauen und im Bewußtsein der Verantwortung vor Gott gehe ich ans Werk. Das Ziel ist die Erfüllung evangelisch-deutscher Sehnsucht seit den Zeiten der Reformation.«[290]

Zu den beiden letzten Aufrufen bekannte sich im Namen der Jungreformatorischen Bewegung u.a. ausdrücklich auch der heutige Landesbischof Lilje.[291]

[286] Kupisch, 38 [287] Zit. bei Niemöller, 70
[288] Ebenda, 71f. [289] Ebenda, 79 [290] Ebenda, 80
[291] Kupisch, 258ff. Ferner unterzeichneten Doerne, Jacobi, Künneth, Karl Ritter, Stählin, Riethmüller, G. Schulz, Schreiner, Heim, Görnandt, Wendland, Dannenbaum, Anna Paulsen.

Der Landesbischof von Thüringen, Reichardt, schreibt am 25. Oktober 1933: »Schuldige Dankespflicht gegen Gott und Adolf Hitler treibt uns, uns feierlich und einmütig hinter den Mann zu stellen, der unserem Volk und der Welt gesandt ist, die Macht der Finsternis zu überwinden. Wir rufen darum unsere Gemeinden auf, gleichen Sinnes mit uns sich als ein einig Volk von Brüdern hinter den Führer zu stellen.«[292]

Auch ein namhafter protestantischer Universitäts-Theologe sei zitiert. Er steht hier für viele. »Wem das Neue Testament«, meint dieser Neutestamentler 1935, »den Blick geschärft hat für Gottes Wille und Weg in der Geschichte und die letzten Realitäten der Welt, der erkennt im Dritten Reich mehr als einen der Züge wieder, die in der paulinischen Staatstheologie vorgezeichnet sind ... Die Kirche muß ja sagen zu diesem Staat, ein *Ja vom Neuen Testament her* zur geschichtlichen Sendung und Zielsetzung des Dritten Reiches, wie Paulus Ja gesagt hat zum gottgesetzten Amt des römischen Reiches.« Der Theologe, der gegen Liberalismus, Bolschewismus, jüdisches Kapital und alle »Schwärmer« (!) kämpft, der die nazistischen Grundbegriffe Blut und Boden, Rasse und Volk, Ehre und Heldentum und das Hakenkreuz besingt, sogar auf Kosten der Theologie, der Hitler eine mächtige Persönlichkeit, Horst Wessel als den Sohn eines Militärgeistlichen nennt und den deutschen Theologiestudenten befiehlt, »mit ordentlichem Gleichschritt in der SA« zu marschieren[293], hat selbstverständlich hierzulande auch heute wieder eine Professur.

Während der Besetzung der entmilitarisierten Zone des Rheinlandes im März 1936 telegraphiert der Reichskirchenausschuß an Hitler: »Tief ergriffen von dem Ernst der Stunde und von der festen Entschlossenheit des aus seiner Verantwortung vor Gott handelnden Führers steht die Deutsche Evangelische Kirche *freudig bis zum letzten Einsatz* für des deutschen Volkes Ehre und Leben bereit.« Die Evangelischen Pfarrervereine machten sich diese Treuebekundung für den Führer »vollinhaltlich zu eigen«.[294]

Am 20. November 1936 geloben die evangelischen Landesbischöfe: »Wir stehen mit dem Reichskirchenausschuß hinter dem Führer im Lebenskampf des deutschen Volkes gegen den Bolschewismus ... Wir werden unsere Gemeinden unermüdlich aufrufen zum vollen Einsatz der christlichen Kräfte in diesem Kampf in der Gewißheit, daß damit dem deutschen Volk *der wertvollste Dienst* geleistet wird.«[295]

Am 30. September 1938, elf Monate vor Ausbruch des Krieges, telegraphieren die evangelischen Kirchenführer: »Gott sei Dank, der unserem Volke durch den Führer ehrenvollen Frieden bewahrt hat. Mit den befreiten Brüdern erflehen wir göttlichen Segen für das verheißungsvolle Friedenswerk. Heil dem Führer!«[296]

---

[292] NIEMÖLLER, 87 [293] STAUFFER, 14f.; 54 u.ö.

[294] NIEMÖLLER, 170. Von mir hervorgehoben

[295] Ebenda, 197. Von mir hervorgehoben [296] Ebenda, 198

Doch auch beim Kriegswerk sind die evangelischen Kirchenführer spontan dabei – »in Krieg und Frieden«, wie auch Papst Leo XIII. schrieb. Am 2. September 1939, zu Beginn des Zweiten Weltkrieges, versichern sie: »Die deutsche evangelische Kirche stand immer in treuer Verbundenheit zum Schicksal des deutschen Volkes. Zu den Waffen aus Stahl hat sie unüberwindliche Kräfte aus dem Worte Gottes gereicht ... So vereinigen wir uns auch in dieser Stunde mit unserem Volk in der Fürbitte für Führer und Reich ...«[297]

Der Reichsbundesführer der Evangelischen Pfarrervereine eröffnet einen Aufruf am 8. September 1939: »Großdeutschland ruft zum Dienst. Es ruft jedermann, alt und jung, Mann und Weib – es ruft auch uns. Die einen zum Dienst draußen im Feld, die anderen daheim als Diener dessen, der gesagt hat: ›Kommet her zu mir alle, die ihr mühselig und beladen seid; ich will euch erquicken‹.«[298]

Nach dem geglückten Überfall auf Polen danken die deutschen evangelischen Kirchenführer Gott und Hitler in ihrer Kanzelabkündigung zum Erntedankfest 1939: »Und mit dem Dank gegen Gott verbinden wir den Dank gegen alle, die in wenigen Wochen eine solche gewaltige Wende heraufgeführt haben: gegen den Führer und seine Generale, gegen unsere tapferen Soldaten auf dem Lande, zu Wasser und in der Luft ... Wir loben Dich droben, Du Lenker der Schlachten, und flehen, mögst stehen uns fernerhin bei.«[299]

Nach dem Angriff auf die Sowjetunion erhielt Hitler am 30. Juni 1941 ein langes, enthusiastisches Telegramm, das mit den Worten beginnt: »Der Geistliche Vertrauensrat der Deutschen Evangelischen Kirche, erstmalig seit Beginn des Entscheidungskampfes im Osten versammelt, versichert Ihnen, mein Führer, in diesen hinreißend bewegten Stunden aufs neue die unwandelbare Treue und Einsatzbereitschaft der gesamten evangelischen Christenheit des Reiches ... Das deutsche Volk und mit ihm alle seine christlichen Glieder danken Ihnen für diese ihre Tat.«[300]

Doch noch viel später bekennen sich die Führer der evangelischen Kirche zu Hitler, ja, sie rufen zum »totalen Krieg« mit auf, wie der Präsident des Lutherischen Weltkonvents, Marahrens, der am 20. Juli 1943 von den Pastoren »rücksichtslose Entschlossenheit« verlangt. »Überall muß die Erkenntnis geweckt werden: wir stehen in einem unseren ganzen Einsatz fordernden Krieg, und dieser Krieg muß in unbeirrbarer Hingabe frei von aller Sentimentalität geführt werden.« Nur wenige Zeilen danach erinnert der hohe protestantische Kirchenführer ohne Scham an Lukas 9,62, wo es heißt: »Niemand, der die Hand an den Pflug gelegt hat und dann noch rückwärts blickt, ist für das Reich Gottes tauglich.«[301]

Bischof Hanns Lilje, der schon 1933 Hitler unterstützte, der 1938 auf einer Amerikareise die Verbrechen der Nazis verharmloste und auf die kritische Frage

---

[297] Ebenda, 391 [298] Ebenda [299] Ebenda, 392 [300] Ebenda, 393 [301] Ebenda, 368

eines Reporters antwortete: »Wogegen soll denn die Kirche protestieren?«[302], veröffentlichte noch im dritten Kriegsjahr eine Schrift mit dem sprechenden Titel »Der Krieg als geistige Leistung«. Darin schreibt Lilje: »Oder wo weiß man mehr, wie *köstlich* das Leben ist als im Kriege?« »Es muß nicht nur auf den Koppelschlössern der Soldaten, sondern in Herz und Gewissen stehen: *Mit Gott!* Nur im Namen Gottes kann man dies Opfer legitimieren.« Und da auch Jesus dazu gehört, schließt Lilje seinen Beitrag zum Hitlerkrieg: »In viel tieferem Sinne, als die bürgerliche Alltagsweisheit jemals wissen kann, gilt das Jesuswort: ›Wer sein Leben lieb hat, wird es verlieren‹.«[303]

Wie unter Hitler, propagiert Bischof Lilje auch heute das Evangelium auf seine Art. So gab er 1961 in einem Fernsehinterview deutlich zu erkennen, der Christ in Ostdeutschland habe nicht nur ein passives, sondern auch ein aktives Widerstandsrecht. Freilich wollte der Förderer des Naziregimes »im Augenblick niemandem den Rat geben, voreilig zu einer Flinte zu greifen.«[304]

Wie Lilje aber haben die meisten gegenwärtigen Kreuzzugsideologen schon als willfährige Kreaturen Hitlers einer Ostlandpolitik gedient, die zum Tode von fünfundfünfzig Millionen Menschen führte, während die damaligen christlichen Pazifisten auch heute den Militarismus bekämpfen.

Denn selbstverständlich gab es Protestanten, die nicht nur immun gegenüber dem Nationalsozialismus waren, sondern auch öffentlich davon Zeugnis ablegten. Es sei nur an die Bekennende Kirche erinnert, an Männer wie Karl Immer, Paul Schneider, Landesbischof Wurm oder Martin Niemöller, der zwar die Machtergreifung der Nazis begrüßt, dann aber bald sich von ihnen distanziert hat. Niemöllers Briefe an Hitlerminister muß man lesen, um seine Unerschrockenheit würdigen zu können. Bezeichnenderweise steht er auch zur Politik der Bundesregierung wieder in scharfer Opposition.

Aber sogar ein Mitglied der Bekennenden Kirche, Hans Asmussen, räumt das feige Verhalten selbst dieser Gruppe ziemlich unumwunden ein. Während Asmussen Zeuge von vielen Gesprächen Goerdelers mit höchsten Armeeführern der Ostfront gewesen ist, wobei »ganz offen die Frage ventiliert wurde, wann es Zeit sei, gegen Hitler loszuschlagen«, meint er: »schwer zu sagen«, wann die Bekennende Kirche »den Staat als ihren Gegner zu sehen lernte«, und zwar deshalb, »weil es nicht offen gesagt werden konnte und wir oft auch untereinander unsere Meinung verbargen.«[305] Denn, wie Asmussen selber betont, »nur *sehr* wenige« seien es gewesen, »mit denen man offen reden konnte«.[306]

---

302 H. Bunke, Kirchlicher Revanchismus in Reinkultur, in: Die Andere Zeitung, 25.6.1964

303 Lilje, 13f.

304 Spiegel, 13.9.1961, 57

305 Asmussen, 86ff.

306 Ebenda

Sogar ein Bischof, der sich zur Bekennenden Kirche zählte, führte noch bei Kriegsausbruch auf Grund des 23. Psalms aus, Gott habe den Deutschen durch Adolf Hitler auch einen »Tisch wider unsere Feinde bereitet«[307].

Und selbst der Vorsitzende der ersten »Vorläufigen Leitung« der Bekennenden Kirche, der damalige hannoversche Landesbischof, beteuerte in einem Rechenschaftsbericht: »Wir wiederholen es an dieser Stelle ausdrücklich, was wir unzählige Male (!) seit dem Anbruch unseres nationalsozialistischen Staates öffentlich und feierlich erklärt haben: daß wir in Opferbereitschaft und Treue für diesen Staat einzutreten bereit sind.«[308]

Dasselbe beteuerten, wie wir sahen, auch die katholischen Bischöfe Deutschlands, natürlich im engsten Einvernehmen mit dem Papst. Wie Pius XII. sich während des Krieges verhielt, wird das nächste Kapitel zeigen.

---

307 Ebenda, 28. Dort jedoch auch Beispiele für gegenteiliges Verhalten.

308 Zit. bei NIEMÖLLER, 48

Kapitel IV

Der Vatikan und der Zweite Weltkrieg

»Die Hände des Papstes triefen von Blut.«

Die italienische Parlamentarierin Laura Diaz[1]

»In allen Kriegen der jüngsten Vergangenheit hat sie (›die Kirche‹) die Soldaten aller (!) Armeen in ihrem Pflichtbewußtsein gestärkt.«

Herderkorrespondenz, Februar 1952

1 Am 15. April 1948 in einer Rede in Ortona. Zit. bei PARIS, The Vatican against Europe, 14

Was wollte Pacelli?

> »Unter der Führung dieses Papstes sieht es nun einmal in der katholischen Kirche so finster aus, daß man als ehrlicher Katholik nur resigniert feststellen kann: Die Lage ist hoffnungslos!«
>
> Johannes Fleischer[2]

Wie die katholische Kirche Auseinandersetzungen mit Hitler hatte, so gab es, wenn auch seltener, Meinungsverschiedenheiten mit Mussolini. Doch ungeachtet aller Differenzen, ungeachtet der Klagen der Bischöfe und selbst des Vatikans, hielten der XI. und der XII. Pius am Bündnis mit den Faschisten fest, die ja schon mit kurialer Hilfe an die Macht gekommen waren.

Diese bedeutsame Tatsache sei noch einmal betont, insbesondere die Schrittmacherdienste Monsignore Pacellis für Hitler. Eugenio Pacelli, der dreizehn Jahre in Deutschland gelebt hatte, bewunderte die »großen Eigenschaften dieses Volkes«. So umgab er sich als Papst mit Deutschen. Er wurde von Kaas, dem früheren Vorsitzenden der deutschen Zentrumspartei, beraten; ebenso von dem deutschen Jesuiten Hentrich. Er hatte einen deutschen Privatsekretär, den Jesuiten Leiber, und einen deutschen Beichtvater, den Jesuiten Bea. Der deutsche Pater Bruno Wüstenberg amtierte an maßgeblicher Stelle im Staatssekretariat. Sogar die dem Papst besonders nahestehende Ordensschwester Pasqualina Lehnert, von frivolen Zungen »die Päpstin« oder die *»virgo potens«* genannt, die ihm bereits im unkanonischen Alter von 23 Jahren diente – in den deutschen Nuntiaturen mit der Dispens von Benedikt XV., in den vatikanischen Palästen mit der Dispens von Pius XI. und endlich im päpstlichen Appartement, wohin sie, »da das Appartement sehr groß war«, noch andere Schwestern holte, mit der Dispens von Papst Pacelli selbst –, stammte aus Bayern.[3] Ja, nicht nur die beiden prächtigen Perserkatzen des Papstes hießen »Peter« und »Mieze«, auch die Kanarienvögel und »die anderen Vöglein, von denen es viele in den päpstlichen Gemächern gab«, hatten meist deutsche Namen.[4] Der Schriftsteller Pallenberg fand bei einem Besuch im Vatikan, der *Pontifex maximus* lebe »auf einer deutschen Insel«, und der italienische Vatikan-Botschafter di Custoza sprach vom »Papst der Deutschen«, der oft auch geradezu der »deutsche Papst« genannt worden ist.[5]

Natürlich hatte Pius XII. keine besonderen Sympathien für den antiklerikalen Hitler. Das braucht gar nicht betont zu werden. Aber er schätzte seine Vernichtung

[2] J. Fleischer, in: Das Andere Deutschland, 11/1956

[3] Interessant hierüber der wohlinformierte Breza, 548ff.

[4] Ebenda [5] Newsweek, 2.3.1964, Spiegel, 18.11.1964, 110 u. 107

der Liberalen, Sozialisten und Kommunisten in Deutschland. Und er erwartete von ihm die Vernichtung des Bolschewismus überhaupt. Der Nationalsozialismus war, wie schon früher bemerkt, für Pacelli nicht mehr als »das kleinere Übel«, von dem er die Beseitigung des größeren erhoffte. Darüber gibt es keinen Zweifel. Pacelli, wie die meisten Kurienkardinäle ganz von diplomatischen Kategorien geformt, war ein kalter, zeitlebens in großen Zusammenhängen denkender Rechner, dessen Faible für Deutschland und Furcht vor dem Kommunismus seine Politik bestimmten.

Wenn Kardinal Döpfner am 25jährigen Krönungstag Pacellis behauptete: »Die Auffassung, Pius XII. habe den Nationalsozialismus in der Auseinandersetzung mit dem Kommunismus als Bundesgenossen gesehen und insofern als geringeres Übel gewertet, ist historisch unhaltbar«[6], so täuschte der Kardinal sein Auditorium wohl mehr als sich. Sogar der päpstliche Privatsekretär Robert Leiber gestand, daß der Papst die bedingungslose Kapitulation Hitlers als »ein Unglück« empfand. »Von den beiden Systemen des Nationalsozialismus und Bolschewismus hat Pius XII., den Blick in die Weite und Zukunft gerichtet, den Bolschewismus für das gefährlichere gehalten. Die Militärs, Politiker und Staatsmänner der Alliierten, die den Papst seit Juni 1944 in großer Zahl besuchten, können dies bestätigen. Er hat immer darauf hingewiesen, daß jetzt, wo der Nationalsozialismus seinem Ende entgegengehe, die schwerere Aufgabe, die Auseinandersetzung mit der Welt des Bolschewismus, noch ihrer Bewältigung harre. Man hat ihn freilich schlecht verstanden.«[7]

Was wollte Pacelli? Einen gemeinsamen europäisch-amerikanischen »Kreuzzug« gegen die Sowjetunion. Schon am 30. April 1937 schrieb er dem Botschafter Hitlers beim Vatikan, Diego von Bergen, der Heilige Stuhl verkenne »nicht die große Bedeutung, welche die Bildung innerlich gesunder und lebensfähiger politischer Abwehrfronten gegen die Gefahr des atheistischen Bolschewismus besitzt«. Der Heilige Stuhl, bekannte Pacelli, bekämpfe den Bolschewismus ebenfalls, doch mit anderen Mitteln. Er billige aber auch die Anwendung »äußerer Machtmittel gegen die bolschewistische Gefahr«; ja, er sah darin »eine wesentliche Sendung und Aufgabe«.[8]

---

6 Deutsche Tagespost, 17.3.1964 7 Frankfurter Allgemeine, 27.3.1963

8 Zit. bei Fleischer, Katholischer Wehrbeitrag, 9

Der deutsche Überfall auf die Tschechoslowakei

> »Henlein hat dem Führer gegenüber seine Auffassung folgendermaßen zusammengefaßt: ›Wir müssen also immer so viel fordern, daß wir nicht zufriedengestellt werden können.‹ Diese Auffassung bejahte der Führer ...«
>
> Gerhart Binder[9]

ALS EUGENIO PACELLI im März 1939 den päpstlichen Thron bestieg, fielen Hitlers Truppen in die Tschechoslowakei ein. Pacelli, der schon als Nuntius in Berlin, als Kardinalstaatssekretär 1932/33 und bei der Annexion Österreichs Hitler in die Hände gearbeitet hatte, ignorierte den neuen Gewaltakt völlig. Nicht einmal »eindringliche Versuche«, wie der deutsche Vatikan-Botschafter am 25. März aus Rom telegraphierte, vermochten den »Papst zum Anschluß an die Proteste der demokratischen Staaten gegen Angliederung Böhmens und Mährens ans Reich zu bewegen.« Vielmehr lehnte er »dieses Ansinnen sehr entschieden ab«.[10] Dagegen erklärte er, und das war eine seiner ersten Äußerungen als Papst, er wünsche allen kundzutun, »wie sehr er Deutschland schätze und daß er gewillt sei, für Deutschland viel zu tun«.[11]

Nachdem von Bergen Hitlers Glückwünsche zur Papstwahl weitergeleitet hatte, durfte er alsbald erscheinen. »Der Papst betonte in der Audienz, bei der ich die Glückwünsche erneut zum Ausdruck brachte, ich sei der erste Botschafter, den er empfinge; er lege Wert darauf, mich persönlich mit seinem tiefgefühlten Dank an den Führer und Reichskanzler zu beauftragen; er verbinde hiermit seine aufrichtigsten Wünsche für das Gedeihen des deutschen Volkes, das er aus langjähriger Kenntnis während seiner Tätigkeit in München und Berlin immer mehr schätzen und lieben gelernt. Der Papst knüpfte daran seinen ›heißen Wunsch für den Frieden zwischen Kirche und Staat‹; er hätte mir dies als Staatssekretär des öfteren ausgesprochen, doch möchte er es heute als Papst ausdrücklich bestätigen.«[12]

Vier Tage nach seiner Wahl, am 6. März 1939, schrieb Pius XII. auch an Hitler (»Hochzuehrender Herr!«) und flehte, unerschüttert durch dessen immerhin schon siebenjährige Terrorherrschaft, »mit den besten Wünschen den Schutz des Himmels und den Segen des Allmächtigen Gottes«[13] auf ihn herab. Die Grundeinstellung des Briefes, kommentiert Botschafter von Bergen, sei »erheblich freundlicher, als diejenige in Schreiben Pius' XI. an damaligen Reichspräsidenten ... Bemerkenswert ist insbesondere der auch bei dieser Gelegenheit zum Ausdruck

9 BINDER, 300 10 FRIEDLÄNDER, 24
11 SCHEINMANN, 65 mit Bez. auf THE NEW INTERNATIONAL YEAR BOOK, 1939, NEW YORK 1940, 681
12 FRIEDLÄNDER, 20 13 GIOVANNETTI, 36f.

gebrachte Verständigungswunsch. Fassung deutschen Textes läßt die Hand des Papstes erkennen, wie er sich auch nach zuverlässigen Informationen die Bearbeitung deutscher Fragen ausdrücklich vorbehalten hat.«[14] Und am 17. März meldet Bergen: »Papst hat mir mitteilen lassen, der Führer wäre erstes Staatsoberhaupt, dem er seine Wahl zum Papst mitgeteilt; auch habe er bisherige protokollarische Gepflogenheit durchbrochen, indem er nicht nur wie üblich auf lateinisch verfaßte Schreiben unterschrieben hätte, sondern auch deutsche Ausfertigung, die nicht als bloße Übersetzung aufzufassen wäre. Er habe auch hiermit seine deutschfreundliche Gesinnung und seinen Friedenswunsch zu erkennen geben wollen.«[15]

Sogar Prälat Alberto Giovannetti, der Apologet des Papstes, konzediert, daß der Brief über die rein protokollarische Form hinausgehe. »In seinem Umfang und den zum Ausdruck kommenden Empfindungen hat er nicht seinesgleichen unter den anderen damals vom Vatikan versandten amtlichen Schreiben.«[16] Und nur wenige Wochen später wandte sich Pius XII. abermals an Hitler. Aus Anlaß seines 50. Geburtstages sandte er ihm eine handschriftliche Botschaft, die sehr gut aufgenommen wurde.[17]

Am 25. April 1939, zehn Tage nach dem deutschen Angriff auf die Tschechoslowakei, sagte der Papst, laut Bericht von Ohrenzeugen, zu etwa 160 deutschen Rom-Reisenden, die er in Audienz empfing: »Wir haben Deutschland, wo Wir Jahre Unseres Lebens verbringen durften, immer geliebt, und *Wir lieben es jetzt noch viel mehr.* Wir freuen Uns der Größe, des Aufschwungs und des Wohlstandes Deutschlands, und es wäre falsch, zu behaupten, daß Wir nicht ein blühendes, großes und starkes Deutschland wollen. Aber gerade deshalb wünschen Wir auch, daß die Rechte Gottes und der Kirche immer anerkannt werden, denn jede Größe hat einen um so sichereren Bestand, je mehr diese Rechte gewahrt und zur Grundlage des Aufbaus genommen werden.«[18]

Selbstverständlich hat auch Pacelli die Kirchenfeindschaft der Nazis stets verdammt. Als im Sommer 1937 das Verhältnis besonders getrübt war, berichtete am 7. Juli der deutsche Botschafter beim Vatikan, vor allem die Stimmung des Staatssekretärs sei »gereizter denn je«. Kein Wunder. Gerade weil er Hitlers antibolschewistische Politik so sehr bejahte, mußte ihm sein Antiklerikalismus um so fataler sein. Doch schon zwei Wochen später drahtet Bergen nach Berlin, die vom Kardinalstaatssekretär am 16. Juli abgegebenen Erklärungen stünden der Haltung des Papstes auf erstaunliche Weise entgegen. »Pacelli empfing mich mit betonter Freundlichkeit und versicherte mir im Laufe Gesprächs emphatisch (!), die Beziehungen zu uns möglichst bald wieder normal und freundschaftlich zu gestalten;

---

[14] FRIEDLÄNDER, 22 [15] Ebenda, 23 [16] Ebenda
[17] NEUE ZÜRCHER ZEITUNG, 2.6.1939 [18] FRIEDLÄNDER, 25. Hervorhebungen von mir

das gelte besonders für ihn, der dreizehn Jahre in Deutschland geweilt und dem deutschen Volk stets größte Sympathien entgegengebracht habe. Er wäre auch jederzeit zu einer Aussprache mit leitenden Persönlichkeiten, wie z. B. Reichsaußenminister und Ministerpräsident Göring, gern bereit.«[19] So deutlich distanzierte sich also Staatssekretär Pacelli von seinem Vorgänger Pius XI., mit dem der Zorn über die nazistische Kirchenpolitik gelegentlich durchging.

Auch dem Danziger Senatspräsidenten Greiser gegenüber hat Kardinal Pacelli im April 1938 »wiederholt und stark das Bedürfnis nach einem Ausgleich des Vatikans mit dem Reich zu erkennen gegeben und sich soweit vorgewagt, zu erklären, er, Pacelli, sei bereit, auf Wunsch zu Verhandlungen nach Berlin zu kommen«.[20]

Nur logisch deshalb, wenn man Pacellis Krönung in Deutschland begrüßte. Selbst Giovannetti schreibt: »Auch die nationalsozialistische Presse sprach anerkennend über ihn.«[21] Graf Ciano stellte am 13. Juni 1939 fest, »daß die Haltung des Reiches gegenüber der Kirche sich bessert«. Und sogar Polizeichef Himmler gestand Ciano, »daß er den Takt und die Klugheit des Papstes verstehe. Himmlers Blatt ›Das Schwarze Korps‹ hat seit dem Regierungsantritt des Papstes die Kirche nicht mehr angegriffen«.[22]

Man wußte jedenfalls, was man Pacelli verdankte. In diesem Zusammenhang sei noch das wenig bekannte Wort des (bis 1938 amtierenden) österreichischen Bundespräsidenten Wilhelm Miklas zitiert: »Auch die kirchlichen Stellen sind mitschuldig. Pacelli war damals in Deutschland Nuntius, als dort das Gewaltsystem eingeführt wurde. Der Papst war zur Pilsudski-Zeit in Polen. Pacelli drängte in diese Richtung. Jetzt haben wir das Ergebnis dieses Systems ...«[23]

An der Zerstörung der »Hussitenrepublik«, in der von 1918 bis 1930 weit über eine Million Katholiken aus der Kirche austraten, hatte vor Hitler schon der Vatikan gearbeitet, indem er die separatistische Bewegung der slowakischen Katholiken unterstützte, besonders die Slowakische Volkspartei. Es war dies eine antisemitisch geprägte konservative und katholische Partei, die zunächst der Prälat Hlinka und seit 1938 der Geistliche Tiso leiteten. Bald nach seinem Amtsantritt als Ministerpräsident der Slowakei forderte dieser ehemalige katholische Theologieprofessor die absolute Autonomie, obwohl er kurz zuvor dem Präsidenten der tschechoslowakischen Republik den Treueid geleistet hatte. Nun seines Amtes enthoben, floh Tiso mit einem von dem österreichischen Katholiken Seyß-Inquart

---

[19] Ebenda, 19 [20] Ebenda, 19f. [21] GIOVANNETTI, 35

[22] Zit. bei GIOVANNETTI, 85, der hinzusetzt: »So versuchte Himmler, Ciano glauben zu machen.« Aber auch FRIEDLÄNDER, 24 schreibt: »Tatsächlich verschwanden die Angriffe gegen den Papst und den Vatikan recht bald aus den Spalten der deutschen Zeitungen.«

[23] Zit. in NEUTRALITÄT, KRITISCHE SCHWEIZER ZEITSCHRIFT FÜR POLITIK UND KULTUR, 1964/65, Nr. 6/7, 19

zur Verfügung gestellten Flugzeug nach Berlin, machte im Bunde mit Hitler und dem Vatikan im März 1939 die Slowakei selbständig und wurde im Oktober Staatspräsident.

Als einer der ersten erkannte im April 1939 der Papst den neuen slowakischen Staat an und verlieh Tiso den Rang eines Päpstlichen Kammerherrn und den Titel Monsignore.[24] Die katholischen Bischöfe des Landes ließen am 24. Oktober in allen Kirchen einen Hirtenbrief verlesen, worin sie das faschistische Tiso-Regime segneten.[25] »Katholizismus und Nationalsozialismus«, äußerte Monsignore Tiso, »haben viel Gemeinsames und arbeiten Hand in Hand für die Verbesserung der Welt«.[26] Und Tisos Stellvertreter, Ministerpräsident Tuka, ein, wie Keitel bezeugt, abgöttischer Verehrer Hitlers[27], sagte im August 1940, das slowakische Staatssystem werde eine Verbindung von deutschem Nationalsozialismus und römischem Katholizismus sein[28]. So gründete man nach dem Vorbild der Hitlerjugend die Hlinkagarde, führte den Arbeitsdienst nach deutschem Muster ein, hob, wie etwa auch im katholischen Spanien Francos, sofort Meinungs-, Presse- und Redefreiheit auf, verbot alle anderen Parteien und bedrängte hart Orthodoxe, Protestanten und Juden.

Prälat Tiso war erklärter Antisemit. Von einigen Katholiken deswegen zur Rede gestellt, meinte er am 28. August 1942: »Was die Judenfrage betrifft, erkundigen sich manche, ob unser Vorgehen christlich und human sei. Ich frage dagegen: ist es christlich, wenn die Slowaken sich von ihren ewigen Feinden, den Juden, befreien wollen?«[29] Der katholische Bischof Ján Vojtaššák, der führende Repräsentant der hohen kirchlichen Hierarchie in der Slowakei, denunzierte sogar Juden und sagte am 25. März 1942 in einer Sitzung des slowakischen Staatsrates, dessen stellvertretender Vorsitzender er war: »Die Ausweisung der Juden haben wir fortgesetzt. Wir haben die Bilanz erhöht.«[30] Ja, der Bischof, der ein jährliches Einkommen von drei bis vier Millionen Kronen bezog, benützte die faschistischen Rassengesetze, um sich noch des jüdischen Besitzes in Betlanovce und Baldovce zu bemächtigen.[31]

Nach einer 1941 in London erschienenen Veröffentlichung des tschechoslowakischen Außenministeriums haben 90 % aller slowakischen katholischen Geistlichen für Hitler gebetet.[32] Der Päpstliche Kammerherr Tiso schickte eine eigene Legion an die Ostfront und besuchte und ermutigte seine Legionäre wiederholt. Bis

---

24 Lehman, 28

25 Der Prozess gegen die drei slowakischen Bischöfe Ján Vojtaššák, Dr. Th. Michal Buzalka, Pavol Gojdič, Prag 1951, 15

26 Zit. bei Paris, The Vatican against Europe, 159

27 Görlitz, Generalfeldmarschall Keitel, 204

28 Lehman, 28. Vgl. auch Hagen, 170ff. bes. 186f.

29 Manhattan, 267

30 Der Prozess gegen die drei slowakischen Bischöfe, 50f.

31 Ebenda, 30ff.

32 Two Years of German Oppression in Czechoslovakia, London 1941, 134f. Nach Scheinmann, 251

zuletzt rief er zur Fortsetzung des Krieges auf und versicherte noch am 27. September 1944: »Die Slowakei wird an der Seite der Achsenmächte bis zum Endsieg stehen.«[33] Und die katholischen Bischöfe Ján Vojtaššák und Michal Buzalka segneten die Tisotruppen, ehe sie gegen das katholische Polen und die Sowjetunion ins Feld zogen.[34]

Tiso floh 1945 nach Deutschland, doch die Alliierten lieferten ihn aus, er kam in der Tschechoslowakei vor Gericht und wurde als Kriegsverbrecher verurteilt. Der Papst unterließ nichts, um ihn moralisch zu rehabilitieren. In der mit voller Zustimmung Pius' XII. vom Vatikan veröffentlichten ›Katholischen Enzyklopädie‹ heißt es: »Tiso war ein vorbildlicher Priester, der ein unbescholtenes Leben führte ... Er widmete sich der Politik, weil er sich *durch die Notwendigkeit dazu gezwungen sah*; denn seit Beginn dieses Jahrhunderts verteidigte nur der Klerus die Rechte des slowakischen Volkes. Deshalb wurde er von allen wie ein Vater geliebt. Unter der Regierung Tiso hat die Slowakei große Fortschritte sowohl auf kulturellem und ökonomischem als auch auf sozialem Gebiet gemacht und ihre *nationale Selbständigkeit* bewiesen.« Schließlich wird Tiso selbst zitiert: »Ich sterbe als Märtyrer ... Außerdem sterbe ich als Verteidiger der christlichen Zivilisation gegen den Kommunismus.«[35]

Außerdem starb Tiso als Rebell gegen den tschechoslowakischen Staat, als Kriegsverbrecher und rabiater Antisemit und überhaupt als ein Mann, der, im Bunde mit dem Papst, ein System unterstützte, in dessen Konzentrationslagern Millionen Menschen zugrunde gingen.

Auch in der Tschechei kollaborierte der hohe katholische Klerus mit den Nazis. So schrieb der Statthalter von Prag, Frank, noch am 5. Juli 1944 an Hitlers Hauptquartier, er, Frank, stütze sich auf die höheren tschechischen Würdenträger der katholischen Kirche.[36]

Bereits zwei Jahre vorher, am 10. Juni 1942, hatte man auf Befehl Franks als »Vergeltung« für die Erschießung des »Reichsprotektors« Heydrich das tschechische Dorf Lidice vollständig niedergebrannt, 184 Männer und 7 Frauen an Ort und Stelle erschossen und 203 Frauen und 104 Kinder in ein Konzentrationslager verschleppt; von ihnen kehrten 153 Frauen und 16 Kinder zurück.[37] Mit dem Initiator dieses Verbrechens arbeitete noch zwei Jahre später der höhere Klerus in der Tschechei zusammen.

Als seinerzeit die tschechischen Bischöfe baten, für den SS-Führer Heydrich ein Glockengeläut veranstalten und ein Requiem lesen zu dürfen, bedeutete Hitler den frommen Herren, es wäre besser gewesen, »sie hätten beizeiten für die Erhaltung des Lebens des stellvertretenden Reichsprotektors gebetet«.[38]

---

33 Manhattan, 267
34 Der Prozess gegen die drei slowakischen Bischöfe, 15
35 Zit. bei Tondi, Die Jesuiten, 363f.
36 Scheinmann, 339
37 Malvezzi-Pirelli, 264f.
38 Picker, 396

Danzig

»Splett wurde ein Jahr vor Kriegsausbruch zum Bischof von Danzig ernannt. Er war den Polen gegenüber sehr streng und entfernte die polnischen Priester aus allen Pfarreien und kirchlichen Stellen, wo immer er konnte. Während des Krieges ging er aufs Ganze und bediente sich der Gestapo. Nach dem Krieg wurde er zu lebenslänglichem Gefängnis verurteilt.«

Tadeusz Breza[39]

Auch vor dem Anschluss Danzigs an Deutschland, der den Überfall auf Polen einleitete, kam der Vatikan Hitler entgegen. Auf Drängen der NSDAP entfernte nämlich der Papst im Sommer 1938 den Bischof von Danzig, O'Rourke, einen Grafen irischer Abstammung, dem die Nazis »Polonisierung« der Danziger Kirche vorwarfen. Ferner änderte der Papst das vorher von ihm gebilligte Projekt der polnischen Kirchengemeinden der Stadt. An Stelle O'Rourkes trat einer seiner Pfarrer, Dr. Maria Splett, worauf eine enge Zusammenarbeit mit der Partei begann. In einem Hirtenbrief vom 4. September 1939 begrüßte Splett dankbar die durch den Überfall auf Polen ermöglichte Rückkehr Danzigs ins Deutsche Reich und bat Gott den Allmächtigen um seinen Segen für den »Führer«.[40]

Am 15. September befahl Splett in einem Rundschreiben an alle Pfarrämter und Seelsorgestellen seines Bistums: »Bei dem demnächst zu erwartenden Besuch des Führers sind die Pfarrhäuser und Kirchen zu beflaggen, außerdem sind die Glokken zu läuten. Der Zeitpunkt des Läutens wird zu gegebener Zeit den einzelnen Pfarrämtern von den örtlichen Stellen der Partei telefonisch mitgeteilt werden.«[41]

Auf Vorschlag der Nazis übertrug die Kurie auch die kirchliche Verwaltung der polnischen Bistümer Gnesen, Posen und Culm den angrenzenden deutschen Diözesen. So wurde der Danziger Bischof Apostolischer Administrator von Culm.

Splett tat nun alles, um das Polentum, entsprechend den Wünschen der Deutschen, auch im kirchlichen Bereich zu unterdrücken. Am 17. Mai 1940 verfügte der Bischof: »Sofort sind aus den Kirchen zu entfernen alle Gegenstände mit polnischen Aufschriften und Emblemen (Gebetstafeln etc.), auch sonstige polnische Aufschriften und Malereien in den Kirchen. (Termin bis Montag, den 20. Mai, cr., 12 Uhr mittags.) Fahnen etc. dürfen aber nicht in den Pfarrhäusern oder Privathäusern heimlich aufbewahrt werden. Polnische Aufschriften und Embleme sind

[39] Breza, 189f.

[40] Der Hirtenbrief ist ganz wiedergegeben in Begegnung, Monatsschrift deutscher Katholiken, Berlin, 9/1964, 11

[41] Ebenda, 12

von Fahnen, Denkmälern etc. umgehend zu entfernen.«[42] In einem Rundschreiben vom 15. Oktober erinnerte Splett an diese Verfügung und schrieb: »Sollten in einzelnen Fällen die Kirchenangestellten mit der Durchführung dieser Verordnung beauftragt gewesen sein, so verpflichte ich alle Pfarrer und Geistlichen, sich persönlich von der tatsächlichen Durchführung derselben zu überzeugen.«[43]

Am 25. Mai 1940 bestimmte der Bischof: »Die polnische Sprache ist von sofort ab in der Beichte verboten, sowohl von seiten des Beichtkindes wie auch von seiten des Beichtvaters.«[44]

Der Papst selbst trat im Sommer 1939 für eine Rückgabe Danzigs an das Deutsche Reich ein.[45] So telegraphierte Sir Percy Loraine, der britische Botschafter in Rom, an Lord Halifax am 7. Juli 1939: »Was den Vatikan und Danzig anbetrifft, so denkt Herr Helfand, der Vatikan habe bereits konkrete Vorschläge ausgearbeitet und wahrscheinlich Berlin und Warschau unterbreitet: Polen solle nicht nur zugestehen, daß Danzig eine deutsche Stadt ist, sondern ebenfalls, daß es dem Reich zurückgegeben wird.«[46] Auch Oberst Beck berichtet in seinen Memoiren: »In den letzten Augusttagen wandte sich der Papst noch einmal an uns und erklärte uns, die Abtretung Pommerns und Danzigs könne den Frieden retten.«[47]

Der deutsche Überfall auf Polen

> »Einer der Hauptverantwortlichen für die Tragödie meines Landes ist der Vatikan. Zu spät erkannte ich, daß wir eine Außenpolitik im Interesse der katholischen Kirche betrieben.«
>
> Der polnische Außenminister Beck[48]

Bei der Besetzung Österreichs gab Göring als Hitlers Stellvertreter dem tschechoslowakischen Gesandten Mastny sein »Ehrenwort«, daß diese reine »Familienangelegenheit« die gewünschte Verbesserung der Beziehungen zur Tschechoslowakei nicht stören werde.[49] Während des Konfliktes mit der Tschechoslowakei hielt Polen still, denn Hitler hatte mit ihm 1934 einen Nichtangriffs- und Freundschaftsvertrag geschlossen. Und als er Polen bekriegte, nützte ihm der Pakt mit Rußland.

Von der geplanten Attacke auf Polen erfuhr Pius XII. durch seinen Berliner Nuntius bereits Mitte August 1939.[50] Hitler ersuchte damals den Papst, den

---

[42] Ebenda [43] Ebenda [44] Ebenda [45] Friedländer, 30ff. [46] Ebenda, 32

[47] Ebenda, 33. Dort weitere Dokumente für derartige Bemühungen des Papstes.

[48] Zit. bei Manhattan, 277 [49] Binder, 307 [50] Scheinmann, 90, Anm. 1

Angriff nicht zu verurteilen und die polnischen Katholiken zu einem Kreuzzug gegen die Sowjets zu gewinnen.[51]

Nun ersehnte man zwar im Vatikan seit zwanzig Jahren nichts mehr als die Vernichtung des Kommunismus und der Sowjetunion, womit sich der zweite große Wunsch der Kurie, die Unterwerfung der orthodoxen Kirche unter den römischen Katholizismus verband. Auf der anderen Seite aber war Polen ein rein katholisches, jahrhundertelang dem Vatikan unverbrüchlich ergebenes Land, das zudem ein katholischer Diktator regierte, der enge Verbindung mit dem Papst unterhielt. Dessenungeachtet entschied sich Pius XII. für die Opferung Polens. Er stellte jedoch drei Bedingungen[52]:

1. Hitler müsse zuvor alles versuchen, um mit Polen und den Westmächten zu einem Kompromiß zu gelangen.
2. Bei einer Invasion dürfe er Polen nur ein Minimum an physischem und moralischem Schaden zufügen und die polnischen Katholiken wegen ihres Widerstandes nicht verfolgen lassen; alle Interessen der Kirche seien zu wahren.
3. Niemals dürfe die Verhandlung des Vatikans mit Deutschland über eine Invasion in Rußland bekannt werden.

Hitler versprach alles.

Und der katholische Feldbischof Rarkowski feuerte die deutschen Soldaten an: »Jeder von euch weiß, worum es in diesen Sturmestagen unseres Volkes geht, und jeder sieht bei diesem Einsatz vor sich das leuchtende Vorbild eines wahrhaften Kämpfers, unseres Führers und Obersten Befehlshabers, des ersten und tapfersten Soldaten des Großdeutschen Reiches.«[53] Als nach dem Angriff auf Polen Frankreich und Großbritannien, trotz aller päpstlichen Bemühungen, in den Krieg eintraten, wurde Pius XII. durch den Beginn des Zweiten Weltkrieges so getroffen, daß man tagelang um seine Gesundheit bangte. Im November erlitt der Papst sogar einen Nervenzusammenbruch.[54] Doch hielt er sein Versprechen. Wie schon beim Einmarsch der Deutschen in Österreich und in der Tschechoslowakei, so schwieg er auch jetzt und verurteilte Hitlers Polenfeldzug mit keinem Wort. Selbst als England und Frankreich darauf bestanden, daß der Papst Deutschland als Angreifer erkläre, lehnte er mit dem Hinweis auf die angeblich traditionell neutrale Haltung des Vatikans ab, »die unmittelbare Einmischung in internationale Angelegenheiten vermeidet«[55].

Dafür protestierte Pius XII. gegen den Abschluß des deutsch-sowjetischen Paktes durch seinen Nuntius in Deutschland, durch den ›Osservatore Romano‹

---

51 Manhattan, 192ff. 52 Ebenda
53 Verordnungsblatt des katholischen Feldbischofs der Wehrmacht, 1939, 5
54 Manhattan, 192ff. 55 Friedländer, 36

und ›Radio Vatikan‹ um so energischer. Als gar die Sowjets am 17. September 1939 in Polen von Osten her einfielen und es besetzten, fanden die vatikanischen Interventionen kein Ende.

Auch gegen den Überfall der Russen auf Finnland protestierte der Papst.[56] Er konnte protestieren, wenn er wollte! Und der ›Osservatore Romano‹ geißelte unentwegt »die aggressiven Absichten Rußlands«, »die zynischste Aggression der modernen Zeit«, und beschuldigte die russische Regierung, nicht nur »nach dem Gesetz des Dschungels vorzugehen, sondern es auch noch öffentlich zu verteidigen«.[57] Tatsächlich ließen es die Sowjets nicht an rigorosen Maßnahmen fehlen. Kirchliche Schulen, theologische Seminare und Klöster wurden geschlossen, Kapellen beschlagnahmt, Kirchen hoch besteuert, Geistliche verbannt und christliche Lehrer an den öffentlichen Schulen durch Kommunisten ersetzt.[58]

(Zuvor hatte es allerdings schon unter Leitung katholischer Bischöfe gerade in den nach dem Ersten Weltkrieg von Rußland an Polen abgetretenen Gebieten umfangreiche religiöse Verfolgungen gegeben. Dort lebten nämlich sieben bis acht Millionen Weißrussen und Ukrainer, von denen etwa die Hälfte der russisch-orthodoxen Kirche angehörte. Ungeachtet des feierlichen Versprechens der Polen an die Großmächte, alle Rechte dieser Minderheiten zu respektieren, suchte man sie alsbald zu bekehren. Im Einverständnis mit dem Vatikan ließ man in kurzer Zeit mehr als tausend orthodoxe Priester einkerkern und ganze Dörfer durch Massaker entvölkern. In einer 1931 in den USA erschienenen Schrift heißt es: »Die meisten orthodoxen Kirchen wurden von polnischen Soldaten geplündert und als Pferdeställe, ja, als Latrinen benutzt.«[59] Unablässig bereisten damals vatikanische Visitatoren das Land und überzeugten sich von dem Fortgang der Mission.)

Die Religionsverfolgung in Polen durch Einheiten Hitlers aber war so offensichtlich, daß selbst der Vatikan wiederholt seine Mißbilligung bekundete. Diese Proteste waren für den Papst, der sich, schon wegen der katholischen Welt, während des ganzen Krieges den Anschein strenger Neutralität gab, unerläßlich. Einerseits dienten sie zur Tarnung seiner profaschistischen Politik, andererseits suchte er damit von der Regierung Hitlers Konzessionen in kirchlichen Fragen zu erlangen. So wenig der Antiklerikalismus der Nazis in Deutschland die Zusammenarbeit von Pius XII. und Hitler beeinträchtigt hatte, so wenig beeinträchtigten sie die Ausschreitungen in Polen. Nuntius Orsenigo – ein Diplomat, wie Monsignore Giovannetti lobt, »von großem politischem Scharfsinn«[60] – protestierte zwar, beglückwünschte aber zugleich im Auftrag des Papstes Hitler zu seiner Rettung beim Münchener Attentat.

[56] Giovannetti, 146f. [57] Ebenda, 145f. [58] Bates, 11f.

[59] E. Revyuk, Atrocities in the Ukraine, 1931; nach Manhattan, 274. Vgl. auch Roos, 138f.

[60] Giovannetti, 58

Die »Friedensbemühungen« des Papstes und der Eintritt Italiens in den Krieg

»Alle jene, die nicht mit einer Lüge auftrumpfen wollen, sondern es mit der Wahrheit halten, wissen, daß Wir Uns im letzten Konflikt streng unparteiisch allen Kriegführenden gegenüber erwiesen haben. In Wort und Tat haben Wir gar oft dafür Zeugnis abgelegt und in Liebe alle Nationen vereint.« »Alle, die sich mit Waffengewalt bekämpfen und durch Streitigkeiten getrennt sind, sind in Unseren Augen Unsere geliebten Söhne.«

Pius XII. am 7.7.1952[61]

»Sicherlich können nur Böswillige bestreiten, daß die Päpste in den beiden letzten Weltkriegen in vielen Verlautbarungen zum Frieden mahnten, die Völker beschworen, mit dem ›Brudermord‹ aufzuhören und daß durch das päpstliche Hilfswerk ungezählten Notleidenden ohne Ansehung ihrer Staatszugehörigkeit materielle Hilfe zuteil wurde. Wie sah aber andererseits die vollkommene Unparteilichkeit der Päpste in der Praxis aus? Sie bestand darin, daß die Päpste hüben wie drüben die Bischöfe ... zur gegenseitigen Vernichtung der Katholiken auffordern ließen und auch insofern in strenger ›Neutralität‹ keine der beiden Parteien bevorzugten oder benachteiligten. Es ist aber schlechterdings unerfindlich, wie man eine solche ›Unparteilichkeit‹ zu dem Verhalten eines Vaters, ›der alle seine Kinder mit der gleichen Zuneigung liebt‹, in Parallele stellen und als ein aufrichtiges Bemühen, ›in Liebe alle Nationen zu vereinen‹, bezeichnen kann.«

Johannes Fleischer[62]

Wer das Buch des vatikanischen Chronisten Alberto Giovannetti ›Der Vatikan und der Krieg‹ liest, bemerkt bald, daß darin das Wort Friede eine noch größere Rolle spielt als in Heinrich Bölls Satire ›Nicht nur zur Weihnachtszeit‹.

In einem Motto geißelt zunächst Pius XII. selbst (bereits am 13. Juni 1943) »die Torheit der Anklagen, der Papst habe den Krieg gewollt« und »nichts für den

[61] Ebenda [62] Ebenda

Frieden getan«, und prophezeit, beschämt würde werden, »wer immer sich anstrengt, mit trügerischem Wort auf das Papsttum die Verantwortung abzuwälzen für das Blut, das ... geflossen ist.« Darauf beteuert Monsignore Bruno Wüstenberg, einer der deutschen Mitarbeiter Pacellis, im ersten Satz des Vorwortes, in der ganzen Geschichte habe vielleicht niemals ein Papst hingebungsvoller den Frieden erstrebt als Pius XII. Und dann kommt Giovannetti selbst zum Zuge. Obwohl es sich, wie er gleich eingangs schreibt, auch bei seinem Bericht »nur um einige Lichtstrahlen« handle – »denn die ununterbrochene emsige Arbeit zugunsten des Friedens, dessen unermüdlicher Vorkämpfer der Papst vom Anfang des Krieges bis zu seinem Ende war, ist noch nicht in dem Maße dargestellt worden, wie sie es verdient«[63] –, wird die Gestalt Pius' XII. bald immer lichter, heller, hehrer. Eine Friedensbeschwörung folgt nach der anderen, Friede ist das beherrschende Wort, entweder im Munde des Verfassers oder des oft zitierten Papstes, der, wie er am 13. Juni 1943 selber sagte, »ununterbrochen gerufen und gemahnt hat: Friede, Friede, Friede!«, dessen letztes öffentliches Wort das Wort Friede gewesen sein soll[64] und der überhaupt ein so gewaltiger Pazifist war, daß Kardinal Tardini ihm bescheinigen konnte, Friede sei das Wort, das am meisten über seine Lippen kam.

Den Stil dieser Pacelli-Predigten sollte man einmal untersuchen. »Einsam auf verlassenen Wegen«, sagte Pius XII. beispielsweise am 8. Januar 1940 in einer dem römischen Patriziat gewährten Audienz, »im Schatten vager Hoffnungen irrt furchterfüllt der Friede einher, und auf den Spuren seiner Schritte suchen ihn in der Alten und in der Neuen Welt Menschen, die ihm Freund sind, suchen ihn besorgt und nachdenklich ob der Frage, wie sie ihn auf gerechtem, solidem und dauerhaftem Wege wieder den Menschen zuführen können ...« usw.[65] Oder einen Tag darauf in einer Ansprache an die römischen Caritas-Damen: »Von einer neuen Sintflut bedroht, schaut eine geängstigte Menschheit sehnsüchtig nach der Heimkehr der Taube aus, die ihr künde vom Regenbogen des Friedens. Aber die geflügelte Botin wird den Frieden für alle, für die einzelnen und für die Nationen, nur dann bringen, wenn sie erneut auf Erden den grünenden Zweig des Ölbaums pflücken kann, des Baumes, der linderndes Salböl spendet, der aber für Wachstum und Fruchtbarkeit auch der Sonne der Liebe bedarf.«[66]

Dieser typische Pacelli-Ton sei hier ebensowenig beurteilt wie die erstaunliche Behauptung Giovannettis: »Selten hatte das Wort der Kirche angesichts schwerster Probleme der modernen Welt eine solch meisterliche Höhe erreicht.«[67] Doch was beweisen denn Ansprachen und bloße Aufforderungen zum Frieden? Was beweisen sie im Munde eines Papstes, der 1939 auf die Frage nach der Gehorsamspflicht gegenüber Hitler antwortete, daß der »Führer« das legale Oberhaupt der Deutschen

[63] Ebenda, 15 [64] Ebenda, 28 [65] Ebenda, 168 [66] Ebenda, 169 [67] Ebenda, 157

sei und jeder sündige, der ihm den Gehorsam verweigere?[68] Was beweisen sie im Munde eines Papstes, der am 8. November 1939 den französischen Bischöfen das Recht zusprach, alle Maßnahmen zur Verteidigung ihres Landes zu unterstützen?[69] Und am 6. August 1940 den deutschen Bischöfen seine Bewunderung ausdrückte für die deutschen Katholiken, die »treu bis in den Tod« für ihre »Volksgenossen« kämpften?[70] Was also beweisen solche Reden im Munde eines Mannes, der während eines sechsjährigen grauenhaften Krieges zwar mit automatenhafter Monotonie »Friede! Friede!« predigte, *aber zugleich durch seine Bischöfe Millionen und Abermillionen von Katholiken zum Kriegsdienst und damit doch zum Töten anderer Katholiken (und Nichtkatholiken) bis zum Zusammenbruch der Fronten verpflichten ließ?* Weil es ihm, wie seinen Vorgängern, eben leichter fiel, sich gegen die Gebote des biblischen Jesus zu vergehen als gegen die eines Hitler und anderer Potentaten. Gibt es überhaupt einen Denkenden, der die Friedenspredigten eines (solchen) Papstes noch ernst nimmt? Diesen Hohn auf die Humanität und diese Beleidigung der Vernunft?

Dabei steht außer Frage, daß Pius XII. tatsächlich energisch einen »Frieden« wollte, allerdings keinen globalen Frieden. Der Eintritt Frankreichs und Großbritanniens in den Krieg erschütterte den »Papst der Deutschen«, zumal er ja selbst dafür durch seine Unterstützung Hitlers 1933, bei der Annexion Österreichs, beim Einmarsch in die Tschechoslowakei, die Voraussetzung geschaffen hatte. So bemühte er sich nach dem Polenfeldzug, wie vor allem bei den Nürnberger Prozessen bekannt wurde, intensiv um einen Kompromißfrieden zwischen den Alliierten und Deutschland, freilich nur in der Absicht, den Westen gemeinsam gegen das kommunistische Rußland zu führen.

An Weihnachten 1939 drückte er unüberhörbar seine Befürchtungen aus: »Wie soll nach Beendigung des Krieges eine erschöpfte und ausgesogene Wirtschaft die Mittel für den wirtschaftlichen und sozialen Wiederaufbau aufbringen, wenn Schwierigkeiten von allen Seiten sich bis zum Äußersten steigern und wenn die Kräfte und Verführungskünste der Unordnung, die auf der Lauer liegen, den Versuch machen, sich ihrer zu bedienen in der Hoffnung, alsdann dem christlichen Europa den Todesstoß versetzen zu können?«[71] Richtig kommentiert Giovannetti: »Der Hinweis auf den gottlosen und umstürzlerischen Kommunismus war deutlich genug.«[72] Doch noch deutlicher wurde der Papst einen Tag nach Verkündigung seiner Weihnachtsbotschaft, am 25. Dezember 1939, als er bei einem Empfang des Kardinalkollegiums ausrief: »Beenden wir diesen Bruderkrieg und vereinigen wir unsere Kräfte gegen den gemeinsamen Feind, gegen den Atheis-

---

[68] Vgl. das katholische DEUTSCHE VOLKSBLATT, 15.9.1960
[69] ZIEGLER, 109ff.
[70] LEWY, 251
[71] Zit. bei GIOVANNETTI, 160
[72] Ebenda

mus!«[73] Kurz darauf, am 31. Dezember, dankte Pius XII. in einer Privataudienz, die er dem deutschen Geschäftsträger Menshausen gewährte, für die übermittelten Neujahrsglückwünsche und bat, sie »für Führer, die gesamte Reichsregierung und ›das liebe deutsche Volk‹ bestens zu erwidern«. Weiter äußerte er, daß »Seine große Zuneigung und Liebe für Deutschland fortbesteht *unvermindert*, und vielleicht liebe er es – wenn das überhaupt möglich wäre – in den heutigen schweren Zeiten *nur noch mehr*«.[74] Was Pius XII. nach der Besetzung der Tschechoslowakei sagte, er liebe Deutschland »jetzt noch viel mehr«, das wiederholte er nun fast mit denselben Worten, nachdem Hitler Polen erobert und somit seinen Machtbereich noch weiter nach Osten ausgedehnt hatte.

Abermals nur wenige Tage später, am 4. Januar 1940, schrieb in voller Übereinstimmung mit diesen päpstlichen »Friedensbemühungen« Mussolini an Hitler: »Unsere beiden Revolutionen werden ihr Ziel erst dann erreichen, wenn wir den Moskauer Bolschewismus vernichtet haben ... Die Lösung Ihres Lebensraumproblems liegt in Rußland und nicht anderswo.«[75]

Die Verhandlungen mit dem Ziel eines gemeinsamen Kampfes gegen die Sowjetunion, zu dem der Papst auch die USA zu bewegen suchte, fanden Ende 1939 und Anfang 1940 statt. Am 10. Juni 1940 aber erklärte Italien Frankreich und England den Krieg. Pius XII., dem nichts lieber als ein europäischer »Kreuzzug« gegen Rußland gewesen wäre, hatte den Eintritt Italiens in den Konflikt unbedingt verhindern wollen. Der Duce konnte jedoch ein päpstliches Handschreiben mit der Bemerkung beantworten: »Die Geschichte der Kirche – und Ihr, Heiliger Vater, lehrt es mich ebenfalls – hat niemals die Formel ›Frieden um des Friedens willen‹ angenommen, des ›Friedens um jeden Preis‹, des ›Friedens ohne Gerechtigkeit‹, das heißt eines ›Friedens‹, der unter den gegebenen Umständen unwiederbringlich für Gegenwart wie Zukunft das Geschick des italienischen Volkes in Frage stellen könnte.« Außerdem tröstete den Duce auch »der Gedanke, daß Gott im einen wie im anderen Falle die Streitkräfte eines gläubigen Volkes beschützen wird, wie das italienische es ist.«[76]

Der italienische Episkopat sprach bei der Kriegserklärung sogleich von einem heiligen Krieg und sandte Mussolini und dem König eine Grußbotschaft. Der Korrespondent der ›New York Times‹ beim Vatikan, der sich damals nach dem Verhältnis der Kurie zu diesen klerikalen Kriegsdemonstrationen erkundigte, erhielt im vatikanischen Staatssekretariat die Antwort, der Heilige Stuhl sei für alle Katholiken verantwortlich; »die italienische Geistlichkeit und die italienischen

---

73 Scheinmann, 127 mit Bez. auf R. Garaudy, L'église, le communisme et les chrétiens, Paris 1949, 159 und La Pensée, Paris, 1949, Nr. 27

74 Friedländer, 40. Hervorhebungen von mir

75 Zit. bei Posser, 54

76 Zit. bei Giovannetti, 294

Katholiken haben aber besondere Pflichten gegenüber Italien und werden diesen wie immer in Ehren nachkommen«.[77] Und die vatikanische Jesuitenzeitschrift ›Civiltà Cattolica‹ rief alle Italiener auf, »mit ihrem Blute die treue Pflichterfüllung zu besiegeln«.[78] Der Papst aber bekannte sich weiterhin zur Neutralität und verkündete den Frieden.

Der deutsche Überfall auf Norwegen und die Besetzung der Niederlande, Belgiens und Frankreichs

Als Hitler im April 1940 das schwache protestantische Norwegen überfiel und Pius XII. von vielen Seiten gedrängt wurde, die neue Aggression zu verdammen, hüllte er sich ebenso in Schweigen wie schon früher bei ähnlichen Anlässen. Nur durch den ›Osservatore Romano‹ ließ er andeuten, in Norwegen lebten 2619 Katholiken, in Deutschland aber 30 Millionen.[79] Auch die Angriffskriege Mussolinis, beiläufig bemerkt, hat der Papst niemals verurteilt, weder den italienischen Überfall auf Abessinien noch den auf Albanien oder auf Griechenland. Sollten diese Raubzüge doch nicht nur seinen faschistischen Bundesgenossen stärken, sondern auch jene Länder für die katholische Mission erschließen. Alberto Giovannetti freilich folgert, der Wunsch Pius' XII., die Lebensbedingungen des italienischen Volkes nicht noch schwieriger zu gestalten – als sie, darf man ergänzen, ausgerechnet im Lande des Papstes seit langem sind –, »mußte ihm zuweilen davon abraten, förmliche Verurteilungen zu verkünden, die zu einem offenen Bruch zwischen Kirche und Staat hätten führen müssen«.[80] Denn humanitäre Motive spielen für die Kirche, wie ihre Geschichte seit dem 4. Jahrhundert beweist, eine unendlich geringere Rolle als ihr Verhältnis zu Staaten, besonders zu mächtigen, von denen sie abhängig ist. Doch habe es der Papst »niemals« unterlassen, »stets festen und klaren Protest ob der kirchenfeindlichen faschistischen Haltung zu erheben«.[81] Gewiß, wenn es darum ging, intervenierte er, in Italien, in Deutschland und wo immer man katholische Interessen verletzte. Die antikommunistische Politik der Achsenmächte aber unterstützte er trotzdem so gut er konnte. Und wie deshalb Nazideutschland seine Wahl begrüßte, so sagte auch der italienische Unterstaatssekretär Buffarini-Guidi aus voller Überzeugung: »Das ist der Papst, den wir nötig haben.«[82]

---

77 Scheinmann, 161 mit Bez. auf C. Cianfarra, The Vatican and the War in Europe, New York, 1944, 238

78 Scheinmann, 161 mit Bez. auf The New York Times, 2.7.1940

79 Manhattan, 199 80 Giovannetti, 260 81 Ebenda

82 Ebenda, 263

Nach der Besetzung der Niederlande, Belgiens und Frankreichs bedauerte Pius XII. zwar in persönlichen Schreiben an die Königin der Niederlande und den belgischen König in milder Form die Okkupation dieser Staaten gegen den Willen ihrer Souveräne, ließ aber, wie die deutsche Vatikan-Botschaft berichtet, im Staatssekretariat andeuten, daß er »in Voraussicht Appell König Leopolds diesem zuvorkommen und Beantwortung ausweichen wollte«. Dabei wurde betont, »daß mit Telegrammen keinerlei Spitze gegen Deutschland beabsichtigt war«.[83] Und als die Regierungen Frankreichs und Großbritanniens den Papst um eine ausdrückliche Verurteilung der Aggression ersuchten, verweigerte er sie[84], wie früher in analogen Fällen. »Übrigens«, schreibt Saul Friedländer sarkastisch, »nimmt die Klugheit des Papstes mit den deutschen Siegen zu.«[85]

Am 27. Mai meldete nämlich von Bergen dem Außenministerium die im Vatikan geäußerte Meinung, daß es das Beste wäre, wenn Frankreich einen Separatfrieden schlösse und es England überlassen bliebe, allein weiter zu kämpfen.[86] Am 29. Mai telegraphierte Bergen nach Berlin: »Nach meinen streng vertraulichen Informationen ist man im Staatssekretariat des Papstes der Ansicht, daß Belgien gut daran getan hätte zu kapitulieren und daß Frankreich das gleiche tun sollte.«[87] Am 8. Juni wiederholte der Botschafter: »Man ist im Vatikan nach wie vor der Auffassung, daß Frankreich dem Beispiel Belgiens folgen sollte.«[88]

Der päpstliche Nuntius Orsenigo gab am 10. Juni 1940, wenige Stunden vor Italiens Kriegseintritt, im Auswärtigen Amt gegenüber dem Leiter der Politischen Abteilung, Woermann, »seiner Freude über die deutschen Siege einen sehr herzlichen Ausdruck. Er schien den Eintritt Italiens in den Krieg geradezu herbeizusehnen und sagte scherzhaft, er hoffe, daß die Deutschen den Einmarsch in Paris über Versailles vollziehen würden«.[89] Nach der raschen Niederringung Frankreichs übermittelte der Nuntius am 11. Juli in der Wilhelmstraße begeisterte Glückwünsche, verbunden mit der Hoffnung, »daß wir Leute wie Churchill, Duff Cooper, Eden usw. loswerden müßten«.[90]

Und der Papst wies den deutschen Episkopat an, in allen Kirchen Dankgottesdienste für den Führer abzuhalten.[91]

Wie die katholische Hierarchie Hitler nach dem Einmarsch in Österreich und in der Tschechoslowakei unterstützte, so auch, jedenfalls zunächst, im besetzten Westen. In einem gemeinsamen Hirtenbrief vom 7. Oktober 1940 forderten die belgischen Bischöfe zur Anerkennung der Autorität der deutschen Besatzungsmacht und zum Gehorsam auf[92], gab es doch gerade in Belgien schon lange die von der

---

83 Friedländer, 47f.
84 Giovannetti, 209
85 Friedländer, 47
86 Ebenda, 48
87 Ebenda
88 Ebenda
89 Ebenda
90 Miller, I. D. 4/1962, 5
91 Manhattan, 201
92 Ebenda, 289

katholischen Aktion gegründete, stark faschistisch geprägte subversive politische Bewegung »Christus Rex«[93].

Als vor dem Einmarsch der Deutschen fast alle Diplomaten aus Brüssel abreisten, blieb der päpstliche Nuntius, Monsignore Micara, in der Stadt. Schon Tage vorher hatte er geäußert, er werde seinen Posten nicht verlassen, »was immer auch kommen möge«.[94] Nach der Besetzung durfte er sich sofort weiterhin in Belgien frei bewegen, und als der deutsche General von Falkenhausen die wenigen Diplomaten zu einem Frühstück lud, erwies er dem päpstlichen Nuntius »seine besondere Aufmerksamkeit«.[95]

Der Pariser Nuntius Valerio Valeri wurde bereits im Juli 1940 vom Vatikan beauftragt, der Regierung des mit Hitler liierten französischen Marschalls Pétain beizustehen. Pétain hatte seit längerem Kontakte mit Berlin, besonders mit Göring, und war von 1939 bis 1940 Botschafter in Franco-Spanien. Der Papst erteilte ihm und seinen Helfern seinen Segen und versicherte dem neuen französischen Botschafter beim Vatikan, die Kirche werde »das Werk der moralischen Wiedergeburt« in Frankreich warmherzig unterstützen.[96] Das offizielle Organ der Kurie pries am 9. Juli 1940 den Bundesgenossen Hitlers als »den guten Marschall, der mehr als irgend jemand die besten Traditionen seiner Nation verkörpert«, und rühmte seine Rettung Frankreichs. Der ›Osservatore Romano‹ schloß mit der Prophezeiung »eines neuen strahlenden Tages, nicht nur für Frankreich, sondern für Europa und die Welt«.[97]

Auch als die Behörden Pétains in einer Nacht 7000 vor Franco geflohene Spanier, unter ihnen einige tausend baskische Katholiken und katholische Geistliche, zusammentrieben und in ein Konzentrationslager steckten, protestierte der Papst mit keinem Wort.[98]

Die führende katholische Zeitung Frankreichs, ›La Croix‹, die wegen ihrer Kollaborationspolitik nach der Befreiung gerichtlich belangt worden ist, forderte täglich zur Zusammenarbeit mit Pétain und Hitler auf, verlangte die schonungslose Beseitigung der Widerstandsbewegung und lobte, der Kurs Pétains stimme »erstaunlich mit den Weisungen des Heiligen Stuhles überein«.[99] Annullierte Pétain doch alle Gesetze, die in der Dritten Republik die Macht der Kirche beschränkt hatten, und regelte soziale Fragen in Übereinstimmung mit den päpstlichen Enzykliken und der faschistischen Ideologie. Man vergleiche hierzu die Schrift des Katholiken Pieper (S. 90). Die damalige Haltung des Papstes wird auch in jenem Brief deutlich, den der französische Kurienkardinal Tisserant am 11. Juni 1940 dem Kardinalerzbischof Suhard von Paris schrieb. »Unsere Oberen«, heißt es in dem Dokument, »wollen die

---

93 Ausführlich PARIS, The Vatican against Europe, 127ff. 94 GIOVANNETTI, 211
95 Ebenda, 218 96 MANHATTAN, 318f. 97 Zit. ebenda, 319
98 SCHEINMANN, 180 99 Ebenda, 178; 222

Natur des wahren Konflikts nicht begreifen, und sie bestehen hartnäckig darauf, sich einzubilden, es handele sich um einen Krieg wie in früheren Zeiten. Aber die faschistische Ideologie und die hitlerische haben das Gewissen der jungen Menschen verwandelt, und die unter 35 Jahren sind zu allen Untaten bereit für den Zweck, den ihr Führer befiehlt. Ich habe den Heiligen Vater seit Anfang Dezember beharrlich gebeten, eine Enzyklika zu erlassen über die Pflicht jedes einzelnen, dem Ruf des Gewissens zu gehorchen, denn das ist der entscheidende Punkt des Christentums, während der Islam, der dank dem Sohne der Muselmanin Heß den Theorien Hitlers als Vorbild gedient hat, das individuelle Gewissen durch die Pflicht ersetzt, den Befehlen des Propheten und seiner Nachfolger blindlings zu gehorchen. Ich fürchte, die Geschichte wird dem Heiligen Stuhl vorzuwerfen haben, er habe eine Politik der Bequemlichkeit für sich selbst verfolgt, und nicht viel mehr. Das ist äußerst traurig, vor allem wenn man unter Pius XI. gelebt hat. Und jedermann verläßt sich darauf, daß, nachdem Rom zur Offenen Stadt erklärt ist, an der Kurie niemand etwas zu leiden haben wird; das ist eine Schande.«[100]

Engerer Anschluß an den siegreichen Führer

Nachdem man Polen in neunzehn Tagen überrannt, Dänemark und Norwegen in zwei Monaten besetzt, Holland, Belgien und Frankreich in sechs Wochen niedergeworfen hatte, hielt man in vielen Kreisen der ganzen Welt den Sieg Hitlerdeutschlands für sicher. Im Herbst 1940 führten der Papst und sein Staatssekretär in Rom lange Unterredungen mit drei deutschen Bischöfen[101], die dann vor der jährlich in Fulda zusammentretenden Bischofskonferenz berichteten. Die Prälaten versprachen, eine stärkere Unterstützung des siegreichen Deutschland und seines großen Kanzlers durch das katholische Volk zu veranlassen.[102] Sie beschlossen, ihre Treffen nun in der Hauptstadt des Reiches, in Berlin, durchzuführen, um so ihre engere Verbundenheit mit ihm zu manifestieren. Und sie vereinbarten die Herausgabe eines neuen offiziellen Organs der deutschen Katholiken durch den Feldbischof der Wehrmacht unter dem Titel ›Der neue Wille‹. Das Blatt rief auf, für Hitler zu kämpfen.[103]

Und all dies, obwohl ungefähr zur selben Zeit die deutsche Sicherheitspolizei zweihundert katholische polnische Geistliche in die Konzentrationslager steckte. Doch als Orsenigo davon am 11. Dezember 1940 im Auswärtigen Amt sprach, bemerkte er zu Weizsäcker, »er glaube zu wissen, daß in Dachau für diese Geistli-

[100] Friedländer, 49f.
[101] Basler Nachrichten, 5.10.1940
[102] Manhattan, 202f.
[103] Ebenda. Vgl. auch Scheinmann, 185

chen ein ziemlich großer Raum von kapellenähnlichem Charakter errichtet werde«. Man traut seinen Augen nicht: »Der Nuntius erwähnte dies freudig.«[104]

Voller Freude war damals offenbar auch der Heilige Vater selber, als er in der Neujahrsaudienz den deutschen Botschafter bat, für die Glückwünsche Hitlers »seinen aufrichtigen Dank« zu übermitteln. Er erwidere sie »herzlichst für den Führer, die Regierung und das ganze deutsche Volk. Er erwähnte besonders Herrn Reichsaußenminister, an dessen Besuch im vergangenen Jahre er sich gern erinnere.«[105] (Einige Jahre später wurde er als Verbrecher aufgehängt.)

Und als man im März 1941 im Vatikan die Tötung von siebenhundert katholischen Geistlichen in Oranienburg, Dachau, Buchenwald und Auschwitz registrierte sowie den KZ-Aufenthalt von weiteren dreitausend katholischen Priestern, teilte ein Bevollmächtigter Pius' XII. in dessen »direktem Auftrag« mit, »daß der Papst sich außerordentlich freuen würde, wenn die Möglichkeit bestünde, am Ende des Gastspiels der Berliner Staatsoper in Rom ein Konzert der Staatskapelle im Vatikan zu veranstalten, bei dem in Konzertform die letzte Szene des Musikdramas ›Parsifal‹ aufgeführt würde«[106].

Während seine Geistlichen unter KZ-Schergen verbluteten, ergötzte sich der Stellvertreter Christi an Hitlers Lieblingsmusik; bat er ausgerechnet die Berliner Staatskapelle in den Vatikan. Aber sollte er sich um ein paar hundert oder tausend massakrierte Kleriker kümmern, wenn es galt, mit Gottes und Herrn Hitlers Hilfe die bösen Bolschewisten zu besiegen und die orthodoxe Kirche heimzuholen?

Der deutsche Überfall auf die Sowjetunion

> »Mit *Genugtuung* verfolgen wir den Kampf gegen die Macht des Bolschewismus.«
>
> Die deutschen katholischen Bischöfe am 10. Dezember 1941[107]

> »Ein Sieg über den Bolschewismus wäre gleichbedeutend mit dem Triumph der Lehren Jesu über die der Ungläubigen.«
>
> Die deutschen katholischen Bischöfe im Jahre 1942[108]

Die vielhundertjährige, äußerst instruktive Geschichte der Beziehungen zwischen Rußland und dem Vatikan muß hier übergangen werden. Sie wur-

[104] Friedländer, 54f. [105] Ebenda [106] Ebenda, 56f.
[107] Zit. Gesamtdeutsche Rundschau, 14.3.1958. Von mir hervorgehoben
[108] Zit. Manhattan, 207

de jüngst in dem dreibändigen Werk ›Rußland und das Papsttum‹ von dem Berliner Slawisten Eduard Winter mit wissenschaftlicher Akribie, doch auch dem Nichtfachmann leicht zugänglich, zum ersten Mal zusammenfassend dargestellt.[109]

Hitler war vor dem Angriff auf Rußland dringend gewarnt worden: vom deutschen Botschafter in Moskau, Graf von der Schulenburg, vom deutschen Militärattaché in Moskau, General Köstring, und von mehreren hohen Militärs. Doch in der Nacht zum 22. Juni um zwei Uhr früh bestellte Ribbentrop den sowjetischen Botschafter Dekanosow auf vier Uhr morgens, und als dieser ihm ahnungslos die Hand gab, eröffnete er ihm brüsk, daß man wegen der sowjetischen Bedrohung »die entsprechenden Gegenmaßnahmen auf militärischem Gebiet getroffen«[110] habe. Zur gleichen Stunde fielen unter Vertragsbruch von Finnland bis zum Schwarzen Meer deutsche, finnische, ungarische und rumänische Truppen in die Sowjetunion ein.

Der päpstliche Nuntius in Berlin war am Abend des 20. Juni in einem privaten Gespräch mit Ribbentrop von dem geplanten Einmarsch unterrichtet worden. Damit erfüllte sich der sehnlichste Wunsch der katholischen Hierarchie, die seit zwei Jahrzehnten auf der ganzen Welt unermüdlich gegen den Kommunismus gepredigt und geschrieben hatte.

In dem Zusammenhang sei daran erinnert, daß ein Jahr vor Beginn des Zweiten Weltkrieges in Budapest der »Eucharistische Kongreß« tagte. Dieser Kongreß war (was nicht nur eine die »Gefahr des Bolschewismus« beschwörende Rede des päpstlichen Legaten Eugenio Pacelli bekundete) offensichtlich eine internationale Demonstration der katholischen Kirche gegen den Kommunismus – wie 1960 der »Eucharistische Kongreß« in München.

Die Begeisterung des katholischen Episkopats für Hitler und die Hetze gegen Rußland waren in den meisten Ländern ungeheuer. In Amerika behauptete am 7. Juli 1941 der wegen seines Antisemitismus bekannte Jesuitenpater Coughlin, der »Radiopriester«, der mehr als zwanzig Millionen Hörer hatte: »Deutschlands Krieg ist ein Kampf für die Christenheit.«[111] Der hohe amerikanische Klerus versuchte, die Regierung Roosevelts zu beeinflussen, was so weit ging, daß manche Vertreter der katholischen Kirche, darunter der Bischof Duffy von Buffalo, drohten, die Katholiken in der amerikanischen Armee zur Befehlsverweigerung aufzufordern, falls die USA mit Sowjetrußland ein Bündnis schlössen.[112] Schon am 24. Juli 1941 verlangten auch die Bischöfe Frankreichs Gehorsam gegenüber Pétain, um

[109] Eine gute knappe Information, die selbstverständlich Winters großes und großartiges Werk nicht ersetzen kann und will, bietet Diether Posser in der Paperback-Reihe des Stimme-Verlages, Frankfurt, ›Deutsch-sowjetische Beziehungen, 1917–1941‹, Antworten 5, 1963.

[110] Posser, 57 [111] Paris, The Vatican against Europe, 139

[112] Scheinmann mit Bez. auf Manhattan, Latin America and the Vatican, London 1946, 27

dadurch Hitler zu helfen.[113] Erst recht machte natürlich der Klerus in Italien und Spanien eine starke antisowjetische Kampagne, ebenfalls der in Südamerika.

Niemand erwartet wohl, daß der Papst den Überfall auf Rußland auch nur zum Schein verurteilte. Eine Woche danach, am 29. Juni, am Fest der Apostel Petrus und Paulus, fehlte es Pius XII. »nicht an Lichtblicken«, wie er in einer Rundfunkansprache formulierte, »die das Herz zu großen, heiligen Erwartungen erheben: Großmütige Tapferkeit zur Verteidigung der Grundlagen der christlichen Kultur und zuversichtliche Hoffnungen auf ihren Triumph«.[114] Womit der Papst, schreibt Botschaftsrat Menshausen erläuternd nach Berlin, der Hoffnung Ausdruck geben wollte, »daß die großen Opfer, die dieser Krieg erfordert, nicht umsonst wären und nach dem Willen der Vorsehung zum Sieg über den Bolschewismus führten«.[115]

Deutlicher als Pius XII., doch »unmöglich ohne Einverständnis des Heiligen Stuhls«[116], sagte der Sekretär der Kongregation der Propaganda Fide, Erzbischof Costantini, Anfang August bei einem Festgottesdienst: »Gestern auf spanischem Boden, heute im bolschewistischen Rußland selbst, in jenem unermeßlichen Land, wo Satan in den Oberhäuptern der Republiken seine Stellvertreter und besten Mitarbeiter gefunden zu haben schien, schlagen jetzt tapfere Soldaten auch unseres Vaterlandes die größte Schlacht. Wir wünschen von ganzem Herzen, daß diese Schlacht uns den abschließenden Sieg und den Untergang des auf Verneinung und Umsturz gerichteten Bolschewismus bringen möge.« Am Ende rief Erzbischof Costantini den Segen Gottes auf die italienischen und deutschen Krieger herab, die »in dieser entscheidenden Stunde das Ideal unserer Freiheit gegen die rote Barbarei verteidigen«.[117]

Freilich propagierte die Kurie auch keinen Kreuzzug gegen die Sowjets, was sie schon unterließ, wie uns der Jesuit Gundlach, einst Professor an der päpstlichen Gregoriana, verriet, »im Hinblick auf die geistige Mangelhaftigkeit der Einheit im Westen«[118] (was wohl: Mangelhaftigkeit der geistigen Einheit im Westen heißen soll). Da so viele christliche Länder gemeinsam mit der »atheistischen« Sowjetunion kämpften, konnte Pius XII. den Überfall Nazideutschlands nicht als Kreuzzug deklarieren. Auch nötigten ihm die kirchenpolitischen Verhältnisse unter Hitler doch wohl eine gewisse Zurückhaltung auf, denn die hierüber in Rom »laufend eingehenden« Nachrichten bildeten, wie die deutsche Vatikan-Botschaft am 12. September 1941 an die Wilhelmstraße schrieb, ein »erdrückendes Material«.[119] Der große Friedenspapst schwieg also. Er schwieg aber auch, als ihn

[113] Scheinmann, 221f. [114] Friedländer, 62 [115] Ebenda

[116] So schreibt der deutsche Geschäftsträger Menshausen an Weizsäcker am 12.9.1941. Friedländer, 66

[117] Ebenda, 63

[118] Gundlach, Die Lehre Pius' XII. zum Atomkrieg, Stimmen der Zeit, April 1959, 14

[119] Friedländer, 65

der amerikanische Präsident Roosevelt im Oktober 1941 ersuchen ließ, gegen die deutschen Massenerschießungen von Geiseln zu protestieren.[120] (In Jugoslawien beispielsweise wurden auf Anordnung des Militärbefehlshabers für jeden getöteten deutschen Soldaten 100 Serben erschossen.[121]) Und Pius XII. schwieg auch zu der Zerstörung von fast zweitausend Kirchen, über fünfhundert Synagogen und der Ermordung zahlreicher Geistlicher während des Krieges im Osten. Wollte der Vatikan doch, wie in den anderen von Hitlers Armeen besetzten Gebieten, nun auch im orthodoxen Rußland den Katholizismus verbreiten.

In Rom hatte man schon lange in einem besonderen Priesterseminar, dem Collegium Russicum, wo man Geistliche in Russisch, Ukrainisch und anderen slawischen Sprachen unterrichtete, Kleriker für eine Missionstätigkeit in der Sowjetunion ausgebildet. Mit der Regierung Hitlers wurde darüber vom Vatikan auch ein spezielles Abkommen geschlossen, was sogar im Vorwort eines 1945 in Paris erschienenen Sammelbandes päpstlicher Botschaften offen zugegeben wird[122]. Wegen einer Zusammenarbeit der Jesuiten mit SS und Gestapo hatte der General der Jesuiten, Graf Ledóchowski (1866–1942, Ordensgeneral seit 1915), schon 1940 mit Vertretern des deutschen Geheimdienstes konferiert.[123]

Bereits ein Jahr vor Hitlers Angriff auf Rußland überschritten jesuitische Absolventen des Collegium Russicum, vom katholischen Bischof Dr. Michal Buzalka 1951 »eine Anstalt zur Erziehung von vatikanischen Agenten« genannt, in Verkleidung und unter falschem Namen die sowjetische Grenze, um im vatikanischen Auftrag Spionagetätigkeit zu treiben.[124] Die Pläne des Heiligen Stuhles werden auch in einem Rundschreiben des OKW (Oberkommandos der Wehrmacht) vom 14. August 1941 erwähnt. Seit 1919, heißt es in dem Dokument, habe die Kurie versucht, das kommunistische Regime zu stürzen. »Eine Gruppe von Vatikanbeamten, als Viehhändler, Ingenieure usw. verkleidet« sei »besonders in der Ukraine« tätig gewesen. Der Vatikan beabsichtige, »so viele Priester wie möglich in die besetzten Gebiete Rußlands zu schicken, um den Boden für weitergehende Pläne der vatikanischen Politik gegenüber Rußland vorzubereiten«.[125] Am 8. November 1941 wies das OKW alle Oberbefehlshaber der deutschen Armeen im Osten an, mit »Rücksicht auf das Abkommen mit dem Vatikan ... die missionarische Tätigkeit der katholischen Priester in den besetzten Gebieten zu erleichtern«[126].

(Auf protestantischer Seite bemühte sich übrigens damals um die Ostländer der heutige Bundestagspräsident Oberkonsistorialrat Eugen Gerstenmaier. Als Hitlers Niederlage feststand, sympathisierte er zwar mit dessen Gegnern. Vorher

---

[120] Lewy, 250 [121] Poliakov/Wulf, 33
[122] Quellenbeleg bei Scheinmann, 256 [123] Hagen, 453f.
[124] Ausführlich darüber: Der Prozess gegen die drei slowakischen Bischöfe, 105ff.
[125] Miller, I. D. 4/1962, 5f. [126] Ebenda

aber mit ihm. Das gibt hierzulande einen Widerstandskämpfer. Der protestantische Theologe Gerstenmaier publizierte nicht nur 1938 das Büchlein ›Die Kirche und die Schöpfung‹, worin er für »Blut und Boden« eintrat, für die Diktatur, »ihre Notwendigkeit und ihr Recht« und sogar für die »Vernichtung unterwertigen Lebens«[127], sondern er bereiste auch, wie in Polen gefundene Dokumente des Auswärtigen Amtes beweisen, während des Krieges in Zusammenarbeit mit dem Auswärtigen Amt den Balkan, um die orthodoxen Kirchen von Bulgarien, Rumänien, Jugoslawien und Griechenland für den antibolschewistischen Kampf der Nazis zu mobilisieren. »Wie Dibelius und auch der Vatikan rechnet Gerstenmaier dann nach Hitlers Überfall auf das Sowjetreich mit einer großen Ernte«[128].)

Der Botschaftsrat bei der deutschen Vatikan-Botschaft, Fritz Menshausen, urteilt am 12. September 1941, Pius XII. stehe »in seinem Herzen auf der Seite der Achsenmächte«[129]. Um dieselbe Zeit kommt der Unterstaatssekretär im Auswärtigen Amt, Luther, in einem längeren Memorandum zu dem Schluß:

»Seit Anfang des Krieges hat der gegenwärtige Papst seine politischen Pläne auf den Sieg der Achsenmächte gegründet.«[130] Und ein Leiter des deutschen Geheimdienstes, SS-Oberführer Schellenberg, schreibt in einem fünfseitigen Bericht an die Wilhelmstraße über ein Gespräch mit dem Papst: »Der Papst wird sein Möglichstes tun, um einen deutschen Sieg zu sichern. Sein Ziel ist die Zerstörung Rußlands.«[131]

Diese Intention Pacellis läßt sich mit plausiblen Gründen nicht bestreiten. Hatte er doch schon als Staatssekretär dem deutschen Vatikan-Botschafter bekannt, der Heilige Stuhl billige die Anwendung »auch äußerer Machtmittel gegen die bolschewistische Gefahr«. In diesen Mitteln, also doch wohl im Krieg, sah Eugenio Pacelli bereits 1937 »eine wesentliche Sendung und Aufgabe«[132].

Kennzeichnend für seine Haltung gegenüber Hitlers Rußlandfeldzug ist auch ein kleines diplomatisches Intermezzo. Nach dem Zusammentreffen des deutschen Diktators mit dem Caudillo in Hendaye am 23. Oktober 1940 war dem Papst zugetragen worden, Hitler habe zu Franco gesagt, Pius XII. sei ein Feind des Führers. Darauf erklärten der Nuntius in Madrid und der in Vichy im Gespräch mit dem spanischen Botschafter gleichlautend, also offensichtlich auftragsgemäß: »Falls solche Worte gefallen wären, oder falls sie gar der Anschauung des Führers entsprächen, so bedauere dies der Papst. Pius XII. habe freundschaftliche Gefühle für das Reich. Er wünsche dem Führer nichts sehnlicher als einen Sieg über den Bolschewismus. Nach einer entscheidenden Niederlage Sowjetrußlands werde der Moment vielleicht gekommen sein, wo der Friede sich ankündige. Der

---

[127] Vgl. ebenda, 8/1962 u. 6/1961 [128] Ebenda, 8/1962
[129] Die Welt, 20.11.1964 [130] Miller, I. D. 4/1962, 5f. [131] Ebenda
[132] Vgl. S. 136. S. auch J. Fleischer, in: Freisoziale Presse, 24.5.1963, 5

Papst würde es beklagen, wenn gerade nach dieser Leistung des Führers und des Dritten Reiches so unrichtige Vorstellungen von seinen Gefühlen bei uns in Deutschland herrschten.«[133] Und als Franco Pius XII. sagen ließ, die ihm zugegangene Information sei unzutreffend, erwiderte der Papst, »er freue sich aufrichtig über diese Mitteilung, denn er hege nach wie vor nicht nur wärmste Sympathie für Deutschland, sondern auch Bewunderung großer Eigenschaften des Führers«.[134]

Die päpstliche Politik in den letzten Jahren des Krieges

Als jedoch der Zusammenbruch Deutschlands näher rückte, richtete der Vatikan seine Augen mehr und mehr auf Amerika, wo sie, trotz vorsichtiger Kontakte mit der östlichen Welt, bekanntlich noch immer ruhen.

Die amerikanische Presse hat den Umschwung der Kurienpolitik genau registriert. So schrieb die ›New York Herald Tribune‹ im Sommer 1944, der Papst zweifle nicht an einem Sieg der Alliierten und sei deshalb sehr an den Friedensbedingungen interessiert. »In der Vergangenheit kämpfte der Vatikan gegen die revolutionären Kräfte durch Zusammenarbeit mit den Mussolinis, den Francos und Pétains … Heute aber scheint der Vatikan eine bedeutsame Änderung seiner Politik vollzogen zu haben, in der Hoffnung, die gleichen Ziele mit Hilfe der angelsächsischen Länder zu erreichen.«[135]

Doch unterstützte Pius XII. auch nach den ersten großen deutschen Niederlagen die Achsenmächte, sogar noch intensiver, vor allem aus zwei Gründen.

Die Faschisten fürchteten das Fiasko und schlossen sich enger dem Papst an, wie schon die Umbesetzung der Botschafterposten zeigt. Im Februar 1943 machte nämlich Mussolini seinen Schwiegersohn, den ehemaligen Außenminister Graf Ciano, zum Botschafter Italiens beim Heiligen Stuhl. Und im Juli wurde auch von Bergen, seit 1920 deutscher Botschafter beim Vatikan, durch den Staatssekretär von Weizsäcker, den engsten Mitarbeiter Ribbentrops, abgelöst.

Wie die Faschisten aber den Zusammenbruch fürchteten, so fürchtete die Kurie den ständig vordringenden Kommunismus. Pius XII., der niemals die zahlreichen Aggressionen Hitlers verurteilt hatte, erhob nun unermüdlich seine Stimme, um vor der Gefahr aus dem Osten zu warnen, womit er dasselbe tat wie Joseph Goebbels in Berlin, selbstverständlich nur aus »seelsorgerischen« Motiven. Der Papst erstrebte eine Trennung der USA und Großbritanniens von den Sowjets und den Abschluß eines Kompromißfriedens zwischen Hitlerdeutschland und den Alliierten.[136]

---

133 Friedländer, 66f. 134 Ebenda 135 New York Herald Tribune, 9.6.1944

136 Vgl. bes. Manhattan, 208ff., Scheinmann, 281ff.

»Tatsache ist«, schrieb Weizsäcker am 4. August 1943, »daß die Kirche sich heute beunruhigt fühlt, für sie ist und bleibt der Kommunismus der Erzfeind, innenpolitisch und außenpolitisch.«[137] Fast gleichzeitig beobachtete die deutsche Botschaft in Paris »in den Kreisen des Vatikans eine stärkere Neigung ..., die Achsenmächte und die Angloamerikaner einer Annäherung zum Kampf gegen den Bolschewismus entgegenzuführen«.[138] Am 23. September telegraphierte Weizsäcker an Ribbentrop die Feststellung des Kardinalstaatssekretärs Maglione, »das Schicksal Europas hänge von dem siegreichen Widerstand Deutschlands an der russischen Front ab. Das deutsche Heer sei das einzig mögliche Bollwerk ›Baluardo‹ gegen den Bolschewismus. Würde dieses brechen, so wäre es um die europäische Kultur geschehen«.[139] Am 7. Oktober drahtete Weizsäcker: »Antibolschewistische Äußerungen anzuführen erübrigt sich. Ich bekomme sie täglich zu hören ... Tatsächlich ist die Bolschewistenfeindschaft der sicherste Bestandteil der vatikanischen Außenpolitik. Was der Bekämpfung des Bolschewismus dient, ist der Kurie willkommen.«[140]

Der Papst selbst antwortete im Herbst 1943 einem italienischen Publizisten auf die Frage, was er vom deutschen Volk halte: »Es ist ein großes Volk, das in seinem Kampf gegen den Bolschewismus nicht nur für seine Freunde, sondern auch für seine derzeitigen Feinde blutet. Ich vermag nicht zu glauben, daß die Ostfront zusammenbrechen wird.«[141] Und Ende des Jahres erklärte Pius XII. einem deutschen Verbindungsmann »mit eindrucksvoller innerer Erregung«: »Wir ermächtigen Sie ausdrücklich, jedem zu sagen, daß Wir gerade das deutsche Volk von jeher in Unser Herz geschlossen haben und daß dem jetzt so schwergeprüften deutschen Volke vor allen anderen Nationen Unsere ganze Sorge gilt.«[142]

Der Papst wollte die Vernichtung des Nazireiches durch russische Truppen aus Sorge vor dem kommunistischen Einfluß in Europa um jeden Preis verhindern.

Seine Befürchtung wurde bald von den Regierungen der USA und Großbritanniens geteilt, die sich ja nur unter dem Druck der Not mit der Sowjetunion verbündet hatten, deren soziale und ökonomische Prinzipien sie total verdammten, während die Wirtschaft der Nazis sogar aus den USA mitfinanziert worden war. So äußerte im Oktober 1944 der Senator Claude Pepper von Florida, zu denen, die Hitler zur Macht verhalfen, gehörte John Foster Dulles, »denn es waren Dulles' Firma und die Schroeder-Bank, die Hitler das Geld beschafften, das er benötigte, um seine Laufbahn als internationaler Bandit anzutreten«.[143] Bankier und Parteigenosse Baron Schroeder stand nicht nur mit Hitlers Wirtschaftsberater Keppler in ständiger Verbindung, sondern zugleich auch mit einem amerikanischen Bank-

137 Friedländer, 132
138 Ebenda, 131
139 Ebenda, 134
140 Ebenda, 137f.
141 Ebenda, 135
142 Ebenda, 149
143 H. D. Meyer, 30f.

Konzern, den John Foster Dulles juristisch beriet. Nach amerikanischen Zeitungsberichten nahm Dulles auch an jener, wie Papen später schrieb, »nun geschichtlich gewordenen Unterredung« im Hause von Schroeders teil, bei der, wie man annehmen darf, Papen Hitler die Unterstützung des Papstes zusicherte. Die ›New York Times‹ berichtete im Januar 1933 über den Dulles-Besuch in Köln und erinnerte noch einmal am 11. November 1944 daran. Beide Artikel sollen aber aus den amerikanischen Bibliotheken verschwunden sein.[144] Auch der ehemalige amerikanische Botschafter in Berlin, Dodd, notiert in seinem Tagebuch, daß die von Dulles vertretenen amerikanischen Banken schon Ende 1933 Deutschland Anleihen im Werte von einer Milliarde Dollar gewährt hatten.[145]

Vom Herbst 1942 bis 1944 fanden im Vatikan laufend Verhandlungen mit dem Ziel eines Sonderfriedens statt. Am 5. Januar 1943 beschwor Pius XII. brieflich Präsident Roosevelt, die Beendigung des Krieges zu beschleunigen, wofür er seine Mitarbeit anbot, was zweifellos Hilfe für Deutschland bedeutete.

Roosevelt schickte einen persönlichen Botschafter und Kardinal Spellman, einen besonders rührigen Kirchenfürsten, der ein halbes Jahr in Europa und Afrika herumreiste, vor allem aber lange im Vatikan konferierte, u.a. mit dem deutschen Außenminister. Roosevelt war jedoch zu einem Verhandlungsfrieden nur unter der Bedingung von Hitlers Rücktritt bereit. Auch der Papst ließ diesem schließlich mitteilen, daß alle Verhandlungen sonst nutzlos seien. Er würde eine »große Tat« vollbringen, gäbe er den Weg für eine Regierung frei, die Frieden mit den Alliierten schlösse, um Deutschlands Besetzung durch die roten Armeen zu verhindern.[146]

Daß vatikanische Kreise und vielleicht Pius XII. selbst mit deutschen Widerstandsgruppen und Männern des 20. Juli 1944 Verbindung hatten, beweist also nichts gegen die hier gezeichnete Linie der kurialen Politik. Eine Beseitigung Hitlers wäre Pacelli zuletzt wohl erwünscht gewesen, keinesfalls aber eine Preisgabe Deutschlands, das er, wie er gesprächsweise gestand, »als starke sittliche Macht« erhalten wissen wollte, allerdings »nicht in der jetzigen Form«.[147]

Man kam jedoch zu keinem Resultat, zumal auch die wiederholten Bestrebungen Roosevelts, die Kluft zwischen Moskau und dem Vatikan zu überbrücken, an der hartnäckigen Weigerung des Papstes scheiterten, ebenso viele Verständigungsversuche Stalins in den Jahren 1942 und 1943. Selbst als Washington und London die russischen Bemühungen gemeinsam unterstützten und Stalin persönlich einen Brief an Pius XII. richtete, erlaubte er keine Verhandlungen mit der Sowjetunion, obwohl sogar einige Kurienkardinäle dafür eintraten.[148]

---

144 Vgl. S. 69. Ferner MILLER, I. D. 3/1963; 11/1962 u. 11/1957

145 AMBASSADOR DODD'S DIARY, 1941, 74. Vgl. auch 62

146 MANHATTAN, 212f.

147 SPIEGEL, 18.11.1964, 124

148 MANHATTAN, 341ff.

Der Umschwung der katholischen Kirche nach der Niederlage Deutschlands

ANGESICHTS DER DROHENDEN KATASTROPHE und der zunehmenden Feindschaft gegen Hitlerdeutschland änderte nun auch der hohe Klerus allmählich seine Haltung, wenigstens nach außen. So beklagte der belgische Episkopat 1943 die Entfernung von Kirchenglocken durch die Deutschen und die erzwungene Sonntagsarbeit der Bergarbeiter. Auch die niederländische Kirche nahm gegen nazistische Ausschreitungen Stellung. In Ungarn behauptete Kardinal Serédi sogar, der Faschismus widerspreche dem Christentum. Tatsächlich aber standen *Episkopat und Kurie* auf der Seite der Achsenmächte, während nicht wenige Mitglieder des *niederen Klerus* in allen besetzten Ländern aktiv am Widerstand gegen die deutschen Okkupanten teilnahmen und oft dafür starben.[149]

Nach der Invasion wurden allerdings auch die Bischöfe im Westen entschlossene Anhänger der anglo-amerikanischen Besatzung – und die Bischöfe im Osten näherten sich den Kommunisten.

Der französische Episkopat, der – vielfach im Gegensatz zum niederen Klerus – bis zuletzt Pétain unterstützte, ging sogleich zu de Gaulle über.

Der Erzbischof von Paris, Kardinal Suhard, der noch im Sommer 1943 den Wunsch aussprach, wie Gesandter von Krug am 18. August aus Paris meldete, den »Papst aufzusuchen, um ihm vorzutragen, daß die deutsche Armee und Kirche einzig möglicher Pfeiler sei, um Europa vor Kommunismus zu schützen. Es müsse daher alles getan werden, um deutscher Armee im Osten zum Siege zu verhelfen«[150], der Kardinal, der noch Monate später in der Kathedrale von Notre-Dame einen Gottesdienst im Beisein Pétains feierte, zelebrierte dort im Sommer 1944 einen Gottesdienst in Anwesenheit de Gaulles[151].

Am 16. Juni 1943 hatte auch Kardinal Gerlier, nach Meinung des Vatikans ein Mitglied des »gemäßigten« Flügels der hohen französischen Geistlichkeit, im Hinblick auf Pétain geäußert, daß »in einer der tragischsten Stunden unserer Geschichte die Vorsehung uns einen Führer schenkte, um den wir uns glücklich und stolz versammeln. Wir bitten Gott, unseren Marschall zu segnen und uns als seine Mitkämpfer anzuerkennen, besonders jene, deren Aufgabe so schwierig ist. Die Kirche vertraut weiterhin dem Marschall und erweist ihm liebevolle Verehrung.«[152]

Aber als Pétains Gegner über ihn triumphierten, war er auch für die Kirche erledigt. Im Auftrag des Gefangenen ersuchte der französische Rechtsanwalt Jacques Isorni vergeblich um eine Audienz bei Pius XII. Am letzten Tag seines Aufenthaltes in Rom sandte Isorni folgendes Handschreiben in den Vatikan:

---

[149] SCHEINMANN, 343. Vgl. auch DER PROZESS GEGEN DIE DREI SLOWAKISCHEN BISCHÖFE, 19

[150] FRIEDLÄNDER, 133 [151] SCHEINMANN, 420 [152] Zit. bei MANHATTAN, 324

»Heiliger Vater,

flehend zu den Füßen Eurer Heiligkeit kniend, möchte ich Ihnen sagen, daß ich als der Verteidiger des Marschalls von Frankreich, Philippe Pétain, mit dem Auftrag nach Rom kam, Eurer Heiligkeit eine persönliche Botschaft zu überbringen. Eine Botschaft des berühmten Greises, der aus harter Gefangenschaft, wo ihn die Ungerechtigkeit der Menschen festhält, sich mit der Umwelt nur noch durch Vermittlung seines Rechtsbeistandes in Verbindung setzen kann.

Seit zehn Tagen, da ich mich in Rom befinde, versuche ich umsonst, diesen Auftrag zu erfüllen, der für mich die gebieterischste der Aufgaben ist.

Im Alter von 93 Jahren, an der Schwelle des Todes, wünscht Marschall Pétain, der Gefangene, daß ich ihm aus Rom den Segen oder auch nur ein Wort der Sympathie von Eurer Heiligkeit mitbringe. Seine Prüfung – so sagte er mir – wäre damit leichter zu ertragen, denn der Sieger von Verdun leidet verzweifelt. Weil es mir, trotz allem, was ich unternahm, unmöglich war, bis zu Eurer Heiligkeit vorzudringen, erlaube ich mir, bevor ich Rom verlasse und da ich nur noch über den heutigen Tag verfüge, mich direkt an Sie zu wenden, um zu einer Audienz vorgelassen zu werden. Diese Audienz würde mir erlauben, Eurer Heiligkeit zu sagen, daß derjenige, der der Staatschef Frankreichs und der Beschützer der Kirche war, mehr denn je Euer respektvoller und treuer Sohn ist, der in den Tagen des Schmerzes den väterlichen Segen des Statthalters Christi erfleht.

Ich bin, Heiliger Vater, Eurer Heiligkeit sehr folgsamer und demütiger Sohn:

Jacques Isorni«

Pétains Anwalt fügte der Mitteilung seines Briefes hinzu:

»Der Ehre einer Antwort wurde ich nicht teilhaftig. Von allen Franzosen, die um eine Unterredung nachsuchten, war ich der einzige, der nicht empfangen wurde. Ich war traurig überrascht. Das Bronzeportal, das sich weit vor den Botschaftern des französischen Staatschefs geöffnet hatte, blieb geschlossen vor dem Abgesandten des Gefangenen. Selbst an jenem Ort, wo der Statthalter Christi für alle Leidenden – wer sie auch seien – betet, blieb der Marschall ein Verdammter.«[153]

Eine Sympathiebekundung für den gefangenen Nazi-Kollaborateur hätte man in Frankreich dem Papst sicher sehr verübelt. So verweigerte er jetzt kalt dem greisen, dem Tode nahen Katholiken, dessen »Werk der moralischen Wiedergeburt« er unter Hitler so warmherzig förderte (S. 152), seinen Segen. Davon abgesehen aber war Pius XII.

---

[153] Jacques Isorni, Souffrance et mort du Maréchal, 1951, 227f. Den Hinweis auf dieses Buch verdanke ich Herrn Georg Schmitz, Uerikon am Zürichsee.

Schutz und Schirm der Faschisten bis zuletzt

Nicht nur noch im August 1944 hatte der Papst anläßlich der durch die deutschen V-Geschosse verursachten Zerstörung über den Erzbischof von Westminster die Londoner aufgefordert, »die christlichen Gefühle der Nachsicht, des Mitleids und der Barmherzigkeit« ihren Feinden gegenüber walten zu lassen.[154] Er trat auch beim Nürnberger Prozeß für Nazis ein. Und nicht wenige schwer belastete Deutsche erhielten, zusammen mit italienischen, tschechoslowakischen, jugoslawischen und anderen Kriegsverbrechern, im Vatikan ein dauerndes oder vorübergehendes Asyl.

So verschwand darin, laut Scheinmann, der Geistliche Dragonović, der auf faschistischer Seite Oberstleutnant war und an der Ermordung von sechzigtausend Menschen schuldig sein soll – als Professor am deutschen katholischen Seminar.[155]

Auch Reste der »Blauen Division«, der zuvor an der Ostfront kämpfenden spanischen Faschisten, gelangten vom Vatikan aus nach Südamerika.

Selbst viele SS-Führer entkamen so. Unter ihnen Adolf Eichmann. Er floh, wie Joel Brand, einer der Zeugen des Eichmannprozesses bestätigte, mit Hilfe eines gewissen Kurienpaters Benedetti, der Verbindung zu der Odessa, einer SS-Untergrundorganisation hatte. Auf die Frage, ob noch andere hohe Nazis auf diesem Weg geflohen seien, erklärte Joel Brand: »Ja, sehr viele SS-Generale sind auf diesem Weg nach Ägypten gekommen. Und nicht zu vergessen: Bormann.«[156]

Wer nicht nur das Verhältnis des Vatikans zum Faschismus, sondern auch die Geschichte des christlichen Antisemitismus[157] kennt, wundert sich darüber nicht. Es wurde schon bemerkt, daß der Papst die nazistischen Judenpogrome niemals verurteilt hat. Selbst als man sozusagen vor seinen Augen die Juden zusammentreiben und abführen ließ, protestierte er nicht. Das bezeugt der deutsche Botschafter beim Heiligen Stuhl, Ernst von Weizsäcker, in einem Kurierbrief an das Auswärtige Amt am 28. Oktober 1943: »Der Papst hat sich, obwohl dem Vernehmen nach von verschiedenen Seiten bestürmt (!), zu *keiner demonstrativen Äußerung gegen den Abtransport der Juden aus Rom hinreißen lassen.* Obgleich er damit rechnen muß, daß ihm diese Haltung von seiten unserer Gegner nachgetragen und von den protestantischen Kreisen in den angelsächsischen Ländern zu propagandistischen Zwecken gegen den Katholizismus ausgewertet wird, hat er *auch in dieser heiklen Frage alles getan, um das Verhältnis zu der deutschen Regierung und den in Rom befindlichen Stellen nicht zu belasten.*«[158] In diesem Zusammenhang ist ein Brief des letzten deutschen Oberbürgermeisters von Dresden, Dr. Hans Nieland, interessant. In

---

154 The Bulletin of International News, 2.9.1944, Nr. 18. Nach Scheinmann, 407

155 Scheinmann, 250

156 Konkret, 20.6.1961, 8

157 Ausführlich Deschner, 442ff.

158 Schoenberner, 108

dem Schreiben, das erst unlängst dem Institut für deutsche Nachkriegsgeschichte in Tübingen übergeben wurde, heißt es: »Im Herbst 1944 kam Prinz Friedrich Christian, Herzog zu Sachsen, Markgraf von Meißen zu mir. Es handelt sich um den Chef des Hauses Wettin, der in meiner Nachbarschaft wohnte. Wir standen in guten Beziehungen zueinander. Friedrich Christian machte mir folgende mich total überraschende Mitteilung: Er sei, wie ich wohl wisse, mit dem Vatikan auf vertrautem Fuße. – Ich meine, daß der Markgraf päpstlicher Kammerherr war. – Der Papst sei bereit, sich für einen für Deutschland ehrenvollen Frieden einzusetzen, falls Deutschland bereit sei, den Jesuitenorden wieder zuzulassen und die Verfolgung katholischer Priester und Ordensangehöriger einzustellen. *Der Papst habe dagegen nichts gegen die deutsche Judenpolitik* und die Behandlung der Freimaurerfrage einzuwenden. Ich solle doch diese Angelegenheit dem Führer vortragen und ihn, den Markgrafen, seine Entscheidung wissen lassen ...«[159]

Beschützt und gesegnet bis zuletzt wurde von Pius XII. auch einer der größten Verbrecher dieses Jahrhunderts, Ante Pavelić, dessen noch heute weithin unbekanntes Schreckensregime abschließend dargestellt wird.

---

[159] Deutsche Hochschullehrerzeitung, Tübingen, 1962, 11. Jg., Nr. 3, 31

Kapitel V

Der Vatikan und die Kroatengreuel

»Haß und Sadismus in Form mannigfaltigster Folterungen waren weit verbreitet und können nicht einmal mit den im dunkelsten Mittelalter begangenen Scheußlichkeiten verglichen werden.«

Edmond Paris[1]

»Das Pravoslavenrezept des Ustaschaführers und Poglavnik (Staatsführers) Kroatiens, Ante Pavelić, erinnert an Religionskriege blutigsten Andenkens: ›Ein Drittel muß katholisch werden, ein Drittel muß das Land verlassen, ein Drittel muß sterben!‹ Der letzte Programmpunkt wurde durchgeführt. Wenn führende Ustascha-Männer behaupteten, daß eine Million pravoslavische Serben (einschließlich der Säuglinge, Kinder, Frauen und Greise) geschlachtet wurden, so ist das nach meiner Meinung eine ruhmredige (!) Übertreibung. Auf Grund der mir zugekommenen Berichte schätze ich die Zahl der wehrlos Abgeschlachteten auf dreiviertel Millionen.«

Hermann Neubacher, Sonderbevollmächtigter des deutschen Auswärtigen Amtes für den Südosten[2]

»Alle Serben in möglichst kurzer Zeit zu töten. Das ist unser Programm.«

Franziskanerpater Šimić (S. 184)

---

1 Paris, Genocide, 189 2 Neubacher, 31

Papsttum und Balkan bis zum Ersten Weltkrieg

»Sono tutti quanti barbari.«

Papst Pius X. 1913[3]

QUER DURCH DEN BALKAN verläuft die Scheidelinie zwischen dem katholischen und orthodoxen Christentum. Beide bauten hier gegeneinander ihre Bastionen aus, wobei das Papsttum sich der österreichisch-ungarischen Monarchie und der fanatisch katholischen Kroaten bediente. Von Österreich erwartete die Kurie die Eroberung und Katholisierung des Balkans, wie später von Hitlerdeutschland die Eroberung Rußlands.

Nach dem russisch-türkischen Krieg hatte man 1878 die türkischen Gebiete Bosnien und Herzegowina den Habsburgern zur Verwaltung übergeben. Und im Jahre 1880 propagierte der römische Prälat Presutti in seiner Schrift ›Das Papsttum und die Zivilisation bei den Südslawen‹ die Aufteilung der Türkei, um den römisch-katholischen Einfluß auf dem Balkan zu verstärken, und zwar mit Hilfe Österreichs. Die bemerkenswerte Programmschrift wurde der »Belobung und warmen Anerkennung« des Papstes teilhaftig und sogleich nach Erscheinen von dem österreichisch-ungarischen Gesandten beim Vatikan, Paar, seinem Außenminister, Baron Haymerle übermittelt, der seinerseits schon am 7. Januar 1880 in einer Rede angedeutet hatte, »daß die österreichische Regierung sich behufs Regelung der kirchlichen Angelegenheiten in Bosnien und der Herzegowina mit dem Hl. Stuhl ins Einvernehmen gesetzt habe«[4].

1881 errichtete der österreichische Kaiser das Erzbistum Sarajevo sowie die Bistümer Banjaluka und Mostar, und im Oktober 1908 wurden die Provinzen annektiert. »Ich habe mich bestimmt gefühlt«, erklärte der Monarch in einem Manifest, »die Rechte meiner Krone auf Bosnien und die Herzegowina zu erstrekken.«[5]

1912 forderte der Bischof Sereggi von Skutari auf dem Eucharistischen Kongreß in Wien auch das bewaffnete Einschreiten Österreichs in Albanien. Wie denn überhaupt die Sprache der Katholiken immer deutlicher wurde. Die damals in Massenauflagen erscheinende führende österreichische Kirchenzeitung ›Österreichs katholisches Sonntagsblatt‹ schrieb im Oktober 1912: »Der Stein, der am Balkan in den europäischen Friedensteich platschend gefallen ist, zieht langsam immer weitere Kreise, bis *der lang erwartete europäische Krieg* flammt, trotz aller Erklärungs-

---

[3] V. NOVAK, Die Beziehungen zwischen dem Vatikan und den Südslawen, in: INTERNAT. POLITIK, Belgrad, 16.7.1954

[4] Zit. bei MILLER, I. D. 7/1964 [5] Ebenda

freudigkeit der Großmächte. All das Elend! Das Morden! Der wirtschaftliche Ruin! Aber muß es nicht heute oder morgen dahin kommen? Unter den Gefühlswerten eines solchen Krieges bricht auch der moderne Liberalismus zusammen. *Es schadete Europa nichts, wenn seine Verhältnisse einmal gründlich durchgerüttelt würden.*« Und weiter: »Und der katholische Kaiser Europas? Wenn Österreich gezwungen ist, seine Fahnen zu entfalten, so wird und soll es seinen Degen führen, wie Habsburg und seines Volkes Traditionen es gebieten. Und wenn im Wirbelsturm stürzender und gärender Verhältnisse der Papst und die Interessen der Kirche eines starken Armes und eines gewichtigen Wortes bedürfen, gewiß, dann wird auch der katholische Kaiser Europas sich als *Sohn der Kirche* zeigen und wie jeder Laie, wie jeder katholischer Souverän eines katholischen Staates dem Hl. Vater seinen Einfluß zur Verfügung stellen, als Sohn dem Vater, nicht als *Kronfeldherr der Kirche.*«[6]

Im gleichen Jahr bekannte auch der Wiener Kardinal Nagl im selben Blatt: »Nicht um die Balkanstaaten handelt es sich, sondern um die erste Gelegenheit, im Slaventum, der unstreitig aufsteigenden Rasse, zum erstenmal auf breiter Basis festen Fuß zu fassen. Uns fehlt für die Zukunft des Slaventums *ein katholisches Slavenreich ... Die Kirche darf den Augenblick*, die vielleicht entscheidende Stunde des Slaventums, *nicht verpassen.*«[7]

Nun, sie verpaßte sie nicht. Sie förderte die österreichischen Interessen auf dem Balkan, besonders in Albanien, Bulgarien und Rumänien derart, daß zum Dank dafür anfangs 1914 ein ganzer Ordensregen auf die Kurie niederging. 28 vatikanische Prälaten wurden damals von Wien ausgezeichnet.[8] Und Mitte Juli berichtete der deutsche Botschafter in Wien, Prinz Stolberg, nach Berlin, der österreichische Außenminister Graf Berchtold, übrigens ein gläubiger Katholik, habe auf seine Frage, was geschähe, wenn Serbien alle österreichischen Forderungen annähme, geantwortet: er halte für ausgeschlossen, daß selbst eine Regierung wie die serbische solche Forderungen schlucke. Sollte dies aber doch der Fall sein, so bleibe eben nichts anderes übrig, als auch nach Annahme aller Forderungen Serbien so lange zu reizen, bis Österreich die Möglichkeit erhalte, in Serbien einzumarschieren.[9]

Genau das war es, was der Vatikan wünschte. Papst Pius X., der von 1903 bis zum 20. August 1914 regierte, sagte wiederholt: »Der Weltkrieg kommt. 1914 geht nicht vorüber, ohne daß er ausbricht.«[10] Und den österreichischen Prinzen Schönburg, der im Herbst 1913 mehrere Unterredungen im Vatikan führte, belehrte dieser Papst: »Österreich-Ungarn hätte besser daran getan, die Serben für alle ihre Vergehen zu bestrafen.«[11]

---

6 Ebenda 7 Ebenda 8 Winter, II., 559
9 Miller, I. D. 7/1964
10 Paris, The Vatican, 41ff. bes. 46 11 Ebenda, 45f.

Damit stimmt jenes berühmte Telegramm überein, das der bayerische Geschäftsträger beim Heiligen Stuhl, von Ritter, am 26. Juli 1914 nach München sandte, ein Text, von dem es freilich verschiedene Versionen gibt, wie denn Baron Ritter sogar sich selber berichtigen wollte. Das im Münchener Fechenbachprozeß bekannt gewordene Telegramm hat nach der von Kammergerichtsrat Freymuth auf Grund der Akten verfaßten Schrift ›Das Fechenbach-Urteil‹ folgenden Wortlaut: »Baron Ritter an die bayrische Regierung. Der Papst billigt ein scharfes Vorgehen Österreichs gegen Serbien. Der Kardinalstaatssekretär hofft, daß dieses Mal Österreich standhalten wird. Er fragt sich, wann es denn sollte Krieg führen können, wenn es nicht einmal entschlossen wäre, mit den Waffen eine ausländische Bewegung zurückzuweisen, die die Ermordung des Erzherzogs herbeigeführt hat, und die in Rücksicht auf die gegenwärtige Lage Österreichs dessen Fortbestand gefährdet. In seinen Erklärungen enthüllt sich die Furcht der römischen Kurie vor dem Panslavismus. – gez. Ritter.«

Tatsächlich trat Papst Pius X. noch am Vorabend des Krieges nicht für den Frieden ein, sondern er bedauerte, wie wir nun aus einem völlig unanfechtbaren Dokument wissen, daß Österreich-Ungarn nicht schon früher ähnliche ultimative Schritte unternommen habe. Die Gedanken des Papstes fanden ihren Niederschlag in einem Bericht des damaligen österreichisch-ungarischen Gesandten, Graf Pálffy, an seinen Außenminister über ein Gespräch mit Kardinalstaatssekretär Merry del Val am 27. Juli 1914: »Im Laufe der letzten Jahre drückte Seine Heiligkeit mehrmals Ihr Bedauern darüber aus, daß Österreich-Ungarn es versäumt hat, seinen gefährlichen Donau-Nachbarn zu bestrafen ... Der Papst und die Kurie sehen in Serbien eine nagende Krankheit, die das Mark der Monarchie langsam zerstört und mit der Zeit deren Auflösung verursachen wird. Die Vernichtung dieses Bollwerks würde für die Kirche den Verlust des festesten Stützpunktes in ihrem Kampf gegen die Orthodoxie und damit auch den Verlust ihres stärksten Vorkämpfers bedeuten.« Kardinalstaatssekretär Merry del Val brachte seinerseits die Hoffnung zum Ausdruck, die Monarchie werde »bis zum äußersten gehen«[12]. Nun, da versteht man wohl den Enthusiasmus der deutschen Jesuiten beim Ausbruch des Krieges.[13]

Erst recht raste natürlich die katholische österreichische Presse vor Eroberungsgier. Noch ehe die serbische Antwort auf das österreichische Ultimatum eintraf, forderte man den Krieg. In dem Franz Ferdinand nahestehenden katholischen Wochenblatt ›Großösterreich‹ schrieb der spätere Vizebürgermeister von Wien, E. K. Winter: »Seit 6 Jahren warten wir schon auf die endliche Auslösung all der

---

[12] V. Novak, Die Beziehungen, in: Intern. Politik, Belgrad, 16.7.1954

[13] Zahlreiche Belege bei Deschner, 517ff.

drückenden Spannungen, die wir in unserer ganzen Politik so überaus qualvoll empfinden. Weil wir wissen, daß erst aus einem Krieg das neue und große Österreich, das glückliche, seine Völker befriedigende Großösterreich geboren werden kann, *darum wollen wir den Krieg*. Wir wollen den Krieg, weil es unsere innerste Überzeugung ist, daß nur durch einen Krieg in radikaler, plötzlicher Weise unser Ideal erreicht werden kann: ein starkes *Großösterreich*, in dem die österreichische Staatsidee, der österreichische *Missionsgedanke, den Balkanvölkern die Freiheit und Kultur zu bringen*, im Sonnenglanze einer großen, frohen Zukunft blüht.

Zweimal gab uns das Schicksal schon den Degen in die Faust, zweimal stießen wir ihn in die Scheide zurück. Das dritte und letzte Mal *winkt uns die Erlösung*. Noch einmal haben wir Gelegenheit, uns unserer historischen Aufgabe, *die Vormacht des Balkans zu sein*, zu erinnern, noch einmal weist uns der *Finger Gottes den Weg*, den wir gehen müssen, soll uns nicht die Sturzflut kommender Ereignisse vom Schauplatz des Lebens wegspülen, als hätte Österreich nie bestanden.

Es handelt sich um Sein oder Nichtsein! Wollen wir weiterleben als großer, kulturbringender, kraftvoller Staat in der Zukunft *unseres historischen Berufes am Balkan und in Westrußland im Namen des Katholizismus* und der europäischen Kultur gerecht werden, dann *müssen* wir zum Schwert greifen ... Wir aber beten zu Gott, daß es ihnen (nämlich den versöhnungswilligen, kriegsscheuen Kreisen) diesmal nicht mehr gelänge (sich durchzusetzen), und *Gott, dessen Werkzeug wir auf Erden sind*, er wird uns hören.«[14]

Die Drohung Pacellis

Nach dem Zusammenbruch der Donaumonarchie nahm die Kurie angesichts des bedrohten katholischen »Bollwerks« auf dem Balkan eine ausgesprochen feindselige Haltung zum neuen südslawischen Staat ein, zum »Königreich der Serben, Kroaten und Slowenen«, seit 1929 »Königreich Jugoslawien«. Erst ein Jahr später, am 6. November 1919, erkannte es der Papst an, und erst im Sommer 1920 erschien sein Nuntius, Monsignore Cherubini, in Belgrad.[15]

Der Vatikan entfaltete nun eine intensive Tätigkeit in Jugoslawien, vor allem über die Katholische Aktion. Seine Absichten verstehen sich dabei von selbst. In der in Prag einst führenden katholischen ›Deutschen Presse‹ stand im August 1936: »Der kroatische Katholizismus kann als der eigentliche Brückenkopf bezeichnet werden, von dem aus *zu einem geeigneten Zeitpunkt* der Abgrund, der zwei

[14] Zit. bei Miller, I. D. 7/1964

[15] V. Novak, Die Beziehungen, in: Intern. Politik, Belgrad, 16.7.1954

Weltanschauungen trennt, überwunden werden könnte.« Die römische Kirche, so wurde weiter ausgeführt, befinde sich hier in einer »ständigen Offensive gegenüber dem orthodoxen Christentum«, und es sei nach übereinstimmender Ansicht die religiöse Funktion Kroatiens, einen »strategischen Brückenkopf zu bilden, der wohl die Verbindung Roms mit der orthodoxen Kirche, *soweit sie guten Willens* ist, anbahnt, doch andererseits keiner unklaren und gefährlichen ›Verbrüderung‹, die auf Kosten der katholischen Kirche ging, Vorschub leistet«[16].

Die katholische Kirche genoß vor dem Zweiten Weltkrieg volle Freiheit und Gleichheit in Jugoslawien, was zahllose Zeugen bestätigen können. Auch Katholiken versichern, daß dort katholische Tages-, Wochen- und Monatszeitungen florierten, katholische Schulen und Kollege tätig waren, katholische Hospitale erbaut und katholische Organisationen vermehrt wurden.[17] Selbst Dr. Anton Korošec, der slowenische Katholikenführer, gab zu: »Sogar ohne das Konkordat erfreute sich die Katholische Kirche voller Aktionsfreiheit.«[18]

Die Kurie erlitt nämlich 1937 mit der Ablehnung des vatikanisch-jugoslawischen Konkordats durch das jugoslawische Volk eine Niederlage. Alle religiösen Gruppen waren gegen das Konkordat, auch die meisten kroatischen Katholiken.[19] Die neunzehn katholischen Bischöfe Jugoslawiens aber erklärten im Oktober 1937: »Der katholische Episkopat wird in jedem Falle die Rechte der katholischen Kirche und der sechs Millionen Katholiken in diesem Staat zu beschützen wissen und er hat zur Gutmachung aller Ungerechtigkeiten die erforderlichen Maßnahmen ergriffen.«[20]

Pius XI. und sein Staatssekretär Pacelli, der an der Ausarbeitung des Konkordats beteiligt war, fühlten sich besonders gekränkt. In einer Rede an das Konsistorium im Dezember 1937 drohte Pacelli geradezu: »Es kommt der Tag (er möchte es nicht gerne sagen, doch sei er seiner Sache sicher), wo die Zahl jener nicht gering sein wird, die sehr bedauern werden, ein großmütiges und großherziges gutes Werk ausgeschlagen zu haben, das der Statthalter Christi ihrem Lande anbot.«[21]

Diese Drohung Eugenio Pacellis begann sich am 6. April 1941 in einem Maße zu erfüllen, das die schlimmsten Massaker des christlichen Mittelalters noch übertrifft und trotzdem bis heute in Deutschland, ja im weitaus größten Teil Europas überhaupt nicht bekannt geworden ist. Das genau belegte und mit einem erschütternden Bildmaterial versehene, ursprünglich französisch geschriebene Werk des französischen Schriftstellers Edmond Paris, ›Genocide in Satellite Croatia, 1941–

---

16 Grazer Volksblatt, 6.9.1936

17 Vgl. Paris, Genocide, 13

18 Ebenda mit Bezug auf Hrvatska Zora, München, 1.9.1954

19 Ausführlich Paris, ebenda, 30ff.

20 Reichspost, Wien, 30.10.1937

21 V. Novak, Die Beziehungen, in: Intern. Politik, Belgrad, 16.7.1954

1945. A Record of Racial and Religious Persecutions and Massacres‹ fand lediglich einen amerikanischen Verleger, und der stand danach vor dem Konkurs.[22]

Papstsegen für Verbrecher

Nachdem die deutschen Truppen am 6. April 1941 in Jugoslawien einmarschiert waren und auch dieses Land besetzt hatten, arbeiteten sie mit der faschistisch-katholischen Bewegung Kroatiens, der Ustascha-Partei (Ustaša = der Aufständische), zusammen. Ihr geistiger Ahnherr Ante Starčević vertrat die Ansicht, daß es eigentlich gar keine Serben gebe, daß alles, was serbisch heiße, verschwinden müsse, weshalb, wie Starčević schrieb, »die Serben eine Arbeit für den Schlachthof« seien.

Nach dieser Doktrin gingen nun die Ustaschen gegen die Serben vor, angeführt von Dr. Ante Pavelić, einem ehemaligen Rechtsanwalt aus Agram. Pavelić fühlte sich ganz als Schüler von Starčević, der im sogenannten »Unabhängigen Kroatien« als »größter kroatischer politischer Ideologe«, als »Schöpfer der ideellen Grundlage« und »Vorbild der Ustascha-Kämpfer« verherrlicht wurde.[23]

Seit 1929 hatte die italienische Regierung Pavelić und seiner Familie in Bologna ein Haus zugewiesen, das jahrelang als Ustascha-Hauptquartier diente.[24] Mit Hilfe des faschistischen Geheimpolizeichefs Conti und des Polizeiministers Bocchini ließ Pavelić junge Auslandskroaten und geflüchtete Ustascha-Anhänger in Italien ausbilden und legte in einem »Statut« als Hauptaufgabe den »bewaffneten Aufstand« zur Befreiung Kroatiens vom »fremden Joch« fest. Jedes Ustascha-Mitglied mußte sich durch einen Eid »bei dem allmächtigen Gott« binden, den Statuten zu gehorchen.[25]

Vor Gewaltakten schreckte man schon damals nicht zurück.

Zu den ersten aufsehenerregenden Anschlägen gehörte die Ermordung des Chefredakteurs der Zagreber Zeitung ›Novosti‹, Anton Šlegel, am 22. März 1929. Seinen engsten Mitarbeiter, Gustav Perčec, erschoß Pavelić selber, nach Folterungen durch seine Leute, in einem italienischen Gefängnis.[26] Außerdem organisierte er das Attentat auf König Alexander von Jugoslawien, der am 9. Oktober 1934 in Marseille landete, um den verbündeten Franzosen einen Besuch abzustatten, aber noch im Hafenviertel, zusammen mit dem französischen Außenminister Barthou, von Kreaturen des Pavelić ermordet wurde.[27] Im Oktober 1936 stellte Pavelić eine

---

[22] Mündliche Mitteilungen von Edmond Paris an mich

[23] Hory/Broszat, 15f. mit Bez. auf die amtliche Broschüre Ustascha-Bewegung, Zagreb 1943, 11f.

[24] Ebenda, 21

[25] Ebenda, 19f.

[26] Milićević, 50

[27] Vgl. etwa Binder, 264f. Ausführlich Milićević, 52ff.

Denkschrift über ›Die kroatische Frage‹ fertig, die später ins Auswärtige Amt gelangte. Der Ustascha-Chef erhoffte in diesem Dokument »vom neuen Deutschland ... Verständnis für seinen heroischen Kampf«, er nannte Hitler Deutschlands »größten und besten Sohn« und sah in »Hitler-Deutschland ... den mächtigsten Kämpfer für lebendes Recht, wahre Kultur und höhere Zivilisation«[28].

Noch am 6. April 1941, als Belgrad unter pausenlosen deutschen Luftangriffen zu brennen begann, forderte Pavelić über einen Geheimsender die kroatischen Soldaten auf, die Waffen gegen die serbischen Truppen zu ergreifen. »Von jetzt an kämpfen wir Seite an Seite mit unseren neuen Verbündeten, den Deutschen und Italienern.«[29] Gleichzeitig beschimpfte Hitler in einem »Aufruf an das deutsche Volk« die »serbische Verbrecherclique«, die »schon im Jahre 1914 durch das Attentat von Sarajevo die Welt in ein namenloses Unglück gestürzt« habe, und betonte, das deutsche Volk brauche nicht »gegen Kroaten und Slowenen zu kämpfen«[30].

Am 10. April 1941 wurde, noch in Pavelićs Abwesenheit, das »Unabhängige Kroatien« proklamiert, zu dem außer Kroatien Bosnien, die Herzegowina, ein Teil Dalmatiens und einige rein serbische Randgebiete kamen. Von den rund sechs Millionen Einwohnern dieses Staates waren nur etwa drei Millionen katholische Kroaten, zwei Millionen Pravoslaven (Serben oder Bosniaken) und mehr als eine halbe Million bosnische Muselmanen. Der Rest rekrutierte sich aus Volksdeutschen, Madjaren, Juden, Slowenen, Tschechen u.a.[31]

Die Proklamation beginnt und endet mit dem Namen Gottes: »Gottes Vorsehung und der Wille unseres großen Verbündeten sowie der jahrhundertelange Kampf des kroatischen Volkes und die große Opferbereitschaft unseres Führers Ante Pavelić und der Ustascha-Bewegung in der Heimat und im Ausland haben es gefügt, daß heute, vor der Auferstehung des Gottessohnes, auch unser unabhängiger Staat Kroatien aufersteht.« Und am Schluß der Proklamation heißt es abermals: »Gott mit den Kroaten! Für das Vaterland bereit!«[32] In der Nacht zum 13. April überschritt Pavelić die italienisch-jugoslawische Grenze, am 17. April ernannte er sein erstes Kabinett. Dann gab man Südserbien den Bulgaren, einen Teil der Nordprovinz ließ man von den Ungarn besetzen, und im Mai reiste Pavelić mit seinen Ministern und einigen Geistlichen, darunter der Generalvikar des Erzbischofs Stepinac, Bischof Salis-Seewis, nach Rom und trat mehr als die Hälfte von Dalmatien an Italien ab, dem er weitere große Konzessionen machte. Die sogenannte Krone Zvonimirs (des letzten selbständigen kroatischen Königs aus dem 11. Jahrhundert) bot man dem König und Kaiser Viktor Emanuel III. für den

---

[28] Hory/Broszat, 28f. [29] Paris, Genocide, 47 [30] Völkischer Beobachter, 7.4.1941

[31] Vgl. G. Wolfrum, Die Völker und Nationalitäten, Tab. 4 u. 5 im Osteuropa-Handbuch, Bd. Jugoslawien, 1954

[32] Hory/Broszat, 53

Herzog Aimone von Spoleto an, der bereits am 17. Mai als designierter kroatischer König im Vatikan erschien[33], sein Königreich allerdings vorsichtshalber nie betrat.

Tags darauf wurde auch Pavelić – wegen des Doppelmordes von Marseille zweimal, von Frankreich und Jugoslawien, in Abwesenheit zum Tode verurteilt – nebst seiner zahlreichen Begleitung (Pavelić, »umgeben von seinen Banditen«[34], schrieb schon einige Wochen früher der italienische Außenminister Graf Ciano in sein Tagebuch) in besonders feierlicher Privataudienz von Pius XII. empfangen und gesegnet. Kroatiens katholische Presse war sehr gerührt über die Aufmerksamkeit und Herzlichkeit des Papstes[35], der schließlich Pavelić und seine Suite in freundschaftlicher Weise entließ mit den besten Wünschen für die

»... weitere Arbeit«.[36]

> »... daß das kroatische Volk alle die ausländischen Elemente, die seine Kräfte schwächten, vernichten muß, diese Elemente sind die Serben und die Juden«.
>
> Außenminister Dr. Mladen Lorković[37]

> »Wir töten einen Teil der Serben, wir vertreiben einen anderen, und der Rest, der die katholische Religion annehmen muß, wird in das kroatische Volk aufgenommen werden.«
>
> Minister für Erziehung Dr. Mile Budak[38]

> »... ist es jedoch leicht, die Hand Gottes in diesem Werk zu erkennen«.
>
> Erzbischof Stepinac[39]

Die »weitere Arbeit«, die Pavelić nicht zuletzt mit Hilfe des katholischen Klerus leistete, sah so aus:

33 V. Novak, Die Beziehungen, in: Intern. Politik, Belgrad, 16.7.1954

34 Eintragung vom 25.4.1941. Zit. nach Hory/Broszat, 66

35 Paris, Genocide, 75 mit Bez. auf Hvratski Narod und Katolički List

36 V. Novak, Die Beziehungen, in: Intern. Politik, Belgrad, 16.7.1954

37 A. Miller, Die »christlichen« Massaker in Kroatien 1941 bis 1945, in: Die Freigeistige Aktion, Hannover, Nr. 11, Nov. 1961

38 Ebenda

39 Ebenda

299 serbisch-orthodoxe Kirchen wurden im »Unabhängigen Kroatien« ausgeraubt und vernichtet; davon 172 Kirchen in den Provinzen Lika, Kordun und Banija.[40] Die Kirchen von Jasenovac, Velika Kladuša, Surduk, Svinica, Suha Mlaka, Veljun und Belegiš wurden in Schlachthäuser verwandelt; die Kirchen von Hadžići, Plaški, Drvar, Travnik, Modrić und Gomirje in Warenhäuser; die Kirchen von Vreoce, Drinjača, Mrkonjić Grad, Cvijanovićevo Brdo und Jajce in öffentliche Toiletten; die Kirchen von Čitluce, Donji Vakuf, Stari Majdan, Sanski Most und Mojkovac in Ställe. In Gegenden, wo die Serbisch-Orthodoxen die Bevölkerungsmehrheit bildeten, hat man ihre Kirchen meist total zerstört, wo die Orthodoxen eine Minderheit waren, wurden ihre Kirchen für katholische Zwecke umgewandelt. Alles zeigt, daß eine wohlgeplante Politik befolgt worden ist. Tatsächlich geschah die Umwandlung von serbisch-orthodoxen Kirchen in katholische gemäß Anordnung der Ordinariate. Auf Anweisung des bischöflichen Ordinariats von Djakovo (Nr. 2733/42, April 1942) wurden serbisch-orthodoxe Kirchen zu katholischen in Bračevci, Majar, Dopšin, Tenje, Dalj, Markušica, Kapelna, Kućanci, Paučje, Budimci, Poganovci, Bijelo Brdo, Borovo Selo, Trpinja, Pačetin, Bršadin, Čepin, Martinci, Čačinski, Trnjani, Klokočevik, Topolje, Brod na Savi.[41] Der ganze Besitz der serbisch-orthodoxen Kirche ging in den Besitz der katholischen über.[42]

Natürlich blieb es nicht beim Plündern, Niederbrennen und Enteignen. Die »weitere Arbeit« sah so aus: Noch im April 1941 forderte man von allen Serben das Anlegen einer blauen Armbinde mit dem Buchstaben P, der Initiale für Orthodox (Pravoslavac), von den Juden das Tragen des Davidsterns. Juden und Orthodoxen war auch das Betreten des Gehsteigs untersagt. In allen Büros, in den Geschäften und Restaurants, den Straßenbahnen und Omnibussen hingen Schilder: »Betreten für Serben, Juden, Nomaden und Hunde verboten!«[43]

Noch während der ersten Tage der Besetzung holte man den serbisch-orthodoxen Patriarchen Dr. Gavrilo Dožić und Bischof Dr. Nikolaj Velimirović und schleppte sie nach Dachau, wo sie bis zum Ende des Krieges blieben. Im November 1941 verhafteten die Italiener auch den serbisch-orthodoxen Bischof von Dalmatien, Dr. Irinej Djordjević, der ebenfalls bis 1945 in einem Konzentrationslager verschwand.[44]

Auch damit begnügte man sich nicht.

Ungezählte serbische Geistliche erlitten grausame Foltern. In Zagreb, wo Erzbischof Stepinac und der apostolische Nuntius Marcone residierten, schlug und

[40] Martyrdom of the Serbs, Chicago 1943, 179; nach Scheinmann, 249. Miller, ebenda. Vgl. auch Hagen, 238; 243f.; 253f.

[41] Paris, Genocide, 213 [42] Ebenda, 214

[43] Ebenda, 62. Vgl. auch Hory/Broszat, 96f.

[44] Paris, Genocide, 49

quälte man den orthodoxen Metropoliten Dositej so bestialisch, daß er davon wahnsinnig wurde.[45]

Drei orthodoxe Kirchenfürsten, der Bischof Platon von Banja Luka, der Metropolit von Sarajevo, Peter Zimonjić, und der Bischof von Sava, sowie mehrere hundert orthodoxe Kleriker wurden ermordet.[46] Bischof Platon und seinem Begleiter, dem Priester Dušan Subotić, stach man, während auf ihrer Brust ein Feuer brannte, die Augen aus, schnitt ihnen Nase und Ohren ab und gab ihnen endlich den Todesstoß.[47] Überall forderte der katholische Klerus die Orthodoxen zur Konversion auf. »Wenn ihr zur katholischen Kirche übergetreten seid«, versprach beispielsweise der Bischof Akšamović von Djakovo, »werdet ihr in euren Häusern in Frieden gelassen werden.«[48] Viele wurden so katholisch, noch viel mehr aber wurden massakriert.

Nur ein paar Belege.

Ende April 1941 umzingelten Ustaschen in der Nacht die serbischen Dörfer Gudovec, Tuko, Brestovac und Dolac im Distrikt Bjelovar. Dann ließen sie den orthodoxen Priester Božin, den Lehrer Ivanković und 250 Bauern, Männer und Frauen, einen Graben ausheben, banden ihnen die Hände auf den Rücken und begruben sie lebendig.[49]

In Otočac liquidierte man 331 Serben und zwang den orthodoxen Priester Branko Dobrosavljević vor den Gefolterten und Sterbenden zu beten, während sein kleiner Sohn buchstäblich in Stücke geschnitten vor seinen Augen lag. Dann riß man dem Priester Haare und Bart ab, stach ihm die Augen aus und folterte ihn, bis er tot war.[50]

In Svinjica, in der Provinz Banija, geschah das gleiche Verbrechen.[51]

In Kosinj, wo die Ustaschen sechshundert Serben zusammengetrieben hatten, mußte eine Mutter mit einer Schüssel das Blut ihrer vier Söhne auffangen.[52]

In Mlinište, Distrikt Glamoč, wurden ein früheres Mitglied des Parlaments, Luka Avramović, und sein Sohn gekreuzigt.[53]

Als Pavelić am 26. Juni 1941 den katholischen Episkopat in Audienz empfing und Erzbischof Stepinac sagte, »wir bezeugen von ganzem Herzen Ehrerbietung und versprechen ergebene und treue Mitarbeit für die strahlendste Zukunft unseres Vaterlandes«[54], waren im katholischen Kroatien innerhalb von sechs Wo-

---

[45] Ebenda, 79

[46] Martyrdom of the Serbs, 179, nach Scheinmann, 249. Miller, ebenda. Vgl. auch Hagen, 238; 243f.; 253f.

[47] Paris, Genocide, 73

[48] Ebenda, 96, mit Bez. auf J. Horvat/Z. Stambuk, Dokumenti o protunarodmnom radu i zlocinima jednog dijela katolickog Klera, Zagreb 1946, 55

[49] Paris, Genocide, 59 [50] Ebenda [51] Ebenda [52] Ebenda, 60 [53] Ebenda, 104

[54] Ebenda, 88, mit Bez. auf Katolički List, Nr. 26, 1941 und Hrvatski Narod, 30.6.1941

chen bereits drei orthodoxe Bischöfe, mehr als hundert orthodoxe Priester und Ordensleute, sowie 180 000 Serben und Juden ermordet worden.[55]

Im nächsten Monat, im Juli 1941, haben die Ustaschen in Häusern, Schulen, Gefängnissen und orthodoxen Kirchen, auf Straßen und Feldern in wenigen Tagen über 100 000 serbische Frauen und Kinder niedergemacht. Die Kirche von Glina beispielsweise wurde nach einem Bericht des beteiligten Ustascha Hilmia Berberović in einen Schlachthof verwandelt. »Das Blutbad dauerte von abends 10 Uhr bis morgens 4 Uhr und ging acht Tage weiter. Die Uniformen der Schlächter mußten gewechselt werden, weil sie vom Blute durchnäßt waren. Man findet später aufgespießte Kinder mit noch vor Schmerz gekrümmten Gliedern.«[56] Zweitausend serbische Männer, Frauen und Kinder kamen bei dem Gemetzel um, das der aus Glina stammende Justizminister Dr. Mirko Puk und der Prior des Franziskanerklosters von Cuntic, Hermenegildo alias Častimir Hermann veranlaßt hatten.[57]

Die Todeslisten sind nahezu endlos. Jeder kleine Unterführer ging auf Menschenjagd und meldete dann rasch die Erfolge den Behörden, um von ihnen dekoriert zu werden. Der Ustascha-Kommandant von Vojnić telefonierte nach Zagreb: »Jagd heute ergiebig. Insgesamt 500.«[58]

Dabei kam es zu Grausamkeiten, neben denen die Taten von Hitlers KZ-Schergen beinah verblassen. Die Ustaschen bohrten glühende Nadeln unter die Fingernägel und streuten Salz in offene Wunden. Sie verstümmelten alle möglichen Körperteile. Mit Vorliebe schnitten sie ihren Opfern lebend Nasen und Ohren ab und stachen ihnen die Augen aus. Die Italiener photographierten einen Ustascha, der um seinen Hals zwei Ketten aus menschlichen Zungen und Augen trug.[59]

Der italienische Schriftsteller Curzio Malaparte interviewte Pavelić in Zagreb.

»Während er sprach«, schreibt Malaparte, »schaute ich auf einen Weidenkorb, der zur Rechten des Poglavnik auf seinem Schreibtisch stand. Der Korb wurde geöffnet und eine Menge Meeresgetier oder dergleichen kam zum Vorschein.

›Austern von Dalmatien?‹ fragte ich.

Ante Pavelić hob den Deckel und zeigte mir das Zeug, das aussah wie eine Masse klebriger, gallertartiger Austern. Mit einem müden, freundlichen Lächeln sagte er: ›Ein Geschenk meiner treuen Ustaschen. Vierzig Pfund menschlicher Augen!‹«[60] Das war der Mann, den Pius XII. gesegnet hatte.

---

55 Paris, Genocide, 88

56 A. Miller, Die »christlichen« Massaker in Kroatien 1941 bis 1945, in: Die Freigeistige Aktion, Hannover, Nr. 11, Nov. 1961

57 Paris, Genocide, 105

58 Ebenda, 107

59 Ebenda, 129, weitere Scheußlichkeiten 189

60 Ebenda, 130. Auch wenn Malaparte hier vielleicht von einer poetischen Lizenz mehr oder weniger Gebrauch gemacht haben sollte, charakterisieren seine Sätze doch genau die wahre Natur dieses Mannes und sein Terrorregiment.

Sogar die Deutschen protestierten

Im Führerhauptquartier tadelte der Sonderbevollmächtigte des Auswärtigen Amtes für den Südosten, Hermann Neubacher – für Pavelić deshalb »Staatsfeind Nr. 1« –, wiederholt »wahrhaft entsetzliche Vorgänge in meiner kroatischen Nachbarschaft«, worauf Hitler entgegnete: »Ich habe dem Poglavnik auch gesagt, daß man eine solche Minderheit nicht einfach ausrotten kann: sie ist zu groß!«[61] Ja, ein anderes Mal meinte Hitler: »Ich werde mit diesem Regime schon einmal Schluß machen – aber nicht jetzt!«[62] »Jetzt« hatte er ein geradezu zynisches »Verständnis« für die Gemetzel und sprach sich dagegen aus, »dem Treiben der Kroaten gegen die Serben ... in den Arm zu fallen«.[63]

Warum auch nicht? Wenn sogar der Papst schwieg!

Der deutsche Gesandte in Zagreb aber intervenierte mündlich und schriftlich bei der Ustascha-Regierung.[64] Ebenfalls gestand der deutsche General Glaise von Horstenau Pavelić »seine schweren Bedenken wegen der Ausschreitungen der Ustascha ... wobei er seine Mitteilungen durch zahlreiche konkrete Angaben aus der allerletzten Zeit bekräftigte«[65].

Am 10. Juli 1941 schrieb Gesandtschaftsrat Troll dem Auswärtigen Amt, viele Terrorakte gäben »selbst den besonneneren kroatischen Kreisen Anlaß zu ernster Besorgnis«[66]. Und bereits einen Tag darauf übermittelte Troll weitere »erschütternde« Meldungen, die der Gesandtschaft von der Feldkommandantur, vom Chef der Einsatzgruppe der Sicherheitspolizei und des SD in Zagreb und »von zahlreichen Privatpersonen« zugegangen seien. Troll suchte schließlich den kroatischen Außenminister Lorković auf und unterbreitete ihm das »ganze Material, das auch durch Fotos teilweise belegt war«[67]. Der Sicherheitsdienst der SS lieferte später einen längeren Bericht über Massaker der Ustaschen.[68] Und der Chef der Sicherheitspolizei und des SD betonte am 17. Februar 1942 in einem ausführlichen Schreiben an Himmler, »daß letztlich die katholische Kirche durch ihre Bekehrungsmaßnahmen und ihren Bekehrungszwang die Ustascha-Greuel forciert hat, indem sie auch bei der Durchführung ihrer Bekehrungsmaßnahmen sich der Ustascha bedient hat«[69].

Die Verbrechen dieser Bewegung provozierten sogar Zusammenstöße mit deutschen Truppen, die doch selber an vielen Fronten Schandtaten begingen[70] und gerade in Jugoslawien Geiselerschießungen fast unerhörten Ausmaßes vornahmen. Nachdem bereits Gesandter Benzler am 10. April 1942 aus Belgrad berichtet hatte: »Deutsche Truppe meldet von der Drina, daß Serbenmorde auf westlichem Ufer wieder begonnen haben und von Truppe deutlich beobachtet werden kön-

---

[61] Neubacher, 32 u. 156 [62] Ebenda, 161 [63] Hory/Broszat, 138 [64] Ebenda, 99
[65] Ebenda, 99f. [66] Ebenda, 99 [67] Ebenda, 100 [68] Ebenda, 101f.
[69] Ebenda, 119ff. [70] Vgl. die Zusammenstellungen bei Deschner, 562ff.

nen«, schrieb zwei Tage darauf der SD in einem Fernschreiben an das Reichssicherheitshauptamt: »Seit 10. April 1942, ausgelöst durch sinnlose Abschlachtung der serbischen Bevölkerung in Bosnien, an verschiedenen Stellen der serbisch-kroatischen Grenze ernsthafte Zusammenstöße und Gefechtsberührungen zwischen deutschen Grenzsicherungstruppen und Ustascha-Einheiten.«[71] Und der deutsche Kommandeur der 718. Infanterie-Division ließ im Juni 1942 eine ganze Kompanie des von Oberst Francetić befehligten Ustascha-Regiments entwaffnen und festnehmen wegen erneuter Gewalttaten an der serbischen Bevölkerung.[72]

Dabei ist bemerkenswert, daß die im Laufe der Jahre infolge ihrer Greuel mehrmals ermüdeten Ustaschen immer wieder zu scharfem Vorgehen angehalten wurden, wie überhaupt die Initiative zu den Massakern niemals vom gewöhnlichen Volk ausging, sondern stets von den Ustascha-Führern, den in Uniformen und den in Priester- oder Mönchsgewandung.[73]

Der deutsche Nachrichtendienst der Informationsstelle Zagreb betonte am 7. August 1941 geradezu, das Regime werde von einem »nicht unbeträchtlichen Teil der kroatischen Bevölkerung« abgelehnt, selbst »von kroatischen Nationalisten, sogar von alten Anhängern der Ustascha«.[74]

KZ und Caritas

Die Konzentrationslager schossen im katholischen »Unabhängigen Kroatien« nur so aus dem Boden: in Jasenovac, Jadovno, Pag, Ogulin, Jastrebarsko, Koprivnica, Krapje, Zenica, Stara Gradiška, Djakovo, Lobograd, Tenje, Sanica etc. Die Verschickung in diese Lager stand außerhalb jeder Justiz. In einem Dekretgesetz vom 26. November 1941 bekannte man ganz unverblümt, daß es sich dabei um eine Präventivmaßnahme gegen »unerwünschte Personen« handle, die der »öffentliche(n) Ordnung und Sicherheit« gefährlich werden und »die Errungenschaften des Befreiungskampfes der kroatischen Ustascha-Bewegung bedrohen *könnten*.«[75] »Gegen die Entscheidung der Ustascha-Polizei über die Verschickung zum Zwangsaufenthalt besteht kein Rechtsmittel und keine Einspruchsmöglichkeit.«[76] Der Leiter all dieser Lager, Vjekoslav Luburić, die rechte Hand des Innenministers Artuković, des kroatischen Himmler, lebt heute unter dem Namen Max Luburić im katholischen Franco-Spanien. Damals starben ungefähr 350 000 Menschen in den kroatischen KZ.[77]

---

71 Hory/Broszat, 126

72 Ebenda, 130f. Vgl. auch Paris, Genocide, 102f.

73 So Paris, Genocide, 115

74 Hory/Broszat, 85

75 Ebenda, 89

76 Ebenda

77 Paris, Genocide, 189

Auch Kinder wurden dort zu Tausenden geschlachtet.[78] Ja, man schuf eigene Konzentrationslager für sie, in Lobor, Jablanac, Mlaka, Brocice, Ustici, Gradiška, Sisak, Jastrebarsko und Gornja Rijeka. 1942 steckten allein in Jasenovac etwa 24000 Kinder, die Hälfte davon wurde ermordet.[79]

Allmählich freilich schien es den staatlichen und kirchlichen Behörden nützlicher, die Kinder zu schonen. Da die Eltern meist tot oder gefangen waren, konnte man die Jugend leicht zur alleinseligmachenden Kirche bekehren. Die katholische »Caritas«, welcher Erzbischof Stepinac präsidierte, nahm sich nun der Elternlosen an, und ihre Umerziehung ging um so leichter, als viele überhaupt keine Verwandten mehr fanden. Manche auch waren, wenn sie in die »Fürsorge« der »Caritas« gerieten, zu jung, um ihre Abstammung, ihr Dorf oder nur ihren Namen zu kennen. So gibt es heute ungezählte junge Leute, die als gläubige Katholiken, ja als Priester leben, ohne zu ahnen, welchen Umständen sie ihren Katholizismus verdanken.

Noch jetzt suchen Jugoslawen ihre Eltern oder Geschwister unter dem Stichwort »Verwandtensuche«. *Pars pro toto* nur eine solche Stimme: »Meine ganze Familie kam in das Lager von Stara Gradiška. Wir wurden von unseren Eltern getrennt und verschickt. Zuvor befahl mir ein Mann, meine kleine Schwester, sie war erst drei, zum Bureau zu bringen. Zwei Nonnen nahmen sie fort, und ich sah sie nie wieder. Wer mir Informationen geben kann, schreibe bitte an Vaso Radovanović, Architekt, Gaglin.«[80] Nicht wenige dieser serbischen Kinder wurden in den theologischen Fakultäten Italiens, Argentiniens, Australiens und der Vereinigten Staaten registriert.[81]

[78] Ebenda, 130f. [79] Ebenda, 133

[80] Ebenda, 192. Dort und auf der folgenden Seite weitere solche Texte

[81] Ebenda, 193

Die Taten der Ustaschen waren Taten der Kirche

> »In den populären kirchlich-katholischen Blättern und in Kanzelreden wurde das Bild eines katholischen Gottesstaates entworfen, in dem die Ustascha als Ritterorden figurierte.«
>
> Hory/Broszat[82]

> »Über unserem neuen, jungen und freien Kroatien ist das Bild der jungfräulichen Muttergottes als Zeichen am Himmel erschienen ... Das Kroatien Gottes und Marias aus alten Zeiten ist wiedererstanden.«
>
> Katolički Tjednik, Sarajevo, 11. Mai 1941

> »Christ und Ustaschen, Christ und Kroaten, marschieren zusammen durch die Geschichte.«
>
> Nedelja, Zagreb, 6. Juni 1941

DASS BEI DER ABSCHLACHTUNG der Serben durch die Kroaten nicht nur religiöse, sondern auch rassische Gegensätze eine große Rolle spielten, ist selbstverständlich, sei aber doch ausdrücklich betont, obwohl es die katholische Kirche kaum entlastet. Denn vom Anfang bis zum Ende dieses Regimes bestand die engste Zusammenarbeit zwischen ihr und der Ustascha-Bewegung. Bischöfe saßen im Ustascha-Parlament, Priester fungierten als Polizeichefs und als Offiziere in Pavelićs Leibwache, Franziskaner kommandierten in KZ-Lagern, Mitglieder der »Katholischen Aktion« und ihr angegliederter Organisationen waren häufig auch Ustaschen[83], und sogar die Nonnen, die Busen teilweise beladen mit Ustascha-Orden, grüßten nach Art der Faschisten und beteiligten sich an den Paraden, wobei sie unmittelbar hinter den Soldaten marschierten.[84]

Die katholische Presse des Landes versicherte bei jeder Gelegenheit der Ustascha-Partei ihre Sympathie. In einer Fülle von Artikeln begrüßte sie »das neue und freie Kroatien als einen christlichen und katholischen Staat«, beteuerte dem von Gott gesandten Pavelić die Loyalität und feierte Adolf Hitler als »Kreuzfahrer Gottes«.[85]

Die Zeitung ›Nedelja‹, die in Zagreb erschien, schrieb am 27. April 1941: »Gott, der die Geschicke der Nationen lenkt und die Herzen der Könige regiert, hat uns

---

[82] HORY/BROSZAT, 94 [83] PARIS, Genocide, 65 und 97
[84] Ebenda, 100. Vgl. auch die entsprechenden Abbildungen in diesem Buch [85] Ebenda, 64ff.

Ante Pavelić gegeben und den Führer eines uns befreundeten und verbündeten Volkes, Adolf Hitler, bewegt, mit seinen siegreichen Truppen unsere Unterdrükker zu zerstreuen und die Gründung des Unabhängigen Kroatischen Staates zu ermöglichen. Ruhm sei Gott, unsere Dankbarkeit Adolf Hitler, und unendliche Treue unserem Poglavnik, Ante Pavelić.«[86]

Die kroatische Radiostation von Zagreb meldete am 29. Juli: »Im Unabhängigen Kroatien gibt es keine Serben und keine sogenannte serbisch-orthodoxe Kirche ... Es kann keine Serben und keine Orthodoxie in Kroatien geben, die Kroaten werden sobald als möglich dafür sorgen.«[87]

Der schwer belastete Erzbischof Ivan Šarić pries im Juni 1941 in seinem Blatt ›Katolički Tjednik‹ die revolutionären Methoden im Namen der Wahrheit, Gerechtigkeit und Ehre und nannte es »dumm und unwürdig von Jüngern Christi, zu denken, der Kampf gegen das Übel könnte edel mit Handschuhen ausgetragen werden«.[88]

Ja, die Zeitung des Erzbistums Sarajevo wußte: »Bis jetzt sprach Gott durch die päpstlichen Enzykliken. Aber man verschloß die Ohren ... Nun beschloß Gott (!), andere Methoden anzuwenden. Er will Missionen vorbereiten. Europa-Missionen. Welt-Missionen. Nicht Priester werden sie stützen, sondern Armeekommandanten. Die Predigten wird man hören mit Hilfe von Kanonen, Maschinengewehren, Panzern und Bombern.«[89]

Das war kein ungewöhnlicher Ton. Er war die Regel.

So forderte am 7. Juli 1941 Dr. Ivo Guberina, ein Priester und Führer der Katholischen Aktion, der zugleich Hauptmann in Pavelićs Leibwache war: »Kroatien sollte sein System von allem Gift auf jede nur mögliche Weise reinigen, auch durch das Schwert.«[90]

Ein anderer prominenter Priester, Dionis Juričev, schrieb, nur Kroaten werden noch in diesem Lande leben können. »Es ist keine Sünde mehr, ein siebenjähriges Kind zu töten, wenn es gegen die Gesetzgebung der Ustaschen verstößt. Obwohl ich das Kleid des Priesters trage, muß ich oft nach dem Maschinengewehr greifen.«[91]

Ein Geistlicher der Stadt Udbina predigte: »Bis jetzt, meine Brüder, haben wir für unsere Religion mit Kreuz und Brevier gearbeitet, nun ist die Zeit gekommen für den Revolver und das Gewehr.«[92] Mit solchen Reden gab er das Signal zu den Serbenschlächtereien im Distrikt von Udbina.

---

86 Ebenda, 51
87 Ebenda, mit Bez. auf HRVATSKI NAROD, 30.7.1941
88 Ebenda, 84, mit Bez. auf KATOLIČKI TJEDNIK, 15.6.1941
89 Ebenda, 51
90 Ebenda, 108, mit Bez. auf HVRATSKA SMOTRA
91 Ebenda, 98
92 Ebenda, 110, mit Bez. auf NOVI LIST, 24.7.1941

Der Jesuit Dragutin Kamber, der am 16. August 1941 in ›Novi List‹ Hitlers Soldaten als Kämpfer für die »politische und soziale Gerechtigkeit« feierte, als Erbauer der »Fundamente einer glücklichen Welt für künftige Generationen«, war Polizeichef von Doboj (Bosnien) und ist allein verantwortlich für den Mord an Hunderten von orthodoxen Serben. Wie viele andere Ustaschen lebt der Jesuit heute (als Dr. Charles Kamber) in den USA.[93]

Der Geistliche Božidar Bralo, »ein Hauptkomplice des Mörderbischofs Saritsch von Sarajewo«, reiste, zum Präfekten ernannt, nur noch mit dem Maschinengewehr durchs Land, dabei immerzu brüllend: »Nieder mit den Serben!« Er beteiligte sich an der Niedermetzelung von 180 Serben in Alipašin Most und machte mit den Ustaschen einen Freudentanz um die Ermordeten.[94]

In Prebilovci und Surmanci, Herzegowina, wo man 559 Serben, lauter alte Männer, Frauen und Kinder, schlachtete, waren unter den Mördern auch die beiden katholischen Priester Ilija Tomaš und Marko Hovko.[95]

Branimir Zupančić, Kuratus in Rogolje, massakrierte 400 Menschen.[96]

Allen voran die Franziskaner

> »Ich erfuhr aus sicherer Quelle, daß die Franziskaner von Bosnien und der Herzegowina sich bedauerlich aufgeführt haben.«
>
> Kurienkardinal Tisserant (S. 191)

Die Söhne des hl. Franz von Assisi, deren Klöster den Ustaschen schon seit langem als Waffenlager dienten, taten sich bei der Ausrottung der Orthodoxen besonders hervor.

Das geschah nicht von ungefähr.

In der Weihnachtsausgabe der Zeitung ›Unabhängiges Kroatien‹ stand 1941 unter dem Titel ›Die Rolle der Geistlichkeit im Unabhängigen Kroatischen Staat‹: »Die Hochschulen der Franziskaner in Sinj, Široki Brijeg und Visoko, die Seminare in Makarska, Mostar, Split und die Theologische Fakultät der Universität Zagreb waren die wahren Zentren nationalen Bewußtseins, die Brutstätten, von welchen jedes Jahr nicht nur Gruppen von Leviten und Arbeitern ausströmten in den Garten Gottes, sondern auch nationale Kämpfer, die die Überzeugungen der Ustaschen verbreiteten.«[97] Und die Ustascha-Zeitung ›Hrvatski Narod‹ pries am 4. Juli 1941 den Franziskaner Dr. Radoslav Glavaš als großen Organisator der

[93] Ebenda, 99
[94] A. Miller, Die »christlichen« Massaker in Kroatien 1941 bis 1945
[95] Paris, Genocide, 103
[96] Ebenda, 111
[97] Ebenda, 52

Ustaschen, der sich dann »selbst an die Spitze der Kämpfenden« gestellt habe.[98] Der Franziskaner Glavaš fungierte als Berater in der Umgebung des Pavelić und hatte, wie ein Vermerk der deutschen Gesandtschaft in Zagreb besagt, »täglich« bei ihm Zutritt[99].

Auch im Ausland war die Rolle, die der Franziskanerorden beim Umsturz in Jugoslawien spielte, sofort bekannt. So lautet ein Aufsatztitel in der katholischen slowakischen Zeitung ›Gardist‹, einem Organ der Hlinka-Garde, im August 1941: »Die Franziskaner, die ersten Kämpfer für die Unabhängigkeit.«[100]

Am 21. Mai 1941 kam der Franziskanerpater Šimić mit zwei Begleitern zum Kommandeur der »Sassari Division« in Knin, um in dessen Bereich die Zivilverwaltung zu übernehmen. Auf die Frage des Generals nach den Richtlinien ihrer Politik antwortete der Franziskaner: »Alle Serben in möglichst kurzer Zeit zu töten.« Der General traute seinen Ohren nicht und bat ihn, das zu wiederholen. Darauf wiederholte der Pater prompt: »Alle Serben in möglichst kurzer Zeit zu töten. Das ist unser Programm.«[101]

Der Franziskaner Berto Dragičević vom Kloster Široki Brijeg kommandierte, unterstützt von den Franziskanern Ante Cvitković und Andrija Jeličić, die Ustaschen der Gegend.[102]

Der Franziskanerpater Augustino Cievola erschien in den Straßen mit einem Revolver unter der Kutte und rief das Volk auf, die Orthodoxen zu ermorden.[103]

Der Franziskaner Tugomir Soldo organisierte die Massaker von Čapljina.[104]

Der Franziskaner Silvije Franković war häufig in Gesellschaft der größten Halsabschneider. Als sie ihn eines Tages in Bugojno fragten, wann sie beichten könnten, sagte er: »Viel zu früh noch für euch. Wenn ihr sie alle umgebracht habt, dann kommt.« Als der Präfekt von Bugojno bei Franković beichten wollte, weil er vierzehn Serben getötet hatte, meinte der Franziskaner: »Beichten Sie, wenn es vierzig sind, und ich will Ihnen alles vergeben.«[105]

Mehrere Mönche übernahmen Henkersposten in einem KZ. Der Franziskaner Zvonko Brekalo war Offizier im »Todeslager« von Jasenovac, berüchtigt wegen seiner Massenenthauptungen. Rund 120 000 Serben kamen darin um. Im Herbst 1942 hat der Franziskaner Miroslav Filipović-Majstorović, genannt »Bruder Teufel«, dieses Lager sogar geleitet, wobei ihn eine Reihe von Geistlichen – Brkljačić, Matković, Matijević, Brekalo, Celina, Lipovac u.a. – unterstützten. In vier Monaten wurden dort unter dem Kommando des Franziskanerpaters 40 000 Menschen liquidiert.[106] Allein der Franziskaner-Stipendiat Brzica hat hier in einer Nacht, am

[98] Ebenda, 54 [99] Hory/Broszat, 72 [100] Paris, Genocide, 113
[101] Ebenda, 109 [102] Ebenda, 113
[103] A. Miller, Die »christlichen« Massaker in Kroatien 1941 bis 1945
[104] Paris, Genocide, 114 [105] Ebenda, 110 [106] Ebenda, 136f.

29. August 1942, 1360 Menschen mit einem Spezialmesser geköpft.[107] Edmond Paris, der eine »schreckliche Litanei« von Verbrechen der Franziskaner aufzählt, versichert, sie könnte »unendlich verlängert werden«.[108]

Nach dem Zusammenbruch des katholischen Regiments wurden bezeichnenderweise gerade ausländische Franziskanerklöster die Zufluchtsstätten der Massenmörder, in Österreich Klagenfurt, in Italien Modena und auch in Frankreich. »Alle diese Klöster verbargen die geflüchteten Ustaschis. Überall fanden diese Verbrecher kirchliche Hilfe und Beistand. Das war nur zu verständlich, denn die ›Taten‹ der Ustaschis waren Taten der Kirche.«[109]

Alois Mišić von Mostar verdammte als einziger Bischof Kroatiens in einem Hirtenbrief vom 30. Juni 1941 scharf die Ausschreitungen. Und der Priester J. Lončar von Zagreb, der in einer Predigt über das Gebot »Du sollst nicht töten« am 23. August 1941 gegen die Greuel protestierte, wurde zum Tode verurteilt, dann zu lebenslanger Zwangsarbeit begnadigt. »Abgesehen von diesen zwei beherzten Männern, billigten oder duldeten alle katholischen Geistlichen Kroatiens das Gemetzel, manche aus Fanatismus, andere aus Furcht, und die übrigen unterwarfen sich der kirchlichen Disziplin.«[110]

Nur beiläufig sei erwähnt, daß die Ustascha-Bewegung mit Hilfe klerikaler Kreise auch 80 Prozent der jugoslawischen Juden ermordet hat.[111]

Auch der Primas der kroatischen Katholiken, Erzbischof Dr. Stepinac, unterstützte die Mörder

Von der ersten bis zur letzten Stunde des Regimes kollaborierte er mit ihnen. Am 13. April 1941 war Pavelić in Zagreb eingetroffen. Schon am nächsten Tag überbrachte der Erzbischof dem Meuchelmörder Alexanders und Louis Barthous die Glückwünsche der Kirche und gab am Abend ein Bankett, bei dem »Schwarzhemden und klerikale Roben sich brüderlich mischten«.[112]

An Ostern 1941 verkündete Stepinac von der Kanzel der Kathedrale in Zagreb die Gründung des »Unabhängigen kroatischen Staates« und warb auch sofort um dessen diplomatische Anerkennung durch den Papst.[113]

In ›Nedelja‹ erzählte Stepinac seine erste Unterredung mit dem Poglavnik, der ihm dabei seine Absicht anvertraute, die Altkatholiken und die Orthodoxen auszurotten. Nach dieser Mitteilung bekannte Stepinac: »Während unserer ganzen Unterhaltung hatte der Erzbischof (er meint sich selbst) den Eindruck, daß

[107] A. Miller, Die »christlichen« Massaker in Kroatien 1941 bis 1945 [108] Paris, Genocide, 114
[109] A. Miller, Die »christlichen« Massaker in Kroatien 1941 bis 1945 [110] Paris, Genocide, 109f.
[111] Ebenda, 79f. [112] Ebenda, 55 [113] Ebenda, 55ff.

Pavelić ein ergebener Katholik sei und die Kirche völlige Aktionsfreiheit haben würde ...«[114] In einem Hirtenbrief vom 28. April 1941 schrieb der kroatische Primas: »Wer könnte uns einen Vorwurf daraus machen, daß wir als geistliche Hirten auch die Freude und Begeisterung des Volkes unterstützen, wenn wir *uns in tiefer Dankbarkeit an die göttliche Majestät wenden.* Obwohl die aktuellen Ereignisse, die von so großer Wichtigkeit, sehr verwickelt sind, obwohl die Faktoren, die ihren Lauf beeinflussen, sehr verschieden sind, ist es jedoch leicht, *die Hand Gottes in diesem Werk zu erkennen. A domino factum est istud et est mirabile in oculis nostris* (Gott hat dies getan, und unsere Augen sind voller Bewunderung, Ps. 117,23). Darum werdet ihr unserem Aufruf Folge leisten und dadurch die Erhaltung und Entfaltung des unabhängigen Staates Kroatien unterstützen. *Wir kennen die Menschen,* die heute das Schicksal des kroatischen Volkes in ihren Händen halten, und wir sind fest davon überzeugt, daß die Kirche in dem wiederhergestellten kroatischen Staat die unfehlbaren Grundsätze der Wahrheit und der ewigen Gerechtigkeit in voller Freiheit wird verkündigen können ...«[115]

Den Episkopat forderte Stepinac ausdrücklich zu einer engen Zusammenarbeit mit den Ustaschen auf.[116] Er wies den Klerus an, den Jahrestag der Proklamation des »Unabhängigen Kroatien« mit besonderer Feierlichkeit zu begehen, ebenso den Geburtstag seines Führers Pavelić.[117]

Im Januar 1942 wurde Erzbischof Stepinac vom Vatikan sogar zum Militärvikar der Ustaschen ernannt, worauf annähernd 150 Priester sich als Feldkapläne in die Ustascha-Armee meldeten.[118]

Am 23. Februar 1942 empfing Stepinac, umgeben von kirchlichen Würdenträgern, den zweimal zum Tode verurteilten und vom Papst gesegneten Pavelić am Portal der Markuskirche in Zagreb und feierte mit tönenden Phrasen die Gründung des kroatischen Parlaments.[119] Nur drei Wochen früher schrieb die Londoner Wochenzeitschrift ›New Review‹ von Pavelić: »Er wird einmütig als der größte Verbrecher des Jahres 1941 betrachtet.«[120]

Erzbischof Stepinac sprach damals auch bei der Eröffnung des Ustascha-Parlaments, dem er und zehn seiner Geistlichen angehörten. Als in einer Sitzung am 25. Februar Justizminister Mirko Puk im Namen des Staates den Altkatholiken und der serbisch-orthodoxen Kirche die Anerkennung verweigerte, stimmten die elf offiziellen Vertreter der römisch-katholischen Kirche einmütig zu.[121]

---

[114] Ebenda, 67 [115] A. Miller, Die »christlichen« Massaker in Kroatien 1941 bis 1945

[116] V. Novak, Prinzipium et Finis-Veritas, in: Review of International Affairs, Vol. 2, Nr. 26, Belgrad, 19.12.1951

[117] Ebenda [118] Paris, Genocide, 165f. [119] Ebenda, 168

[120] New Review, 1.2.1942

[121] Paris, Genocide, 176

Am Namenstag von Pavelić (13. Juni 1942) befahl Stepinac, am darauffolgenden Sonntag in allen Kirchen das Te Deum zu singen.[122]

Am 18. Mai 1943 sandte der Erzbischof ein Memorandum an Pius XII., um Pavelićs Regime zu stützen. Stepinac betonte die Verdienste der Ustaschen um die Konversionen der Orthodoxen. Und er äußerte bereits große Befürchtungen. »Der Sieg der panserbischen Idee«, schrieb er, »würde die Zerstörung des Katholizismus im Nordwesten des Balkans, das heißt in Kroatien bedeuten. Darüber gibt es nicht den leisesten Zweifel.« Außerdem, prophezeite er, würden dann die Wogen der orthodoxen Offensive auch die italienische Küste überfluten. Darauf dankte Stepinac dem kroatischen Klerus für seine Verdienste, »vor allem den Franziskanern«, und beschwor den Heiligen Vater, sich dem kroatischen Volk zuzuwenden. »Der junge kroatische Staat, geboren unter schwierigeren und schrecklicheren Umständen als irgendein Staat in den vergangenen Jahrhunderten, kämpft nun verzweifelt um sein eigenes Überleben. Bei jeder Gelegenheit bewies er seinen Willen, seinen katholischen Traditionen treu zu bleiben und eine strahlendere und bessere Zukunft für die katholische Kirche in diesem Teil der Welt zu sichern.« Ferner schrieb Stepinac dem Papst, daß nicht nur 240000 Konvertiten verloren gehen könnten, »sondern die ganze katholische Bevölkerung dieses Gebietes mit allen Kirchen und Klöstern.«[123]

1944 edierte das kroatische Kriegsministerium das Soldatengebetbuch ›Der kroatische Staat‹, voll von heißen Gebeten für das Verbrecherregime – mit erzbischöflicher Druckerlaubnis.[124] Sogar noch am 24. März 1945 gab Stepinac, von Pavelić ein Jahr zuvor mit dem »Großkreuz mit Stern« dekoriert, ein Manifest zugunsten des Ustascha-Staates heraus und bot sein Palais zahlreichen, von der Polizei gejagten politischen Mördern als Zufluchtsstätte an.[125]

Ein einziges Mal nur in all diesen Jahren hat Erzbischof Stepinac in einer Rede die Tragödie der Serben und Juden im »Unabhängigen Kroatien« erwähnt. »Da gibt es Leute«, sagte er am 31. Oktober 1943, »die uns beschuldigen, daß wir uns nicht rechtzeitig empörten oder daß wir nicht wirksame Maßnahmen ergriffen haben gegen die in den verschiedenen Gegenden unseres Landes begangenen Verbrechen. Unsere Antwort ist: wir sind kein politisches Instrument von irgendwem und wir wünschen nicht, es zu sein ... Wir haben immer im öffentlichen Leben die Grundsätze des ewigen und göttlichen Gesetzes nachdrücklich betont ... Wir können nicht als verantwortlich betrachtet werden für manche dieser verwegenen Fanatiker in den Reihen der Kirche.«[126]

---

122 Ebenda, 179
123 Novak, Magnum Crimen, 788f.
124 Paris, Genocide, 208
125 Ebenda, 204
126 Novak, Magnum Crimen, 128

Dazu bemerkt Edmond Paris treffend: »Welcher Zynismus eines Kirchenfürsten! Wessen ›politisches‹ Instrument wäre er gewesen, hätte er seine Stimme erhoben gegen das Gemetzel der Unschuldigen?«[127]

Der blutdürstigste Verbrecher aller Satellitenländer wurde bis zuletzt von der katholischen Kirche geschützt und gesegnet

Bei der Kapitulation Italiens begann Pavelićs Herrschaft bereits heftig zu wanken.[128] Einige seiner Komplicen suchten sich deshalb zu salvieren. Der Minister der nationalen Verteidigung, Vokić, und der Außenminister Lorković organisierten eine Palastrevolte, wurden aber nach dem Mißlingen des Anschlags erschossen. Im November wollte sich Pavelić dann selber durch Verrat retten. Er bot dem Chef des Alliierten Oberkommandos im Mittelmeerraum die Ustascha-Armee gegen die Deutschen an, freilich vergeblich.

Am 24. März 1945 veröffentlichten die katholischen Bischöfe Kroatiens einen Hirtenbrief, der weniger ihren Diözesanen als den Alliierten galt. Sie hoben das den Engländern und Amerikanern geschickte Schreiben Pavelićs und seinen Kampf gegen den Kommunismus hervor und erboten sich, die demokratischen Kräfte (die sie bisher bekämpft hatten) nun mit aller Macht zu unterstützen, was die Alliierten aber gleichfalls ignorierten.

Endlich versuchte Pavelić noch mehrere Tage erfolglos, Erzbischof Stepinac zu seinem Nachfolger zu machen. Dann verabschiedete er sich in einer Geheimsitzung am 4. Mai 1945 im erzbischöflichen Palais und ließ Stepinac eine Fülle von Dokumenten und ganze Kisten voller Gold, Edelsteine und Uhren zurück, die man im Palast Stepinacs und in verschiedenen Kirchen deponierte. Am nächsten Tag floh Pavelić mit seiner Familie und einigen tausend Gangstern, darunter etwa fünfhundert katholische Priester, u.a. der Erzbischof von Sarajevo, Ivan Šarić, der 1960 in Madrid starb, und der Bischof von Banja Luka, Jozo Gavić.

Pavelić und Artuković fanden, »mit geraubtem Gold reichlich beladen«, Aufnahme im Kloster Sankt Gilgen bei Salzburg. Dann wurden sie von britischen Truppen verhaftet, aber bald infolge einer »mysteriösen Intervention« wieder freigelassen.[129] Artuković ging im November 1946 in die Schweiz, später nach Irland und schließlich in die USA, wo er nun in Los Angeles lebt.

Pavelić, der sich wegen der Bemühungen der jugoslawischen Regierung um seine Persönlichkeit in Österreich nicht sicher fühlte, gelangte, als Priester verkleidet, nach Rom, wo er als Pater Gomez und Pater Benarez in einem Kloster

[127] Paris, Genocide, 201 [128] Das folgende eng nach Paris, Genocide, 208ff. [129] Ebenda, 259

wohnte. Ende 1948 erreichte er als Pablo Aranyoz Buenos Aires, immer noch im Besitz von 250 Kilo Gold und 1100 Karat Edelsteinen[130] – und begleitet von dem früheren Verbindungsmann zwischen Erzbischof Stepinac und dem Vatikan, dem Priester Krunoslav Draganović, den ihm die ›Commissione d'assistanza pontifica‹ zur Verfügung gestellt hatte.[131]

Nach dem Sturz Perons mußte Pavelić 1955 untertauchen. Am 10. April 1957 entging er einem Revolverattentat und später auch der argentinischen Polizei. Auf ungeklärte Weise kam er nach Franco-Spanien und fand, unbehelligt von jeglicher Justiz, Zuflucht in einem Madrider Franziskanerkloster. Im deutschen Krankenhaus der spanischen Hauptstadt starb der Verbrecher am 26. Dezember 1959 und erhielt noch auf dem Totenbett den Segen des Heiligen Vaters.[132]

(In Spanien besteht übrigens noch heute eine strenge Ustascha-Organisation, die zuerst Erzbischof Šarić führte und die nun in den Händen von Vjekoslav Luburić liegt, dem früheren Kommandanten sämtlicher kroatischer Konzentrationslager.[133]) Der Photograph Hitlers, schreibt Edmond Paris am Schluß seiner Dokumentation, wurde zu zehn Jahren Haft verurteilt, nur weil er das »Verbrechen« begangen hatte, den Führer zu photographieren. Dagegen blieben Tausende von Ustascha-Schwerverbrechern trotz ungezählter Proteste und Memoranden unbestraft, nur weil sie unter dem Schutz der katholischen Kirche standen.

Wußte der Papst nichts?

> »Was geht in Kroatien vor und alarmiert die ganze Welt?«
>
> Unterstaatssekretär Montini

> »In der Tat, es ist entsetzlich.«
>
> Kurienkardinal Tisserant

Sogar italienische Zeitungen schrieben damals ganz offen über die Massaker. So stand am 18. September 1941 beispielsweise in einem Bologneser Blatt: »Der erste Bruder von Assisi sprach mit den Vögeln und Fischen und nannte sie Brüder und Schwestern, aber seine Jünger und geistlichen Erben, voll von Haß, massakrieren die Menschen im Unabhängigen Staat von Kroatien, die vor Gott dem Vater ihre eigenen Brüder sind, Brüder von demselben Blut, derselben

[130] A. Miller, Die »christlichen« Massaker in Kroatien 1941 bis 1945. Vgl. auch Hagen, 261f.
[131] Paris, Genocide, 159
[132] Ebenda, 218. Vgl. auch 312
[133] Über Ustascha-Propaganda nach dem Krieg ausführlich Paris, 259ff.

Sprache und derselben Muttererde, die sie genährt hat mit dem Saft ihrer Brüste. Sie massakrieren, sie töten und begraben die Menschen lebendig, sie werfen ihre Opfer in die Flüsse, das Meer und in Schluchten. Scharen von diesen Mördern existieren und sind in einem Zustand wahnsinniger Erregung, angeführt von den Priestern und den katholischen Beamten.«[134]

Im Londoner Rundfunk sagte der ehemalige jugoslawische Minister Većeslav Vilder am 16. Februar 1942: »Und jetzt geschehen in der Umgebung von Stepinac die schrecklichsten Verbrechen. Das Blut der Brüder wird in Strömen vergossen. Die Orthodoxen werden gezwungen, zum katholischen Glauben überzutreten, und die Stimme des Erzbischofs Stepinac erhebt sich nicht, um Widerstand zu predigen. Aber wir lesen, daß er an diesen Paraden der Faschisten und Nazis teilnimmt. Und was noch schlimmer ist, der Bischof von Zagreb, Salis-Seewis, hat in seiner Neujahrsansprache Pavelić geradezu gelobt, und der Erzbischof Saritsch von Sarajevo hat am 24.12.1941 eine lange Ode auf Pavelić gedichtet.«[135]

Der nun in England lebende römisch-katholische Kroat und frühere jugoslawische Minister Dr. Prvislav Grisogono bat den Erzbischof von Belgrad, Dr. Ujčić, sich beim Papst für das Aufhören der Gemetzel zu verwenden. Darauf erwiderte der Erzbischof: »Ich danke für Ihren Brief. Die Information über die Massaker haben wir bereits aus den verschiedensten Quellen erhalten. Ich habe alles an den Vatikan weitergeleitet und glaube, daß alles nur Mögliche getan werden wird.«[136]

Aber es wurde nichts getan.

Dabei trafen aus vielen Teilen der Welt und von allen alliierten Regierungen Protestschreiben beim Vatikan ein.

Aber Pius XII. schwieg – wie über Auschwitz und anderes.

Doch Kroatien, das Kroatien der Massenmorde und Folterungen, war ein vorwiegend (um nicht zu sagen rein) katholisches Problem. Die Stimme des Papstes hatte dort das größte Gewicht. »Alle unsere Taten«, sagte der Erziehungsminister und spätere kroatische Gesandte in Berlin, Mile Budak, »gründen sich auf die Treue zu der Religion und zur katholischen Kirche.«[137] Und Erzbischof Stepinac selber schrieb dem Papst von diesem kroatischen Staat: »Bei jeder Gelegenheit bewies er seinen Willen, seinen katholischen Traditionen treu zu bleiben und eine strahlendere und bessere Zukunft für die katholische Kirche in diesem Teil der Welt zu sichern.«[138]

Unterstaatssekretär Montini, der spätere Paul VI., aber fragte in einer Unterredung mit Nikola Rušinović, einem der beiden inoffiziellen Vertreter des Pavelić beim Vatikan, »gleich beim Beginn des Gesprächs«: »Was geht in Kroatien vor und

---

[134] Ebenda, 219f.

[135] A. Miller, Die »christlichen« Massaker in Kroatien 1941 bis 1945

[136] Paris, Genocide, 220

[137] V. Novak, Die Beziehungen, in: Intern. Politik, Belgrad, 16.7.1954

[138] Vgl. S. 187, Anm. 123

alarmiert die ganze Welt? Ist es wahr, daß Verbrechen begangen worden sind und daß die Behandlung der Deportierten so schrecklich ist?«[139]

Und Kurienkardinal Tisserant gestand dem kroatischen Vertrauensmann des Pavelić: »Wüßten Sie nur, wie die an der adriatischen Küste stationierten italienischen Offiziere von euch sprechen! In der Tat, es ist entsetzlich. Es ist kaum möglich, sich vorzustellen, daß solche Scheußlichkeiten begangen werden. Ich erfuhr aus sicherer Quelle, daß die Franziskaner von Bosnien und der Herzegowina sich bedauerlich aufgeführt haben. Solche Taten sollten nicht von zivilisierten und gebildeten Menschen verübt werden und noch viel weniger von Priestern.«[140]

Aber der Papst schwieg.

Wenige Tage nach Tisserants Bekenntnis erwiderte Pius XII. huldvoll ein Schreiben des Ustascha-Häuptlings.[141]

Am 6. Februar 1942 empfing Pius XII. 206 kroatische Jugendliche in Ustascha-Uniformen in Privataudienz, nach ›Katolički Tjednik‹ »in einer der heiligsten Hallen des Vatikans«. »Der ergreifendste Augenblick war, als die jugendlichen Ustaschen den Papst baten, ihren Poglavnik, den Unabhängigen Staat von Kroatien und das kroatische Volk zu segnen. Jedes Mitglied erhielt eine Medaille zum Andenken.«[142]

Doch Pavelićs Attaché in Rom, Nikola Rušinović, meldete am 9. Mai 1942: »Wir haben viele Feinde. Sogar sogenannte Freunde attackieren uns durch Intrigen überall, besonders im Vatikan. Sie beziehen sich auf Gangster und Gangsterei in Kroatien. Man sagt, es seien 8000 Photographien gesammelt worden als Beweis für die Verbrechen der Ustaschen an der serbischen Bevölkerung.«[143]

Tatsächlich besaß das vatikanische Staatssekretariat Photographienalben von den Massakern und Massenbekehrungen.[144] Es gab auch einen Verbindungsmann zwischen dem Erzbischof von Zagreb und dem Vatikan, nämlich Krunoslav Draganović, ein Mitglied des Komitees für Bekehrung und Kaplan im Konzentrationslager Jasenovac[145], der später Pavelić auf seiner Flucht nach Südamerika begleitete.

Es gab weiter den Benediktiner Giuseppe Ramiro Marcone, den Pius XII. bereits am 13. Juni 1941, am Namenstag von Pavelić, unter dem Titel eines päpstlichen »Visitators« zum Vertreter der Kurie in Zagreb ernannt hatte. Der Delegat, de facto als Nuntius tätig, nahm an öffentlichen Kundgebungen teil, er saß im Ustascha-Parlament in der Diplomatenloge, er erschien zwischen hohen Offizieren Hitlers, Mussolinis und Pavelićs, er besichtigte, Seite an Seite mit diesem, die Ustascha-Jugend[146], und er wünschte ihm zum Namenstag am 13. Juni 1942, »daß Kroatien alle Schwierigkeiten überwinde und zu blühen beginne unter der Führung von Ante Pavelić«[147].

---

[139] Paris, Genocide, 220 [140] Ebenda, 177 [141] Ebenda
[142] Ebenda, 167 [143] Ebenda, 221 [144] Ebenda, 220 [145] Ebenda
[146] Ebenda, 76ff. Vgl. die Abbildungen 251, 254, 314 [147] Ebenda, 179

Und Erzbischof Stepinac ist während dieses Terrorregiments selber zweimal in Rom gewesen und vom Papst empfangen worden.

Aber der Papst schwieg.

In einem Bericht vom 8. Februar 1942 an das Außenministerium in Zagreb erwähnte Nikola Rušinović einen Besuch bei Monsignore Pietro Sigismondi, Chef der kroatischen Abteilung im Vatikan: »Während unserer Unterredung sprachen wir über die Konversionen in Kroatien. Er sagte, der Heilige Stuhl sei darüber erfreut, doch die amerikanische und britische Presse verdamme uns, weil die Konversionen unter großem Druck der Behörden erfolgen, was der Heilige Stuhl natürlich nicht glaube. Es würde ratsam scheinen, etwas langsamer vorzugehen, um dem Heiligen Stuhl Vorwürfe, Anklagen und Dilemmas zu ersparen. Er bemerkte, daß sogar die italienische Presse von Zeit zu Zeit Artikel über die Massenkonversionen der Orthodoxen zum Katholizismus veröffentliche ...«[148] Der ›Osservatore Romano‹ aber versicherte, die Bekehrung der Serben geschähe »ohne den geringsten Druck der zivilen oder religiösen Behörden«[149].

Mit dieser Behauptung des päpstlichen Blattes vergleiche man das Memorandum, das die Führer der *katholischen* Slowenen am 1. März 1942 an den katholischen Bischof Ujčić von Belgrad richteten, über den es den Vatikan erreichen sollte: »Im Unabhängigen Staat von Kroatien wurden alle orthodoxen Bischöfe und Priester entweder getötet, gefangengesetzt oder in Konzentrationslager geschickt, ihre Kirchen und Klöster zerstört oder beschlagnahmt. Es ist das eingestandene Hauptziel der Politiker in Zagreb, die serbische Bevölkerung in Kroatien auszulöschen. Die Konversionen zum Katholizismus haben dort nichts zu tun mit religiöser Überzeugung und sind erniedrigende Vorgänge für die katholische Kirche, deren Ansehen und Würde sie außerordentlich bloßstellen. Jeder unparteiische Beobachter muß zugeben, daß die Übertritte der serbischen Orthodoxen zum Katholizismus unter schrecklichem politischen Druck erfolgten. Steht es doch außer Zweifel, daß die Orthodoxen Kroatiens, die aus innerer Überzeugung konvertierten, an einer Hand zu zählen sind ...« Die slowenischen Katholiken schließen: »Wir sind überzeugt, der Vatikan wird nach Kenntnis des Berichtes gegen das tragische Schicksal, das die Serben erwartet, protestieren und das Ansehen des jugoslawischen Katholizismus retten. Vertraut mit der Lage in unserem Vaterland, erachten wir es für notwendig, daß:

1. der Heilige Stuhl die blutige Verfolgung der Serben und ihrer Kirche öffentlich verdammt;
2. der Heilige Stuhl alle Übertritte zum Katholizismus unter der bestehenden Schreckensherrschaft verbietet;

[148] Ebenda, 142 [149] Ebenda, 219

3. Personen, die zum Katholizismus konvertieren wollen trotz des allgemeinen Verbotes, einer besonderen Erlaubnis des Heiligen Stuhles bedürfen, der jeden einzelnen Fall prüft;
4. der Heilige Stuhl die kroatischen Bischöfe veranlaßt, die serbisch-orthodoxen Christen und ihre Priester unter ihren Schutz zu nehmen.«[150]

Das also hätte der Heilige Stuhl nach Überzeugung *von Katholiken* tun sollen.

Und was tat er?

Er ernannte den Primas der kroatischen Kirche zum Militärvikar der Ustaschen. Er ließ am 27. März 1942 seine »Genugtuung« über das Vorgehen der kroatischen Bischöfe ausdrücken und ihnen in Anerkennung ihrer großen Verdienste seinen apostolischen Segen übermitteln.[151] Er segnete auch den größten Gangster aller Satellitenstaaten zu Beginn seiner blutigen Laufbahn, während derselben und auf dem Totenbett. Und er ernannte den engsten Bundesgenossen dieses Mannes, den Erzbischof Stepinac, der noch nach dem Krieg vom Westen »den Einsatz seiner Atommacht« erwartete, »um Moskau und Belgrad westliche Zivilisation zu bringen, bevor es zu spät sei«[152], zum Kardinal. Dabei war Stepinac damals schon längst vom Obersten Volksgericht in Zagreb zu 16 Jahren Zwangsarbeit verurteilt worden. Doch auch jetzt noch bekannte sich Pius XII. vor aller Welt zu ihm. Und mit Recht! Denn der Bischof, den der Papst nun als »ein Beispiel apostolischen Eifers und christlicher Seelenstärke« rühmte[153], hatte ja nur geduldet, was auch der Papst geduldet hatte. Und so schrieb dieser am 12. Januar 1953: »Obwohl er abwesend ist, umarmen Wir ihn mit väterlicher Liebe – und Wir wünschen innig, daß jedermann wisse, daß Unser Entschluß, ihn mit der Würde des römischen Purpurs auszuzeichnen, keinem anderen Grund entspringt, als ihm in geziemender Weise seine großen Verdienste zu vergelten.«[154]

Seine »großen Verdienste« errang Erzbischof Stepinac als Primas eines Staates, in dem von zwei Millionen orthodoxen Serben 240 000 gewaltsam zum Katholizismus bekehrt und 750 000[155], oft nach grausamsten Folterungen, ermordet worden sind.

Dazu hat Stepinac, der selbst weder jemand getötet noch eine einzige Kirche zerstört hat, vier Jahre lang wohlwollend geschwiegen.

Ebenso der Papst.

Und ist Stepinac nicht schuldiger als jener Ustascha, der um seinen Hals zwei Ketten aus menschlichen Zungen und Augen trug?

---

[150] Ebenda, 163ff. [151] Ebenda, 146 [152] NEW STATESMAN AND NATION, London, 26.10.1946 [153] NEW YORK TIMES, 13.1.1953 [154] Ebenda
[155] Nach niedrigster Schätzung 600 000, nach höchster annähernd eine Million

Erwägt man das Verhalten Eugenio Pacellis zur Politik von Mussolini, Franco, Hitler und Pavelić, so scheint es kaum eine Übertreibung, zu sagen: Pius XII. ist wahrscheinlich mehr belastet als jeder andere Papst seit Jahrhunderten. Mittelbar und unmittelbar ist er so offensichtlich in die ungeheuersten Greuel der faschistischen Ära und damit der Geschichte überhaupt verstrickt, daß es bei der Taktik der römischen Kirche nicht verwunderlich wäre, spräche man ihn heilig.

Anhang

Die Diskussion über Karlheinz Deschners kritische Kirchengeschichte ›Abermals krähte der Hahn‹ in ›Die Tat‹, Zürich

Wenige kritische Werke wurden so niederträchtig diffamiert wie Karlheinz Deschners Kirchengeschichte ›Abermals krähte der Hahn‹. Kein katholisches Blatt gestattete jedoch eine Antikritik oder auch nur eine Berichtigung, selbst dann nicht, wenn man, wie die ›Kölnische Rundschau‹, das Buch in mehreren groß aufgemachten Artikeln verleumdet und dem Verfasser eine Replik sogar wiederholt versprochen hatte. Es ist hier nicht möglich, auch nur einen kleinen Teil jener beleidigend unwahren Rezensionen nebst einigen (wohlweislich unterdrückten) Erwiderungen des Autors abzudrucken. Nur an einem Fall sei sozusagen exemplarisch gezeigt, was von all den Anschwärzungen, Verdrehungen und Lügen, die man über Deschners kirchengeschichtliche Arbeit verbreitet, übrigbleibt, wenn man ihm eine Antwort erlaubt und dann überdies einen um Objektivität bemühten Theologen ein gleichsam schiedsrichterliches Urteil fällen läßt, wie dies fairer Weise die Redaktion der Zürcher ›Tat‹ getan hat.

In dieser Zeitung schrieb am 4. Mai 1963 unter dem Titel »Tiefschlag gegen das Christentum« der protestantische Pfarrer Wolfgang Hammer:

»Eine kritische Kirchengeschichte von den Anfängen bis zu Pius XII.« verheißt das Titelblatt – wahrlich ein lobenswertes, gewichtiges Unterfangen! Denn die Kirchengeschichten der letzten Jahrzehnte strotzen von Biedersinn und Harmlosigkeit, soweit sie überhaupt über Schulausgaben und Monographien hinausgediehen! Also ist man gespannt. Weiß man doch, daß es da diverse dunkle Punkte gab: Hexenwahn, Judenverfolgung, Ketzerverbrennungen ...

Wie wichtig wäre eine solche Darstellung, wäre sie wirklich »kritisch«! Doch Deschners Buch ist nur als Kirchengeschichte drapiert. In Wahrheit ist es – leider – nur ein Pamphlet. »Was hat Christus die Welt gelehrt? Schießt einander tot, hütet den Reichen die Geldsäcke! Unterdrückt die Armen, nehmt ihnen das Leben in meinem Namen!«, wird auf der ersten Seite ein unbekannter Herr Belzner zitiert. Aha, merkt der Leser, das soll Ironie sein – und beginnt.

Es wäre müßig, Deschner auch nur seine hauptsächlichen Auslassungen, Irrtümer und Retuschen einzeln nachzuweisen. Doch damit er (und seine Freunde, die in unserer angeblich so kirchenfrommen Zeit Voltaire's »écrasez l'infame!« nur leise auf den Zähnen knirschen) nicht denkt, wir wüßten nichts zu erwidern, greifen wir zwanglos ein paar Einzelheiten heraus:

Daß Napoleon und der junge Goethe annahmen, Jesus habe gar nie gelebt, wird als ein ernstzunehmendes Urteil zitiert. Dafür zeiht unser Autor (im Schlußwort) sämtliche katholischen Theologen der Befangenheit und rückt ihre Ergebnisse in hämischen Kontrast zur »kritischen« oder »freien« Theologie, deren Vertreter freilich nur bis ca. 1925 zitiert werden können, da selbst diese Richtung heute längst keine so übertriebenen Thesen mehr verficht, wie sie Deschner in seinen Kram passen.

Ein Exempel kunstvoller Verdrehung bietet Seite 30: »Die bedeutendsten Männer haben die christliche Wahrheit durch Lügen erhärtet. Selbst Paulus steht unter diesem Verdacht. Schreibt er doch: ›Wenn aber Gottes Wahrhaftigkeit infolge meines Lügens umso stärker zu seiner Verherrlichung hervorgetreten ist, warum werde ich noch als Sünder gerichtet?‹ (Röm. 3,7).« Liest man dort nach, so findet man, daß Paulus von Leuten redet, die so argumentieren und deren »Verdammnis darum ganz recht ist« (Röm. 3,7). Befund: Deschner reißt ohne Skrupel einen Satz aus seinem Zusammenhang und läßt durchblicken, der Apostel brüste sich, zur Ehre Gottes gelogen zu haben!

Unendlichen Fleiß verwendet der junge Kritiker darauf, die »Laien« aus ihrer theologischen Unwissenheit zu erlösen, in der sie von den klerikalen Dunkelmännern gefangengehalten werden! Deschner widmete fünf Jahre seinem Werk, um die Laien über die, seit 200 Jahren jedermann zugänglichen Ergebnisse der historischen Kritik an der Bibel aufzuklären, und offenbart als dernier cri, daß die Wissenschaft keineswegs überall nachweisen kann, welche Worte Jesus selbst wörtlich so geformt hat, wie sie aufgezeichnet wurden, oder daß die fünf Bücher Mosis gar nicht von Moses stammen! Auch die vier Evangelien wurden nicht *von* ihren Autoren verfaßt! Hätte er einmal ein griechisches Neues Testament aufgeschlagen, so wäre ihm aufgefallen, daß es dort schon auf der ersten Seite heißt: »Evangelium *nach* Matthäus!«

Daß sich unser zorniger junger Autor nicht geniert, im reich gespickten Anhang obskure Bücher zu zitieren, die behaupten, Jesus habe nie gelebt, enthüllt nur seine wahre Absicht: da werden Pamphlete angeführt wie das des holländischen Spät-Hegelianers *Bolland*: ›De groote vraag voor de Christenheid onzer dagen‹ (1911), oder das »Werk« des polnischen Schriftstellers *Niemojewski*: ›Astrale Geheimnisse des Urchristentums‹ (1913). Der »berühmte dänische Literaturhistoriker« Georg *Brandes* trug bei: ›Die Jesus-Sage‹ (1925). Da fehlt nur noch die Mathilde Ludendorff!

Warum ich auf die Kleinigkeit solcher Erwähnungen eingehe? Weil sie Deschners Methode verrät: er schreibt für den theologischen Laien. Aber wie soll ein solcher unterscheiden zwischen den Fantasien des Herrn Niemojewski und den Resultaten eines Karl Barth, Rudolf Bultmann, Emil Brunner, Paul Tillich oder Karl Rahner? Er muß doch nun meinen, daß immerhin viele gedruckte, ja auf anderen Gebieten hoch verdiente Autoren die Existenz Jesu mit guten Gründen bestritten haben! Sollte der »Heiland« also vielleicht wirklich gar nicht gelebt haben ...?

Ist Deschners Methode erst durchschaut, so verstehen sich seine Ergebnisse von selbst: Jesu Weissagungen sind Irrtümer, seine Gedanken hat er teils von den Juden, teils von gnostischen Griechen entlehnt, Wundertäter gab es viele, Wanderpropheten noch mehr und Gekreuzigte am allermeisten! Auferstandene werden aus Indien in rauhen Mengen gemeldet, und Jesu Ethik ist aus Rudimenten anderer Religionen zusammengestopselt! Emsig wälzt Deschner den längst überwundenen Trick der »vergleichenden« Religionswissenschaft aus, wonach man – analog – so verfährt: »Hamburg ist eine Stadt. Und Leningrad ist auch eine Stadt. Wozu sich also noch über ihre Eigenheiten unterhalten?«

Man dürfte dieses geistreiche Machwerk ignorieren, wenn es nicht genügend Leute gäbe, die sich jetzt mit Wollust darauf stürzen werden, um diese Kollektion alter Hüte aus der historisch-kritischen Periode der protestantischen Theologie mit demselben schmatzenden Applaus und dem schnaufenden Pathos einer sensationsgierigen Zeitkritik zu begrüßen wie ›Spiegel‹-gläubige Studenten heute dem Jewtuschenko und morgen dem Presley zujubeln. Sie nähren damit den frühliberalen, antikatholischen Komplex, den Deschner mit Bravour und Perfektion vortäuscht.

Vortäuscht? Jawohl! Man merkt es daran, daß er aus dem Zeughaus der liberalen Vorderlader und Mitraillen nur Waffen entlehnt, nicht aber ihre bunten Fahnen vom vaterländischen Jesus, vom Idealisten Jesus oder von der sittlichen Kraft des Christentums. Was die liberalen Theologen und Philosophen an Jesus Positives fanden, läßt er der Kürze halber einfach weg. Er nimmt nur das Negative – und das gab mir zu denken.

Drei Argumente, fand ich, darf man ihm nicht entgegenhalten, denn darauf lauert er nur, um sich durch die Verkennung seitens seiner »unkritischen« und beschränkten Leser erst recht bestätigt zu fühlen:

1. Deschners Angriff sei »Wasser auf die Mühlen der Kommunisten«! Natürlich ist er das u.a. *auch*. Über kommunistische Christenverfolgungen verliert unser Autor keine Silbe; doch teilt er nicht die offizielle kommunistische Gottlosen-Propaganda. Er führt eine feinere Klinge und gefällt sich in der Pose einer (den Kommunisten hassenswerten) »Objektivität«.

2. Deschner wäre entrüstet, würfe man ihm Religionsfeindlichkeit vor. Er hütet sich, Jesu Person anzugreifen, der er – wie manche Feinde der Kirche – einige Nebensätze gönnt: Jesus sei ein armer Schlucker gewesen, dessen Wirken sich lediglich durch seine Intensität und Radikalität von anderen religiösen »top-men« abgehoben habe.

3. Deschner wäre nur damit gedient, wenn man ihn dahingehend verzeichnet, er sei ein kompromißloser Jüngling, hyperkritisch, habe aber im einzelnen manchmal durchaus recht! Solch falsches Wohlwollen dürfte er stolz ablehnen und sich dabei – mit Recht – nicht gut verstanden fühlen. Er hat nämlich auch im einzelnen durchaus nicht recht, sondern dank seiner verkehrten Vorzeichen im einzelnen wie im ganzen durchaus unrecht.

Was aber will er wirklich? Nichts Verkapptes, nichts von pseudokommunistischer Propaganda, nichts von geschäftstüchtiger Zeitkritik à la Kuby oder ›Spiegel‹!

Deschner ist nichts Geringeres als – *selbst ein Prophet* der Wahrheit! Ein Amokläufer seiner subjektiven Wahrhaftigkeit, ein säkularisierter Kierkegaard. Die große Lüge (des Christentums) muß entlarvt werden! Deschner ist nämlich *Dichter*, und sogar ein vorzüglicher! Das muß man bedenken. Seine Bücher ›Die Nacht steht um mein Haus‹ und ›Florenz ohne Sonne‹ zeigen eine aufsehenerregende Begabung für das Indirekte, Liebevolle, distanziert Zärtliche aus einer keineswegs grimmigen, sondern ästhetisch-versonnenen Weltsicht.

Nun wagte er sich mit seiner »kritischen Kirchengeschichte« unter die Propheten. Er bringt es fertig, auf 700 Seiten nicht die leise Spur eines guten Hauchs an zweitausend Jahren Christentum zu lassen. Er reißt ihm stattdessen die heuchlerische Maske vom Gesicht, wie er hofft: endlich, endlich ist der Prophet erstanden, der das mächtigste Tabu unserer Tage in die Schranken fordert: *die* (vor allem römische) *Kirche*. Er deckt auf, daß die – genau registrierten – Toten von Hiroshima nichts anderes sind als Opfer der christlichen Moral (S. 597).

Mein Urteil sei hämisch? Keineswegs! Jeder mag sich durch Lektüre selbst überzeugen. Mein Urteil entspringt vielmehr derselben Art von Ernst, die Deschner offeriert. Seine Triebwurzeln mag ein Psychologe erläutern! Deschner weist einmal (im fußnoten-triefenden Anhang) darauf hin, er sei katholisch erzogen worden – vermutlich ist da einiges mißraten. Er gibt sich liberal, ist aber pathologisch einseitig bis zu Ungerechtigkeit. Er tut »kritisch«, übernimmt aber die staubigsten Ladenhüter der Wissenschaft von vor 60 Jahren!

Deshalb muß ich es bekennen: Der vor elf Jahren zu den Kommunisten übergelaufene Jesuit *Alighiero Tondi*, den Deschner so oft als Kronzeugen präsentiert, ist mir deswegen keinen Deut sympathischer oder gar glaubwürdiger, weil er heute an der Ostberliner Universität rote Propaganda treibt statt früher an der römischen Gregoriana eine vatikanische!

Ein Wort darum auch zu den letzten Kapiteln, wo uns der Prophet des freien Geistes über die verderbliche Wirkung der Kirche auf die Politik der jüngeren Vergangenheit aufklärt! Ein Verdienst ist ohne Zweifel, daß er erstmalig das Material über die Serben-Schlächterei im faschistischen »Königreich Kroatien« des Dr. Ante *Pawelitsch* (1941–44) ausbreitet. Ein weiteres Verdienst ist es, daß er festhaltenswerte Dokumente der Kriegsbegeisterung seitens hoher deutscher und italienischer Geistlicher im Wortlaut bringt. Diese Verdienste aber werden sofort zum Unrecht, ja zur Schuld, wenn Deschner z.B. zwei verirrte Propaganda-Sätze des heutigen Landesbischofs D. *Lilje* zitiert, aber verschweigt, daß der gleiche Mann nach dem 20. Juli im Zuchthaus saß und daß es außer ihm eine Reihe viel gewichtigerer und ernster zu nehmender Warner, Zeugen, ja Märtyrer der evangelischen Kirche in Deutschland gab wie Karl Barth, Niemöller, Gross, Niesel, Steinbauer neben Hunderten von unbekannten Geistlichen und Laien. Sie alle ließen ihre Freiheit, oft ihr Leben, für Christus, bis hin zu den *Geschwistern Scholl*, deren Todestag sich am 22. Februar zum zwanzigsten Male jährte. Sie starben für Christus und *zugleich für die Freiheit*, weil sie beides auf Grund ihres Glaubens in einem positiven, unauflöslichen Zusammenhang sahen.

Und hat die katholische Kirche nur Bischöfe wie Bornewasser oder Faulhaber besessen? Kennt Deschner nicht den Märtyrer-Pfarrer Dr. *Metzger*, hingerichtet in Regensburg? Nie gehört? Nein? Warum erwähnt er ihn nicht?

Durch seinen Mangel an Fairneß unterscheidet sich Deschner von jedem echten Liberalen. Es werden die Stimmen nicht ausbleiben, die ihm nicht nur unbewußte, sondern eine bewußte Propaganda für den Osten nachsagen. Doch sein Pathos liegt anders. Er zieht eine abenteuerliche Linie von Jesus über Paulus, die Kirchenväter (samt und sonders Lügner, Speichellecker der Kaiser, ja Verbrecher!) zu Augustin, streift (ohne nur das geringste Verständnis für die Reformation – Deschners katholische Erziehung!) Martin Luther, berichtet von Johannes Calvin kurz und schlicht, daß er Hexen verbrannt habe, und leitet behenden Schrittes über zu Pius XII., Mussolini, Hitler, Pawelitsch und dem slowakischen Nazi-Trabanten Dr. Tiso, die wiederum für Adenauer und den Bonner Staat maßgebliche katholisch-christliche Vorbilder gewesen seien!

Diesen direkten Draht von Golgatha nach Hiroshima hat wahrlich noch niemand, auch nicht die kühnsten Christenfeinde wie Nietzsche oder (laut Deschner auch) Goethe, jemals erkannt bis auf – Karlheinz Deschner! Er endlich entlarvt alle Gemeinheit, alle Infamie, allen Wahn, alle Heuchelei und Herrschsucht, alle Tyrannei, die je in Jesu Namen ausgeübt wurde! Und wie!

Es ist schade um Deschners reiches Material. Denn natürlich bestehen durchaus gewisse Beziehungen zwischen Mussolini und der päpstlichen Soziallehre von 1931, natürlich gab es eine katholische Richtung, die ganz Europa mit Hitlers Waffen rekatholisieren wollte, natürlich hat es seine bitteren Hintergründe, wenn ein lutherischer Geistlicher die ersten Atombomben segnete, natürlich spiegelt sich in Leuten wie Lilje oder Bornewasser die Tragödie eines national ausgerichteten, deutschen Volkskirchentums wider, und natürlich werden auch heute von »christlichen« Politikern Fehler begangen, die theologisch einem Verrat am Evangelium durchaus gleichkommen.

Aber Deschner macht sich durch seine Blindheit unfähig zu jeder *echten* Kritik, indem er uns zutuschelt, *nur* diese, die negativen, Aspekte seien die einzig wahren und realen Grundlagen der Kirche. Alles übrige sei Propaganda, Lüge und Heuchelei.

Und die gigantischen Leistungen des päpstlichen Hilfswerkes? Die Fürsorge der Nonnen und Diakonissen in Krankenhäusern und Kinderheimen? Die Martyrien der Missionare, die Gebete der Gläubigen, die Opfer der Aufrichtigen? Das sei nichts als Selbstbetrug, raffinierte Ausnutzung durch schwarz oder violett gekleidete Raubtiere im Vatikan oder sonstwo?

Hier wird Kritik zum Unsinn. »Alles, was ihr wollt, daß euch die Leute nicht tun, das tut ihr ihnen auch nicht!«, heißt Jesu goldene Regel (Mt. 7,12). Wer weiß, wird uns Deschner nun belehren, ob Jesus das überhaupt in dieser Form selbst gesagt hat? Womit er glaubt, einmal mehr zu beweisen, daß alles Christentum Schwindel ist …

Der Autor antwortete darauf am 1. Juni 1963 unter dem Titel ›Tiefschlag gegen Karlheinz Deschner‹ (die folgenden Ausführungen wurden lediglich stilistisch geringfügig geändert und Druckfehler beseitigt):

Während der fünfjährigen Niederschrift meiner Kirchengeschichte ›Abermals krähte der Hahn‹ war ich mir klar darüber, daß man sie entweder totschweigen oder umfassend verleumden werde. Verleumdet hat sie am 4. Mai in der Zürcher Zeitung ›Die Tat‹ Wolfgang Hammer mit solcher Vollkommenheit, daß ich die Redaktion ersuchen ließ, mir eine Erwiderung zu gestatten. Ich danke für ihr faires Verhalten.

Herr Wolfgang Hammer, obwohl Sie nichts unterließen, um meine Arbeit fast auf der ganzen Linie zu diffamieren, konnten Sie mich doch angesichts eines Bandes von 700 Seiten keiner einzigen Unwahrheit überführen, ausgenommen jenes »Exempel kunstvoller Verdrehung«, das Sie mir freilich zu Unrecht unterstellen. Denn auch mit dem besten Willen kann ich nicht umhin, in Röm. 3,7 ein Pauluswort zu erkennen, ganz abgesehen davon, daß Sie auch die anderen dort von mir erbrachten Zitate, die dasselbe wie Röm. 3,7 bezeugen, nicht zu widerlegen vermögen. Sie hingegen haben Ihren vierspaltigen Artikel mit Unwahrheiten nur so gespickt.

1. Die Vertreter der kritischen Theologie, behaupten Sie, könnten von mir »freilich nur bis ca. 1925 zitiert werden«, da selbst diese Richtung heute längst keine so übertriebenen Thesen mehr verfechte, »wie sie Deschner in seinen Kram passen«.

Tatsächlich führe ich Dutzende von kritischen Theologen an, deren Schriften lange nach 1925 veröffentlicht wurden: u.a. F. Buri mit drei Publikationen, letzterschienene 1946; C. Schneider mit drei Publikationen, letzterschienene 1956; J. Groß mit drei Publikationen, letzterschienene 1961; K. Aland mit zwei Publikationen, letzterschienene 1957; H. Braun mit zwei Publikationen, letzterschienene 1957; H. Conzelmann mit drei Publikationen, letzterschienene 1959; E. Hirsch mit fünf Publikationen, letzterschienene 1941; K. Heussi mit sieben Publikationen, letzterschienene 1955; M. Werner mit sieben Publikationen, letzterschienene 1959; G. Bornkamm mit vier Publikationen, letzterschienene 1959; M. Dibelius mit acht Publikationen, letzterschienene 1953; R. Bultmann mit neun Publikationen, letzterschienene 1958; J. Leipoldt mit achtzehn Publikationen, letzterschienene 1958. Weitaus die meisten dieser Gelehrten schreiben heute noch. Doch auch die Arbeiten zahlreicher anderer kritischer Theologen, die lange nach 1925 publizierten, habe ich verwendet. Dessenungeachtet äußern Sie, die Vertreter der freien oder kritischen Theologie könnten von mir »freilich nur bis ca. 1925 zitiert werden«. Die Wahrheit, Herr Hammer, ist nicht Ihre Sache.

2. »Er tut ›kritisch‹«, schreiben Sie, »übernimmt aber die staubigsten Ladenhüter der Wissenschaft von vor 60 Jahren!«

Ein Vorwurf, den zum Teil schon die genannten Werke widerlegen. Doch ich will genauer sein. Tatsächlich sind unter den rund 1000 von mir benutzten Schriften nur etwa 20 aus dem vergangenen Jahrhundert. Fast alle erwähne ich überdies bloß am Rande. Sie spielen kaum eine Rolle. Der größte Teil meiner Sekundärliteratur aber stammt weder aus der Zeit von vor 60 noch von vor 50 oder 40 Jahren. Zum Beweis nenne ich *pars pro toto* die Erscheinungsjahre aller Publikationen, die mein Literaturverzeichnis unter dem Buchstaben A registriert: 1928, 2. A. 1925, 1952, 1961, 5. A. 1928, 1960, 1955, 1957, 1952, 1938, 1956, 1958, 1937, 1959, 1950, 1951, 1955, 6. A. 1956, 1932, 1959, 1955, 1937, 1939, 1926. Analog verhält es sich mit den Erscheinungsjahren aller von mir benützten Bücher – »die staubigsten Ladenhüter der Wissenschaft von vor 60 Jahren!« Die Wahrheit, Herr Hammer, ist nicht Ihre Sache.

Im übrigen, nicht wahr, müssen die neuesten wissenschaftlichen Thesen durchaus nicht immer die richtigen sein. Und wo käme, will man schon an staubige Ladenhüter denken, die kirchliche Theologie hin, die noch die gleichen Glaubenssätze vertritt wie in der Antike!

3. »Über kommunistische Christenverfolgungen verliert unser Autor keine Silbe.« Es ist wahr, ich schreibe fast nur über Verfolgungen durch die christlichen Kirchen. Denn erstens ist das Christentum und nicht der Kommunismus Gegenstand

meines Buches. Zweitens hat die Kirche alle Andersgläubigen schon vom vierten Jahrhundert an bis weit in die Neuzeit systematisch verfolgt und dabei viele Millionen von Unschuldigen gefoltert und getötet. Drittens sind demgegenüber die Verbrechen an Christen durch Kommunisten eine Bagatelle. Gar nicht zu reden davon, daß nicht das kommunistische Manifest, sondern die Bibel zur Feindesliebe verpflichtet. Im übrigen heißt es in meiner Kirchengeschichte, die angeblich über kommunistische Christenverfolgungen »keine Silbe« enthält: »Indes ließen es die Sowjets nicht an rigorosen Maßnahmen fehlen. Kirchliche Schulen, theologische Seminare und Klöster wurden geschlossen, Kapellen beschlagnahmt, Kirchen hoch besteuert, Geistliche verbannt und christliche Lehrer an den öffentlichen Schulen durch Kommunisten ersetzt.« Die Wahrheit, Herr Hammer, ist nicht Ihre Sache.

4. Da behaupten Sie, nachdem Sie gar, kaum zu glauben, ein paar Verdienste von mir zugestanden, diese Verdienste »werden sofort zum Unrecht, ja zur Schuld, wenn Deschner z.B. zwei verirrte Propaganda-Sätze des heutigen Landesbischofs D. Lilje zitiert, aber verschweigt, daß der gleiche Mann nach dem 20. Juli im Zuchthaus saß und daß es außer ihm eine Reihe viel gewichtigerer und ernster zu nehmender Warner, Zeugen, ja Märtyrer der evangelischen Kirche in Deutschland gab«.

Was die Männer vom »20. Juli« betrifft, achte ich sie nur, wenn sie spätestens seit Kriegsbeginn Gegner Hitlers waren. Hingen sie ihm aber vorher an, unterstützten sie ihn noch, als er siegend in Hekatomben von Blut watete und halb Europa in Schutt und Asche legte, und wandten sie sich erst dann gegen ihn, als seine Niederlage feststand, verachte ich sie doppelt. Das gilt auch für den Bischof Lilje.

Herr Lilje hat sich zu der Erklärung der Bevollmächtigten des Deutschen Evangelischen Kirchenausschusses am 25. April 1933 »Zu dieser Wende der Geschichte sprechen wir ein dankbares Ja. Gott hat sie uns geschenkt« und zu dem Aufruf des evangelischen Wehrkreispfarrers Ludwig Müller am Tag darauf »Mit Gottvertrauen und im Bewußtsein der Verantwortung vor Gott gehe ich ans Werk. Das Ziel ist die Erfüllung evangelisch-deutscher Sehnsucht seit den Zeiten der Reformation« ganz ausdrücklich bekannt. Er sympathisierte also mit Hitler mindestens seit 1933. Und noch im dritten Weltkriegsjahr veröffentlichte Hanns Lilje eine eigene Schrift mit dem sprechenden Titel ›Der Krieg als geistige Leistung‹.

Sie aber behaupten weiter, ich habe eine Reihe gewichtigerer und ernster zu nehmender Warner, Zeugen, ja Märtyrer verschwiegen. Tatsächlich jedoch schreibe ich, und zwar nur wenige Zeilen nach der Erwähnung von Liljes (Hitler-Welt) – ›Krieg als geistige Leistung‹, so daß es Ihnen eigentlich nicht entgangen sein sollte: »Denn selbstverständlich gab es Protestanten, die nicht nur immun gegenüber der nazistischen Ideologie waren, sondern auch öffentlich davon Zeugnis ablegten. Es sei nur an die Bekennende Kirche erinnert, an Männer wie Karl Immer, Paul Schneider, Landesbischof Wurm oder Martin Niemöller, dessen Briefe an Hitler-Minister man lesen muß, um seine Unerschrockenheit würdigen zu können.«

Und auch in meiner ausführlichen Untersuchung des klerikalen Antisemitismus – mehrere evangelische Landeskirchen hatten unter Hitler die getauften Juden sogar aus der Kirche ausgeschlossen, was nicht einmal im finstersten Mittelalter vorgekommen war – betone ich das mannhafte Verhalten einzelner evangelischer Theologen und Kirchenführer. Die Wahrheit, Herr Hammer, ist nicht Ihre Sache.

5. Ferner behaupten Sie, ich gönnte Jesus nur »einige Nebensätze«, worauf Sie nach einem Doppelpunkt fortfahren, als stammte diese Formulierung von mir: »Jesus sei ein armer Schlucker gewesen, dessen Wirken sich lediglich durch seine Intensität und Radikalität von anderen religiösen ›top-men‹ abgehoben habe.« Die Ausdrücke top-men und armer Schlucker sind von Ihnen. Ich spreche nicht so über Jesus, über dessen Predigt ich einmal schreibe: »Durch ihre aufs äußerste gesteigerte Konsequenz und Kompromißlosigkeit, durch die Ausschließung des Unnötigen und die Beschränkung auf das Wesentliche, geht Jesus über vieles Frühere hinaus. Er vermochte zu erschüttern und anzuziehen, und *er vermag es noch heute.*« Selbst der Katholik Bernard von Brentano bekannte in einer Verteidigung meines Buches: »Meine tiefe Bewunderung für die Person Jesu ist nicht kleiner geworden, sie wurde eher größer, tiefer, klarer bei der Lektüre dieser leidenschaftlichen Kampfschrift.«

Daß Jesus keine gänzlich singuläre Erscheinung war, lehrt eine lange Reihe der hervorragendsten protestantischen Neutestamentler ebenso wie die vergleichende Religionswissenschaft, die nach Ihnen freilich so verfährt: »Hamburg ist eine Stadt. Und Leningrad ist auch eine Stadt. Wozu sich also noch über ihre Eigenheiten unterhalten?« Ein Urteil, das über die vergleichende Religionswissenschaft nichts, über Sie aber alles sagt.

Im übrigen gilt ein großer Teil meines Buches, direkt oder indirekt, der jesuanischen Lehre, denn sie wird ja, das ist geradezu mein Grundanliegen, mit dem konfrontiert, was daraus geworden ist. Auf Hunderten von Seiten spreche ich deshalb von Jesus, ein eigenes Kapitel wurde ihm gewidmet, auf den Seiten 170–171, 258–259, 292–294, 410–412, 493–500 u.a. ist ausschließlich und stets positiv von ihm die Rede, dem ich nach Ihnen nur »einige Nebensätze« gönne. Die Wahrheit, Herr Hammer, ist nicht Ihre Sache.

6. Da flunkern Sie weiter, in meiner Arbeit seien die Kirchenväter »samt und sonders Lügner, Speichellecker der Kaiser, ja Verbrecher!«. Gewiß, alle diese Typen sind unter den Vätern und Heiligen der Catholica vertreten, wie kein ernstzunehmender Historiker bestreitet. Daß ich jedoch die Kirchenväter »samt und sonders« so bezeichne, das erfinden Sie.

In der ausgezeichneten, leider nur hektographiert erscheinenden Hamburger Zeitschrift ›Lynx‹ schreibt der Herausgeber Dr. Wolfgang Beutin: »Auch den Männern der Kirche gegenüber versucht er (Deschner) immer gerecht zu werden. Er differenziert. Würfe man ihm den Namen Johannes XXIII. in die Debatte – Deschner wäre wahrscheinlich der letzte, der die Verdienste dieses Friedenspapstes leugnete, der erste, der die Qualitäten des Menschen Roncalli hervorhöbe. Aber die Gestalt Johannes XXIII. zu achten, bedeutet denn das auch, die Geschichte der christlichen Kirchen, speziell der katholischen, zu vergessen?« Ich kann nur zustimmen. Und immer, wo es mir gerechtfertigt schien, habe ich die Verdienste der Kirchenväter anerkannt oder gerühmt, in der sozialen Frage besonders die der Kirchenlehrer Basilius, Johannes Chrysostomos u.a., in der Frage Krieg, Kriegsdienst und Todesstrafe die von Tertullian, Cyprian u.a., in der Judenfrage wies ich auf die wohlwollenden Absichten von Papst Gregor d. Gr. hin, um nur einige Fälle zu nennen, die Sie völlig ignorieren. Denn die Wahrheit, Herr Hammer, ist nicht Ihre Sache.

7. Sie ist es so wenig, daß Sie mir unterstellen: »Er bringt es fertig, auf 700 Seiten nicht die leise Spur eines guten Hauchs an zweitausend Jahren Christentum zu lassen. Er glaubt«, womit Sie schließen, »daß alles Christentum Schwindel ist ...« Ich frage mich nur, warum können dann christliche Theologen mein Buch anerkennen und empfehlen? Warum konnte darüber sogar im ›Hamburger Sonntagsblatt‹ eine positive Rezension erscheinen? Ja, warum schrieb ein bedeutender Pastor, dem ich freilich nicht ganz beipflichte, in den ›Bremer Nachrichten‹: »Deschner ist radikaler Pazifist im Sinne des Urchristentums, er beabsichtigt eine grundsätzliche Wiederherstellung des ursprünglichen Christentums als Religion der absoluten Liebe, ohne jede weltliche Rücksicht und ohne Kirche und politisches Außentum«?

Herr Hammer, haben Sie denn mein Buch, das Sie in vier Spalten verleumden, überhaupt gelesen? Schon bei flüchtiger Durchsicht hätten Sie merken müssen, daß ich ganze Kapitel zur Verteidigung christlicher Männer oder Bewegungen schrieb! So ein Kapitel über den größten Christen des zweiten Jahrhunderts, Markion, den ich nach Ansicht eines bekannten protestantischen Theologen sogar überschätzt haben soll. Ein weiteres positives Kapitel widmete ich dem Montanismus. Das Kapitel ›Die soziale Richtung im Christentum‹ rühmt die Haltung katholischer Kirchenführer. In einer Reihe von Abschnitten würdige ich den edlen Origenes, den bedeutendsten großkirchlichen Theologen in den ersten drei Jahrhunderten, um nur diese Beispiele zu nennen. Nach Ihnen aber lasse ich »auf 700 Seiten nicht die leise Spur eines guten Hauchs an zweitausend Jahren Christentum« und glaube, »daß alles Christentum Schwindel ist ...« Die Wahrheit, Herr Hammer, ist nicht Ihre Sache.

»Und hat die katholische Kirche nur Bischöfe wie Bornewasser oder Faulhaber besessen?« Oh, nein! Endlich kann ich Ihnen einmal zustimmen. Sie besaß auch noch den Erzbischof Gröber von Freiburg, den Weihbischof Burger, den Kardinal Bertram von Breslau, den Kardinal Schulte von Köln, den Bischof Wilhelm Berning von Osnabrück, den Kardinal Innitzer von Wien, den Fürsterzbischof

Waitz von Salzburg, den Augsburger Bischof Kumpfmüller, den gefeierten katholischen Widerstandskämpfer, den »Löwen von Münster«, Bischof Graf Galen, der unter Hitler versicherte, »die Christen werden ihre Pflicht tun«, die deutschen Soldaten »wollen für Deutschland kämpfen und sterben« und dergleichen. Die Kirche hatte weiter den Fürstbischof Ferdinand von Seckau und den Bamberger Erzbischof Kolb, die noch im fünften und sechsten Kriegsjahr Hitler unterstützten. Nicht zuletzt hatte sie den katholischen Feldbischof der Wehrmacht, Franz Justus Rarkowski, der sich nur so überschlug vor nazifreundlichen Parolen. Er war kein Außenseiter. »Der gesamte deutsch-österreichische Episkopat verhielt sich wie er.« So steht es mit Recht in meiner Kirchengeschichte, in der Ihnen wenigstens, zumal er als Überschrift hervorgehoben und dann so ausführlich belegt wird, der Satz nicht hätte entgehen sollen: »Bis in die letzten Jahre des zweiten Weltkrieges unterstützten die deutschen (und seit 1938 auch die österreichischen) katholischen Bischöfe mit zunehmender Intensität einen der größten Verbrecher der Weltgeschichte.« Nein, die katholische Kirche, wie Sie ganz richtig vermuten, hatte nicht nur Bischöfe wie Bornewasser und Faulhaber. *Alle* deutschen Bischöfe bekannten sich in einem gemeinsamen Hirtenbrief 1933 zum Nationalsozialismus. Und alle, hören Sie, alle katholischen deutschen und österreichischen Bischöfe haben noch 1941 – und doch wohl kaum im Widerspruch zu Pius XII., oder? – in einem gemeinsamen Hirtenbrief den zweiten Weltkrieg »**mit Genugtuung**« verfolgt: fünfundfünfzig Millionen Tote!

In Parenthese: Meines Wissens verteidigte bis jetzt niemand, auch kein einziger katholischer Kritiker, den bisher in Deutschland so sehr gefeierten Kardinal Faulhaber; mein Material über ihn ist zu vernichtend.

Einen Hinweis auf die wahrhaft tragikomische Fortsetzung Ihres so siegessicheren Satzes »Und hat die katholische Kirche nur Bischöfe wie Bornewasser oder Faulhaber besessen?« will ich nicht versäumen. Erwartet doch jeder nun die Namen anderer Kirchenfürsten. Aber was schreiben Sie? »Kennt Deschner nicht den Märtyrer-Pfarrer Dr. Metzger, hingerichtet in Regensburg?« Nicht doch. Nur einen Pfarrer wissen Sie zu nennen? Keinen Kardinal? Keinen Bischof und Weihbischof? Vielleicht nicht einmal einen der niederen Prälaten? »Nie gehört?« fragen Sie. »Nein? Warum erwähnt er ihn nicht?« Warum? Ich will es Ihnen sagen. Weil ich, weniger kleinlich als Sie, dem katholischen Klerus nicht nur *einen* anständigen und mutigen Mann zutraue. Deshalb steht in meiner Kirchengeschichte, die Sie vielleicht doch einmal lesen sollten: »Kein deutscher Bischof, beiläufig bemerkt, wurde damals Märtyrer oder saß auch nur in einem Konzentrationslager. Dafür waren geringere Geistliche gut genug.« Oder: »Tatsächlich aber stand der Episkopat mit der Kurie auf Seite der Achsenmächte, während nicht wenige (!) Mitglieder des niederen Klerus in allen besetzten Ländern aktiv am Widerstand gegen die deutschen Okkupanten teilnahmen und oft (!) dafür starben.« Sie sehen, ich gönne nicht, wie Sie, der katholischen Kirche nur einen geistlichen Helden. Wer mein Buch genau liest, erkennt überdies, daß ich zwischen dem niederen und hohen Klerus in nicht ganz peripheren Dingen unterscheide, weshalb ich indes keinesfalls diesem alles Schlechte und noch weniger freilich jenem alles Gute zutraue. Ich verdanke die schönsten Erinnerungen meines Lebens Katholiken, auch einem katholischen Geistlichen, und in meiner Erziehung ist durchaus nicht, wie Sie taktvoller Weise vermuten, »einiges mißraten«.

Immerhin bin ich glücklich, daß Sie wenigstens nicht noch Pius XII. verteidigen. Ich möchte Ihnen dafür an Ihre – vermute ich recht – Pastoren- oder mindestens Protestantenbrust wohl Karl Barthscher Provenienz sinken. Denn was etwa Hochhuth in seinem ›Stellvertreter‹ inkriminiert, ist beinah ein Pappenstiel neben meinem Material.

»Diesen direkten Draht«, höhnen Sie gegen Ende Ihres Machwerks, an dem noch manches zu berichtigen wäre, »von Golgatha nach Hiroshima hat wahrlich noch niemand, auch nicht die kühnsten Christenfeinde wie Nietzsche oder (laut Deschner auch) Goethe, jemals erkannt bis auf – Karlheinz Deschner!«

Herr Wolfgang Hammer, nicht genug, daß ich Sie fortwährender Unwahrheit überführte – nun machen Sie sich auch noch lächerlich. Und wie! Überlegen Sie mal: das Hiroshima-Verbrechen. Nietzsche. Goethe. Kapiert? Und dabei unterlief Ihnen noch ein Grammatikfehler, wie ich sie überhaupt um Ihr Deutsch nicht beneide.

In Anbetracht aller Ihrer Qualifikationen: hat die ›Tat‹ wieder einmal eine wichtige Besprechung zu vergeben – von meiner Kirchengeschichte gilt für jeden ernsthaft Interessierten das Lichtenberg-Wort »Wer zwei Paar Hosen hat, mache eins zu Geld und schaffe sich dieses Buch an« –, entbiete ich mich, statt Ihrer zu schreiben, der Sie genau das haben, was Sie mir unterstellen, »im einzelnen wie im ganzen durchaus unrecht«.

Nun bat die Redaktion der ›Tat‹ »angesichts der heftigen Auseinandersetzung und des gewichtigen Gegenstandes« den Zürcher Kirchengeschichtler Prof. Dr. Fritz Blanke, »die Akzente zu setzen«. Unter dem Titel ›Kirchengeschichte ohne Mythus‹ urteilte darauf am 18. August 1963 der Theologe:

I.

An den Anfang möchte ich ein Zitat setzen, aus dem Inhalt und Haltung von Deschners »kritischer Kirchengeschichte« (so der Untertitel) gut hervorgehen. Es heißt auf Seite 241/42: »Wie merkwürdig erscheinen Jesus und seine Botschaft neben dem Dasein dieser (römisch-katholischen) Hierarchen und ihrem Anspruch, *vicarii* Christi zu sein. Wie merkwürdig verhalten sich ihre prachtvolle Residenz und ihr fast orientalischer Hofstaat zu Jesu Wort: ›Die Füchse haben Höhlen und die Vögel des Himmels Nester; der Menschensohn aber hat nichts, wohin er sein Haupt legen soll.‹ Wie merkwürdig ihre jahrhundertelange Gier nach immer größeren Reichtümern neben Jesu Weisung: ›Geh hin, verkaufe, was du hast und gib es den Armen.‹ Wie merkwürdig ihre festen Preise für jede Bischofsernennung, jede Ehrung, Dispens und Entscheidung, die sie erteilen, neben Jesu Befehl an seine Jünger: ›Umsonst habt ihr's empfangen, umsonst sollt ihr's auch weitergeben.‹ Wie merkwürdig ihre Gewohnheit, sich Heiliger und Heiligster Vater titulieren zu lassen, neben Jesu Mahnung: ›Niemand auf Erden sollt ihr euren Vater heißen, denn einer ist euer Vater, der im Himmel.‹ Wie merkwürdig die stete Betonung ihres Vorrangs vor allen anderen Bischöfen, ja allen Herrschern der Welt, neben Jesu Ausspruch: ›Wenn einer der Erste sein will, so sei er der Letzte von allen und aller Knecht.‹ Wie merkwürdig ihre die Jahrtausende durchrauschenden Bannflüche, die selbst die lautersten Christen getroffen haben, neben Jesu Gebot: ›Richtet nicht, damit auch ihr nicht gerichtet werdet.‹ Wie merkwürdig ihre Ketzerhinrichtungen, Hexenverbrennungen, Judenpogrome und Religionskriege neben Jesu Lehre: ›Liebet eure Feinde, tut Gutes denen, die euch hassen, segnet, die euch fluchen, bittet für jene, die euch schmähen.‹«

Für Deschner ist die Geschichte des Christentums eine Geschichte des Verrates des Evangeliums durch die Kirche. Das meint schon der Obertitel ›Abermals krähte der Hahn‹. Nach Mt. 26,72–74 leugnete Petrus »abermals« (= zum zweitenmal) und dann noch ein drittes Mal, und »alsbald – nicht ›abermals‹ – krähte der Hahn«. Deschner will mit dieser (leicht verunglückten) Überschrift also auf die Verleugnung des Petrus anspielen und offenbar sagen: Wie Petrus den Herrn verleugnete, so verleugnete ihn auch von jeher die christliche Kirche. Deschner hat dabei vor allem (aber nicht allein) die katholische Kirche im Auge.

Die Hauptthese des Buches ist also die, daß die Entwicklung der Kirche von Jesus wegführe. Das wird gezeigt an der Entstehung des christlichen Kultes, den Jesus noch nicht kannte, an der Heiligenverehrung, die sich nach dem Vorbild des antiken Heroenkultes entwickelte, an der Überfremdung der christlichen Lehre durch die griechische Philosophie, an der Wandlung der Kirche aus einer freien Liebesgemeinschaft zu einem hierarchisch-politischen Machtgebilde. Aber es blieb nicht bei diesen Anpassungen, Versteifungen, Verkümmerungen. Es kam in der christlichen Kirche zu offener, greller Zuwiderhandlung gegen die Botschaft Christi: durch die Aufrechterhaltung der Sklaverei, durch die Verfemung des weiblichen Geschlechtes, durch den kirchlichen Antisemitismus (von den Kirchenvätern bis Luther), durch die blutige Verfolgung der Hexen und Ketzer. Eine wesentliche Ursache dieser ganzen Entartung war (nach Deschner) Kaiser Konstantin, der im vierten Jahrhundert dem Christentum den staatlichen Segen gab, worauf eine eigentliche Verkehrung und Entleerung der christlichen Lehre einsetzte.

Deschner entnimmt seine Beispiele, wie es seiner Themastellung entspricht, vorwiegend der christlichen Frühgeschichte (1.–6. Jahrhundert), aber er bezieht auch das Mittelalter, die Reformation und die Neuzeit in seine Betrachtung ein. Aus der neuesten Zeit erwähnt er die unwürdige Gefügigkeit der führenden deutschen Kirchenmänner beider Konfessionen gegenüber dem Nationalsozialismus (wobei unter anderem die Namen der heute hochgeachteten Theologieprofessoren Joseph Lortz, Michael Schmaus, Ethelbert Stauffer auftauchen) und die von der römischen Kurie gebilligte grausame Verfolgung der Serben im faschistischen Königreich Kroatien (1941 bis 45).

II.

Deschner betont, sein Buch sei »von einem Laien für Laien« geschrieben. Das ist Ausdruck einer den Autor ehrenden Bescheidenheit. In Wirklichkeit werden nicht nur theologische Laien, sondern auch Theologen aus dem Werk Gewinn ziehen. Zudem: Der Verfasser ist keineswegs reiner Laie, er hat selbst (S. 128) eine Zeitlang an einer katholischen philosophisch-theologischen Hochschule studiert und sich später den Dr. phil. erworben. Theologische Fragen und wissenschaftliche Methoden sind ihm also geläufig. Das zeigt sich auf jeder Seite. Deschner hat die von ihm benützten Bücher – es sind deren gegen tausend! – wirklich verarbeitet und ist mit der neuesten Diskussion vertraut. Neben der Literatur hat er viele Quellen gelesen. Alle Angaben sind durch Fußnoten belegt. Neue eigene Forschung hat Deschner nicht unternommen – das war auch nicht sein Plan –, aber er hat die heutigen kirchengeschichtlichen Kenntnisse und Erkenntnisse zusammengefaßt, und zwar so reichhaltig, daß auch der Fachmann der Kirchengeschichte ihm für seine Hinweise, die oft wenig Bekanntes heller beleuchten, dankbar ist. Auch über das Neue Testament und seine gegenwärtige Auslegung ist Deschner, der sich vorzugsweise auf die Arbeiten der Bultmann-Schule stützt, sehr gut unterrichtet. Druckfehler habe ich in dem 703 Seiten zählenden Bande nicht gefunden.

Soviel über die formale Seite dieser Kirchengeschichte. Was das Sachliche anbetrifft, so dürfte es schwer halten, Deschner fehlerhafte Behauptungen nachzuweisen. Ich halte – als protestantischer Theologe – seine Darstellung der Genesis des Papsttums und des römischen Katholizismus für (im Wesentlichen) sachgerecht. Auch die »Verkultung« des Christentums und seine Hellenisierung sind richtig gesehen; ebenso sind die Frauenfeindschaft und der Antisemitismus der Kirchenväter (mit allen verheerenden Folgen) korrekt gezeichnet. Dasselbe gilt m.E. von der Deutung des Heiligenkultes und von den Nachrichten über die Unterdrükkung der Hexen und Ketzer. Was Deschner über die Bedeutung Konstantins für die christliche Kirche schreibt, entspricht den Tatsachen. Nicht möglich war es mir, Deschners Aussagen über die Förderung der rechtsextremen kroatischen Ustaschi durch Papst Pius XII. zu überprüfen. Deschner beruft sich auf serbische Gewährsleute und auf einen (mir nicht zugänglichen) Aufsatz von Professor Viktor Novak (Belgrad) über die Beziehungen des Vatikans zu den Südslawen (1954). Eine begründete Stellungnahme von katholischer Seite zu diesem heiklen Kapitel wäre erwünscht. Über die finanziellen Verflechtungen des Vatikans macht Deschner auf Seite 433f. genaue tabellarische Mitteilungen, unter Berufung auf ein Buch von Professor Heinz Mohrmann, Dozent für Nationalökonomie an der Humboldt-Universität in Berlin. Stimmen Mohrmanns Angaben? Es wäre dringend nötig, einmal von katholischen Sachkennern selber authentische Auskünfte über diese Verhältnisse zu bekommen. Wie lange noch überläßt es der Vatikan seinen Gegnern, uns über seinen Finanzhaushalt aufzuklären?

Unbedingt beizupflichten ist dem Maßstab, den Deschner an den Gang der Geschichte des Christentums anlegt. Er mißt das Christentum an seinem Ursprung, an Jesus von Nazareth. Er konfrontiert die Verkündigung dieses Jesus mit dem, was daraus geworden ist. Welches war die »jesuanische Verkündigung«? In ihrem Mittelpunkt standen (S. 135) die Proklamation des nahenden Gottesreiches, die Liebe zu Gott, zum Nächsten und zum Feinde, der Kampf gegen den Kult und gegen jede zur Schau gestellte Frömmigkeit, gegen die Selbstgerechten und Richtenden, gegen die Unterdrückung der Schwachen, gegen die Ausbeutung der Armen, gegen Gewalt, Wiedervergeltung und Mord. Deschner steht mit tiefer Verehrung vor der Gestalt Christi, von dem er (die fünf letzten Worte selbst unterstreichend) bekundet: »Er vermochte zu erschüttern und anzuziehen und *er vermag es noch heute.*«

III.

Wie oben angedeutet, versagte (nach Deschner) die christliche Kirche in doppelter Hinsicht. Erstens: Sie entschärfte die Predigt Jesu, glich sie immer mehr den Massenbedürfnissen an. Dazu ist zu bemerken, daß dieser Prozeß bis zu einem gewissen Grade wohl unumgänglich war. Noch jede hohe, weltumwälzende Botschaft hat ihren historischen Sieg mit einer bestimmten Veruntreuung ihrer Substanz bezahlen müssen. Zweitens: Die Kirche hat die Lehre Jesu nicht bloß verharmlost, sondern sie hat sie in ihr Gegenteil verkehrt. Sobald die Christenheit die Macht in den Händen hatte, verwandelte sie die Feindesliebe in Feindeshaß. Sie verfolgte die Juden, wie es nie zuvor geschehen war. Die Hexenprozesse, denen Millionen von Menschen zum Opfer fielen, sind erst in der christlichen Ära aufgekommen und haben ihren Höhepunkt nicht im Mittelalter, sondern in nachreformatorischer, protestantischer Zeit erlebt. Bei den Ketzerverfolgungen beschränkt sich Deschner auf das Mittelalter. Er hätte noch das Reformationsjahrhundert, wo in katholischen und evangelischen Ländern rund 5000 Wiedertäufer ihr Leben lassen mußten, dazunehmen können. Überhaupt ist Deschners »Skandalchronik« unvollständig. Von der Ausrottung der Eingeborenen Amerikas durch katholische Spanier und evangelische Puritaner erwähnt er nichts. Auch die orthodoxe Kirche in Rußland, die sich jahrhundertelang als Machtinstrument des Staates mißbrauchen ließ, bleibt unerörtert. Aber die von Deschner berichteten Tatsachen genügen durchaus, um das Wort des irischen Historikers William E. H. Lecky zu bestätigen: »Es ist keine Übertreibung, zu sagen, daß die christliche Kirche den Menschen ein größeres Maß unverdienten Leides zugefügt hat als irgendeine andere Religion.«

Es ist ein Verdienst des Werkes ›Abermals krähte der Hahn‹, daß es uns diesen Tatbestand vor Augen stellt. Ihn zu bemänteln oder gar zu verschweigen, hilft nichts. Es gilt, dazu Stellung zu nehmen und den beklemmenden Vorgang, daß sich bei den christlichen Völkern Verfolgungswut und Grausamkeit noch gemehrt haben, zu erklären. Eine Antwort auf diese Frage gibt Friedrich Wilhelm Foerster, der in ›Erlebte Weltgeschichte‹ (1953, S. 341) schreibt: »Das Christentum hat die Stärke des Gefühlslebens im Menschen außerordentlich gesteigert. Geht aber das höchste Gut verloren, auf das dieses Gefühlsleben gerichtet war, dann tritt seine Dynamik in den Dienst elementarer Leidenschaften, und man hat dann intellektuelle und emotionale Barbaren, die weit gefährlicher sind als diejenigen, die einst vor den Toren Roms unter Alarich erschienen.«

Foerster hat m.E. das Entscheidende gesehen: Die extremen Möglichkeiten der menschlichen Seele haben sich unter dem Einfluß des Christentums verschärft. Einmal zum Bösen hin. Aber, so möchten wir (gewiß in Übereinstimmung mit F. W. Foerster) beifügen: Auch zum Guten hin! Gerade die Brutalität, deren sich christliche Nationen und Kirchen gegenüber andersartigen Menschen bedienten, hat dazu geführt, daß einzelne Christen, in ihrem Gewissen getroffen, den Kampf gegen die Unmenschlichkeiten aufnahmen. Der katholische Bischof Las Casas schützte die Indianer vor der Raubgier der Weißen. Der Katholik Friedrich von Spee trat gegen die Hexenprozesse auf. Der englische Protestant William Wilberforce setzte die Sklavenbefreiung durch. Sie und viele andere – ich nenne bloß Franz von Assisi, Vinzenz von Paul, Johann Friedrich Oberlin, Johann Hinrich Wiehern, William Booth, Friedrich von Bodelschwingh, Albert Schweitzer – haben, in heroischer Liebeskraft den Übeln ihrer Zeit entgegenarbeitend, Fluch in Segen verwandelt und gezeigt, daß die Verkündigung Jesu immer wieder in der Christenheit wirksam ist.

IV.

Es ist die Schwäche von Deschners Kirchengeschichte, daß er die positiven Leistungen des Christusgeistes nicht auch herausstellt. Aber das haben vor ihm andere genugsam (nicht selten in rein glorifizierender Weise) getan, und es war nicht Deschners Aufgabe. Ich empfehle sein für Laien bestimmtes Buch vor allem denjenigen Theologen, die sich berufsmäßig mit Kirchengeschichte beschäftigen. Wir müssen uns fragen, ob wir nicht unsere bisherige Darstellung »umschreiben«

sollten. Nicht im Sinne von Deschner, dessen totale Schwärzung einseitig ist. Aber doch in dem Sinne, daß wir neben den Höhepunkten auch die Abgründe, neben den Lichtseiten auch die Schandflecken deutlicher sichtbar machen. Was wir brauchen, ist nicht eine (nach Huizingas Ausdruck) »parfümierte Geschichtsschreibung«, wohl aber eine solche ohne Mythus und Weihrauch. Nur die Schau der Kirchengeschichte, in der die scharfe Luft der Wahrhaftigkeit weht, hat ein Recht und einen Auftrag, den Auftrag nämlich, den Leser für das echte Christentum zu begeistern und ihn zur Selbstprüfung anzuleiten.

›Abermals krähte der Hahn‹ im Urteil von Theologen

»Das übersichtlich und sehr interessant geschriebene Buch, dem eine ungeheure Literaturkenntnis zu Grunde liegt, gibt auf 600 Textseiten einen Überblick über die Resultate der modernen Bibelkritik und der Dogmengeschichte und dann über die Gewalttaten der Kirche in der Weltgeschichte bis hin zu der kläglichen Auseinandersetzung mit den antichristlichen Verführungsgewalten des 20. Jahrhunderts. Es nimmt bereits 1962 Hochhuths Thema vorweg, enthält aber den Stoff für Hunderte von ›Stellvertreter‹-Tragödien. Deschner hat die Schwächen und Verbrechen tonangebender Christen so schonungslos aufgedeckt, daß man verstehen kann, daß sie nicht erbaut davon sind. Wer den Balken im eigenen Auge nicht merkt, wird sich mit den Splittern bei Deschner beschäftigen ... Den Fachgelehrten mögen alle Tatsachen der Deschnerschen Kirchengeschichte hundertmal bekannt sein, sie haben aber keine praktischen reformatorischen Konsequenzen aus ihren großen nachreformatorischen Erkenntnissen gezogen. Den Laien ist das meiste davon bis auf den heutigen Tag unbekannt geblieben. Auch in den evangelischen Kirchen sind sie weder von den Kanzeln noch in der Bibelstunde aufgeklärt worden ... Ich wünsche diesem Buch – der Leistung eines Nichttheologen – eine große Verbreitung unter den Laien, denn erst wenn die Laien mündig werden, werden die Theologen – vielleicht – ihre Position revidieren.«

Pfarrer Dr. Carl Anders Skriver, Der Vegetarier, Hannover, Dezember 1964

»Ich empfehle sein für Laien bestimmtes Buch vor allem denjenigen Theologen, die sich berufsmäßig mit Kirchengeschichte beschäftigen.«

Prof. Dr. Fritz Blanke, Die Tat, Zürich, 18. August 1963

»Das Buch ist schon als Phänomen so interessant, daß es sich lohnt, darauf einzugehen. Zwar ist der Verfasser nicht Theologe, sondern Schriftsteller, verfügt also von Haus aus über keine spezielle Vorbildung für die Aufgabe, die er in Angriff nimmt. Aber er hat einen außerordentlichen Fleiß auf dieses Buch gewandt

... Die gesamte moderne Theologie marschiert hier auf.«

Prof. Dr. Kurt Aland, Sonntagsblatt, Hamburg, 21. April 1963

»Gerade diese in die jüngste Vergangenheit hineinragenden Abschnitte sind von höchster Aktualität: die päpstliche Politik im 3. Reich und während des Krieges, die Kollaborationsfreudigkeit der Bischöfe und – besonders eindrücklich der Vernichtungskampf gegen die orthodoxe Kirche in Jugoslawien unter Assistenz katholischer Kräfte, das ist besonders erregend zu lesen.«

Prof. Dr. Karl Kupisch, Evangelische Theologie, München, April 1963

»Deschner hat sich informiert. Er wird sich auf nichts einlassen als: Information.«

Prof. Dr. H. Conzelmann, Evangelische Theologie, München, Juni 1964

»Im Ganzen gesehen entsteht so von der Kirche und ihrer langen geschichtlichen Entwicklung ein unerfreuliches Gesamtbild. Es ist aber historisch wahr und im Grunde nichts als ein illustrierender Kommentar zu dem treffenden, nüchternen Ausspruch des bekannten eigensinnigen Tübinger Theologen Adolf Schlatter, wonach ›der Zweifel an der Kirche zum bitteren Hohn werden kann im Blick auf die Unsumme von Torheit und Bosheit, die wir die Geschichte des Christentums heißen‹.«

Prof. Dr. Martin Werner, Schweizerische Theologische Umschau, Juni 1963

»Deschner ... ist gut orientiert. Nehmen wir vorweg, es ist die anregendste und ärgerlichste Darstellung der Kirchengeschichte, die wohl einseitig alle positiven Leistungen der Christenheit beharrlich unterschlägt und nur die Abgründe und Schandflecken in ihrer Geschichte zeigt. Vielleicht war das fällig als heilsame Korrektur einer kirchengeschichtlichen Arbeit, die elegant von einem kirchengeschichtlichen Höhepunkt zum anderen gleitet und das andere vergißt, was an Verrat am Evangelium durch die Kirche geschehen ist ... Die entscheidenden Tatsachen aus seiner ›Skandalchronik‹ bleiben aber hieb- und stichfest.«

Prof. Dr. Erich Beyreuther, Pastoral-Blätter, Stuttgart, Januar 1965

»Deschner ... ist schonungslos ehrlich ... Die Darstellung verlangt kritische Leser, vor allem aber solche, die sich immer wieder aufregen lassen von der Diskrepanz zwischen Wort und Tat Jesu auf der einen Seite und Worten und Taten seiner Jünger und Kirche auf der anderen Seite. Deschner gebührt Dank, daß er den Christen diesen Spiegel vorhält. Es empfiehlt sich nicht, ihn wegzulegen. Hineinzuschauen ist ehrlicher.«

Studentenpfarrer Martin Stöhr, Weg und Wahrheit, Evangelisches Kirchenblatt für Hessen, Frankfurt, 21. Juli 1963

»Deschner kommt aus der katholischen Kirche und hatte dementsprechend einen viel weiteren und schwierigeren Weg zum Evangelium hin wie der Protestant, besonders ein solcher, der von Jugend an mit der wissenschaftlichen Bibel- und Dogmenkritik vertraut war. Deschner war das alles fremd, weshalb er es sich erkämpfen mußte – auch innerlich –, was seinem Buch gut bekam, weil es sich nicht mit großen Linien begnügte, wie das unsere, sondern alles gründlich bis in die kleinsten Einzelheiten erklärend darstellen mußte. Es bleibt mir deshalb am Schlusse meines Buches nichts anderes übrig, als meine Leser auf jenes hinzuweisen.«

Pfarrer Dr. Adolph Seeger, Staatsgott oder Gottesstaat, Eine religionssoziologische Untersuchung, Agis-Verlag, 1965

»Der Verfasser, zweifellos ein guter Stilist, will allgemeinverständlich schreiben und setzt nichts voraus als Interesse und Liebe zur historischen Wahrheit. In der Tat liest sich das Buch flüssig und bleibt, nicht zuletzt durch seine oft eigenwilligen und auch ironischen Zwischenüberschriften, trotz seinem Umfang noch übersichtlich. Vor allem aber beweist der Autor an Hand einer *immensen Quellen- und Literaturverwertung*, was er sagt. Es war zwar unmöglich, die Unsumme von Belegen im Einzelnen nachzuprüfen, aber Stichproben ergaben die Zuverlässigkeit der Angaben. Auch die Zitationsweise ist ... korrekt. Der Verfasser hat überdies vor der Veröffentlichung sein Werk von mehreren Theologen überprüfen lassen. Es sei also eindringlich davor gewarnt, das Buch als eine wissenschaftlich ›billige‹ Publikation anzusehen.«

Prof. Dr. Richard Völkl, Caritas, Freiburg, Dezember 1963

»Er (Deschner) hat aus einer Unzahl von Angaben ein Bild von den Gedanken, Worten und Taten des Christentums gezeichnet und dieses Bild durch sorgfältige Verweise auf die Literatur befestigt und schließlich den ganzen Koloß seines Werkes wie ein ungeheueres Geschütz auf die katholische Kirche der Gegenwart gerichtet, daß diese Kirche wohl ein Heer von Fachgelehrten wird aufbieten müssen, um im Bereich der ganzen zweitausendjährigen Geschichte zur Verteidigung anzutreten.«

Pfarrer Dr. Max Schoch, Neue Zürcher Zeitung, 8. August 1963

»Mit diesem Buch vollzieht sich eine Notwendigkeit, eine Wende zur Wahrheit und zur Befreiung vom alten und verhängnisvollen Irrtum, der auf der ganzen abendländischen Menschheit lastet, damit wir uns endlich wieder frei bewegen und der Frage zuwenden können, was das Gute und der Wert ist ... In diesem Lichte zwingt Deschner das gegenwärtige Christentum zu einer Reformation und zu einem neuen Qumran ›ohne Tempel‹ und zu einem Kultus des reinen Geistes. So ist Deschners Buch eine Kirchengeschichte, wie sie noch nie geschrieben wurde; ein Zeugnis von ungeheurer Belesenheit und jahrelangem hingebungsvollem

Fleiße ... eine leidenschaftliche Bestätigung der These des dänischen Reformators Sören Kierkegaard: das Christentum des Neuen Testaments ist gar nicht da!«

Pastor Hermann Raschke, Die Pforte, 117/118, 1963

›Abermals krähte der Hahn‹ im Urteil von Freidenkern und Freireligiösen

»Das Buch erweist klar und einwandfrei, daß Freiheit, Menschlichkeit und Menschenwürde, Friede und Sicherheit des Einzelnen wie der Gemeinschaften einzig von den Gegnern des Christentums und der Kirche gegen Kirche und Klerikalstaaten erkämpft wurde. Diese bis heute bedeutendste Neuerscheinung im 20. Jahrhundert gehört in die Hand eines jeden!«

Mitteilungsblatt der Freireligiösen Landesgemeinde Bayern, März 1963

»Besonders verdienstvoll ist es, daß Deschner die Rolle der Kirche in der politischen Problematik unseres Jahrhunderts eingehend beleuchtet ... Ein unentbehrliches Buch für jeden Freidenker.«

Dr. Dr. Josef Rattner, Freidenker, Zürich, Juni 1963

»Deschner hat uns ein Handbuch der historischen und ethischen Kritik des Christentums gegeben, das im 20. Jahrhundert unübertroffen dasteht.«

Dr. Friedrich Pzillas, Die Freigeistige Aktion, Hannover, Februar 1963

»Ein fundamentales Buch, das eine einzigartige umfassende Kritik der Kirche liefert!«

Freies Denken, Dortmund, Februar 1963

»Nur ein Mann von hervorragender Gelehrsamkeit konnte dieses Buch schreiben ... Es ist zweifellos ein Verdienst des Autors, daß er mit bewundernswertem Fleiß eine Kirchengeschichte geschrieben hat, die ihre Aufgabe aus dieser sonst nicht üblichen Sicht unternimmt. Da er alle Entwicklungslinien, dogmatischer, kultischer, organisatorischer, kirchenpolitischer, sozialer Art klar hervortreten läßt und spannend und gemeinverständlich schreibt, hat nun jeder, der für die Frage nach dem Werden der Kirche Interesse hat, die Möglichkeit, ein objektives Bild zu gewinnen.«

Der Freireligiöse, Ludwigshafen, 4/1963

»Will sich der Leser ein gediegenes Urteil über dieses weitschichtige Thema bilden, so lese er das Deschnersche Buch, und ich garantiere ihm, daß er viel daraus lernen wird.«

Europäische Freimaurerzeitung, Straßburg, Januar 1964

Weitere Urteile

»Hat ein Buch ... einen kulturell so zentralen Gegenstand, eine so verlockend klare und mitreißende Darstellung, einen so faszinierenden Stil bei ruhigem, bescheidenem, vornehmem, nie literatenhaft geistreichelndem Vortrag, verbunden mit herrlich leidenschaftlicher sachlicher Intoleranz und völliger Ehrlichkeit, dann läßt sich nur sagen, daß dieses Buch jedem geistigen Menschen einfach notwendig ist. Das ist sehr ernst, sehr wörtlich gemeint. Es liegt die *erste* große *Gegenwarts*kritik am *wirklich* geltenden und *wirklichen* Christentum vor.«

Dr. Kurt Port, Die Pforte, 117/118, 1963

»Vor allem das ist Deschners Leistung: Eine Kritik der Kirchen, vornehmlich der Romkirche, vom moralischen und politischen Standpunkte aus, wie sie in dieser Offenheit, Unerbittlichkeit, wissenschaftlichen Gründlichkeit und Breite noch nicht da war ... eine glänzende theoretische Leistung und – was mehr ist – eine soziale und politische Tat.«

Blätter für deutsche und internationale Politik, Köln 4/1964

»Umfassende Quellen- und Literaturstudien, gepaart mit dem Willen zu Redlichkeit und Klarheit, ermöglichten diese hervorragende Arbeit ... Die deutsche Öffentlichkeit, ja die Weltöffentlichkeit, wird dieses ›J'accuse‹, diese Anklage, nicht überhören können.«

Forschungsfragen unserer Zeit, 3–4/1963

»Ein in seiner Ausführlichkeit wohl einmaliges Kompendium aller Sünden und Schlechtigkeiten der alten und mittelalterlichen Kirche. Mit bewundernswertem Fleiß hat sich der Verfasser in fünfjähriger Arbeit in die Quellen und Geschichtsdarstellungen eingearbeitet.«

Der Bund, Bern, 31. Mai 1963

»Warum schlägt niemand Alarm? Denn hier ist Theologie, die aus wissenschaftlicher Konsequenz, konsequenter und fortgeschrittener noch als David Friedrich Strauß, umschlug in Anti-Theologie ... Die Herausforderung ist gewaltig, darüber sollte man sich klar sein, wenn man dieses Kompendium zur Hand nimmt.«

Zeitgeschehen, 7/1963

»Dies ist das wichtigste Buch, das von einem jungen Schriftsteller der Partei Ormuzds seit 1945 in Deutschland ans Licht gestellt wurde ... ein Buch aus dem Geiste der Reuchlin und Voltaire, aus dem Geiste der Nietzsche und Freud.«

Wolfgang Beutin, Lynx, Hamburg, Mai 1963

»Ohne Zweifel ein symptomatisches Ereignis für die Epoche der zweiten Aufklärung, an deren Beginn wir nach Ernesto Grassi stehen.«

Nachrichten der Evangelisch-Lutherischen Kirche in Bayern, 1. Juliausgabe 1963

»Ein Zeitphänomen ersten Ranges ... ein ungeheures und ungeheuerliches Material, das Deschner da ausbreitet ... Die Schärfe der Diktion, die Härte des Urteils, der Verurteilung des geschichtlichen Christentums in Deschners Kirchengeschichte hat hier wohl ihren Herzkern: Karlheinz Deschner ist überzeugt, daß führende Christen, Laien, Theologen und Kirchenmänner den dritten Weltkrieg ebensosehr erwünschen und bewußt mit vorbereiten wie den ersten und den zweiten Weltkrieg. Die Belege, die er da für die christliche, geistige und politische Zurüstung des Atomkrieges erbringt, sind durch ein Umblättern der Seiten nicht einfach beiseite zu schieben.«

Prof. Dr. Friedrich Heer, Süddeutscher Rundfunk, 11. August 1963

»Die Vorwürfe, die Autor Hochhuth Papst Pius XII. macht, sind beinahe kleinlich gegen das, was Dr. Deschner dem Oberhaupt der katholischen Kirche für die Zeit während des zweiten Weltkrieges unterstellt.«

Braunschweiger Presse, 27. Februar 1964

»In früheren Zeiten wäre Deschner für dieses Buch verbrannt worden.«

Gerhard Zwerenz, Twen, München, 4/1963

»Es ist ein überwältigendes Buch, ein fortwährender Wasserfall von Dokumentationen, Zitaten und Fakten ..., ein Werk von großer Aktualität und weittragender Bedeutung.«

Radio Hilversum, 5. Juni 1963

»Keine Hetztiraden, keine grundlosen Verdächtigungen und kein leeres Wortgeklaube, wie man es aus Produkten mit ähnlichen Themen leider allzu oft gewöhnt ist. Deschner ging kritisch, aber leidenschaftslos nochmals den Weg des Christentums von Nazareth bis in die heutigen Tage nach ... Das, was Deschner sagt, wird weiten Kreisen in Deutschland nicht gefallen. Man wird seine Bedenken als unbegründet zurückweisen, man wird ihn als Kritikaster oder Querulant hinstellen. Böse wird man ihm hauptsächlich deshalb sein, weil er sich an den Laien wendet. Ein bekannter Kirchengeschichtler nannte es so: ›Wäre das Buch nur für Bischöfe, Pfarrer oder Theologen bestimmt, dann würde ich sagen: ausgezeichnet!‹ Aber so läßt Deschner den einfachen Gläubigen das wissen, was dem Klerus längst bekannt ist, und das wird man ihm sehr übelnehmen.«

Der Mittag, Düsseldorf, 16. März 1963

»Seine Methode ist die wissenschaftlicher Kompilation, unrhetorisch, auf die Fülle der Fakten gerichtet und auf unantastbare Fundierung durch Quellen und Belege bedacht. Hier ist wirklich alles zusammengetragen und zur übersichtlichen Form gestaltet, was gegen die Kirche und ihr Offenbarungsgut eingewendet werden kann.«

Österreichischer Rundfunk, 18. März 1963

»Auf das Ganze gesehen bleibt die Darstellung Deschners hieb- und stichfest ... Dieses Werk wird auf mancherlei Widerstände stoßen, aber es wird sich dank seiner inneren Wahrhaftigkeit zu behaupten wissen.«

Neues Winterthurer Tagblatt, 2. März 1963

»Wenn man dieses Buch gelesen hat, möchte man als erstes Karlheinz Deschner Dank sagen, Dank für den Mut, mit dem es geschrieben ist, und für die unendliche Arbeit, die darin steckt ... Es ist schon erstaunlich, wie hier ein katholischer ›Laie‹ die ganze Fülle auch der protestantischen kirchen- und dogmengeschichtlichen Forschung durchgearbeitet hat, ohne in ihr zu versinken. Gerade die Distanz des ›Laien‹ hat den Blick geschärft für den Abfall von dem geistigen Urgrund, aus dem Kirche und Christentum entstanden sind. Deschners Buch ist eine ›kritische‹ Kirchengeschichte von einer Radikalität, wie sie seit Gottfried Arnolds Tagen nicht mehr erschienen ist.«

Freies Christentum, Frankfurt, September 1964

»Gegen ein Buch wie das Werk von Deschner besagen Kundgebungen gar nichts ... Deschner ist ein Schüler von Friedrich Nietzsche, dem größten deutschen Denker des 19. Jahrhunderts, das wollen wir auch nicht vergessen, und wer es unternimmt, Bücher wie das von Deschner mehr oder weniger unbesehen abzulehnen, der ist's, der Schaden anrichtet, und niemals ein Buch wie diese Kirchengeschichte.«

Bernard von Brentano, Rhein-Neckar-Zeitung, Heidelberg, 2. April 1963

Nachwort

Als die USA gegen ihren imperialistischen Konkurrenten Hitler gewonnen und die größere Hälfte Deutschlands in ihre Gewalt gebracht hatte, stand sie vor einem Problem: Hitler bzw. der von seiner Partei kontrollierte Staatsapparat hatten eine riesige Menge ganz abscheulicher Verbrechen vollbracht, die ihn und seine Anhänger moralisch extrem kritisierbar machte, was kein Kriegsgegner ungenützt lassen wird, doch waren diese Verbrechen in der Hauptsache von der gleichen Tendenz getragen worden wie die gesamte Politik aller US-Regierungen seit wenigstens hundert Jahren auch: der Bekämpfung des Kommunismus, im weitesten Sinne der Bekämpfung jeder vom eigenen Staatsapparat weder manipulierten noch unterwanderten Selbstorganisation des vom Erbrecht nicht begünstigten Volkes, und damit, weil das deren innerste Substanz ist, auch der gesamten authentischen Aufklärung von Meslier bis Rousseau und Voltaire. Und so waren auch so ziemlich alle potenten und opferbereiten Gegner Hitlers auch die Gegner der USA und des von ihr getragenen politisch-ökonomischen Systems gewesen; mit ihnen ließ sich in dem eroberten Westdeutschland kein US-treuer Staat aufbauen, ganz im Gegenteil, sie gehörten genau in die gleichen Gefängnisse zurück, aus denen sie jetzt herausgekommen waren, falls sie, selten genug, überlebt hatten. Aber eine ewige direkte Besatzungsregierung, ein permanentes »Militärgouvernement Westdeutschland« sah auch nicht so gut aus, umso weniger, als es ja, Gott sei's geklagt, unter dem Schutz der zwar gräßlich ramponierten, aber ärgerlicherweise dennoch überlebenden Sowjetunion eine zwar viel schwächere, aber zum Vergleich allemal permanent einladende ostdeutsche Konkurrenz gab. Und so wurde der bösartige, auf klassisch völkischen Kriterien aufgebaute »Morgenthau-Plan« in Windeseile fallengelassen – es wäre doch zu unvorteilhaft gewesen, das »kommunistische« Gegenbeispiel dann lockend vor der Nase zu behalten, welchem völkische Kriterien nun einmal fehlen – und statt dessen unter dem Schlagwort »Schaufenster des Westens« ein gewissermaßen entgegengesetzter Köderungsplan verfolgt. Dazu war aber eine erkennbar autochthone, jedoch verläßlich US-gehorsame deutsche bzw. teildeutsche Regierung unerläßlich. Nur: Woher nehmen?

Für einen ganzen Staatsapparat, mit allen Beamten und dem riesigen Personal der schon 1944 in einer US-Regierungsinstitution designten und synthetisierten, wie das bald darauf auch in Griechenland der Fall sein sollte, und danach auch produzierten »Lizenzparteien« US-Deutschlands, braucht man nun einmal eine ganze Menge Leute. Das konnten nach Maßgabe der oben skizzierten Voraussetzungen in der Hauptsache nur die recycleten (»entnazifizierten«) Nazis sein. Von der Substanz her war das nicht schwierig: Antikommunisten waren sie ja schon, und Opportunisten, somit bereit, dem jeweils Stärkeren zu folgen, waren sie in ihrer großen Masse ebenfalls gewesen (Opportunisten sind für die Menschheit viel gefährlicher als Fanatiker; diese blieben ohne jene wirkungslos, und ekliger als Fanatiker sind sie auch, mit allen pragmatischen Konsequenzen, siehe z.B. Globke, der Hitler wie Adenauer verläßlich diente, aber von ersterem wegen allzu radikalem Antisemitismus hatte gedämpft werden müssen). Verwertbar wären sie also mühelos gewesen, sie hatten ja in ihrer Masse sogar darauf im letzten Kriegsjahr regelrecht gefiebert (»Bündniswechsel der USA: diese mit dem Deutschen Reich gegen die Sowjetunion!«), aber dann hätte man sie von ihrem – höchst verdienten – moralischen Stigma befreien müssen, das andererseits psychologisch-propagandistisch so brauchbar war, zumal die calvinistisch dominierte USA als einziger mehrheitlich von Christen bevölkerter Staat der Welt sich keiner nennenswerten Ausfälle, gar Diskriminierungen und blutrünstigen Gewaltakte gegen die jüdische Minderheit schuldig gemacht hatte, der einzigen, die der christliche Totalitarismus ganz knapp und schikaniert das Mittelalter gerade noch hatte überleben lassen, so sehr er sie als Gegenbeispiel seiner Lehre hassen mußte, gegen die sie, dogmatisch-historisch gesehen, auch noch ärgerlicherweise im Recht war. An dieser Stelle besaß die USA gegenüber Europa, das in Hitlers Zugriffsbereich sein ererbtes Minus gerade noch einmal drastisch aufgefrischt hatte, eindeutig und vor allem qualitativ, nicht nur reichtumsbedingt quantitativ wie an etlichen anderen Stellen, ein eindeutiges moralisches Plus, das viel zu nützlich zum Verschenken gewesen wäre. Die Quadratur des Kreises stand also an: man mußte die Nazis für den eigenen Zweck recyclisieren, schon um den Fortgang der Verfolgung gemeinsamer Gegner zu sichern, andererseits aber hinter irgend etwas verstecken. Dazu kam nur die Kirche in Frage. In Deutschland waren das die katholische Kirche und deren lutherischer Juniorpartner, welcher schon lange allen reformatorisch-ideologiekritischen Schwung verloren hatte und eigentlich nur noch seine ältere Schwester um deren Bequemlichkeit, Geschlossenheit und Zölibat beneidete, welches letztere praktisch veranlagten Menschen ein so viel streßfreieres und zugleich abwechslungsreicheres Privatleben ermöglicht als fast allen anderen.

Und so kam nicht nur Adenauer zu seinem Posten (»Uollen ßii Bundeskanzler uerden?« – er erzählt es uns selbst), sondern auch die gewaltgestützte Legende in die Welt bzw. nach Deutschland, daß die Kirche, besonders die katholische, so gar nichts Ernstes mit dem Dritten Reich zu tun gehabt habe, ja eigentlich sozusagen immer dagegen gewesen wäre, gar substanziell dem Faschismus (dessen Originalform sie immerhin ihren Vatikanstaat verdankt, nicht vergessen!) geradezu entgegengesetzt statt affin sei. Diese Lüge war faustdick, ihre politische Motivation mit Händen zu greifen, und so gehörte auf die Wahrheit ein kräftiger und dicker Sargdeckel (und auf diesen noch ein riesiger Scheißhaufen an Schulbuch- und sonstiger Propaganda). Dafür lieferte besagte Kirche zu Nutz und Frommen der Besatzer den von diesen recycleten Nazis das bitter benötigte Feigenblatt, da sie nackt doch allzu häßlich ausgesehen hätten. (Den von der CDU unverwertbaren, gar nicht so kleinen Rest hatte man übrigens in der SPD untergebracht – siehe e.g. Helmut, nicht Kohl, und dessen Wirtschaftsminister Schiller, nicht den Dichter.)

Um diese Rolle erfüllen zu können, mußte das nach der relativ freien und aufgeklärten Weimarer Zeit wiedererstehende Gepfaff aber mit lokaler Macht ausgestattet werden, ähnlich wie in Frankreich nach dem »Wiener Kongreß« – und das wurde es nicht zu knapp. Die sozusagen protofeministische, insbesondere jugendfeindliche Prüderie der Adenauerzeit, die solcherart der US-Retorte entsprungen war, war stinkend und erstickend, lebenswürgend und seelenzerstampfend, der Lustmord ihr sensationsträchtiges Lieblingsverbrechen, die Kindesmißhandlung ihr verschwiegenes und gesellschaftlich gedecktes, das graue Pendant zur grellen Sensation, aber dafür hunderttausendfach häufiger und obendrein durch eine verdeckte kommunizierende Röhre mit jenem verbunden, und das persönliche Leben fast aller wurde so, daß es einer Alice Schwarzer das Herz im Leibe hüpfen ließe, dem Papst auch, so ziemlich allen anderen Menschen aber nicht.

Einer davon war Karlheinz Deschner, persönlich gebeutelt genug von besagter mit neuer Lokalmacht belehnter Kirche – ist das etwa eine Schande, darf das Opfer etwa nicht über die Täter nachdenken, ist es für einen Juden eine Schande, vom 3. Reich etwas abgekriegt zu haben, haftet seinen eventuellen Untersuchungen desselben, wie sie etwa Raul Hilberg so vorbildlich geleistet hat, deshalb notwendigerweise Parteilichkeit an?! –, der als erster namhafter Autor mit diesem endlich wieder vorliegenden Buch den besagten, mit einem riesigen Propagandahaufen zusätzlich vollgekackten Deckel über der Wahrheit gelüftet hat, der Wahrheit über die enge Verbindung und Verbundenheit zwischen NSDAP und Kirche(n), über die zwar jeder Erwachsene dieser Zeit alles Nötige wußte, aus Furcht vor der Besatzungsmacht bzw. deren neuen landesinternen und mit lokaler Macht belehnten Verbündeten aber niemals aussprach, während die Reklerikalisierung des Staates und die Seelenreconquista auf Hochtouren lief: schon sehr lange hatte es an Ort und Stelle nicht mehr so viele registrierte Kirchenmitglieder gegeben wie damals, dazu waren die Juden weg und die Moslems noch nicht da. Jedes Korrektiv fehlte also, und die Hirnzermanschungsmaschine funktionierte ungebremst: ganz wenige isolierte Individuen versuchten, Korrektiv bzw. Bremse zu ersetzen, Arno Schmidt war einer davon, Deschner ein anderer, und beide bedrohte eine ehrlose, verachtenswerte Justiz: der kleinste Geist, der niedrigste Krakeeler konnte gegen sie dort die religionshüterische Analogie einer Claudia Simone Dinkel abgeben, und immer wieder gab es solche staatsgepäppelten Stinktiere gegen die edelsten Geister ihrer Zeit und ihres Landes. Sowohl Schmidt wie Deschner überlebten – auch im bürgerlichen Sinne des Wortes – diesen Dreck nur knapp.

Man merkte es beiden an, sie waren auch nicht die einzigen, aber ziemlich allein auf weiter Flur standen sie doch, und es ist eine große Schande des so würdelos verreckten Ostblocks, daß er beiden in seiner tiefen Feigheit nicht nur vor seinem mörderischen militärischen Gegner, die man verstehen könnte, sondern auch vor dem gewöhnlichen Gepfaff keinen noch so kleinen Finger zur Hilfe reichte (dolle taktisch, nicht wahr? Superschlau!). Umso höher ist der Individualeinsatz zu schätzen; ganz vergeblich, ganz Don Quixote war er nicht, ohne ihn wäre der Prozentsatz lebenslang weiterwirkender Säuglingstaufen sicher deutlich höher, mit allen gesellschaftlichen Folgen, und das sollte beiden einen gewissen Stolz auf ihr Lebenswerk sichern, da es zu diesem berechtigt. –

Wie gesagt, vor Deschners hier wieder vorliegendem mutigen Geschichtswerk hatten sich »alle« geeinigt, die nicht gerade schwer auffindbare Wahrheit zu verschweigen, und wie drastisch das nachwirkt, zeigte in jüngerer Zeit die militärische Vernichtung Jugoslawiens: der Völkermord der von Hitler dabei geschützten, vom Vatikan gesteuerten Kroaten an allen Serben, die sie erwischen konnten – **nie** gab es ein serbisches Pendant! – war unbekannt, außer eben den Deschner-Lesern, und das erleichterte die NATO-Wiederauflage des alten Hitlerwerkes[1] an der Adria ganz beträchtlich. So gibt es eben nach wie vor Völkermorde verschiedener Klasse: an den Juden 1. Klasse, an den Armeniern 2. Klasse, an den Serben 3. Klasse. Es ehrt Deschner sehr, daß er auch die Opfer 3. Klasse nicht vergessen hat, als einziger leidlich bekannter Autor seiner Zeit, und dadurch sollte nicht mehr zu übersehen sein, daß alle streng als solche klassifizierbaren »Völker«morde (»und sehet, daß keiner entwische« gem. 1. Kön. 18,40) in Wahrheit »nur« Religionsverfolgungen sind: *tantum religio potuit suadere malorum!*

.—.

Nicht nur taktische Überlegungen bestimmten das Bündnis der Religionsführer mit den faschistischen Regierungen ihrer Zeit: es war die Substanzgleichheit beider, ihre Homusie oder wenigstens Homoiusie mit diesen ihren moderneren ideologischen Vettern (oder Neffen). Die Ablehnung der Vernunft als höchster Urteilsinstanz, des Individuums als einziger Wertungsquelle, der Primat der Fremdbestimmung vor der Selbstbestimmung eint beide. (»Der Friede Gottes, der da

---

[1] Es gibt inzwischen eine gute Dokumentation desselben: Vladimir Dedijer, Jasenovac – das jugoslawische Auschwitz und der Vatikan (Freiburg [6]2011 in diesem Verlag). In Wahrheit aber war Deschner viel früher gewesen!

höher steht denn alle Vernunft« ... die ja sowieso »blutleer« und nur was für »Asphaltliteraten« ist, wir wissen es ja, und Du bist nichts, Dein Volk oder Gott dagegen alles. Natürlich führt das zur Fetischbildung: einen Gott gibt es so wenig wie ein Volk oder einen Staat zusätzlich zu den Individuen, aus denen es oder er besteht, und deshalb brauchen beide neben der Gewalt auch die Lüge, das Verbrechen an der Logik, das meines Erachtens schlimmer ist als jedes noch so blutige, denn es beseitigt dessen ernstestes Hindernis, selbst wenn es, wie so oft im Privatleben, zunächst folgenlos, gar eine Bagatelle zu sein scheint.) Die tiefste Substanzgleichheit von alter Religion und modernem Faschismus, welche auch deren politische Funktionsübereinstimmung erklärt – und welchen denkenden Menschen erinnert das Setzen römischer Kaiser, nachdem die bloß militärisch-polizeiliche Lösung keinen dauerhaften Erfolg hatte bringen können, auf die Kirche nicht an das entsprechende Setzen der »Harzburger Front« auf die NSDAP? –, besteht freilich in der erst durch Freuds Funde erkennbar gewordenen Orientierung beider auf **Verdrängung**, auf Ich-Schwäche statt Ich-Stärke somit, mit der Folge der Projektion (und jede Projektion, manifestiere sie sich in gemeinem Klatsch oder in den Spalten oder Mattscheiben gleichgeschalteter Medien, führt, wo sie kann, unausweichlich auf Scheiterhaufen und in Gaskammern). In der Primärfassung seiner ›Massenpsychologie des Faschismus‹ hat Wilhelm Reich diesen Zusammenhang, diese unbewußte Mechanik bzw. Kraftquelle beider Ideologien bzw. Organisationen anschaulich dargestellt; doch das ist ein neues Thema.

Es läßt sich aber nur angemessen erschließen, wenn die gegebenen und so oft geleugneten historischen und gesellschaftlichen Tatsachen bzw. Belege bekannt sind. Und diese sind gar nicht so leicht zugänglich. Es ist Deschners unvergängliches Verdienst, sie erstmals und früh genug vor einem breiteren Publikum ausgebreitet zu haben.

Fritz Erik Hoevels

Personenregister

Benutzte Literatur

(Abhandlungen aus Zeitungen und Zeitschriften werden nur in den Anmerkungen genannt.)

ALTMEYER, Karl Aloys: Katholische Presse unter NS-Diktatur, 1962

AMELUNXEN, Rudolf: Ehrenmänner und Hexenmeister, 1960

AMERY, Carl: Die Kapitulation oder Deutscher Katholizismus heute, 1963

ANGER, Walter: Das Dritte Reich in Dokumenten, 1957

ARNOLD, Friedrich: Anschläge. Deutsche Plakate als Dokumente der Zeit 1900–1960, 1963

ASMUSSEN, Hans Christian: Zur jüngsten Kirchengeschichte. Anmerkungen und Folgerungen, 1961

BALL-KADURI, Kurt Jakob: Das Leben der Juden in Deutschland 1933, 1963

BATES, M. Searle: Glaubensfreiheit. Eine Untersuchung, 1947

BECKER, Karl: Sag nein zum Krieg, 1962

BERNING, Wilhelm: Glaube, Hoffnung und Liebe sind die Stützen des Staates, in: Hirtenbriefe der deutschen, österreichischen und deutsch-schweizerischen Bischöfe, 1934

BEUMELBURG, Werner: Kampf um Spanien. Die Geschichte der Legion Condor, 1939

BINDER, Gerhart: Epoche der Entscheidungen. Eine Geschichte des 20. Jahrhunderts mit Dokumenten in Text und Bild, 1963

BLEY, Wulf (Hrsg.): Das Buch der Spanienflieger. Die Feuertaufe der neuen deutschen Luftwaffe, 82.–131. T., 1939

BORGESE, Giuseppe Antonio: Der Marsch des Fascismus, 1938

BRENAN, Gerald: The Spanish Labyrinth, 1943

BREZA, Tadeusz: Das eherne Tor. Römische Aufzeichnungen, 1962

BUCHHEIT, Gert: Mussolini und das neue Italien, ^{3}1941

CLAAR, Maximilian: Deutschland von draußen gesehen: Rom, 1934

COLES, Sydney Frederick Arthur: Franco of Spain, 1955

CORSTEN, Wilhelm: Kölner Aktenstücke zur Lage der katholischen Kirche in Deutschland 1933–1945, 1949

DAHMS, Hellmuth G.: Der Spanische Bürgerkrieg 1936–1939, 1962

DESCHNER, Karlheinz: Abermals krähte der Hahn. Eine kritische Kirchengeschichte von den Anfängen bis zu Pius XII., ^{2}1964

DETWILER, Donald S.: Hitler, Franco und Gibraltar. Die Frage des spanischen Eintritts in den 2. Weltkrieg, 1962
DIRKS, Walter: Das schmutzige Geschäft? Die Politik und die Verantwortung der Christen, 1964
DUFF, Charles: Spanien. Der Stein des Anstoßes, 1949
ERNST, Fritz: Die Deutschen und ihre jüngste Geschichte, 1963
FAULHABER, Michael: Judentum, Christentum, Germanentum, in: Adventspredigten gehalten in St. Michael zu München, 1933
—: Die Sittenlehre der katholischen Kirche, in: Hirtenbriefe der deutschen, österreichischen und deutsch-schweizerischen Bischöfe, 1934
—: 25 Bischofsjahre, 1936
FEIS, Herbert: The Spanish Story, 1948
FERNSWORTH, Lawrence: Spain's Struggle for Freedom, 1958
FEST, Joachim C.: Das Gesicht des Dritten Reiches. Profile einer totalitären Herrschaft, 1963
FLEISCHER, Johannes: Katholischer Wehrbeitrag, gestern und heute, 1952
—: Der absolute Pazifismus, ein verpflichtendes Gebot der katholischen Kirche, 1962
FRIEDLÄNDER, Saul: Pius XII. und das Dritte Reich. Eine Dokumentation, 1965
GARDINI, Teofilo Lucifero: Towards the New Italy, 1943
GIOVANNETTI, Alberto: Der Vatikan und der Krieg, 1961
GISEVIUS, Hans Bernd: Adolf Hitler. Versuch einer Deutung, 1963
GLUM, Friedrich: Der Nationalsozialismus. Werden und Vergehen, 1962
GOEBBELS, Joseph: Vom Kaiserhof zur Reichskanzlei. Eine historische Darstellung in Tagebuchblättern, 1937
GONTARD, Friedrich: Die Päpste. Regenten zwischen Himmel und Hölle, 1959
GÖRLITZ, Walter: Adolf Hitler, 1960
— (Hrsg.): Generalfeldmarschall Keitel. Verbrecher oder Offizier. Erinnerungen, Briefe, Dokumente des Chefs OKW, 1961
GRÖBER, Conrad: Kirche, Vaterland und Vaterlandsliebe. Zeitgemäße Erwägungen und Erwiderungen, 1935
HAENCHEN, Ernst: Die Apostelgeschichte, ^{10}1956
HAGEN, Walter: Die geheime Front, o. J.
HALLER, Johannes: Das Papsttum. Idee und Wirklichkeit, ^{2}1936
HALLGARTEN, George W. F.: Hitler, Reichswehr und Industrie. Zur Geschichte der Jahre 1918–1933, 1962
HEILER, Friedrich: Der Katholizismus. Seine Idee und seine Erscheinung, 1923
—: Altkirchliche Autonomie und päpstlicher Zentralismus, 1941
HELDT, Joachim: Gott in Deutschland. Eine Reportage über Glaube und Kirche, 1963
HERMAN, Stewart W.: Die 7000 Zeugen. Kirche im Durchbruch, 1952
HEUSS, Theodor: Hitlers Weg. Eine historisch-politische Studie über den Nationalsozialismus, ^{4}1932
HEUSSI, Karl: Der Ursprung des Mönchtums, 1936
—: Kompendium der Kirchengeschichte, ^{11}1957

HITLER, Adolf: Mein Kampf, 1933
HÖCHT, Johannes Maria: Maria rettet das Abendland. Fatima und die »Siegerin in allen Schlachten Gottes« in der Entscheidung um Rußland, 1953
HORY, Ladislaus / BROSZAT, Martin: Der kroatische Ustascha-Staat, [1]1964
KAUTSKY, Karl: Die Geschichte des Sozialismus in Einzeldarstellungen I., 1895
— : Der Ursprung des Christentums. Eine historische Untersuchung, 1910
KEDING, Karl: Feldgeistlicher bei Legion Condor. Spanisches Kriegstagebuch eines evangelischen Legionspfarrers, 30.–35. T., o. J.
KELLER, Adolf: Church and State on the European Continent, 1936
KLEIN, Fritz: Warum Krieg um Abessinien? 1935
KOESTLER, Arthur: Ein Spanisches Testament, 1938
KREUTZBERG, Heinrich: Franz Reinisch. Ein Märtyrer unserer Zeit, 1953
KUPISCH, Karl: Quellen zur Geschichte des deutschen Protestantismus 1871–1945, 1960
KURELLA, Alfred: Mussolini ohne Maske, 1931
LEGION CONDOR (Hrsg.): Deutsche kämpfen in Spanien, 461.–485. T., 1940
LEHMAN, Leo H.: Vatican Policy in the Second World War, 1946
LEWY, Guenter: The Catholic Church and Nazi Germany, 1964
LOHMEYER, Ernst: Galiläa und Jerusalem, 1936
— : Gottesknecht und Davidsohn, 1945
LONGO, Luigi: Die Internationalen Brigaden in Spanien, 1958
LORTZ, Josef: Katholischer Zugang zum Nationalsozialismus, [2]1934
MADARIAGA, Salvador de: Spain, [2]1942
MAIER, Harry: Soziologie der Päpste. Lehre und Wirkung der katholischen Sozialtheorie, 1965
MALVEZZI, Piero / PIRELLI, Giovanni: Letzte Briefe zum Tode Verurteilter aus dem europäischen Widerstand, 1962
MANHATTAN, Avro: The Vatican in World Politics, 1949. (Dt. Ausg.: Der Vatikan und das XX. Jahrhundert, 1958)
MATTHIAS, Erich / MORSEY, Rudolf: Das Ende der Parteien 1933, 1960
MERKES, Manfred: Die deutsche Politik gegenüber dem spanischen Bürgerkrieg, 1961
MEYER, Hershel D.: Amerika am Scheideweg, 1953
MILIĆEVIĆ, Vladeta: Der Königsmord von Marseille, 1959
MILLER, Alfred: Informationsdienst zur Zeitgeschichte, Hrsg. Archiv für Zeitgeschichte, Leonberg-Stuttgart
MOHR, Hubert: Das katholische Apostolat. Zur Strategie und Taktik des politischen Katholizismus, 1962
MOHRMANN, Heinz: Über Finanzen und Kapital des hohen katholischen Klerus, in: Katholische Soziallehre – klerikaler Volksbetrug, 1960
MÜLLER, Emil Franz Josef (Hrsg.): Der katholische Episkopat in der nationalen Revolution Deutschlands. Dokumente und Materialien, 1934
MÜLLER, Hans (Hrsg.): Katholische Kirche und Nationalsozialismus. Dokumente 1930–1935, 1963

Mussolini, Benito : Schriften und Reden 1929–1931, Bd. 7, 1934
Neubacher, Hermann : Sonderauftrag Südost 1940–1945. Bericht eines fliegenden Diplomaten, ²1957
Neuhäusler, Johann : Kreuz und Hakenkreuz, 1946
Niemöller, Wilhelm : Die evangelische Kirche im Dritten Reich. Handbuch des Kirchenkampfes, 1956
Nitti, Francesco Fausto : Flucht. Die persönlichen Erlebnisse eines politischen Gefangenen, der von der faschistischen Teufelsinsel Lipari befreit wurde, o.J.
Novak, Viktor : Magnum Crimen, 1948
Papen, Franz von : Der 12. November 1933 und die deutschen Katholiken. Rede, gehalten vor der Arbeitsgemeinschaft katholischer Deutscher in der Messehalle zu Köln am 9.11.1932, veröffentlicht in Reich und Kirche, 1934
— : Der Wahrheit eine Gasse, 1952
Paris, Edmond : The Vatican against Europe, 1961
— : Genocide in Satellite Croatia 1941–1945, 1962
Picker, Henry : Hitlers Tischgespräche im Führerhauptquartier 1941–1942, Hrsg. Percy Ernst Schramm, 1963
Pieper, Josef : Das Arbeitsrecht des Neuen Reiches und die Enzyklika Quadragesimo anno, 1934
Pöhlmann, Robert von : Geschichte der sozialen Frage und des Sozialismus in der antiken Welt, Bd. 2, ³1925
Poliakov, Léon / Wulf, Joseph : Das Dritte Reich und seine Diener, 1956
Posser, Diether : Deutsch-sowjetische Beziehungen 1917–1941, 1963
Pzillas, Friedrich : Die Lebenskräfte des Christentums, 1960
Revyuk, Emil : Polish Atrocities in the Ukraine, 1931
Roos, Hans : Geschichte der Polnischen Nation 1916–1960, 1961
Rumpelstilzchen (d.i. Adolf Stein) : Der Schmied Roms, 1929
Scheinmann, M. M. (Michail Markovic Sejnman) : Der Vatikan im Zweiten Weltkrieg, 1954
Schmaus, Michael : Begegnungen zwischen katholischem Christentum und nationalsozialistischer Weltanschauung, ²1934
Schneider, Carl : Geistesgeschichte des antiken Christentums, Bd. 1 u. 2, 1954
Schoenberner, Gerhard : Der gelbe Stern. Die Judenverfolgung in Europa 1933–1945, 1960
Shuster, George Nauman : Like a Mighty Army Hitler versus Established Religion, 1935
Siebert, Ferdinand : Italiens Weg in den Zweiten Weltkrieg, 1962
Stauffer, Ethelbert : Theologisches Lehramt in Kirche und Reich, 1935
Theiner, Johann Anton u. Augustin : Die Einführung der erzwungenen Ehelosigkeit bei den christlichen Geistlichen und ihre Folgen. Ein Beitrag zur Kirchengeschichte, 1893
Thomas, Hugh : Der spanische Bürgerkrieg, 1962
Timmermans, Rudolf : Die spanische Revolution. Wie sie ist, warum sie kam, 1936
Tondi, Alighiero : Die geheime Macht der Jesuiten, 1960
— : Die Jesuiten. Bekenntnisse und Erinnerungen, 1961
Trend, John Brande : The Origins of Modern Spain, 1934

TROELTSCH, Ernst: Die Soziallehren der christlichen Kirchen und Gruppen, Gesammelte Schriften Bd. 1., 1912

UDE, Johannes: »Du sollst nicht töten!«, 1948

WERNER, Martin: Glaube und Aberglaube. Aufsätze und Vorträge, 1957

WINTER, Eduard: Rußland und das Papsttum, Bd. 1, 2 u. 3, 1960ff.

ZIEGLER, Matthes: Was sagen die Weltkirchen zu diesem Krieg? Zeugnisse und Urteile, 1940